U0892187

福安市鐘氏誌

钟韩　主编

《福安市钟氏志》编纂委员会　编

海峡出版发行集团 | 福建人民出版社
THE STRAITS PUBLISHING & DISTRIBUTING GROUP | FUJIAN PEOPLE'S PUBLISHING HOUSE

图书在版编目（CIP）数据

福安市钟氏志 / 钟韩主编．--福州：福建人民出版社，2024.10．--福州：ISBN 978-7-211-09418-9

Ⅰ.K810.2

中国国家版本馆 CIP 数据核字第 202421L07N 号

福安市钟氏志

FUAN SHI ZHONGSHI ZHI

主　　编：钟　韩
责任编辑：林　顶
美术编辑：林　玲
责任校对：李雪莹
出版发行：福建人民出版社
电　　话：0591-87533169（发行部）
地　　址：福州市东水路 76 号
邮　　编：350001
网　　址：http://www.fjpph.com
电子邮箱：fjpph7211@126.com
经　　销：福建新华发行（集团）有限责任公司
印　　刷：福州力人彩印有限公司
地　　址：福州市晋安区新店镇健康村西庄 580 号 9 栋
开　　本：787 毫米×1092 毫米　1/32
印　　张：27
字　　数：372 千字
版　　次：2024 年 10 月第 1 版
印　　次：2024 年 10 月第 1 次印刷
书　　号：ISBN 978-7-211-09418-9
定　　价：268.00 元

本书如有印装质量问题，影响阅读，请直接向承印厂调换。

版权所有，翻印必究。

捐资助刊芳名录

钟荣善： 福安市福华新材料集团有限公司
福安市甘棠镇岭尾宫村

钟奶荣： 福安市大荣汽配实业有限公司
福安市坂中乡大林村

钟石湖： 福建鑫恒爆破工程有限公司
福安市社口镇牛山湾村

钟祖明： 海南陈陈医院投资有限公司
福安市松罗乡后洋村

钟荣英： 福安市华旺金属制品有限公司
福安市罗江街道北山村

钟长富： 福安市双龙福电机配件有限公司
福安市城阳镇，纸坪，茶坑村

钟通明： 福安市翔鹏机械设备有限公司
福安市穆云乡洋坪村29号

捐资助刊芳名录

钟　涛：青岛顺润杰集团有限公司
福安市坂中畲族乡亭兜村楼下 17 号

钟　清：福建省畲草堂生物科技研发有限公司
福安市溪潭镇兰田村

钟　飒：福安市松罗乡后洋村

钟　辉：福安市下白石镇荷屿村

钟树声：福安市穆云乡科后兰头村

钟国平：福安市尚品电机有限公司
福安市城阳镇茶洋坪岗头村

钟发坤：福安市航海电子有限公司
福安市湾坞镇炉山王加边村

钟焕康：福安市坂中乡大林村

钟石贵：福安市鑫贵包装箱有限公司
福安市社口镇上山湖后村

钟　亮：福安市坂中乡白岩下村

钟清平：福安市溪尾镇沃里村

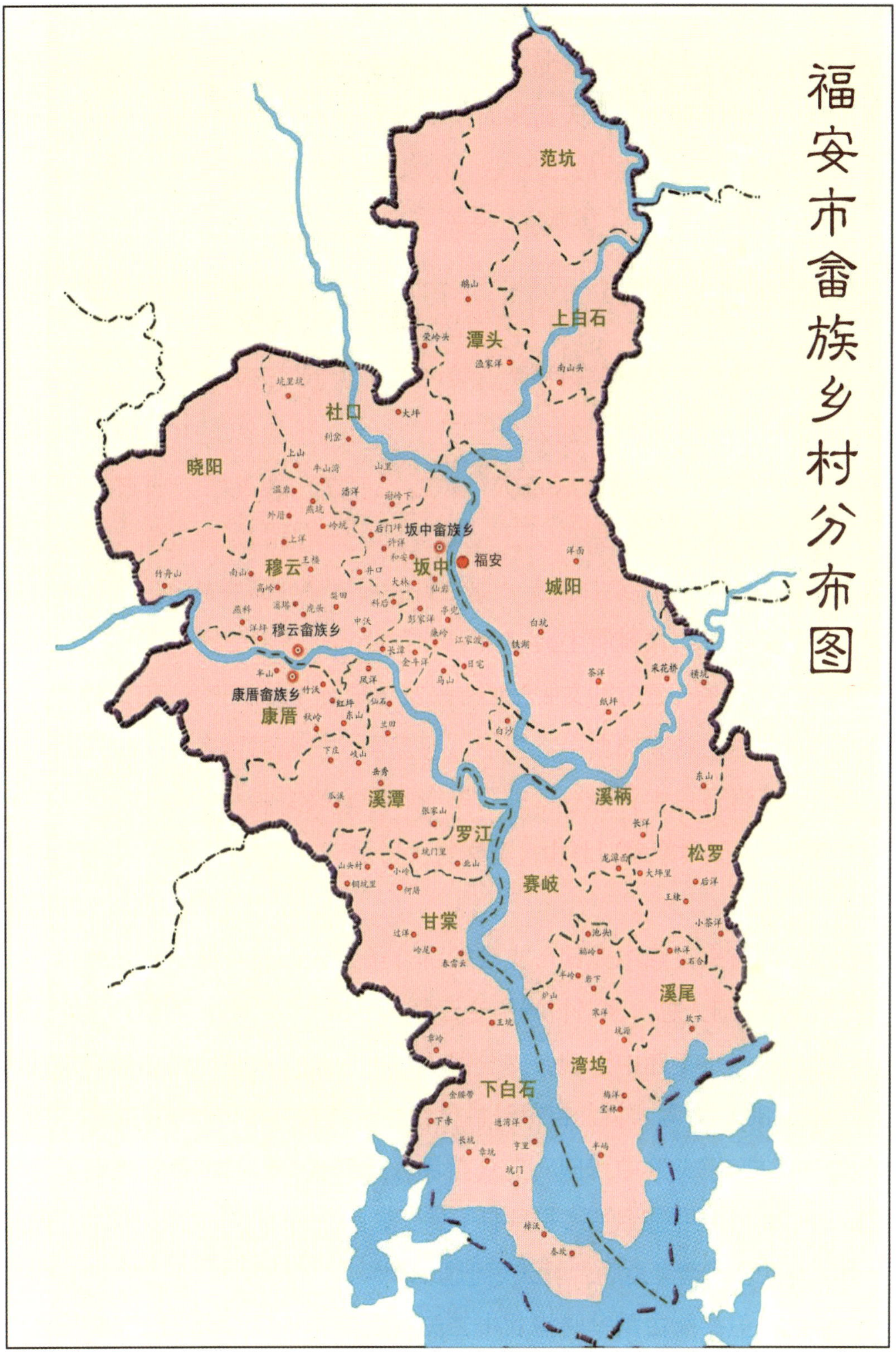
范坑
上白石
潭头
社口
晓阳
坂中畲族乡
福安
穆云
坂中
城阳
穆云畲族乡
康厝畲族乡
康厝
溪潭
溪柄
罗江
松罗
赛岐
甘棠
溪尾
湾坞
下白石

福安市畲族乡村分布图

《福安市钟氏志》编纂委员会成员

拜访省党史方志办副主任钟兆云（左三）

入村调查

《福安市钟氏志》评审会议

《福安市钟氏志》编纂委员会

第一届

主　任：钟应洪

副主任：钟梅允　钟隐芳

成　员：钟江明　钟　韩　钟发兴　钟　隆　钟丽萍
钟江俊　钟廷富　钟荣声　钟　奇　钟　响
钟成松

第二届

顾　问：钟　安　钟明森　钟　声　钟乃安　钟梅允

主　任：钟　韩

常务副主任：钟秀轩

副主任：钟荣善　钟奶荣　钟石湖　钟廷富

成　员：钟江明　钟　文　钟亮清　钟石禄　钟发兴
钟松坤　钟　清　钟长富　钟云声　钟　奇
钟晓群　钟　飒　钟焕康　钟　涛　钟荣英
钟通明　钟祖明

《福安市钟氏志》编纂人员

主　编：钟　韩

编　辑：钟发兴　钟松坤　钟江明　钟秀轩

资　料：钟丽萍　钟廷富　钟成松　钟荣声　钟　隆
钟焕康　钟乃声　钟　清　钟云声　钟丽利
钟金珠　钟小娟　钟文珍

摄　影：钟　飒

福安市钟氏志评审会

蓝炯熹　福建省民宗厅
梁丽琪　福安市政协
雷卫平　福安市政协
钟　亮　宁德市文化馆
兰发清　福安市民宗局
李健民　宁德市民族中学
刘道光　福安市委宣传部
雷瑞华　福安市人大
林惠进　福安市政协
李　惠　福安市人大
钟晓群　福安市司法局
赵朝旺　福安市档案局
钟　奇　福安市党史方志办
钟松坤　福安市人社局
张庆华　福安市交通局
詹茂贵　福安市统计局
郭迎平　福安市委组织部
卓　燕　福安市农业农村局
吴璇颖　福安市文旅局

序

中共福建省委党史方志办副主任、福建省作协副主席　钟兆云

中华姓氏是祖先留给我们的丰厚且珍贵的遗产。世界上没有一个国家，姓氏传承像中国这样悠久、这样完整、这样富有内涵。自上古人文始祖伏羲“定姓氏，制嫁娶”以来，中国姓氏延续至今，已有五千年历史。姓氏文化在历史长河中不断发展演变，延续传承，形成了一种超越历史时空、包容社会各个层面的文化体系。中华姓氏的发展历程，反映了中华文明进化的轨迹，是中国社会历史发展的缩影，它维系着中华民族强烈的祖根情怀和血脉之情，是中华民族子孙寻根溯源的活化石。姓氏研究不仅在历史学、民族学、社会学、文字学、文献学、考古学以及家风教育等传统的文化领域中有着深远影响，而且由于中国姓氏的特定传递规律，决定了它在探讨人类起源、人群迁移、民族融合，对中国人遗传基因的进化和保护，乃至在疾病类型分布和药物学等跨自然科学和社会科学领域研究中，也起到重要作用。中华民族以有姓氏文化而更绚丽、更感性、更光华。

当今中国，处在从农业社会向工业社会的转型期，也处在中国式现代化建设的活跃期，随着城镇化进程的加快、人口移动半径的扩大，中国姓氏出现了演变无序和传递断层的现象，使得原本脉络清晰、科学有序的姓氏传承受到一定的冲击。如果我们再不注重姓氏文化的传承和保护，任由工业化以及无序化，那么必有远忧，若干年后，我们的子孙后代是否还记得这血脉之根、文化之根？中华民族的血脉、国脉、文脉的

传承又是否会受到影响？“参天之木，必有其根。怀山之水，必有其源”。寻根是人类的天性，不仅中国人，世界上许多国家和民族的人也大抵如是，只是他们没有像中国这样拥有悠久而完整的姓氏家谱的记载，因此也无法像中国人一样追根溯源到自己遥远的先祖。可以说，我们的姓氏文化在世界文明史上独树一帜，是那么珍贵、那么独特。在新的时代，我们应重新审视和认识姓氏文化的价值，要充分认识到中国姓氏文化不仅对过去，而且对现在和未来同样有着重要意义，应给予其足够的重视和珍惜。既然从农业社会向工业化社会转变是历史的必然，中国式现代化也在提上日程，那么，如何抢救和继承中国姓氏文化并使之能在新的历史时期得以继续传承，应成为当代中国人思考和解决的问题。

据中科院遗传与发育生物学研究所专家收集，我国历史上曾存在两万来个姓，现在还使用的只有四千多个，常用的则是四百来个，许多姓氏因为各种原因消失在历史的长河中。可以说，每一个流传至今的姓氏，都是成功穿越历史风雨的“胜利者”，蕴藏着无数的故事和传奇。钟姓即是其中的佼佼者。钟姓历史源远流长，经过几千年的演变和迁徙，才形成了今天的钟姓大家庭。一部钟姓史，也是中华民族斗争史和发展史的一个缩影。

自幼及长，我对自己的姓氏文化总抱有一份好奇和敬重，除了那些煜煜生辉的钟姓名人，比如“高山流水”觅知音的钟子期、三国时身为曹魏政权太傅兼大书法家的钟繇、写出《诗品》的南朝文学家钟嵘、唐朝宰相钟绍京，以及捉鬼除妖、备受民间推崇的钟馗等，还有民族英雄文天祥为《钟氏族谱》所撰文字：“猗欤颍川系，显著春秋世。自氏始宋国，大族衍弗替。如水之有源，远出无凝滞。如木之有根，弈叶自繁翳。”离开号称“钟半县”的闽西武平老家外出求学和工作后，但见自己竟成了“少数派”，自是对钟姓人氏有一份天然的亲情。据《福安市钟氏志》所记，清初雍乾年间，曾有武平钟氏迁入福安。想到福安钟姓里也有从我武平家乡迁居过去的早先宗亲，由西向东，在彼地“福寿安康”，瓜瓞绵绵，不由感到一份亲切。

和我国许多姓氏一样，钟姓也是一个多民族、多源流的姓氏群体，本书所志的便是福安的畲族钟姓。我国汉族之外的55个少数民族，有畲族一席。畲族有着悠久的历史，至少在一千多年前的隋唐时期，就有畲族先民生活在今天广东、福建、江西三省交界以凤凰山为中心的地区。唐末，畲族先民开始向北迁散。到明清时期，畲族的大部分在福建、浙江、广东、江西等省的一些山区定居下来，为我国东南地区的进一步开发和发展做出了不可磨灭的贡献。

据《2021中国统计年鉴》，畲族总人口为746385人，分布在闽、浙、赣、粤、黔、皖、湘七省80多个县市的部分山区，其中90%以上居住在福建、浙江广大山区。福建省福安市是我国畲族人口最多的县级行政区域，2021年福安市户籍总人口673816人，其中畲族人口77300人，约占全市总人口的11%。福安的畲族由雷、钟、蓝、吴、杨等姓构成，钟姓人口28400人，占福安畲族人口的36.7%。

钟姓是最早入迁福安的畲族。据族谱记述，唐五代时期就有钟姓先民从汀州上杭入迁福安韩阳坂五十三都钟莆坑，其后裔又于北宋大观四年（1110）迁移今坂中畲族乡的大林村；明清时期又有大批钟姓族人迁入福安。他们怀着对未来生活的美好憧憬，散布在长溪中下游流域的茫茫山野，融入自然经济的汪洋大海之中，和周边兄弟民族一道，垦荒种山，用辛勤的汗水为福安山区的进一步开发和发展建立了不朽功勋，为福安的文明与进步书写了灿烂的篇章。

《福安市钟氏志》是一部以畲族钟姓为主体的市（县）域姓氏志。全书分“迁徙”“分布”“社会活动”“宗祠”“人物”五章，从地理历史、政治经济、文化教育、宗祠文化、生活习俗、人物事迹等方面，记述福安钟氏的历史足迹和现今面貌。卷首“概述”提纲挈领，系全书导读；“大事记”弥补章节体志书在记事方面之不足；卷末“附录”保留了若干重要历史文献资料。总体来说，全书结构完整，内容详实，特点凸显，时代感鲜明，在存史、资政、育人方面具有独特价值，既体现了“多元”

的个性，又凸显了同为炎黄子孙，共建我们伟大祖国的“一体”，充分诠释了中华民族多元一体的本真。

《福安市钟氏志》还是一部很好的爱国主义教材。从中可以看到，福安钟氏先辈在漫长的历史过程中，筚路蓝缕，艰辛创业，聚族而居，繁衍生息。他们开榛拓莽，叩石垦壤，让荒山成沃土，使不毛披锦绣，创造了令后世景仰的农耕文化。在与其他兄弟族姓和睦相处的过程中，相互学习，取长补短，共创美好，培育出富有本族姓特色的宗族文化，留下了丰富而珍贵的文化遗产，传播了文明风尚。尤其让人感动的，是畲族钟姓世代传承的忠勇精神。20 世纪 30 年代，他们在中国共产党的领导下，投身土地革命，为中国革命做出过重要贡献，涌现出许多英雄人物，如钟淑兰、钟日柱、钟阿伱等，他们的事迹可歌可泣，令后人永志不忘。中华人民共和国成立后，钟氏族人和各族人民一起走上社会主义道路，从互助组到合作社、人民公社，在农村社会主义建设中战天斗地挖穷根，样样都走在前面。改革开放后，钟氏族人焕发出前所未有的劳动热情，很快就解决了温饱问题，并开始摆脱贫困，直奔小康。钟姓族人所在村庄，各项建设日新月异，社会事业今非昔比，村民生活蒸蒸日上，许多昔日的穷山村走出了不少高学历、高素质的人才，为国家建设、世界进步作出了贡献。

《福安市钟氏志》编成付梓之际，几位编纂人员或许从我既往言行，知道我对本家姓氏的特殊情缘，而索序于我。我自惭德才浅薄，又缘悭一面，敬谢不敏，却被恳切再三，并托熟人施令。面对如此“抬举”，只好受命展卷披览，作此不甚成熟的小文，既祝贺这部史志的诞生，也祝愿福安钟姓族群在新时代更加兴旺发达。

是为序。

2024 年 4 月 18 日晨于闽江畔苦乐斋

（钟兆云，中国作协会员，福建省作协副主席。）

钟姓的魅力

——《福安市钟氏志》序言

蓝炯熹

在畲族传统的姓氏构成中，钟姓身份比较特殊。在那悠久而美丽的神话传说中，钟姓是以“女婿”的身份加入忠勇王的人们共同体，至于钟姓最早来自哪个部落，源于什么地域，往往史迹阙如，不得而知。自从钟氏融入南中国这个少数民族群体以来，盘、蓝、雷、钟，风雨沧桑，生死与共，不离不弃，坚如磐石，像《高皇歌》所唱的“都是南京一路人”。

翻检唐书宋史，有两个叱咤于闽粤赣交界地的风云人物引起畲民家族中人与民族史家的普遍关注：其一，钟全慕。他本名钟盛，字全慕。《新唐书》载，景福二年（893）“建州刺史徐归范，汀州刺史钟全慕叛附于王潮”。《长汀县志·循吏传》载：“钟全慕，唐昭宗时（889—904）为刺史，王审知喜其骁勇有谋略，分汀州使守之，祀名宦祠。”钟全慕任汀州刺史达十余年，为官清正，兴利除害，得百姓拥戴。其二，钟明亮。至元年间人氏，《元史》载：钟明亮“寇赣州，掠宁都，据秀岭……”“以众万人寇梅州……”与黄华、畲妇许夫人等人纵横驰骋于闽粤赣之间，史称“畲军”。

谈起清代钟姓，人们会提起与闽东畲族乡村相关的人物。其一，钟大焜。他生于清道光二十三年（1843）。原籍江西萍乡县，由江西迁入福建省城福州三牧坊。钟大焜为同治庚午科（1870）进士，官至四品衔刑部直隶司主事，部选知县。钟大焜编修颍川钟氏联环谱是晚清钟氏家族史的一桩重要事件。钟大焜《颍川钟氏族谱·颍川钟氏修辑总谱后序》载，清光绪二十年（1894）农历十二月，他“在闽福清棋山族人处议，延请族人遍历近省钞辑谱帙，冀得善本，校合同异”。棋山修谱遂为钟氏家族的百年佳话。光绪二十四年，他“以事远行，途经福州之罗源、宁德，因延族人某某沿途修辑”。在福州及福宁府编修连环谱，是钟大焜的重要行动。数年之功，共汇集了当时福州城区、侯官、闽县、福清、罗源、永福、霞浦、福安、宁德、江西萍乡等地177处钟氏家族谱系，编成五卷本《颍川钟氏族谱》，今藏福建省图书馆特藏部。这部族谱随着钟大焜传说，广泛流传于福宁府（闽东）畲民乡村。本人在20世纪80年代，到福安坂中仙岩畲族村田野考察时，在一位畲民家中，见到钟大焜亲笔书写的已经破烂不堪的折扇，村民一边讲上辈人与钟大焜的故事，一边小心翼翼捧出一把扇骨与一团团纸屑，在较为大片的纸屑中依稀辨到钟大焜潇洒遒劲的笔迹。

其二，钟良弼。他是福宁府福鼎县丹桥人。钟良弼科场案影响闽东畲族乡村。清道光《重纂福建通志》记载案件的处理者是福建巡抚李殿图。乾隆六十年（1795），李官迁福建按察使，嘉庆三年（1798）就任布政使，七年任福建巡抚。《清史稿》载，他在闽期间，“嫉恶维严，治尚操切”，“狱讼必速为审结，开释无辜，小民始得安业”。《重纂福建通志》载：嘉庆七年福宁府“福鼎童生钟良弼呈控，县书串通生监诬指畲民，不准与试”。书吏诬蔑畲民为异类，将钟良弼排斥于贡院之外。李殿图审理果断，“饬司道严讯详复，张示士林”。他仗义执言，据理力争，认为："娼优隶卒三世不习旧业，例尚准其应试，何独畲民有意排击之？……本部院为世道人心风俗起见，不惮与尔等覙缕言之。"在《重纂福建通志·国朝宦绩》"李殿图"条目内，以大量的篇幅详写了他处理钟良弼案件的仗义执言，足见该案例在福建政坛与文化史中的影响力。次年，福鼎县岳廷元主科试，钟良弼再次应考，终于考取府学生员第二十名。钟良弼胜诉，考中秀才的事迹被畲族歌先生（民间歌手）编成长连歌言，在闽、浙畲民中广为传唱，经久不衰。

拜读钟韩先生主编的《福安市钟氏志》，情不自禁在眼前呈现出以上的历史闪回，这都是钟姓的魅力所在。福安钟姓是畲族历史与文化的缔造者之一，2020年第七次全国人口普查数据显示，福安钟姓人口28340人，占福安总人口的4.1%，列姓氏人口第7位。提起闽东畲族历史，我们总会提到"大林钟"，这是闽东钟姓畲族的发祥地，家族传说中的钟音、民间信仰的钟熙侯王、开基祖之一的钟盛九、环溪长流水中的摆渡人，等等，历史的河流流淌过许许多多的畲民故事。30多年前，有幸在京城采访了叶飞将军，近半个月的访谈中，将军多次提及闽东畲族人民在新民主主义革命中的贡献，他说，在南方三年游击战争时期，畲族人民贡献巨大。当年的福安西部竹洲山的畲族乡村是闽东地方党与红军生存与发展的可靠基地，钟日柱烈士与竹洲山脉一样巍峨雄伟。仙岩建制村村委会驻地仙岭洋村是钟姓畲民的聚居地之一，20世纪50年代福建省人民政府着员在这里调查，形成了第一份关于福建畲民的历史、社会、经济与文化的调查报告，随之，福建第一个畲民自治乡人民政府在这里诞生。20世纪70年代，牛山湾村钟祖妃能文能武，既是牛山湾畲族闽剧团的主角，又带领妇女耕山队，历时5年在鹰窝山悬崖中凿开一条福安"红旗渠"。改革开放以来，福安出现了许多钟姓的出色企业家、非物质文化遗产传承人等等。

以上仅是《福安市钟氏志》所叙述的一个方面。纵观志书的结构有“迁徙”“分布”“社会活动”“宗祠”“人物”，等等，对于一个姓氏的叙述与深描，门类齐全，应有尽有，丰富多彩，足见主编以及编纂同仁们的拳拳真心、切切热心、勃勃雄心和殷殷匠心。寥寥数语，忝列弁言。

2023年8月19日夜于宁德师范学院博学苑

（蓝炯熹，福建省文史研究馆馆员、福建省民族宗教研究所原所长、宁德师范学院特聘教授。）

凡　例

一、本志坚持辩证唯物主义和历史唯物主义观点，以科学的人类学观全面、系统地记述福安钟氏发展的历史和现状。

二、本志立足姓氏志特点，上限以钟姓入住福安为限，个别地方进行源头的追溯，下限至 2020 年，人物部分延至 2022 年。对与福安钟氏相关的人和事力求详尽，此外悉简记或不记。

三、本志根据科学分类共分 5 章 19 节，采用章、节、目结构形式。由概述、大事记、迁徙、人口、社会活动、宗祠、人物、附录等组成。全书以志为主，述、记、传、图、表、录并用。

四、对钟氏经济生产、社会生活主要通过大事记、社会活动章节反映。人物章设传、录、简介、表。人物传以对社会发展有较大影响的福安籍钟氏人物为对象，生者不列传；英名录，收录民主革命及社会主义革命时期牺牲的钟氏革命烈士、国民党抗日阵亡将士；人物简介、人物表收录福安籍及在福安工作过的钟氏科级以上干部，厅司级以上授予的先进工作者，省级以上人大代表、政协委员以及获中级职称以上和学士以上学位者。入志人物传、人物简介之人物性别，女性注明“女”，男性则不加标注。

五、本志大事记以编年体为主，辅以记事本末体。

六、全志记述采用现代语体文，力求朴实、简练，除概述外，一般述而不作。

七、历史纪年记述。1949 年 10 月 1 日新中国成立以前采用朝代年号，括注公元纪年，其中民国纪年只括注每节首次出现时的公元纪年，其后从略。新中国成立后一律用公元纪年。

八、本志各种事物名称第一次出现时用全称，其后皆用简称；地理名称、机构、官职均按当时历史习惯称呼；旧地名首次出现时，力求注明现行地名。

九、计量单位，新中国成立前沿用当时历史计量单位，新中国成立后一律采用公制。

十、数字表述以国家文字改革委员会等七个单位公布的《关于出版物上数字用法的试行规定》为准。数据，民国及其以前以当时资料为据；新中国成立后，全县性数字主要以福安市统计局或档案资料的数字为据，部分采用相关部门数据。

十一、本志参考资料主要来源于《福安畲族志》《闽东畲族志》和福安各村《钟氏宗谱》等。

目 录

概 述

颍川世泽，钟氏名望。钟氏之源讲法多种，《百家姓书库·钟》主流说法以为：“钟，祝融氏所居地名钟山，是太昊之子重（句芒）设立重仪的天齐山灵台，以此得姓。”又钟氏起源说，“钟，宋微子之后”。周武王任命商王帝乙之子微子启代商后，微子建宋国，微子启死后，传国于弟微仲衍，即宋桓公之先祖。宋桓公之四世孙伯州犁在父伯宗被害后，由晋奔楚，被楚共王任为太宰，食邑钟离（今安徽省凤阳东北），其子孙以邑为姓。在中华灿烂历史发展中，钟氏历经璀璨，融合光大，繁衍成包容汉、畲、羌、满、蒙、白、彝、回、裕固等多民族的大姓，为中国当今第五十六大姓。畲族钟氏，传说为黄帝曾孙帝喾（传说中上古帝王名）高辛氏的后裔。始祖忠勇王因为帮助帝喾平息外患有功，得娶帝喾的三公主为妻，婚后迁居广东潮州府会稽凤凰山。育有3男1女，皆赐姓封侯，3男赐姓盘、雷、蓝，女儿名淑玉，嫁予钟志深，钟志深受封颍川郡“敌国侯”。为畲族钟姓的肇基始祖。

福安市位于福建省东北部，地处鹫峰山脉东南坡，太姥山脉西南部、洞宫山脉东南延伸部分；北纬26° 41′ —27° 24′ 、东经119° 23′ —119° 52′ 之间。东邻柘荣县、霞浦县，西连周宁县，北毗寿宁县、浙江省泰顺县，南接蕉城区、三沙湾。东西相距37公里，南北相距80公里，总面积1880.1平方千米。宋嘉定十年（1217），乡人郑子化以长溪西北乡地偏难治，上书请析县，宋淳祐五年（1245）理宗御批“敷赐五福，以安一县”。划出长溪县西北二乡、九里建福安县，县治韩阳坂，直隶福建路福州。明景泰六年（1455），划出平溪里的十一至十四都归新置寿宁县。民国23年7月，实行行政督察区制度，福建省划分为10个行政督察区，福安为第二行政督察区驻地。民国36年，全省调为7个行政督察区，福安县属第一行政督察区，专员公署驻福安。民国38年7月19日，福安县解放。9月30日，福建省人民政府设立8个行政督察区。第三行政督察专员公署正式成立，公署驻福安，福安县隶属第三行政督察区。1950年3月，行政督察区改以专员公署驻地县命名，福安县属福安专区。1958年9月人民公社化期间，全县设15个人民公社。1970年2月，福安专区革命委员会机关迁驻宁德，翌年6月，福安专区改称宁德地区，福安县属宁德地区。1984年废弃“政社合一”制度，全县设5个镇、10个乡、3个畲族乡。1989年11月13日，国务院批准福安撤县建市，仍归宁德地区管辖。2020年全市辖13个镇、5个乡、4个街道办事处和2个省级开发区，其中，畲族开发区1个、畲族乡3个。截至2020年12月31日，福安市户籍总户数199031户，总人口676624人，在福建省各区县中排在第15位。常住人口为57.7万人，在福建省各区县中排名第25位，户籍人口多于常住人口。总人口中，男性人口356075人；女性人口320549人，其中城镇人口264246人，乡村人口412378人。人口出生率10.9‰，自然增长率12.46‰。有畲、回、藏、苗、壮、满、瑶、高山、京9个少数民族，其中畲族人口66000人，约占总人口的11%，为全国畲族人口最多的县市。福安人口中共有379个不同姓氏，其中万人以上的姓氏共有15个。2020年钟姓人口为28340人，占全市总人口的4.1%，列福安全市姓氏人口第7位。

福安市钟姓人口主要为畲族钟氏。据族谱记载，畲族钟姓先祖原生活于广东潮州府凤凰山为中心的一带区域。唐代，分水陆两路进入福建。唐光启二年（886），畲族盘、雷、蓝、钟4姓360余丁口，“从闽王王审知为乡道官，由海来闽”，陆上一支则由长汀、云霄、安溪进入福建。进入福建后又繁衍分迁闽、浙、赣、皖各地。唐五代后，畲族钟姓开始迁入福安，钟姓也是畲族迁入福安最早的氏族。主要有：唐五代，钟彦江由汀州上杭迁入韩阳坂钟莆坑。其后裔于北宋大观四年（1110）由钟莆坑迁往福安西郊大林村。明景泰年间（1450—1456），钟若清（法广）由金溪玉林迁居福安西门外五都眠山岗。明正德年间（1506—1521），钟若清（法广）曾孙钟熙的5个儿子分迁各处，长子钟聪迁居大林，次子钟明迁山头庄，三子钟采迁白石祭，四子钟听迁大留，五子钟乐迁官侯汤岭（《闽都记》载为侯官县六都），繁衍发展成为闽东极具影响的“大林钟”，坂中畲族乡大林村亦成福宁府钟姓的发祥地。清代，有畲族钟姓分从宁德九都柴坑村、金垂石碑后、斑竹村、福鼎单桥、汀州武平县、浙江平阳黄墺村、江西赣州府会昌县等地迁入或回迁福安，其间，又繁衍分迁霞浦、福鼎、寿宁、蕉城及浙江平阳等地。至清末迁徙渐趋稳定。畲族钟姓迁入福安较其他汉族姓氏晚些，所以，大多居于低山、丘陵和山麓。清嘉庆年间（1796—1820），一些钟氏人士以携艺设馆开店的形式，零星开始入住城镇。有谢岭下村钟氏经营豆腐店、仙岭洋村钟氏经营染布店、社口里后村钟氏经营“华宾客栈”、上天池钟氏开设的南门拳艺馆。中华人民共和国成立后，钟氏人士开始进入党政机关、企事业单位，迁入城镇人口渐多，1954年，城区、赛岐、穆阳三地钟姓等畲族人口639人，1982年，仅韩阳镇就达996人。改革开放以来，城乡交往进一步密切，随着造福工程的实施，教育事业的普及，市场经济进一步发展，就业渠道逐步拓宽，更多钟姓人口进入城镇谋业生活，钟氏人就业领域也进一步拓宽。1990年，韩阳镇畲族人口2078人，其中钟姓人口为803人。2004年，城区三办（由韩阳镇析设）钟姓人口887人。2020年，城区三办钟姓人口1494人。

钟氏迁入福安，勤恳立基，艰苦创业，以勤劳、厚朴、坚韧、忠勇为福安的开发和进步写下了璀璨的诗篇。明代，钟氏迁入福安，就致力农业生产，租种土地或开山造林。清乾隆二年（1737），畲民编图隶籍，编甲完粮，畲民往往承担更多租税，付出更大艰辛。清顺治三年（1646）南明右佥御史刘中藻率兵抗清时，“畲寮”为刘军之精兵。刘中藻屯兵的仙阁梁即在钟姓村庄城阳镇前洋附近。坂中和安《钟氏族谱》亦有“宏公世居大林，相传明季从戎苏江（福安苏阳）进士刘公讳中藻。后不遂，隐居上广”的记载。清嘉庆年间（1796—1820），蓝田村钟氏人士过台湾守戍国土。1929年，中国共产党领导的反帝反封建革命星火在闽东燎原蔓延。许多钟姓畲族群众跟随中国共产党，踊跃参加工农红军，投身土地革命，成为革命的重要力量，民主革命时期任区（营）级以上的就有5人。1929年9月，闽东第一个畲族中共党支部在凤洋村建立，钟阿伱成为首批党员。穆云畲族乡钟姓村庄竹洲山是宁寿县苏维埃政府所在地，钟日柱任政府主席。竹洲山成为闽东苏维埃与红军的重要依托地。许多钟姓人杰为革命前仆后继，献身殉难，仅被评为革命烈士的就有92人。1949年7月19日福安解放。在中国共产党的领导下，民族政策得到落实，民族歧视得以摒弃，民族教育逐步普及，钟姓人士的聪明才智得到进一步施展。从社会经济建设到科教文体各个领域处处闪现着钟氏人士的身影。在改变穷山恶水，创新农业生产上，仙岩、凤洋、茶洋、牛山湾等一批钟姓村庄和个人被省、地、县评为先进单位和先进个人。钟姓村穆云畲族乡高岭村的“福安大白茶”品种，成为享誉全国的优良品种。采花桥是全省乌龙茶区试点之一。牛山湾村畲族妇女耕山队队长钟祖妃带领村民，发扬“愚公移山”精神，历时五年，在鹰窝山的悬崖峭壁中硬生生开凿出一条水渠，解决了村民用水问题，被誉为福安“红旗渠”。九龙村打猎能手钟猫弟当选福建省民主青年联合会委员和全国第三次青年联合会代表。改革开放以后，许多钟姓人士逐步走上发展民营企业，兴办经济实体的道路，涉及建筑、电机电器、食品、制茶、建材、包装、服务业等行业，特别是在建筑业上钟氏人士成为重要中坚力量。20世纪90年代后，在兴企办实业上，最早有钟绍铃创办的电机厂，随后涌现出钟荣善、钟奶荣、钟通明、钟长富等一批企业家。一批钟氏人士走出福安，走出国门，为家乡为国家的发展发挥了应有作用。钟石明在福州兴办宾士名车会所，为福建省最大名车专业维修中心。钟振安于2008年成立厦门胜联达石材工程有限公司、厦门灏森幕墙装饰工程有限公司。钟涛兄妹在山东省青岛市创办顺润杰贸易有限公司。竹园村钟金祥、钟金福跨海到非洲的坦桑尼亚从事贸易。各行各业人才辈出。在脱贫致富、乡村振兴上，仙岩、过洋、后洋、凤洋、坎下等一批钟氏村被评为全国、省、市先进集体和特色村寨。新中国成立70多年来，有17人被评为省级以上模范（先进工作者），有2人当选全国人大代表，3人当选省人大代表，306人次当选设区市、市（县）人大代表。担任全国政协委员1人，担任省政协委员2人。新中国成立以来，在域内外任职干部有141人，其中副厅局级以上7人，处级28人，科级76人。有27人获得高级技术职称，144人获得中级职称。1971年至2020年已知钟姓子弟考取全国高校的有340多人，其中，博士后1人、博士6人、硕士16人。钟干兴、钟妹銮、钟团玉等一批运动员在全国、省级赛事中取得优异成绩。钟志金的漆画在全国首开先河，漆画《新娘》荣获第三届中国美术“民族百花奖”，油画和磨漆画作品先后入选参加孟加拉、日本、韩国、前苏联、捷克、波兰、越南、美国、加拿大等国家和地区举办的各种国际艺术展以及全国性画展。部分作品被中国民族博物馆、中国美术馆和港、台以及日、美、加等艺术团体和收藏家收藏。曾受北京市政府召开的“首届文学艺术工作者表彰大会”的表彰。钟秀容编排的《打枪担》在全国第四次民运会上获一等奖。钟瑞珠被《中国民间故事集成》收编为畲族故事员。2019年，12岁的钟斯婕在中央电视台第四季《中国诗词大会》中，以154分从第三场4名选手中胜出，进入攻擂资格争夺赛。钟神滔演唱的《这边山，那边山》入选第十二届中国民间艺术节暨“山花奖·优秀民间艺术表演”，并获得中国民间文艺家协会颁发的荣誉证书。在畲族非遗文化传承中，钟氏人士成为主力军。溪尾镇怕岭和坂中乡仙岩的钟氏畲医、凤洋畲歌、金斗洋畲拳在福安享有较高的声誉。钟清、钟神滔、钟团玉、钟桂梅等一批钟氏人士成为全国、省、市非物质文化传承人。钟氏人为祖国发展和福安腾飞增添了许多亮丽的色彩。

颍水长青，念先泽流传勋光璀璨；仙山拱秀，顾后人继起傲世峥嵘。畲族钟氏人以孝悌、勤劳、节俭、本分、和睦、敬书作为自己传统伦理。在中国共产党的领导下，福安钟氏将在未来的历史长河中书写更加壮丽的篇章。

大 事 记

唐

光启二年（886）

畲族盘、蓝、雷、钟 4 姓 360 余口，跟随王审知从海道来闽，在连江马鼻登岸，后徙居罗源大贝头等处，再由罗源迁居福安等地。

唐五代

彦江公于汀州上杭迁入韩阳坂五十三都钟莆坑，为钟氏和安始祖。

明

景泰年间（1450—1456）

钟法广从金溪玉林迁居福安西门外眠山岗，后衍迁大林、山头庄等地发族，成为闽东钟姓的主要支派。

万历二年（1574）

2 月 13 日，福安县知县发给大林村畲民钟盛九等官山执照一张，申明畲民钟姓对大林官山所负管理权和应承担义务。

崇祯年间（1628—1644）

廉溪杨家坪杨文避兵乱迁十五都五斗里洋，后移居大林，改为钟姓，同化为畲族，19 世纪初叶恢复杨姓，成为闽东畲族杨姓支派。

是年，钟发壬从宁德县九都柴坑迁入赛岐小盘贝头里。

清

康熙年间（1662—1722）

钟朝文从宁德九都柴坑迁入甘棠镇清水壑。

钟法玉从宁德金垂石碑后迁入福安三十三都红夏兴居立业。

康熙六年（1667）

钟三春从浙江泰顺鳌阳田边迁入社口南山。

康熙三十八年（1700）

钟月华由浙江平阳黄墺村迁居福安县溪柄镇溪南村仙仁自然村（土名仙脚迹）。

康熙五十五年（1716）

大林村兴建钟氏宗祠。1991 年被福安市人民政府列为市（县）级文物保护单位。

清雍正三年（1725）

钟奕昌由宁德斑竹迁入下白石镇章沃村委会双贵山。

乾隆二年（1737）

钟亨统与次子钟利通从江西赣州府会昌县左水上村老厝场迁徙社口竹工岔定居。

乾隆十四年（1749）

钟春相、钟春杨两堂兄弟由汀州武平县携家迁居潭头镇龙井坑，后又迁居祠堂前。

嘉庆十七年（1812）

钟世莲、钟世云从福鼎县佳阳单桥迁居于松罗乡茶洋里厝。

道光九年（1829）

杨文公后裔“合族商议，寻绎旧咸归杨氏，续绍源流”，复改钟姓为杨姓。

光绪二十四年（1898）

八月十二日，刑部主事钟大焜在福宁府修钟氏联环谱。光绪二十七年撰成《颍川钟氏支谱》，凡 10 册，内福安县钟氏各村支谱占五分之三分量。

中华民国

民国 18 年（1929）

9 月，闽东第一个畲族中共党支部在凤洋村建立。民国 19 年（1930）秋，钟阿佘成为首批畲族中共党员。

民国 21 年（1932）

福安溪柄彩花桥团支部成立，为畲村第一个青年团支部。钟茂金任第一支部书记。

民国 23 年（1934）

4 月，福（安）霞（浦）边区县苏维埃政府在松罗孟尾村成立。

6 月下旬，中共福安中心县委与中共连江中心县委代表在采花桥召开联席会议，决定成立中共闽东临时特会。

民国 24 年（1935）

8 月，中共宁（德）寿（宁）县委员会、县苏维埃政府在竹洲山成立，钟日柱任宁寿县苏维埃政府主席。

9 月，（福）安（宁）德县苏维埃政府迁往竹洲山村。

民国 25 年（1936）

冬，国民党 80 师、新 10 师多次进犯竹洲山根据地，放火 3 天 3 夜，将竹洲山夷为平地。

民国 26 年（1937）

3 月，宁寿县苏维埃政府主席钟日柱就义。

民国 38 年（1949）

7 月 19 日，福安县解放。

中华人民共和国

1950 年

福安疟疾流行，蓝田村死亡 20 人。其后，人民政府召开各区卫生协会成员会议，开展疟疾防治工作。至 1957 年发病率明显下降，疟疾得到控制。

10 月，甘棠山头庄畲族钟姓民兵协助人民政府抓获逃亡地主、反革命分子 61 人，活捉西隐村国民党民团团长 1 人。

1951 年

四区（穆阳）燕窝村办起福安第一所民族初级小学。

1952 年

7 月 8 日，福建省人民政府编写《畲族福安县仙岭村调查情况》。这是中华人民共和国成立后的第一份关于畲族社区的调查资料。

是年，第一区仙岩乡建立中共党支部，有中共党员 5 人，这是中华人民共和国成立后的福安第一个畲村党支部。

是年，省人民政府拨专款 1.7 亿元（旧币）在仙岭洋（仙岩）村兴建校舍，这是省人民政府在福安投资兴建的第一座民族学校。

1953 年

2 月 8 日，畲民仙岩自治乡人民政府正式成立，这是福建省第一个畲族自治乡政府。

1954 年

4 月 10 日，福安县第一届人民代表大会第一次会议召开，与会代表 266 人，钟姓代表 8 人。

1955 年

福安县人民政府在凤洋村设立闽东第一个民族文化站。

1956 年

12 月 24 日，福安第二届人民代表大会第一次会议召开，与会代表 318 人，钟姓代表 13 人。

12 月 8 日，国务院正式批准确定“畲族”族称，认定畲族为单一民族。福安钟姓为畲族三大姓之一。

是年，仙岩畲族自治乡撤销，并入湖坂乡，改称仙坂乡。

1957 年

8 月至 10 月，钟成秀作为福建、浙江、广东、江西 4 省组成的畲族赴京参观团代表晋京参加国庆观礼，受到毛泽东主席等党和国家领导人的接见，并到东北及武汉、上海、杭州等地参观。

7 月，福安县人民委员会决定在畲族聚居的若干区域成立民族乡。仙岩、凤洋、茶洋等村成立畲族乡。

9 月 6 日，仙岩民族小学增设高小班，成为福安第一所民族完全小学。

是年，仙岩文化站成立。

1958 年

5月25日，福安第三届人民代表大会第一次会议召开，与会代表320人，钟姓代表12人。

10月，国家民委抽调中央民族学院、北京大学、厦门大学、福建师范大学及省、地、县畲族干部组成少数民族社会历史调查组，分别在福安山头庄、凤洋、仙岩和福鼎、霞浦、宁德等畲村调查，历时80天，撰写了《畲族简史简志合编》《畲族文艺调查》，初稿合计100多万字。

1959 年

福安溪柄九龙村打猎能手钟猫弟当选福建省民主青年联合会委员和全国第三次青年联合会代表，并出席全国第三次青年联合会大会。

1962 年

9月19日至23日，福安第四届人民代表大会第一次会议召开，与会代表241人，钟姓代表16人。

1963 年

6月1日，《闽东报》第一版《畲汉团结协作，奋力开渠抗旱》刊载化蛟公社满洋、铁湖畲族社员和汉族社员同修30华里白坑水利事迹，该渠被誉为“团结渠”。

县人委决定恢复仙岩、凤洋、茶洋、山岭、竹岭5个畲族乡。

1964 年

8月22日，福安第五届人民代表大会第一次会议召开，与会代表324人，钟姓代表 18 人。

1975 年

1 月，社口公社牛山湾畲族大队妇代会主任钟祖妃当选全国第四届人民代表大会代表，并出席会议。

1978 年

3 月 11 日，福安第七届人民代表大会第一次会议召开，与会代表 519 人，钟姓代表 25 人。

1980 年

12 月 15 日，福安第八届人民代表大会第一次会议召开，与会代表 451 人，钟姓代表 27 人。

1983 年

9 月 2 日—12 日，仙岩大队妇代会主任钟金梅被全国妇联授予“三八红旗手”称号，出席中国妇女第五次全国代表大会，并当选为全国妇女联合会候补委员。

1984 年

7 月，经中共宁德地委批准在竹洲山树立“竹洲山畲族革命纪念碑”。

10 月 26 日，福安第九届人民代表大会第一次会议召开，与会代表 421 人，钟姓代表 31 人。钟石茂、钟江明、钟奶明被选为大会主席团成员，钟明森被选为主席团常务主席。

10 月，“东山雪洞”被福安县人民政府列为首批县级文物保护单位。

1985 年

3 月，福安县畲族代表参加地广东省潮州市召开的全国首届畲族史学学术讨论会，并参观畲族发祥地凤凰山。

1986 年

1 月，仙岩民族小学改为福安县民族实验小学，成为福建省第一所县属民族实验小学。

4 月，中共福建省委书记陈光毅视察松罗乡茶洋畲族村。

1987 年

10 月 11 日，福安第十届人民代表大会第一次会议召开，与会代表 307 人，钟姓代表 26 人，钟明森当选为县人民政府县长，钟石茂当选为人大常委会委员。溪尾镇石合沃里村有 4 位钟姓代表分别为：钟清平、钟秀轩、钟理春、钟金仁，其中钟秀轩、钟清平被推选为下白石镇代表团团长和溪柄镇代表团团长和大会主席团成员。

1988 年

宁德地委书记习近平挂钩扶贫福安坂中畲族乡。

4 月 6 日，福安县民族实验小学评为全国民族团结先进集体。

7 月 5 日，坂中畲族乡坂井公路一期（坂中龙井至岭头亭）长 7 公里验收通车，惠及大林、和安等钟氏村庄。

7 月，宁德地委书记习近平到甘棠镇过洋村调研，鼓励畲族群众发展葡萄产业。

10 月，省扶贫办到和安村开展调研工作。

11 月 2 日，宁德地委书记习近平到仙岩畲族村和福安民族实验小学开展调研。了解学校办学基本情况和民族学生学习生活具体情况。

11 月 4 日，福建省委书记陈光毅在宁德地委书记习近平、行署专员陈增光、福安县委书记李育兴、县长钟明森陪同下到福安县坂中畲族乡仙岩村考察福安民族实验小学。

1989 年

年初，宁德地委书记习近平在福安县人大主任王泽恭陪同下到坂中畲族乡大林村开展调研工作。其后，为大林村筹措专项资金，建了一个两层楼四间教室学校。

11 月 13 日，经国务院批准，福安撤县建市。钟明森为第一任市长。

1990 年

2 月 22 日，电视音乐片《山海的交响——闽东行》创作组深入仙岩村体验生活，实地采访。

6 月 30 日，第四次全国人口普查，福安钟姓人口 20500 人，位列福安姓氏第 7 位。

是年，过洋村被国家民委授予“全国少数民族团结先进村”称号，青年葡萄种植能手钟菊春被评为“全国科技星火带头人”。

1991 年

1 月 4 日，福安第十一届人民代表大会第一次会议召开，与会代表 370 人，其中钟姓代表 26 人。钟明森当选为福安市人民政府市长；钟清平当选为市人民政府副市长。

11月10日，在第四届全国少数民族运动会上，由钟秀容编排的“打枪担”节目获表演项目一等奖。

1992 年

1 月 19 日，农业部部长何少康在行署副专员吴增德的陪同下前往坂中畲族乡大林村慰问群众。

1 月 21 日，坂中畲族乡大林村道路举行通车典礼。

4 月，福建省副省长潘心诚为铁湖开发区题名“铁湖畲族经济开发区”。

1993 年

2 月，中共宁德地委委员、组织部部长钟安当选为第八届全国政协委员。

4 月 24 日，福建省民族事务委员会主任雷恒春一行到坂中畲族乡调研民族乡工作，并参加仙岩村举办的“三月三”畲族歌会。

11 月 19 日，中国共产党福安市第九次代表大会召开，钟应洪当选为福安市委常委，副书记。

1994 年

1 月 16 日，福安第十二届人民代表大会第一次会议召开，与会代表 403 人，其中钟姓代表 23 人。钟清平当选为市人民政府副市长；钟成福当选为人大常委会委员。

2 月 8 日，中共中央政治局候补委员，中央书记处书记温家宝考察和安村，与畲族群众座谈，鼓励他们发展经济，增加家庭收入，并要求地方干部安排好少数民族地区农民的生产生活。

3 月 21 日，福建省民委主任钟明森到穆云畲族乡考察民族工作。

1995 年

6 月，福建省第三届少数民族传统体育运动会，金斗洋钟团玉获得女子拳术第一名。

1996 年

8 月，宁德人大工委主任钟雷兴到穆云畲族乡中岙村、溪塔等村进行农业生产情况调研，要求村干部要用科技手段来发展农业生产。

1997 年

5 月 20 日，福建省政府副省长施性谋一行在福安市政府市长徐桂春陪同下，到其挂钩扶贫的井口村视察扶贫工作。

12 月 9 日，全国人大常委会副委员长布赫在宁德地区领导钟雷兴、钟安等陪同下参观了城阳乡铁湖村，在村史展览室，布赫高度赞扬了铁湖村干部群众在党的领导下建设新畲村所取得巨大成绩。

1998 年

宁德地区民族中学四十周年校庆之际，时任中共福建省委副书记习近平欣然题词："发展民族教育，培育民族人才。"

1 月，中共宁德地委委员、组织部部长钟安当选为第九届全国政协委员。中共潭头镇党委委员钟梅允当选九届全国人大代表。

9 月，时任福建省省长贺国强深入潭头镇渔溪洋村了解农村生产生活情况，并专程看望全国人大代表钟梅允。

同月，福安畲族经济开发区经省人民政府批准设立。

11 月 21 日，中国共产党福安市第十次代表大会召开，钟应洪当选为福安市委常委，副书记。

1999 年

1 月 5 日，福安第十三届人民代表大会第一次会议召开，与会代表 236 人，其中钟姓代表 11 人。钟隐芳当选为福安市人大常委会副主任，钟成福当选为人大常委。

3 月，九届全国人民代表大会二次会议期间，中共中央总书记、国家主席江泽民至福建代表团参加审议，与全国人大代表钟梅允亲切握手，询问有关民族地区情况。

3 月 9 日，九届全国人民代表大会二次会议期间，中共中央政治局常委、国家副主席胡锦涛至福建代表团参加审议，与全国人大代表钟梅允亲切握手交谈，听取基层组织建设工作汇报。

6 月 9 日，时任中共福建省委副书记习近平、汪毅夭副省长带领省直相关部门到福安市畲族开发区、康厝乡东山畲村调研，了解造福搬迁工程工作。

2000 年

1 月 15 日，福建省副省长潘心诚率“情注山海”艺术团赴闽东文化下乡暨“五访五问”，带着省委省政府关心和嘱托，深入坂中畲族乡和安村看望慰问群众。

5 月 25 日，福建省委副书记赵学敏、副省长汪毅夫、省政协副主席李祖可率省直有关部门负责人，到坂中畲族乡仙岩村及闽东电机电器工业区考察调研。

是年，宁德市第一届人民代表大会召开，选出代表 362 名，福安市代表 59 名，其中钟氏代表 5 名。

2001 年

3 月 10 日，九届全国人民代表大会四次会议期间，全国人大委员长李鹏到福建代表团听取报告审议。听取了全国人大代表钟梅允所做的关于重视基层政权建设、从根本上解决乡镇财政困难的专题发言，并给予高度重视。

是年，溪潭镇蓝田春蕾小学创办。

6月，福建省政协副主席陈增光率省政协民族工作调研组到洋坪村进行调研。

2002年

1月，穆云畲族乡乡长钟梅允当选为十届全国人大代表。

是年，凤洋、过洋、仙岩、东山、红坪、铁湖等村被宁德市列为享受2002—2005年民族补助经费倾斜安排扶持的重点民族村。坂中乡井口、仙岩、穆云乡高岭等被列为省级扶贫开发重点村。

2003年

宁德市人大常委会主任钟雷兴一行到洋坪村，就“宁德市农村全面建设小康社会”课题进行调研。

12月19日，位于仙岩村的福安市民族实验小学举行光启综合楼落成剪彩典礼。全国政协常委、上海市政协常委金鲁贤携福建省、宁德市政协相关人士，在福安市政协领导杨金柱、詹翠霞等陪同下出席大会。

2004年

1月，宁德市一届人大六次会议上代表提出保护畲族文化议案，不久市人大组成调研组深入福安仙岩、大林、铁湖等开展民族文化保护调研工作。市人大主任钟雷兴到大林村观看了钟氏宗祠及族谱。

2月17日，福安市第十四届人民代表大会第一次会议召开。与会代表233人，其中钟姓代表17人。钟隐芳当选为人大常委会副主任。

10月12—13日，宁德市人大常委会主任钟雷兴在福安市人大常委会主任阮玉铃陪同下，到溪尾镇坎下、坂中畲族乡大林、和安视察调研农村低保、少数民族教育和畲族文化抢救等工作。

2005 年

坂中畲族乡仙岩村计生协会被评为全国先进计生协会。

钟奶祥荣获“第二届中国经济建设优秀人物奖”，在北京人民大会堂受到全国人大原副委员长布赫等国家领导人的亲切接见。

2006 年

10 月，中国共产党福安市第十二次代表大会胜利召开，钟梅允当选为中共福安市委常委。

11 月，康厝畲族乡凤洋村被宁德市人民政府命名为第二批“畲族文化重点村”。

是年，宁德市第二届人民代表大会召开，选出代表 363 名，福安市代表 59 名，其中钟氏代表 3 名。

是年“福安市畲歌娱乐联谊中心”获批成立。在马山、林洋、凤洋分别举办了六月六。“封龙节”、九月九凤洋“重阳节”等活动。

是年，实施蓝田坂造地工程，新增耕地 200 多亩。蓝田村分耕地近 100 亩。

是年，山头庄、过洋、岭尾完成造福工程搬迁 506 户、3018 人。

2007 年

1 月 17 日，福安市第十五届人民代表大会第一次会议召开。与会代表 229 人，其中钟姓代表 11 人。

9 月 11 日，溪尾镇林洋灾后重建集中安置点建设工作正式启动。

11 月 5 日，福建省口岸与海防管理委员会副主任张光生到坂中畲族乡日宅村开展扶贫工作调研。

是年，坂中畲族乡日宅村、穆云畲族乡王楼村被列为省直单位挂钩帮扶民族村。

2008 年

坂中畲族乡廉岭村、康厝畲族乡凤洋村被宁德市人民政府命名为“畲族历史文化名村”。

福安市健龙汽车配件有限公司总经理钟奶荣随海峡经济科技合作中心团组赴台参加“2008 海峡两岸汽车零配件及车用电子展览会”。

12 月，松罗乡东洋埕自然村全面从地质灾害点搬迁松罗乡所在地新居。

是年，社口镇被列为“宁德市竹业示范乡镇”，利岔村列为宁德市千亩毛竹丰产示范基地，坑里坑村列为福安市百亩毛竹丰产示范片。

是年，仙岩村钟丽英被评为全国计生协会先进小组长，成为福安市唯一获此殊荣者。

2009 年

7 月 21—26 日，钟团玉在香港九龙湾获得由中华国术总会主办的“世界中华国术大赛”女子拳术金牌和对练金牌。

2010 年

5 月，《福安畲医畲药》一书出版，该书由钟隐芳主编，海风出版社出版发行。全书 32 万字，内容涵盖福安畲族医药历史和渊源；畲族医药的诊疗特点以及自制治疗具、接骨医疗用具；福安知名畲医；福安畲族单验方 2350 方、民间食疗药膳 100 多方、畲族青草药 330 多种。填补了当时中国畲族医药彩色图谱青草药书的空白。

2011 年

4 月，福安市第 18 届畲族“三月三”歌会在社口镇南山村举行。

9 月 10 日，康厝畲族乡金斗洋村钟团玉代表福建省参加在贵州举行的第九届全国少数民族传统体育运动会，获得女子拳术二等奖和对练二等奖。

11 月，坂中乡仙岩村妇代会获福建省先进妇代会称号。

12 月 16 日，福安市第十六届人民代表大会第一次会议召开，与会代表 243 人，其中钟姓代表 12 人。

是年，宁德市第三届人民代表大会召开，选出代表 361 名，福安市代表 54 名，其中钟氏代表 1 名。

2012 年

5 月 3 日下午，宁德市人大常委会副主任李过渡、福安市人大常委会主任何世明为“福安畲族人大代表之家”揭牌。“畲族代表之家”总召集人钟奶祥代表汇报了“畲族代表之家”的创建和开展活动的基本情况。

是年，中央宣传部、中央文明办主办、中国文明网承办的“我推荐、我评议身边好人”活动，钟奶祥被评选为全国及福建省的“敬业奉献”好人。

12 月 3 日，宁德市委书记廖小军到康厝乡凤洋村调研，探讨加快发展之计，宁德市委常委、福安市委书记倪政云陪同调研。

2013 年

9 月 26 日，省政协副主席、省委统战部部长雷春美一行到松罗乡后洋村调研，察看挂钩的少数民族乡村扶贫开发和民生保障工作情况。

2014 年

1 月，在福建省“职成杯”第三届教育成果评选中，福安市民族职业中学教师钟月梅获三等奖。

7 月 10 日—13 日，福建省文化厅“文化记忆”摄制组在康厝乡凤洋、金斗洋村拍摄纪录片。

12月19日，由文化部主办的首届中国文化馆年会，康厝畲族乡凤洋村文化站站长钟伏龙被评为“2014中国文化馆榜样人物”，是福建省唯一获此殊荣的榜样人物，也是全国唯一获此殊荣的村级文化站长。

是年，完成林岭古民居广场建设。竹洲山建成闽东革命纪念广场及纪念亭。

是年，林岭村被确定为全国少数民族特色村寨和省畲族文化生态保护示范村。

2015年

6月，福建省农民运动会在莆田市举办，钟团玉、雷康莲、钟刘华代表宁德市参加武术比赛，获女子长器械一等奖、女子传统南拳二等奖、女子对练二等奖、女子全能二等奖和集体项目二等奖。

7月，应台湾中华两岸少数民族文化经贸交流协会理事长陈文龙邀请，福安市畲歌协会钟廷富、钟发兴、钟奶祥领队8人赴台参访交流。

8月，第十届全国少数民族传统体育运动会在鄂尔多斯举办，钟团玉、雷康莲代表福建省获女子对练三等奖。

同月，在中国教科文卫体工会全国委员会开展的全国职工职业道德建设（艺德标兵）评选中，凤洋文化站站长钟伏龙获“2015全国艺德标兵”称号。

10月，廉岭、仙岩、凤洋、金斗洋村被福建省文化厅列为第一批省级畲族文化生态保护示范点。彭家洋村被确认为省级美丽乡村。

是年，铁湖工业区一期标准厂房3万平方米竣工，部分企业投产。

2016年

8月，福安市畲歌协会会长钟荣善晋京参加第五届全国少数民族文艺会演观礼，并作为福建省唯一代表受到习近平总书记、李克强总理等党和国家领导人的接见。

8月18日，第五届全国少数民族文艺会演开幕式文艺晚会在人民大会堂举行，钟团玉领衔的金斗洋畲拳传承馆8名表演者，为全国人民表演了精彩的畲拳。

12月21日，福安市第十七届人民代表大会第一次召开，与会代表245人，其中钟姓代表13人。

是年，宁德市第四届人民代表大会选出代表362名，福安市钟氏代表4名。

是年，廉岭村被确认为省级美丽乡村。

2017年

5月17日至18日，省委常委、统战部部长雷春美到福安市调研民族和扶贫工作，福建永鸿集团董事长林雄申陪同调研，并参加福安市松罗乡后洋村、穆云畲族乡科后村捐赠仪式，捐赠150万元，支持福安市用于扶贫开发等项目建设。省民宗厅厅长黄进发、省教育厅厅长黄红武、省工商联主席王光远、省委统战部副部长翁雄宇、部分老同志及特邀领导、企业家和宁德市委副书记、市政府市长郭锡文、宁德市委常委、统战部部长林鸿等相关省、市领导参加调研。

7月，中共福安市第十四次代表大会召开，钟灵灵当选为福安市委常委。

是年，仙岩村被确认为省级美丽乡村。

2018年

9月，廉岭、金斗洋、后洋村被命名为第二批中国少数民族特色村寨；凤洋、兰田被列为第二批中国少数民族特色村寨保护与发展试点村。

2019年

1月，福建省民族与宗教事务厅副厅长蓝秀珍到溪尾镇坎下村走访慰问。

2月，闽浙钟熙后裔走亲会在坂中畲族乡大林村、仙岩村举办。

4月，福安选手钟谢国在第五届泰山中际马拉松赛上获“国内男子全程马拉松冠军”。

5月，坂中畲族乡和安村入选福建省文明村镇。

9月，福安畲族文化中心项目在亭兜村正式动工建设，总投资8785万元。

10月30日，福安市第十七届人民代表大会第三次会议召开，钟宜国当选福安市人民政府市长。

是年，坂中乡仙岩村、溪尾镇坎下村、甘棠镇过洋村被命名第三批中国少数民族特色村寨。

是年，福安市委副书记、市长钟宜国进京参加全国民族团结进步表彰大会。

是年，12岁的钟斯婕在中央电视台第四季《中国诗词大会》中，以154分从第三场4名选手中胜出，进入攻擂资格争夺赛。

2020年

3月31日至4月3日，省人大常委会党组副书记、副主任雷春美带队到福安市松罗乡后洋村、穆云畲族乡虎头村、社口镇坦洋村、宁德市民族中学等地实地察看野生动物保护情况以及调研疫情防控和复工复产、春耕生产、复学准备情况。

11月30日，钟神滔演唱的《这边山，那边山》入选第十二届中国民间艺术节暨“山花奖·优秀民间艺术表演”，并获得中国民间文艺家协会颁发的荣誉证书。

12月，《福安畲族传统歌言集》出版，该书由钟伏龙收集编辑，福建人民出版社出版，504千字。

是年，松罗乡后洋村获评省级乡村治理示范村。

第一章 迁 徙

宋嘉定十年（1217），乡人郑子化以长溪西北乡地偏难治，上书请析县，宋淳祐五年（1245），宋理宗御批“敷赐五福，以安一县”，故得名。县治韩阳坂因福安地偏行难的地理特征，也使福安成为旧时期战争动乱避难迁徙的理想区域。1988 年 3 月 5 日，基于福安渐趋壮大的社会经济和日臻完善的基础设施条件，县人民政府向宁德地区行署呈送《关于设立福安市建制的请示报告》。1989 年 11 月 13 日经国务院批准撤县建市。以原福安县的行政区域为福安市的行政区域。1990 年 3 月 11 日，福安市正式挂牌成立。

钟姓是迁入福安市最早的畲族支族，也是福安市十大姓氏中较早的一支。唐五代时，钟彦江于汀州上杭迁入韩阳坂钟莆坑。明景泰元年（1450），钟若清（法广）由金溪玉林迁福安西门外五都眠山岗。其后至清末相继有宁德金坝头、斑竹、汀州武平县、霞浦柴镇坪、福鼎单桥、赣州会昌等多支迁入福安。钟姓迁入，为发展福安做出了重大贡献。

第一节 境 域

一、市域

福安市位于福建省东北部，北纬 26° 41′ —27° 24′ 、东经 119° 23′ —119° 52′ 之间。东邻柘荣县、霞浦县，西连周宁县，北毗寿宁县、浙江省泰顺县，南接蕉城区、三沙湾。县域最东端为松罗乡的十八宅村，最西端为晓阳镇首览村，最南端为下白石镇大楼村，最北端为范坑乡古岭宅村、梨头丘村。东西相距 37 公里，南北相距 80 公里，总面积 1880.1 平方千米，其中海域面积 151.2 平方千米。福安市海域总面积约为 11886 公顷（不包括海岛面积），其中位于《福建省海洋功能区划》（2011 年—2020 年）中工业与城镇用海区面积约为 1892 公顷，海洋保护区约 52 公顷，农渔业区约 1613 公顷，航道和锚地面积约为 814.813 公顷，港口航运区约 558 公顷，下白石公铁两桥以上的保留区约 1997 公顷，其他保留区约 4959 公顷，岸线长 167 公里，海岛 22 个，面积约 233.5 公顷，其中有居民海岛 3 个，无居民海岛 19 个。在地形上由北向南倾斜，东西高、中间低，为狭长谷地。地貌特点主要有山地、丘陵、山间盆谷、平原、海滩五大类型。山地面积广大，俗称“八山一水一分田”。境内有 9 条主山脉，系洞宫山脉、鹫峰山脉和太姥山脉的余脉。山体多为北东—南西走向，其次为北西—南东走向。全市 200 米以上的山峰 450 座，其中 800 米以上 80 座，500—800 米 177 座，300—500 米 104 座，200—300 米 193 座。山地、丘陵占市土面积的 81.78%。全境峰峦起伏，地势险峻，雄伟壮观。福安全境属交溪水系。交溪发源于鹫峰山脉和太姥山脉，控制流域总面积为 5638 平方千米，主干支流总长 433 公里，为闽东第一大河。上游分东溪和西溪，于湖塘坂汇成交溪，下游纳茜洋溪和穆阳溪，交聚于赛岐经下白石的白马港峡口，注入三沙湾汇入东海。在本境内流域面积 1658 平方千米，主干支流长 185.4 公里，水能资源蕴藏量达 3410000 千瓦。福安属亚热带季风气候，温暖湿润，具有四季分明、夏长冬短、光热充足、无霜期长、季风明显、台风频繁、雨量集中、夏旱突击等特点。年均日照时数 1905.8 小时。年均气温 13.6—19.8℃，年总积温 5000—7250℃。无霜期 250—300 天不等。年均降水量 1350—2050 毫米、30.43 亿立方米，多集中在 3—9 月，约占全年的 82.3%，较有利于农业生产。对农业影响较大的灾害性天气有干旱、台风、暴雨、洪涝和寒潮、雹、冻、高温等。全境土壤多系由花岗岩、凝灰岩、流纹岩、砂岩形成的红壤、黄壤，多属中等肥力土壤。福安有较丰富的物种资源，有真体腔动物 344 种，其中脊椎动物 77 科，163 种。维管植物 1015 种，其中蕨类植物 28 科 41 属 65 种，裸子植物 9 科 16 属 23 种，被子植物 136 科 531 属 927 种。

先秦时期，福安市为闽越族居住地。《禹贡》称扬州地，周为七闽地域，秦隶属闽中郡。汉初属闽越国，汉始元二年（前85）属冶县，东汉属会稽南郡。三国时属吴国建安郡东安县，晋、南朝属温麻县。隋开皇九年（589）属原丰县，隋大业三年（607）属闽县，唐武德六年（623）起属长溪县。

宋嘉定十年（1217），乡人郑子化以长溪西北乡地偏难治，上书请析县，宝庆元年（1225），长溪令范夔也建议设县，以韩阳坂为治所。宋淳祐五年（1245），乡人殿中御使郑寀献诗理宗颂赞韩阳宝地美景：“韩阳风景世间无，堪与王维作画图。四面罗山朝虎井，一条带水锁龟湖，形如丹凤飞衔印，势似苍龙卧吐珠。此处不堪为县治，更于何处拜皇都。”宋理宗御批“敷赐五福，以安一县”。划出长溪县西北二乡、九里建福安县，直隶福建路福州，福安故得名。时福安辖有永乐、灵霍 2 乡及其下的 9 里。明景泰六年（1455），划出平溪里的十一至十四都归新置寿宁县，福安辖 3 乡、9 里、32 都、36 图。清光绪十年（1884）全县有 32 都 48 图。民国 18

年（1929）福安县辖有7个区99个乡镇。民国23年7月，实行行政督察区区制度，福建省划分为10个行政督察区，福安为第二行政督察区驻地，时福安县辖有4区380保4216甲。民国34年撤销区署，实行县、乡二级政制，全县辖有5镇、16乡，232保3207甲。民国36年全省调为7个行政督察区，福安县属第一行政督察区，专员公署驻福安。1949年7月19日，福安县解放。同年9月30日，福建省第三行政督察专员公署正式成立，福安隶属第三行政督察专员公署，专员公署驻福安。时福安全县分设7区，统辖146保2089甲。1950年3月，行政督察区改以专员公署驻地县命名，福安县属福安专区。4月，废除保甲制度，福安全县设10区128乡。1958年9月人民公社化期间，全县设15个人民公社。1970年2月，福安专区革命委员会机关迁驻宁德；翌年6月，福安专区改称宁德地区，福安属宁德地区。1984年废弃“政社合一”制度，全县设5个镇、10个乡、3个畲族乡。1989年11月13日，国务院批准福安撤县建市，仍归宁德地区管辖。1999年12月，宁德撤地建市，福安市属宁德市。2020年全市辖辖13个镇、5个乡、4个街道办事处和2个省级开发区，其中，畲族开发区1个、畲族乡3个。即：福建福安赛岐经济开发区、福安畲族经济开发区；罗江街道、城南街道、城北街道、阳头街道；城阳镇、赛岐镇、穆阳镇、溪潭镇、甘棠镇、下白石镇、湾坞镇、溪尾镇、溪柄镇、潭头镇、上白石镇、社口镇、晓阳镇；范坑乡、松罗乡；坂中畲族乡、穆云畲族乡、康厝畲族乡。截至2020年12月31日，福安市户籍总户数199031户，总人口676624人，在福建省各区县中排在第15位。常住人口为57.7万人，在福建省各区县中排名第25位，户籍人口多于常住人口。总人口中，男性人口356075人，女性人口320549人，其中城镇人口264246人，乡村人口412378人。人口出生率10.9‰，自然增长率12.46‰。有畲、回、藏、苗、壮、满、瑶、高山、京等9个少数民族，其中畲族人口66000人，约占总人口的11%，为全国畲族人口最多的县市。全市共有378个姓，其中单姓374个，复姓4个。

2020 年钟姓人口为 28340 人，占全市总人口的 4.1%，列福安市姓氏人口第 7 位。

福安是福建开发较早的地区之一，唐代长溪流域商贸已较为发达。宋时，福安农业生产已具一定规模。至清代，造船、制茶、制糖工业制造业初步形成，坦洋工夫茶饮誉海内外。但受历史的局限，虽经历次推进，到民国时期依然为一个没有现代工业，发展缓慢的农业县份。中华人民共和国成立后，在中国共产党的领导下，邑内各界人士团结一致，奋发图强，艰苦创业，克服自然及经济中的种种困难与波折，使福安经济社会出现了前所未有的大跨越。一度成为闽东工业重地和经济贸易中心。特别是改革开放以来，福安人民的聪明才智得到进一步奋发，福安的经济社会发展步入了一个快速、健康、可持续的良性上升轨道，国民经济出现了飞跃式的推进。2020 年市国内生产总值 600.2 亿元，其中，第一产业增加值 53.42 亿元，第二产业增加值 370.9 亿元，第三产业增加值 175.86 亿元，人均国

福安市区

内生产总值 99768.05 元。一、二、三产业结构比为 8.9∶61.8∶29.3。全年财政收入 51.2 亿元，其中，地方财政收入 27.9 亿元。城镇居民人均可支配收入 40495 元，农村居民人均可支配收入 19717 元。工业确立了以青拓为龙头的不锈钢新材料产业集群，以电机电器、食品加工、船舶修造为主传统支柱产业，形成包含食品加工、建筑建材、冶金铸造、医药化工、水电工业和包装印刷等为重点的门类较为合理的地方工业体系。2020 年，总产值达 1419.44 亿元，实现向工业县市的转换。农业建立形成了粮食、茶叶、绿竹、水果、水产、畜禽、蔬菜、食用菌等 8 大主导产业，总产值 94.2 亿元。茶叶种植面积 16.2 万亩，年总产量 2.5 万吨，是全国第二大产茶县市。全市社会消费品零售总额达 150 亿元，完成出口商品收购总值 15.66 亿元。现有涉外星级酒店 7 家。全市金融机构 31 家，年未各项存款余额达 30.09 亿元。素有“中国电机电器城”“中国中小电机出口基地”“全国第二大船舶修造基地”“中国茶叶之乡”“南国葡萄之乡”“中国绿竹之乡”“中国保健按摩器发源地”之誉。

基础设施建设日臻完善，水、电、路、通信建设逐步配套。福安是海西东北翼的交通枢纽和闽浙赣内陆的重要疏港通道，赛岐—白马港素有“黄金水道”之称，白马港为国家一类开放口岸、宁马台首次海上客运直航口岸。交通构筑起以温福铁路、沈海高速公路、甬莞高速公路、宁武高速公路、福宁高速公路连接线、104 国道线、小浦线、赛浦路、福寿路为主干，市乡村道路为支线的网络框架，总里程 2204.649 多公里，其中，铁路境内 25.014 公里，高速公路 146.68 公里，普通公路 269.795 公里，农村公路 1763.16 公里。

2018 年，中国电信股份有限公司福安分公司通信用户规模 39.36 万户，移动用户占比 36.92%，宽带用户（含高清 ITV）占比 47.12%，固话用户占比 15.96%。无线网络覆盖进一步优化提升。C 网网络城关覆盖率 98%，乡镇覆盖率 97%；LTE 网络城关覆盖率 98.92%，乡镇覆盖率

95.5%。光纤宽带网络建设方面，城关市区、乡镇集镇宽带光纤覆盖率99%。全市439个行政村完成通光纤435个，其中省政府普遍服务行政村283个全部覆盖，行政村光纤率99.08%。

教育实现九年义务教育，2020年，福安市现有各级各类学校231所，在校生119473人。小学63所，在校生达52490人，学龄入学率99.99%；普通中学28所，在校生30816人，初中入学率98.05%。市内拥有宁德职业技术学院1所高等学校，福安职业技术学校、福安民族职业技术学校等2所中专职业学校，特教学校1所。市内拥有幼儿园1163所，在园幼儿21540人。全市教职工8615人（含在职公办教职工5663人），其中：普通中学教职工2811人，小学2966人，幼儿园2654人，中职142人，特教42人。2018年，高考一本上线率26.38%，本科上线率66.58%。2020年福安职校共有毕业生986人。

2020年，全市各类医疗卫生机构542个，其中市直医疗卫生单位5家、街道社区卫生服务中心3家、乡镇卫生院17家、精神病疗养院1家、民营医院3家、门诊部4家、个体中西医（综合）诊所48家、个体口腔诊所4家、备案中医诊所8家、村卫生所436家、企业学校医务室（诊所）13个，床位594张。注册执业（助理）医师753名，注册护士914名。妇幼保健机构1家、精神病人疗养院1家及闽东医院。完成建立居民健康档案519723人，建档率90.07%。

二、居域

福安钟氏多聚居于低山、丘陵和山麓。约45%的村落位于西部、北部低山、中山区，即西部鹫峰山脉和北部洞宫山脉的延伸区，地形表现为破碎崎岖，起伏陡峻，沟谷切割深度达500米左右，山地坡度在30—45度，部分超过45度。约20%的村落位于东部低山、山间盆谷区，即太姥山脉向西南延伸区，地形表现为低山广泛，山谷相间，地势起伏，平均海拔

500多米，相对高度500—600米，山间盆谷发育、堆积物较厚。约20%的村落位于交溪中下游平原、丘陵区。地形表现为破碎零乱、沟谷短浅，海拔30—250米，相对高度低于100米，坡度10—20度。约15%的村落位于南部滨海高丘、低山，地形表现为山丘交错、高起多变，相对高度200—500米，坡度20—30度。海拔最高的村庄为穆云畲族乡高岭村（500米），最低为溪潭镇蓝田村（30米）、康厝畲族乡长潭村。东西南区域积温较高，在4600—6200℃，北部略低，积温≤4650℃。居域气候温暖湿润，属中亚热带海洋性季风气候，光热充沛，降水较为充足。由于村落多分布山区，受地形阻挡和摩擦作用，受台风灾害影响较小。但山区土壤肥力差，降水不稳，交通不便，常成制约生产发展的因素。总之，相对恶劣的地理环境，落后的生产力一直制约着钟姓村落社会经济的发展。新中国成立后，在党的民族政策扶持下，大多山村生存和生产条件得到较大改观。农田基本建设得到提升，实现了通路、通电、通电话和电视信号全境覆盖，饮用卫生水。20世纪90年代，开始实施畲族村庄搬迁造福工程，特别是党的十八大以来，大力实施农村脱贫攻坚工程和美丽乡村建设，使一些钟氏村庄得以搬离一方水土养不活一方之地，一些村庄的基础设施建设得到全面完善，农村环境得到改善和美化。福安钟氏居住环境发生了翻天覆地的变化。

附：福安市钟姓居域地层岩性和地貌特征分布表

<table>
<tr><th>界</th><th>系</th><th>统</th><th colspan="2">群组</th><th>厚度（米）</th><th>主要分布地区（乡镇）</th></tr>
<tr><td rowspan="4">中生界</td><td rowspan="2">侏罗系</td><td rowspan="2">上统</td><td rowspan="2">南园组</td><td>第三段</td><td>＞2587</td><td>穆云、社口、城阳、溪柄、湾坞，多形成中低山或陡坡丘陵地形</td></tr>
<tr><td>第二段</td><td>＞589</td><td>坂中、城阳、穆云、松罗、溪潭、康厝，多形成陡坡地</td></tr>
<tr><td rowspan="2">白垩系</td><td rowspan="2">下统</td><td rowspan="2">石帽山群</td><td>上组</td><td>＞1214</td><td>穆云、坂中、城阳、湾坞，构成中低山地形</td></tr>
<tr><td>下组</td><td>＞1058</td><td>坂中、社口、城阳，成缓坡的山地低丘</td></tr>
</table>

（一）山脉、山峰

吴道仙顶山脉 从与寿宁县交界海拔 1139 米的吴道仙顶南下，延伸至潭头镇大庄村附近，成为潭头镇与范坑乡、上白石镇的分水岭。

甲峰顶山脉 从海拔 1099 米的甲峰顶沿福安市与寿宁县界南下，直至城阳镇东口村附近。

锣鼓山山脉 系洞宫山余脉，从海拔 1131 米的锣鼓山南下，通过晓阳镇、社口镇、坂中畲族乡，直至赛岐镇廉首村附近。

扩坪头山脉 系洞宫山余脉，从与周宁交界海拔 1238 米的扩坪头，往东南通过白云山，直至穆云畲族乡境内梨田村。

大岐山山脉 系鹫峰山脉余脉，从与周宁交界海拔 995 米的大岐山南下，通过与蕉城区交界的黄仙峰，延伸至吴山顶，往东成为溪潭镇与甘棠镇的分水岭，直至福安经济开发区罗江村。

尼姑坪山脉 系鹫峰山脉余脉，从周宁县的尼姑坪往东横贯康厝畲族乡，直至溪潭镇内。

吴山顶山脉 系鹫峰山脉余脉，从海拔 927 米的吴山顶，沿与蕉城区分界线南下，通过眉洋岭，纵贯下白石镇，直至藟尾。

仙岭东山山脉 系太姥山脉余脉，从与柘荣县交界海拔 1162 米的仙岭东山，向南延伸，纵贯城阳镇，直至溪柄镇黄沙村。

大洞风山山脉 系鹫峰山脉余脉，从与霞浦县交界海拔 976 米的大洞风山，向西南延伸，通过松罗乡、赛岐镇、湾坞镇，直至白马门。

白云山 属扩坪头山脉，福安市西北部社口、晓阳、穆云之间。北纬 27° 9′，东经 119° 29′ 处。面积约 190 平方千米，山顶白云缭绕故名。旧志载：山最高，为闽东第一山。上有庵，常年积雪不散。登绝顶，俯瞰城邑川海，如在宇下。主峰海拔 1450.2 米，一般高度 1000 米。西南地势平缓，山顶浑圆，东北坡山势险峻，沟壑阴深，峭壁林立，山脊如削。可鸟瞰福安、周宁、寿宁 3 县（市），为西溪与穆阳溪的分水岭，河流下切强烈，地表破碎，岩石裸露。山顶有二池，其产“午时莲”可入药。山域分布钟氏村庄有穆云乡竹洲山、燕坑长贝定、温岩铁场、岭坑长坑、上村南山、里楼等村。

仙岩鼻 属铜锣山山脉。位于福安市市区西面，坂中畲族乡中部，北纬 26° 6′，东经 119° 37′ 处，海拔 646.8 米。山域分布钟氏村庄有大林、仙岩、和安、日宅、廉岭等村。

旗顶山 在市区南部坂中畲族乡江家渡村，形家谓之“捍门华表”。明崇祯二年（1629），知县梁兆阳建凌霄塔。崇祯四年知县巫三祝重修。山域分布钟氏村庄有江家渡上下天池村。

马顶岗 属仙岭东山山脉。位于城阳镇北部，马上村牛溪边自然村的西南。海拔 678 米。山域分布钟氏村庄有城阳镇马上村牛溪边、雁塔村梨坑等村。

合掌岭 属仙岭东山山脉。位于城阳镇南部，茶洋村合掌岭自然村西南向，海拔 226 米。山域分布钟氏村庄有城阳镇茶洋村。

白梅岭 属仙岭东山山脉。位于溪柄镇北部，彩花桥村北向，海拔 794 米。山域分布钟氏村庄有彩花桥村。

大山 属仙岭东山山脉。位于溪柄镇北部，彩花桥村西向，海拔 701 米。山域分布钟氏村庄有彩花桥村。

湖头山 属扩坪头山脉。位于穆云畲族乡西南部，犁田村湖头山自然村西南，北纬 26° 6′ 4″，东经 119° 33′ 处，海拔 410 米。山域分布钟氏村庄有穆云畲族乡王楼村、犁田村、虎头蜈蚣脚自然村等村。

笔架山 属扩坪头山脉。位于穆云畲族乡南部，距乡政府驻地西 3 公里处，海拔 991.8 米，山域分布钟氏村庄有穆云畲族乡南山村下南、上洋桦垄头等村。

牛池坪山 属扩坪头山脉。位于穆云畲族乡南部，距乡政府驻地西 3 公里处，海拔 1031.1 米，山域分布钟氏村庄有穆云畲族乡南山村、燕科村、洋坪村、高岭村等村。

马腰山 属大岐山山脉，位于溪潭镇南部，海拔 904 米。山域分布钟氏村庄有岳秀村、横林自然村等村。

（二）河流、水库

交溪 古名长溪，是福建省第三大河流，呈扇形分布于境内。源于鹫峰山脉、洞宫山脉和太姥山脉。上游分为东溪和西溪，于城阳镇湖塘坂村处汇合后称交溪，向南流经市区段为富春溪，在市区口溪湖汇入秦溪，至城阳镇化蛟处有化蛟溪加入，在流经溪柄衣山村边处茜洋溪融入，至赛岐镇廉首村处接纳穆阳溪后称赛江，经甘棠时称白马河，经下白石的白马港峡口，注入三都澳汇入东海。流域分布钟氏村庄有坂中乡亭兜村、城阳镇铁湖村、溪柄镇白沙村、扆山村等，支流化蛟溪上有洋面村前洋、白坑村、茶洋村等。

东溪 又称棠溪。是境内最大支干流，源于浙江省平阳县下庄桥，流经泰顺县举坂至本市湖塘坂与西溪汇合，全长 94 公里，市境内长 37 公里。流域分布钟氏村庄有，潭头镇渔溪洋村、敢岭村、上白石南山头村等。

穆阳溪 发源于政和县镇前，经周宁县文潭，至赛岐镇廉首村汇入赛江。市境内流域面积 518 平方千米，河长 46.4 公里，总落差 150 米。流域分布钟氏村庄有穆云乡洋坪村、燕科村、竹洲山村；康厝乡填秦村、长潭村、金斗洋村；溪潭镇仙石村、溪填村、沙岩村、洪口村；赛岐镇廉首村等。

下逢溪 发源于周宁县荷洋，在晓阳镇黄兰入境，穿过社口镇西部流入穆云畲族乡，在龙首桥下游 50 多米处汇入穆阳溪。市内河道长 36 公里，流域面积 117 平方千米，总落差 580 米。流域分布钟氏村庄有穆云畲族乡中岙村、犁田村等。

秀溪 发源于白云山，经龟凤进入穆云畲族乡，穿贯穆云畲族乡中部，在桂林村汇入穆阳溪。市内河道长 15 公里，流域面积 52 平方千米，总落差 550 米。流域分布钟氏村庄有穆云畲族乡龟凤村山头仔、南山村下南、上洋村桦垅头、溪塔村长岗、考坑等。

磻溪　源于康厝畲族乡赤路，经华岩进入溪潭镇，在院前汇入瓜溪支流，在磻溪汇入西安支流，于溪填村下坂融入穆阳溪。市内河道长21公里，流域面积90.5平方千米，总落差300米。流域分布钟氏村落有溪潭镇蓝田村、瓜溪村、岳秀村等。

茜洋溪　源于柘荣县青岚山面，入境于坑口，至扆山汇入交溪。市境内流域面积142平方千米，河长20公里。流域分布钟氏村庄有溪柄镇彩花桥村、扆山村扆上、龟武、城阳镇纸坪村等。

赤溪　源于松罗乡里岭头，流经松罗乡满洋、外岭头、姚澳、赤溪、溪尾镇石合、坂中等村，在溪尾村汇入盐田港，主河道长16公里，流域面积68平方千米，总落差495米。流域分布钟氏村庄有松罗乡满洋村、溪尾镇林洋村、石合村岙里、坂中村溪里等。

利溪　源于溪尾镇林洋村，经茶洋、坎下，在溪尾村汇入盐田港，市境内流域面积21平方千米，主河道长6公里，总落差300米。流域分布钟氏村庄有林洋村、茶洋村、坎下村等。

和安水库　位于坂中畲族乡和安村。1981年竣工。坝高10米，总库容10万立方米。库区集雨面积1.7平方千米，核定灌溉500亩，实际灌溉400亩，发电40千瓦。

凤洋水库　位于康厝畲族乡凤洋村。1981年竣工。坝高13米，总库容13万立方米。库区集雨面积0.35平方千米，核定灌溉400亩，实际灌溉400亩。

廉首水库　位于赛岐镇廉首村，1976年5月建成。总库容11万立方米，其中控制蓄水量10立方米，设计有效灌溉面积43.3公顷。

何厝水库　位于甘棠何厝村，1989年12月建成。集雨面积11平方千米，总库容108万立方米，坝高26米，为福安第一座双曲拱坝水库。实际灌溉面积6000亩。

（三）道路、桥梁

古道 古道途经钟姓畲村有3条，皆为石镶路面。福安至周宁线，境内全长30公里，路经穆云畲族乡中岙村；溪柄至溪尾路线，全长50公里，路经溪尾镇林洋村；赛岐至穆阳线，全长50公里，路经长潭村。另外皆为村庄步行道。古道和村庄步行道多设有路亭。为房屋式样亭。按材料分为砖木、土木两种。坐落道路中间的为路心亭，有2个门，道路从亭中穿过；坐落路边的为路边亭，一般依山而建，三面砌墙，大门临路，亭内设有供路人歇息的长凳。现保护较好的有洋坪路亭。洋坪路亭坐落在洋坪村东600多米处公路边，是穆阳通往周宁及闽北一带古官道上设置的房屋式路心亭，亭半墙以石块砌成，上为土木建构。占地面积为66.34平方米。屋面为悬山顶，两侧山墙高过屋面饰作弓形墙头，内两侧设8个坐凳。

附：钟姓村庄路亭情况表

乡镇	亭名	所在村	亭高（米）	面积（平方米）	建筑时间	重修时间
坂中	廉岭亭	林岭	5	30.7	清同治九年（1870）	1984年
坂中	桦坪亭	和安桦坪	4.8	32	民国24年（1935）	
康厝	东山亭	东山岭尾	4.6	36	清光绪元年（1875）	1986年
穆云	长坑亭	岭坑长坑	4	30	清光绪年间（1875—1908）	
穆云	留思亭	中岙上岙	5	64	清乾隆四十三年（1778）	
穆云	七星亭	中岙上岙岭头	4.5	25	清光绪八年（1882）	

续表

乡镇	亭名	所在村	亭高（米）	面积（平方米）	建筑时间	重修时间
穆云	四加亭	溪塔	5	39	清光绪三十年（1904）	1961 年
溪潭	清水亭	马山	4	48	民国 32 年（1943）	
溪潭	马山亭	马山	5	30	清乾隆四十三年（1904）	
溪潭	马山上亭	马山	3	14	清同治七年（1868）	
甘棠	桥坂头亭	坑门里	5	30	1965 年	
社口	金岗尾亭	利岙	4	30		
城阳	合掌亭	茶洋	5	34.8		2014 年
穆云	洋坪路亭	洋坪	2.8	66.34		

104 国道　从上白石镇入境，途经上白石镇、潭头镇、城阳镇、城北街道办事处、城南街道办事处、溪柄镇、赛岐镇、赛岐开发区、甘棠镇等 8 个乡镇、办事处和 1 个开发区，36 个自然村。境内全长 79 公里。通过桥梁 11 座，长 469.69 延米。始建于 1955 年 12 月，1987 年进行拓宽，并改铺渣油路面，1995 年改为水泥路面，为二级水泥路。沿线钟氏村庄有城阳镇铁湖村、茶洋村；溪柄镇扆山村扆上、龟武村、仙洋里下邑村；罗江街道办事处坑门里村；甘棠镇的过洋村等。

福穆公路　起点为坂中畲族乡的坂中大桥，终点为穆云畲族乡桂林村。1958 年测设，1959 年动工，因国民经济困难一度下马，1984 年 10 月正式复工，1988 年 1 月竣工。全长 26.02 公里。全线路基宽 6.5 米，路面宽 3.5 米。大桥 5 座，长 707.8 延米，涵洞 110 道 1217.5 米。原为沙砾路面，

1999 年开始改为渣油路面，2013 年完成水泥路面的改建，路面宽 6.5 米。沿线钟氏村庄有坂中畲族乡仙岩村、廉岭村、彭家洋村；穆云乡科后村兰头、梨田村、中沃村等。

溪浦公路 起点为溪柄镇区，经松罗乡进入霞浦境内，过盐田乡到霞浦城关。1955 年 12 月动工，1956 年 4 月通车。全线长 88 公里，境内长 27 公里，全线路基宽度 6.5—7.5 米，路面宽度 5.5 米。有桥梁 3 座，53 延米。原为山岭重丘砂石三级公路，1995 年改为渣油路。2012 年完成水泥路面的改建，路面宽 7.5 米。2015 年该路行政等级调整为 353 国道。沿线钟氏村庄有溪柄镇长洋村葛藤坪、松罗乡茶洋村、后洋村等。

小浦公路 起点为赛岐开发区，经后泰、洪口、溪填、康厝、牛尾岭入周宁县境，再经政和、松溪至浦城。全线长 260 公里，境内长 40.1 公里，路基宽 6.5—7.5 米，路面宽度 5.5 米。桥梁 12 座、309 延米。1987 年进行拓宽整修，改为渣油路面，1998 年福安境内段基本改造为二级公路，水泥路面宽 9 米。2015 年该路行政等级调整为 353 国道。沿线钟氏村庄有溪潭镇洪口村、溪填村、仙石村；康厝乡红坪村、半山村等。

城阳镇环乡路 起点福安城区洋边路，环城阳镇山区南下，终点为化蛟村南 104 国道。沿线钟姓村庄有城阳镇马上村、茶洋村、白坑村、纸坪村等。

坂中—井口公路 为坂中畲族乡境内公路，起点为坂中村，途经大林、和安、许洋 3 村至井口村。全线长 17 公里，路基宽 6.5 米，路面宽 3.5—4.5 米，2006 年全线完成路面水泥硬化。2016 年进行拓宽，路面宽 6 米。沿线钟姓村庄有和安、大林、井口等。

穆阳—詹溪公路 为穆云畲族乡境内公路，1978 年 8 月通车，起点为穆阳，途经虎头、溪塔、玉林、双溪、南山、咸福等 6 村至詹溪村。全线长 19 公里，桥 2 座、30 米。路基宽 6.5 米，路面宽 3.5 米，为沙砾路面，2004 年开始改铺水泥路面，路面宽 4.5—5 米。2014 年完成白云山旅游大道（白云山互通口至白云山段）的建设，路面宽 6.5—36 米，沿线钟氏村庄有溪塔村（长岗、考坑）、岭头村、南山村下南等。

松罗一溪尾公路 起点为松罗乡驻地，终点站为溪尾。1987 年 1 月通车，途经坎下、溪尾等 12 村，全线长 27.8 公里，路基宽 6.5 米，路面宽 3.5 米，为沙砾路面。2021 年完成溪尾段拓宽并硬化，路面宽 6.5 米。沿线钟氏村庄有众坑村的牛罗城、林洋村、石合村、坎下村的马山、碓洋头等。

下逢一留洋路 起点为穆云畲族乡下逢村，终点为上村。全长 14.3 公里，桥涵 2 座，路基宽 5 米，路面宽 4.5 米。1997 年通车。2021 年完成外垄至上村段拓宽并硬化，路面宽 6.5 米。沿线钟氏村庄有王楼村、上村南山。

溪潭一周华路 起点为溪填村，终点为周华村。全长 15.7 公里，桥涵座，路基宽 6.5 米，路面宽 3.5 米。1976 年 1 月通车。2011 年完成全线拓宽并硬化，路面宽 6.5 米。沿线钟氏村庄有蓝田、瓜溪、岳秀村横林。

康厝一赤路路 起点为康厝畲族乡康厝村，终点为赤路村。全长 21 公里，路基宽 6.5 米，路面宽 3.5 米。1977 年 5 月通车。2008 年完成全线拓宽并硬化，路面宽 4.5 米。沿线钟氏村庄有竹园兜村。

东山村路 起点为小浦公路，终点东山村。全长 1.4 公里，路面宽 4.5 米。2008 年建成通车。沿线钟氏村庄有东山村等。

下白石至外宅路 起点为下白石，终点外岐村。全长 13 公里，路基宽 6.5 米，路面宽 3.5 米。1986 年 1 月通车。2006 完成全线拓宽并硬化，路面宽 4.5 米。2020 年，完成下白石至塘楼下路段的拓宽改造，路面宽 6.5 米。支线五中至通湾洋于 2006 年建成，路面宽 3.5 米，2021 年进行拓宽，路面宽 6.5 米。沿线钟氏村庄有亨里村、通湾洋村等。

下白石一坪岗路 起于下白石至外宅路（塘楼下），终点坪岗村，全长 8.6 公里，2008 年完成全线拓宽并硬化，路面宽 4.5 米。2020 年再次完成塘楼下至秦坎村路段拓宽改建，路面宽 6.5 米。

溪尾一石合沃里路 该路系松（罗）至溪（尾）公路过洋村至石合沃

里村，全长5公里，路宽4.5米水泥路面，途经林洋、林里、石合、沃里村，受益人口近3000人。2006年启动“村村通公路”，为首批贯通自然村的公路。

汾洋—后洋路 起点潭头镇汾洋村，终点后洋村。全长10.3公里，路基宽6.5米，路面宽3.5米。1981年11月通车。2006年完成全线拓宽并硬化，路面宽4.5米。沿线钟氏村庄有鹅山村、橄岭村、垄头村等。

王家路 起点为松罗，终点为王家。全长15.7公里，桥涵座，路基宽6.5米，路面宽3.5米。1981年9月通车。2009年完成全线拓宽并硬化，路面宽3.5—5米。2020年再次完成松溪线交叉口至王家段拓宽改建，路面宽6.5米。沿线钟氏村庄有东洋埕村。

社晓路 起点为社口，终点为南溪。全长32公里，桥涵6座，路基宽6.5米，路面宽3.5米。1986年12月通车。2009年完成全线拓宽并硬化，路面宽6.5米。2022年完成坦洋村内段路面白改黑。沿线钟氏村庄有坑里坑村。

山头庄路 起点为牛柏洋，终点为山头庄。全长9.2公里，路基宽6.5米，路面宽3.5米。1986年12月通车。2006年完成全线拓宽并硬化，路面宽3.5—4.5米。2020年再次进行拓宽改建，路面宽6—6.5米。沿线钟氏村庄有山头庄村、何厝村、小岭村等。

坑门里路 起点104国道，经北山至坑门里。全长3公里，2008年完成全线拓宽并硬化，路面宽4.5米。2018年再次进行拓宽改建，路面宽6.5米。

南山头路 起点104国道财洪村，终点南山头村。全长3公里，2008年完成全线拓宽并硬化，路面宽4.5米。

福岭路 起点湾坞炉山村，终点福岭村，全长9公里。支线至寒洋村，全长5.4公里。2008年完成全线拓宽并硬化，路面宽4.5米沿线钟氏村庄有半岭、岩下、福岭、寒洋等村。

秀峰—仙溪路 起点秀峰村，终点为仙溪村。全长8.1公里，2007年完成全线拓宽并硬化，路面宽3.5—4.5米。沿线钟氏村庄有山里村。

社口—谢岭下路 起点为社口，终点为谢岭下，与坂中畲族乡汤洋村相接而交接坂井公路。全长16公里，2006年完成全线拓宽并硬化，路面宽3.5—4.5米。2015年再次对潘洋至谢岭下段进行拓宽改造，路面宽6米。沿线钟氏村庄有利岔南山村、山里村等。

牛山湾路 起点为社口—谢岭下路，终点为牛山湾。全长5.3公里，2008年完成全线拓宽并硬化，路面宽4.5米。建有马渡桥1座，桥长58米。

荣岭头路 起点为社口，经寿宁县武曲镇白岩村至荣岭头。全长8.2公里，2012年完成全线拓宽并硬化，路面宽4.5—5米。

坑口路 起点104国道扆山村，终点坑口村。沿线钟氏村庄有扆山、采梅等村。全长19.3公里，2008年完成全线拓宽并硬化，路面宽4.5—5米。2018年再次对扆山村到溪南桥段拓宽改造，路面宽6.5米。

中沃桥 位于下逢溪下游，穆云畲族乡中沃村出口与福穆公路交接处。桥长米，桥宽3米，桥面宽2米。为双孔石拱桥。

亭兜桥 位于坂中畲族乡亭兜村。共有2座，皆为石拱桥。现因富春大道建设已经废弃。

东山桥 位于康厝畲族乡东山村。始建于清乾隆二十九年（1764），桥长5米，桥宽3米，桥面宽2米。为单孔石拱桥。

洋勘桥 位于康厝畲族乡洋勘村。始建于清光绪年间（1875—1908），桥长15米，桥宽5米，桥面宽3.5米。为单孔石拱桥。

山头桥 位于穆云畲族乡洋坪村。始建于清乾隆四十四年（1779），桥长10米，桥宽12米，桥面宽5米。为单孔石拱桥。

骑牛桥 位于溪潭镇马山村。始建于清乾隆四十三年（1778），桥长6米，桥宽1.5米，桥面宽1.2米。为双孔石拱桥。

竹州山红军桥 位于竹州山建制村。石拱桥，长130米，宽4米，高30米，1977年修建。2007年8月，因建设闽东水电站，该桥淹入蓄水工程中。两岸交通改由拦河坝顶面上通行。

三、风景名胜

白云山风景区 位于市区西北部，地理坐标：东经 119° 22′ 57″ 至 119° 31′ 52″，北纬 27° 05′ 34″ 至 27° 13′ 27″ 之间。西至龙亭溪与周宁县官山相邻，北跨黄兰湖与寿宁县凤阳为界，规划面积 96 平方千米。于 2009 年 12 月 28 日被中华人民共和国国务院列入第七批国家级风景名胜区，2010 年 10 月 3 日被列入世界地质公园。景区以类型繁多、数量巨大的古地质活动遗迹为主要景源内容，以石臼为景源特征，以畲族风情、谢翱故里、太后宫厅、茶文化为底蕴，融合佛光、午时莲、险山峻谷和奇石秀水等特色景源，集观光览胜、科考科普、探险健身和休闲度假功能于一体。规划有白云山、九龙洞、龙亭峡谷、黄兰峡谷、金钟山五个景区，山脚下主要环绕龙亭溪、首洋溪、蟾溪、黄兰溪、秀溪五条溪流，景观资源十分丰富，主要有独具特色的地质奇观，秀丽多姿的山岳、峡谷风光，美妙神奇的“佛光”胜境，生物种群稀有多样。风景名胜区内植物种类有 158 科 349 属 546 种。其中苔藓植物 20 科 22 属 24 种，蕨类植物 14 科 18 属 24 种，裸子植物 10 科 12 属 21 种，被子植物 114 科 292 属 477 种。被子植物中杜鹃花科植物有映山红、满山红、鹿角杜鹃、猴头杜鹃、马银花、丁香杜鹃、弯蒴杜鹃等；兰科植物有春兰、建兰、金线莲、独蒜兰、见血清、大叶石仙桃、细叶石仙桃、石豆兰等；竹类植物有南平倭竹、肿节少穗竹、苦竹、箬竹、毛竹、绿竹等；野牡丹科有地念、鸭脚茶、肥肉草、锦香草等；猕猴桃科有中华猕猴桃、毛果猕猴桃等。景区内动物种类共有 287 种，其中鸟类 14 目 27 科 71 种，占福建全省比例为 13.1%，全中国 6.0%；兽类 8 目 15 科 23 种，占福建全省比例 20.9%，占全中国 4.6%；两栖类 2 目 4 科 6 种，占福建全省比例 12.2%，占全中国 2.2%；爬行类动物 3 目 8 科 14 种，占福建全省 12.2%，占全中国 3.7%。种群数量较多和分布较广的有山雀、竹鸡、雉鸡、斑鸠、野兔、野猪、麂、穿山甲、虎纹蛙、棘胸蛙、眼镜蛇、银环蛇、竹叶青蛇等。此外，蒲公英、莼菜在福建尚属首次发现。由于人为活动造成自然环境恶化，野生山茶在国内几近绝迹，但在该名胜区的金钟山景区却发现野生山茶居群，进一步说明该区原生植物保护良好。古老多源的文化传承。现已发现筛选出 227 处景点，其中享誉全国的白云山石臼群等“六大典型景观”和佛光、午时莲等“十大胜景”以及黄兰、龙亭两大峡谷蔚为壮观。白云山景观资源丰富、类型多样，是集火山岩、晶洞碱长花岗岩地质地貌和峡谷深切曲流地貌、河床侵蚀地貌等多种典型独特的地质景观和蔚为壮观的水体景观、优雅古朴的人文景观于一体的天然地质公园。

白云山

白云山风景区分别于 2004 年、2008 年被评为省级风景名胜区和省级地质公园， 2009 年 8 月取得国家地质公园资格，2009 年 12 月升格为国家级风景名胜区，2010 年 10 月与太姥山、白水洋联合成功申报宁德世界地质公园。

仙岫山风景区 位于市区西面，坂中畲族乡仙岫山上。旧志云：“邑西山峰峦耸秀，云岚变幻，上有马仙遗迹，祷雨辄应。”主峰仙岭鼻，海拔 647.9 米，为“韩阳十景”之一“仙岫晴云”之所在。仙岫，即仙岭山，又名龟仙山、西山。可从福穆公路经彭家洋村蜿蜒而登顶。沿途松树参天，夹道成阴。传说朱熹也曾登临过，受到乡人热情款待。朱熹题下“水云深处神仙府，禾稻丰时富庶家”联句赠之。每遇雨过天晴，山峦苍翠，云雾渐起，色彩斑斓。登临仙岫山峰顶，站立天鼓石上，眺望山下，如置身仙境，背阳光而眺，云雾之上，影若佛现，光彩夺目，神秘撩人。“佛光”出现最长一次持续 35 分钟，可与峨眉、黄山的“佛光”相媲美。十里富春溪绿色长廊一览无余，韩阳景色尽收眼底，令人流连忘返。夏季与市区温差达 4 到 5 度，于青山碧水间呼吸着新鲜空气，甚是惬意。而从韩阳城区西望，雨后初霁的韩城上空云蒸霞蔚，城池西侧的仙岫山岭，在夕阳的映照下，显现清晰的轮廓，山顶与蓝天相接处，飘浮着朵朵金色的云彩，若即若离，或聚或散，呈现出“仙岭翠岫拂云岚”的奇观，这便是古时邑人誉称的韩阳十景之一“仙岫晴云”。

仙岫山

廉岭古道

廉岭孤树 位于市区西面坂中畲族乡林岭村廉岭古道上，廉岭古道因福安唐代明贤薛令之而得名，是连接福安城区与溪北洋交通要道。廉岭古道从福安市金谷园到福安溪潭镇下马山，历经亭兜村、廉岭村、廉岭亭、马山亭（烽火台，遗址）、清水亭（遗址）、上马山村，西至马山村。整条古道行程将近 4 公里。这条古道除了山脚下开机耕道被分成几段，几乎保存完好。旧志云："岭因明月先生名，中有古树，百尺无枝，霜皮溜雨，其龙门之桐耶？其孔明庙前之柏耶？应有好事者，摩挲其下。"清代，邑人陈从潮《廉岭孤树》诗云："高风标岭上，谁继白云端？古木饱霜雪，孤根耐岁寒。"廉岭古道仍为市民登山健身的好去处。

东山雪洞 位于康厝畲族乡东山钟姓畲族村地界，距福安市区 55 公里。洞依悬崖峭壁，以嶙峋奇石覆盖而成，为明大学士刘中藻读书处。

东山雪洞有正偏 2 洞，正洞高 4 米，面积 9 平方米，洞极平整，可容二三十人，洞壁镌有隶书"刘子读易处"5 个篆体大字。偏洞在正洞前，上刻洞名"虎跑"2 字，下有流泉，水声淙淙。正洞右侧为狭峡，曲通洞外，上方 4 米外镌刻"峨嵋峡"，后有天窗，可越洞顶，洞顶叠石凌空，危崖劈立，高数十米极为壮观。侧向有一悬空石径，直通正面，岩高径窄，游人渡此径须面壁挪行，壁上刻有"天桥"2 字。天桥上方岩石上有一天然裂隙，

东山

形如刀切，深2丈许，旁刻“试剑”2字。裂隙之北有深幽峡谷。崖上刻“猿愁峡”，雪洞之东，有巨岩，岩上刻有“石壑岩”3字。据载，东山雪洞摩崖石刻均为刘中藻手书，笔力遒劲洒脱。雪洞外侧，一条蜿蜒崎岖的山间小路（古代官道）从那里经过，岭上有座供行人歇脚的亭子——中藻亭。是当地村民为感念刘中藻而建的，大约在清朝年间，20世纪末重修。亭内一些对联保留至今，如“九漈落寒潭，踏雪还寻刘子洞；五峰罗峭壁，登山为指谢公亭”“越过峻岭崇山，便为天乐；认得灵岩古井，方解猿愁”。1984年10月被福安县人民政府列为首批县级文物保护单位。

瓜溪自然桫椤省级保护区 福安市瓜溪桫椤省级自然保护区于1996年3月经福安市人民政府批准成立，1999年2月经福建省人民政府批准，确定为省级自然保护区。保护区地处福安市西南部，位于福安市溪潭镇和甘棠镇交界处，地理坐标为：东经119° 31′ 10″ —119° 33′ 06″，北纬26° 59′ 10″ —26° 56′ 23″，涉及2个镇7个行政村36个自然村，816户，总人口3613人，面积1438公顷，森林覆盖率达77.29%。大面积的森林

瓜溪桫椤群

孕育了丰富的中亚热带生物多样性，优势树种以壳斗科为主，天然分布有常绿针叶林、针阔混交林、灌丛、草丛和竹林等6个植被类型，共138科322属436种。区域内有珍贵树种桫椤树大大小小3600多株。主要分布生长于里瓜溪海拔150—500米的峡谷及周围方园10平方千米的山野中，最大的一株高达6.5米，超过《中国濒危植物红皮书》最高6米的记载。尤其在约400公顷范围内，分布有4000多株古生代志留纪和下泥盆纪昌盛一时的裸蕨植物——桫椤，面积大，数量多，在我国极为罕见。

保护区内植物种类繁多，保护区内山势崔嵬、云雾氤氲、怪石峥嵘、叠瀑奇秀自然景观十分丰富，有夫妻瀑、葫芦瀑、红军潭、鸳鸯潭和水帘洞等自然景观，是闽东乃至全省生态旅游的一大亮点。良好的栖息环境为野生动物生存提供了可靠的保障，区内蕴藏有陆生野生脊椎动物27目54科157种，其中兽类8目15科23种，占福建省兽类总种数的20.9%。鸟类14目27科71种，占福建省鸟类总种数的13.1%。爬行类3目8科14种，占福建省爬行类总种数的12.2%。两栖类2目4科6种，占福建省两栖类总种数的12.2%。淡水鱼类38种；昆虫纲9目45科203种。其中，国家一级保护动物有云豹、白颈长尾雉、蟒蛇等4种，国家二级保护动物有穿山甲、大灵猫、大鲵、鬣羚、鸳鸯等14种。

溪塔葡萄沟 位于穆云畲族乡溪塔村。旅游景观独特，生态环境优美，当地畲民依托优越的自然环境栽培刺葡萄、水蜜桃、芙蓉李、枇杷、柿子等水果。溪塔村民为了节约耕地，因地制宜在溪面上用铁丝拉线搭架，让山葡萄藤蔓交叉穿插，沟上绿荫蔽日、沟下流水淙淙，形成连绵6公里的葡萄沟奇特景观。讲畲语、盘畲歌、吃乌饭、包菅粽、舂糍粑、枪担舞、畲家拳、巫术、婚饰文化以及“二月二”“三月三”等传统习俗和节日。充满浓郁畲族风情。2013年3月，“溪塔刺葡萄”获得国家工商总局地理标志证明商标。2014年10月，溪塔村被国家民委评为中国少数民族特色村寨。2015年9月，溪塔村与虎头村联创穆云畲族乡生态旅游区并成功通过验收，成为我市两个国家级AAA景区之一。2016年8月，被中国农学会葡萄分会授予“中国最美葡萄沟”荣誉称号。

第二节 源 流

一、姓由

《百家姓书库·钟》叙述道：钟，祝融氏所居地名钟山，是太昊之子重（句芒）设立重仪的天齐山灵台，以此得姓，重的璇玑盘高度与人目同高，以此为基准观测日、月、星辰通过系在璇玑盘四个方向的天地维准绳的时间和度数，确定历法。句芒、祝融都以蛇为图腾之一，蛇又称“螭”，所以钟姓又称“钟离氏”。钟姓之源有“以邑为姓”“改子为姓”“以官为姓”等多种说法。最为推崇为“以邑为姓”之说。传说，商王帝乙之子微仲衍接传兄微子启之宋国，经 15 位国君至宋桓公。桓公生有三子，长子目夷；次子兹甫，嫡出立为宋襄公；三子遨。宋襄公泓水一战为楚国大败。为联晋报仇，派遨出使晋国。公子遨在晋国生一子名扈，改姓伯。伯扈之子伯宗为晋国大夫。伯宗好谏得祸，其子伯州犁由晋奔楚，被楚共王任为太宰，食邑钟离（今安徽省凤阳东北）。其子孙以邑为姓，一支为复姓钟离，一支为单姓钟。钟姓在历史长河发展中经历了多次民族大融合，既吸收了少数民族成员，又有不少人融入少数民族中。成为包含汉、畲、羌、满、蒙、白、彝、回、裕固等多民族的大姓。畲族钟姓与汉族钟姓之间渊源何如，尚未得到学界考证论定。

福安钟氏主要为畲族钟姓，对姓氏的来源有着独具民族色彩的说法。畲族史诗《高皇歌》及族谱都有关于姓氏来源的传说记载：畲族钟氏为黄帝曾孙帝喾（传说中上古帝王名）高辛氏的后裔。始祖忠勇王因为帮助帝喾平息外患狄戎有功，迎娶高辛帝的三公主为妻，婚后育有 3 子 1 女，3 子和女婿皆赐姓封侯，长子赐姓盘，名自能，受封南阳郡“立国侯”；次子赐姓蓝，名光辉，受封汝南郡“护国侯”；三子赐姓雷，名巨祐，受封冯翌郡“武骑侯”；女儿名淑玉，嫁与钟志深，钟志深受封颍川郡“敌国侯”。因忠勇王无意于朝中为官，遂举家迁居广东潮州府会稽凤凰山。钟志深为畲族钟姓的肇基始祖。虽传说有别于史实，但亦表明畲姓钟氏的中华同根和汉、畲钟姓的源流相异之处。

唐五代，因战事纷乱社会动荡，导致中原人口迁徙南移，推动畲族人口向偏僻地区发展。畲族分水陆两路进入福建，畲族钟姓亦开始进入福建。根据畲族族谱记载，水上一支为“唐光启二年，盘、蓝、雷、钟、李共三百六十一口，从王审知为乡导官入闽，至连江马鼻登岸，时徙罗源大坝头居焉。盘王端（一说为‘碧’——引者）一船被大风漂流，不知去向”。［清光绪三十二年（1906）福安甘棠田螺园畲族村《冯翊雷氏宗谱》。］后转迁宁德、福安等地；陆上一支则由长汀、云霄、安溪进入福建莆田、

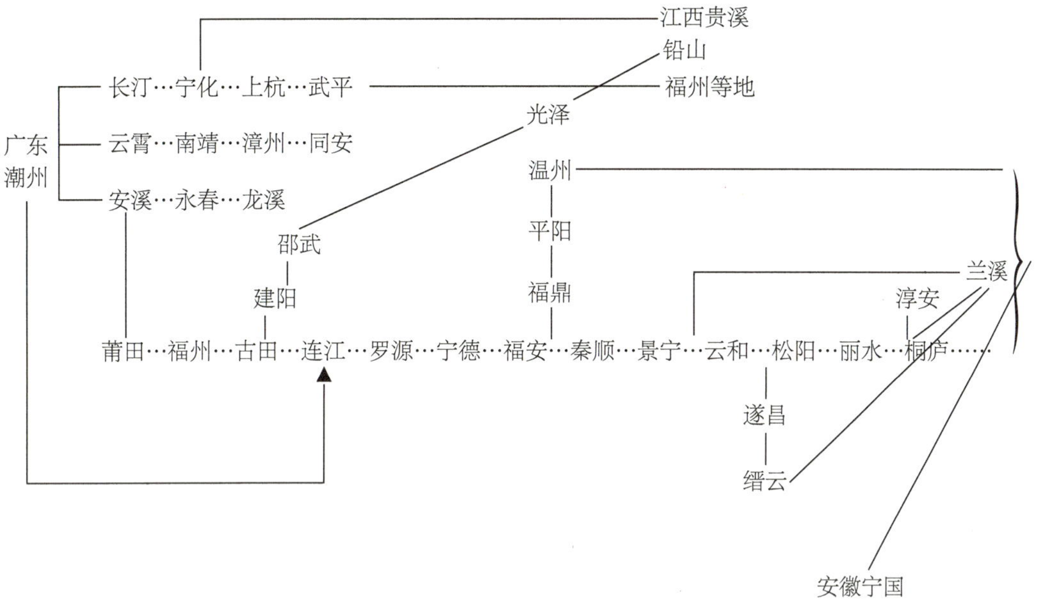

畲族迁徙简图

福州、连江、罗源等地。进入福建后，又繁衍分迁闽、浙、赣、皖各区域。

二、入邑

畲族钟姓迁入福安开始于唐五代，唐五代时仅有钟彦江一支于汀州上杭迁入韩阳坂五十三都钟莆坑。其后裔于北宋大观四年（1110）由钟莆坑转迁福安西郊大林村。钟姓是畲族迁入福安最早的支族。明代后，钟姓迁入增多，主要有明景泰年间（1450—1456），钟法广由金溪玉林迁住福安西门外五都眠山岗。明崇祯年间（1628—1644），溪塔钟姓从霞浦县柴镇坪迁入；小盘村贝头里钟姓从宁德县九都柴坑迁入。明崇祯前后钟士兴由宁德金贝迁福安大湾贝里，再迁甘棠小岭。清康熙年间（1662—1722）钟朝文从宁德县九都柴坑迁入甘棠镇清水壑。清康熙六年（1667）钟三春从浙江泰顺县鳌阳田边迁入社口镇南山。清康熙七年，下白石通湾洋钟氏从宁德县金涵、九都等地迁入。松罗乡茶洋村钟氏从福鼎县佳阳单桥迁入。松罗后洋钟氏从佳阳单桥迁入。钟法玉于康熙年间由宁德金垂石碑后携家迁福安县三十三都红夏（现下白石镇下赤村委会红夏自然村）。清雍正三

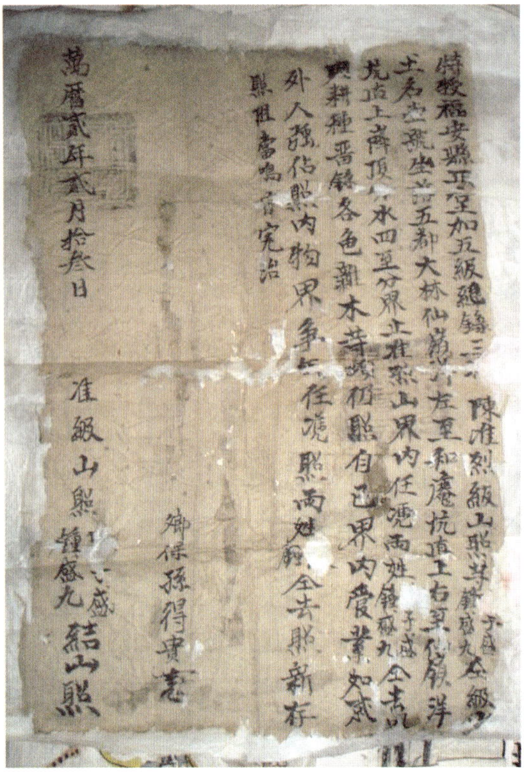

明万历二年福安知县所发官山执照

年（1725）钟奕昌由宁德斑竹迁入下白石镇章沃村委会双贵山。乾隆二年（1737）钟亨统与次子钟利通从江西赣州府会昌县左水上村老厝场徒迁社口竹工岔定居。乾隆十四年钟春相、钟春杨两堂兄弟由汀州武平县携家迁居潭头镇龙井坑，后又迁居潭头镇祠堂前。钟姓入居福安后，经繁衍发展又分迁邑内各处和其他地区。至清末迁徙渐趋稳定。在邑内主要形成和安、大林、竹工岔、红夏、单桥、柴坑、仙仁、双贵山、祠堂前等9支派系，而以大林派系人口最多，影响最大，也是宁德市最大钟氏派支。福安畲族钟姓迁徙原因主要是躲避战争和压迫剥削，或因人口繁衍分迁寻找适合的生存发展环境，或官方行为指令迁徙。钟姓入居福安多处于低山、丘陵和山麓。过着“辟丘围田，种树还山，种菁为活”的生活。明前钟姓与其他畲人一样，被摒于里图榆枋之外，官方租庸不及。明万历二年（1574）二月，福安县知县发给大林村畲民钟盛九等官山执照一张。崇祯三年（1630）福安县正堂“加给界限，以杜侵越”，又会钟盛九等执照，申明畲民钟姓对大林官山所负管理权和应承担义务。清乾隆年间“编图隶籍”“编甲完粮”的政策逐渐实行于钟姓村庄。

三、主要派系

（一）坂中和安钟氏派系

唐五代时，始祖钟彦江于汀州上杭迁入韩阳坂五十三都钟莆坑。为迁居福安最早的钟姓支派。宋大观四年（1110），钟飞由钟莆坑迁入福安西郊大林。至钟成九时，携家迁移上广（现和安村委会地域范围）。康熙四十年（1701），钟成九四世孙钟静三迁住和安。钟静三为和安钟姓肇基始祖。现有族裔500多人，已传至四十一世。

（二）坂中大林钟氏派系

坂中大林钟氏派系是福安钟姓最主要的一大派系。开基始祖钟景祺，行天九，娶雷氏，生子钟藜声、钟藜龙、钟藜周、钟藜霖、钟藜凤。钟藜声娶吴真三女言同，赐封七品夫人，生2子，长子钟阳（扬），次子钟云。钟景祺被尊为入闽开基第一世。至五世钟阳之孙钟锡，行继五，娶妻蓝氏，携家由广东省潮州府会稽凤凰山迁移福建省福州府城南大桥头居业。八世钟位进，行武六，携家眷再移往罗源大垣田。至十二世钟思烈，再迁移福安穆阳十五都金溪玉林居住。明景泰年间（1450—1456），十四世钟法广，原名若清，行绩三，由金溪玉林迁福安县城大西门外五都眠山岗居住。明正德年间(1506—1521)，钟法广十七世孙钟熙的5个儿子分徙各处。钟熙，行德六，为人忠义正直，被尊为钟熙侯王而成大林土主。长子钟聪于明正德十一年（1517）与父钟熙同迁大林；次子钟明于正德十一年迁山头庄；三子钟彩于正德七年迁白石漈； 四子钟听于正德十年迁大留；五子钟乐于正德九年迁侯官汤岭（《闽都记》载为侯官县六都）。分为“福、缘、善、庆、和”五房，为大林钟姓第一次分蘖衍派。其后五公派系又经繁衍多次分支立房。

1. 大林钟氏聪公支派

明正德十一年（1517），长子钟聪，字光照，原名盛九，行癸一，与父钟熙同迁大林。至二十世钟聪之孙钟升，行璋七，娶雷氏生有2子。长子钟祥，字德瑞，行荣九，留居大林；次子钟晟，行璋九，迁往福宁府后地洋东（位霞浦县崇儒畲族乡）。钟祥娶雷氏生2子，长子钟安，字讳鹤，行华六，居大林；次子钟泰，出祖罗源。钟安娶雷氏，生子9人。长子钟希圣、次子希哲、三子希生、四子希邹、五子希鲁、六子希书、七子希堂、八子希隐、九子希相，又收义子希儒，合称“十全和气万家钟”。其中钟希哲出迁处州丹桥，钟希鲁于清顺治二年（1645）迁福鼎，钟希堂出迁霞浦县白露坑，为境外繁衍。

境内繁衍有长子钟希圣，讳法朝，行孙一，留居大林。娶妻雷氏七娘、又娶雷氏九娘。生4男4女。长子钟一轮、次子钟一轩、三子钟一辂、四子钟一轸。清顺治年间（1644—1661），钟一轮与弟钟一轩由大林迁住十六都眠山，即现濑头村。钟一轮生1子，名钟三畏。钟一轩生1子，名钟三敬。三畏生2子，长子钟尚贤、次子钟尚养。三敬生2子，长子钟尚进、次子钟尚亲，逐分为濑头宗祠之兴、旺、进、发4房；钟一辂，讳琼，行富三，娶雷氏，生4男4女，4男为钟三门、钟三华、钟三龙、钟三球，分为福、地、人、和4房，迁康厝金斗洋。钟三门，讳字梅，行金一，娶雷氏五娘，生5子3女，长子钟尚志、次子钟尚恩、三子钟尚愈、四子钟尚悠、五子钟尚听，分为乾、元、亨、利、贞5房；钟一轸入嗣钟希儒，生子钟三明、钟三和，迁仙岭头。钟三明生子钟尚福，钟三和生子钟尚英，合为炳房。

和房钟三球之子钟尚锡生2男，长子钟玟盛、次子钟玟国。钟玟盛生5男，为钟淑观、钟淑连、钟淑茂、钟淑梅、钟淑章。钟淑茂迁福宁路口小岭；钟淑梅、钟淑章迁崇儒半岭。钟玟国生2子，为钟林富、钟林贵。钟林富住林岭；钟林贵迁住下邳天池。

乾房始祖钟尚志，讳法洪，字国云，生于康熙三十五年（1696），娶雷氏生4子1女，长子钟月新迁居溪潭马山凤凰池；三子钟月容迁移后漈（潭头镇后柘）；四子钟月麟迁住龙里湾罗里；次子钟月赢，字法听，配雷氏廷妹，生6男2女，6子为钟林凤、钟林鹤、钟林宪、钟林养、钟林全、钟林鹊。二子钟林鹤生2男，钟士余、钟士有分迁前洋（松罗前洋）和下邳对面洋，遂繁衍为林鹤派；三子钟林宪分迁叠石；四子钟林养迁仙岩下。

元房始祖钟尚恩，讳法召，字国进，生于清康熙三十七年（1698），娶吴石坂雷进妹，生3男2女，长子钟月盛，讳法谢，娶雷莲妹，生3男2女，3男为钟鸣仲、钟鸣英、钟鸣传，居大林；次子钟月隆，讳法双，原居大林，后移居岭头，又迁杨家山，再转居前洋，后归五都廉岭兴居立业；三子钟月珠，居大林。

亨房始祖钟尚愈，生于清康熙三十九年（1700），居大林发族。其后，三十世孙钟陈义，迁居大留洋。

利房始祖钟尚悠，生于清康熙四十一年（1702），生4男，为钟月兴、钟月相、钟月昌、钟月亮，各衍发成派。钟月兴生4男，为钟鸣震、钟鸣梭、钟鸣随、钟鸣光衍发为“月兴派”，其中钟鸣随之子钟士凤迁住西镇南山；钟月相生2男，钟鸣乐、钟鸣武衍发为“月相派”，其中钟鸣乐之长子钟士宁和钟鸣武迁住仙岭头；钟月昌生3男，为钟鸣举、钟鸣应、钟鸣启，衍发为“月昌派”。钟鸣举生钟士安、钟士萤2男。钟士安发迁眉洋头周坑并寿宁资坑。钟鸣应生钟士连、钟士佑、钟士成3男。钟士成迁居龙腰河。钟鸣启生钟士颜、钟士植、钟士茂3男。钟士植迁移福宁深澳并后漳；钟月亮生3男钟鸣楚、钟鸣瑞、钟鸣康衍发为“月亮派”，其中钟鸣康迁居叠石对面山；钟鸣楚生子钟士伦、钟士美，钟士美迁住直龙冈。

贞房始祖钟尚听，生于清康熙四十三年（1704），生7男，为钟月贤、钟月京、钟月顺、钟月向、钟月正、钟月圆、钟月祯。其中，钟月贤生4男，为钟鸣求、钟鸣隐、钟鸣祥、钟鸣泰。钟鸣泰迁居穆阳上沃（今穆云畲族乡中沃村）；钟月正生子钟鸣瑞，迁居东岭洋。钟月圆迁居东洋埕（松罗乡）发族。钟月祯迁住棠濑滌头（潭头镇柘头）。

炳房始祖钟尚福、钟尚英。钟尚福生2男，长子钟月发、次子钟月进。钟月进生5男，为钟锦余、钟锦适、钟锦友、钟锦朝、钟锦长。钟尚英生2男，长子钟月盛，次子钟月金。钟月金生3男，为钟其生、钟林生、钟满生，迁住东山官垅（康厝乡彭洋村桂垄自然村）。

境内繁衍的三子钟希生，奏名法祥，名余名，行孙三，二十三世，于明万历年间（1573—1619），由大林迁往上广，娶雷氏生1男，名钟一明，钟一明娶蓝氏，生6男，长子钟日阑、次子钟日龙、三子钟日秀、四子钟日平、五子钟日华、六子钟日林。钟日阑，奏名法秀，娶雷氏，生5男，长子钟文连迁居天池，次子钟文申迁溪尾居里，三子钟文美迁居内辰，四子钟文圣迁居白坑，五子钟文富迁居溪尾林洋澳；钟日龙迁居凤洋；钟日秀迁居城阳前洋；钟日平迁居茶坑；钟日华迁居霞浦县报恩；钟日林迁居上和安。

境内繁衍的四子钟希邹，行孙四，娶蓝氏，于明万历年间，迁居小坑（潭头镇渔溪洋秀坑）。合入为小坑钟氏派支。

境内繁衍的六子钟希书，行孙六，娶雷氏，于明万历年间迁居梨坑，合入梨坑派支。

境内繁衍的八子钟希隐，行孙八，娶林氏，生子钟寿高。钟寿高娶雷氏，生子钟石贵。迁廿二都林前（现溪潭镇蓝田村），繁衍为蓝田钟氏派支。

境内繁衍的九子钟希相，行孙九，娶朱氏，于明万历年间迁六都天池。成为天池钟氏的主要一支。

大林聪公分派在繁衍迁徙中又形成几支有影响的分支，除总祠大林外，有坂中濑头、坂中仙岭洋（仙岩）、城阳前洋、康厝凤洋、康厝金斗洋、潭头小坑、溪潭蓝田等。现居大林村钟氏主要为钟一辂支脉，已发至四十世。

坂中濑头钟氏分支　为希圣、希儒分支，肇基始祖为钟一轮、钟一轩。清顺治年间（1644—1661），钟一轮与弟钟一轩由大林迁住十六都眠山，即现濑头村。钟一轮生1子，名钟三畏；钟一轩生1子，名钟三敬。三畏生2子，钟尚贤、钟尚养；三敬生2子，钟尚进、钟尚亲，逐分为兴、旺、进、发4房。衍发成派。至今已繁衍至39世，人口300人。祠建井口濑头村。派分迁徙长潭、林头、岽山、山头仔、高楯头、长坝头、里洋楼、南湖、鸡角岩下、清水壑及霞浦等地。

坂中仙岭洋钟氏分支 为希圣、希儒分支，肇基始祖为钟尚全。清康熙五十五年前后（约 1709—1712），大林钟三龙第三子钟尚全迁居仙岭岩（仙岩），钟尚全，字承光，行义六，娶雷氏，生 3 子，长子钟月顺、次子钟月生、三子钟月显，分“福”“禄”“寿”三房衍派。至今已传至三十八世，族裔 720 多人。外迁分支人口 300 多人。分布地点有仙岭洋、南垅、赤花垅、漈头招坑里、车岭、里厝、王家墓、车头洋及霞浦城关、春后、六停弯、北山里、湖坪等地。宗祠建在仙岩村。

康厝金斗洋钟氏分支 为希圣、希儒分支，肇基始祖钟一辂为钟希圣三子，钟一轸为四子，明末清初因兵变分迁康厝金斗洋。钟一辂，奏名法琼，行福三，娶雷氏，生 4 男 4 女，长子钟三门、次子钟三华、三子钟三龙、四子钟三球。钟一轸，奏名法曜，行福四，配雷氏，生 2 子，长钟三明、次子钟三和；分为利、贞二房六扇。族裔达 300 多人。宗祠建在金斗洋村。繁衍分迁梨田、池家坪、前洋、长潭、龙腰河、馒头山（横林）、竹园兜、桂垄、上澳、瓜溪、笊篱鏊、大莲以及霞浦、建阳、邵武、浙江龙游等地。

康厝凤洋钟氏分支 为钟希生分支，肇基始祖钟日龙，清康熙年间由上广迁居芹菜洋，钟日龙之长子钟文周以芹菜洋之地培塿，复携家族再迁凤洋。至今已繁衍至 25 世。族裔人口 2000 多人。宗祠建在凤洋村。

城阳前洋钟氏分支 为钟希生分支，肇基始祖为钟日秀，奏名法通，明万历年间（1573—1619）从上广迁居城阳乡前洋，钟日秀生 1 子，名钟发喜，钟发喜生 3 子，长子钟启旺、次子钟启建、三子钟启昌，由是繁衍成前洋钟氏分支。至今传至三十九世，族裔 700 多人。宗祠建在前洋村。

城阳茶洋钟氏分支 为钟希生分支，肇基始祖为钟日平，清顺治二年（1645）迁居茶洋村。至二十八世钟日凤迁康厝老虎湾；钟日兴迁居茶洋甲藤坑；钟日招迁居茶坑，其后裔再迁霞浦县大沙、池头、南洋等地。二十世钟兆禄迁居社口镇里后，成里后钟氏之祖。宗祠建于茶洋村口水尾右侧。

溪潭蓝田钟氏分支 肇基始祖钟希隐，行孙八，娶林氏，生子钟寿高，于万历年间迁居十七都杨家坪大山下。钟寿高娶雷氏，生子钟石贵。钟石贵，师名法随，字瑞光，为蓝田钟氏始祖。钟石贵娶妻雷氏，迁廿二都林前（现溪潭镇蓝田村）。妻雷氏生3子，钟三茂、钟三发、钟三才。3子分福、禄、寿三房衍派。长子钟三茂迁居日宅；次子钟三发居林前下村；三子钟三才居林前上村，其后裔又散居半溪、茄山、牛坑、东山及宁德等处。至今已传二十四世，族裔达8600多人，遍及福安、宁德、霞浦、周宁、福州、厦门、建阳、邵武、罗源等地。宗祠建在蓝田村。

2. 大林钟氏明公支派

明正德十一年（1516），钟熙二子钟明，字显光，号藻监，行癸二，娶蓝氏生1子，钟天福，由眠山岗迁住山头庄村。钟天福，字克绥。娶蓝氏小七娘生1男，名闻国。钟闻国娶雷氏生3男。长子钟陈准，次子钟陈确，三子钟陈集。钟陈准生子4人，长房钟向晨居山头庄，分支迁宁德漳湾雷东、对面楼、池头、松罗大贝、茜洋等村；次房钟向满居山头庄，分支迁赛岐、甘棠岭尾、猴池、霞浦县下塘、宁德县三都麻洋等村；三房钟二满派迁居溪尾碓洋头、霞浦崇儒三罗坑等村；四房钟向抄派分迁湾坞长垅里（今居龙珠新村）、甘棠过洋、霞浦沙江等。钟陈确生子2人，孝房钟向贵派迁居宁德县南门冈、灵山、霞浦县崇儒溪边、盐田楼基等村。钟陈集迁居穆阳燕科。形成有影响的分支有康厝东山、穆云燕科、穆云高山、坂中白岩下。

甘棠山头庄钟氏分支 为山头庄派系发源地。始祖钟明由大林村迁住山头庄村。其曾孙钟陈准生子4人，分为4房，长房、次房留居山头庄衍发，至今已传26世，人口239人。宗祠建在山头庄村。

穆云燕科分支 燕科自然村钟氏为甘棠镇山头庄钟陈集派支，由甘棠镇山头庄迁入衍发，始祖钟忠震，为钟陈集孙子，钟忠震娶雷氏，生子3人，长子钟文兴、次子钟文明、三子钟文春，分为智、仁、勇三房，智房留居燕科，仁房分墘山、勇房迁考河。钟文兴次子钟连华派驻下分迁坂中白岩下、康厝石门限，至今二十六世。

康厝东山钟氏分支 为甘棠镇山头庄明公派系。明公曾孙钟陈确，娶蓝氏生4男，钟法黄、钟法金、钟法万、钟法雨。长子钟法黄迁居东山，娶吴氏生子2人，钟四贵、钟四满，钟四贵迁居南门岗，钟四满发族东山。

3. 大林钟氏采公支派

明正德七年（1513），钟熙三子钟采，字光贺，行癸三，迁白石漈。娶吴氏，生2男，长子钟天佑、次子钟天言。天言娶蓝氏生子钟启照分居福鼎。天佑娶雷氏万五娘，生子钟启腾，钟启腾于嘉靖元年（1522）再迁六都后林。钟启腾娶吴氏生子钟发隆。钟发隆娶吴氏生3子，为钟兴国、钟兴年、钟兴锐。钟兴国由白石漈迁秀坑，形成秀坑派；钟兴年迁敢岭，形成敢岭派；钟兴锐居后林。钟兴锐生子钟昌达。万历三年（1575），钟昌达，乳名阿四，行金五，由后林徙迁梨坑。形成梨坑派。钟昌达生2子，长子钟进棣，次子钟进龙分为东春二房。“东房”钟进棣生4子，长子钟陈麟居梨坑；次子钟陈华分迁满洋中；三子钟陈全迁通湾洋；四子钟陈财迁徙深度。“春房”钟进龙迁居坂中乡江家渡村下天池。潭头秀坑和城阳铁湖为最有影响的2支。

城阳铁湖钟氏分支 肇基始祖钟进棣，其长子钟陈麟，字以祥，行福一，娶雷氏生4男，钟元连、钟元贤、钟元明、钟元恩。分为福、禄、寿、昌4房。钟元连，字亦续，奏名法禄，行荣一，生2子，钟月绥，钟月元。钟月元，字又干，行元二，乾隆十六年（1751）举家迁居獭湖（今铁湖），生3子，钟士龙、钟士安、钟士泰。钟士安再迁坂中乡仙源里村大洋，钟士泰之廿二世孙钟兆蔚出迁霞浦东埠头；钟陈麟次子钟元贤，字亦德，行荣二。乾隆十六年分迁溪柄镇龟武村。钟元贤生6子2女，三子钟月明迁居穆云乡上村南山；五子钟月兴迁往晋洋施坑南川；钟陈麟四子钟元恩，字亦泽，行荣四，生3子，钟月生、钟月明、钟月卿。钟月卿生2子4女，分迁二、三都盘龙。铁湖钟氏宗祠建在铁湖村。至今，已传至二十五世，族裔600多人。

4. **大林钟氏听公支派**

明正德十年（1516），钟熙四子钟听，行癸四，配江氏，迁坑门里，生2子，长子钟天令，次子钟天鉴。钟天令娶雷氏，生3子，长子钟允禄迁居泰顺县鳌洋田边，三子钟允旺分居九都南山，次子钟允愍仍居大留；钟天鉴娶蓝氏，生3子，长子钟允启迁浦城县池塘深弯，次子钟允奇娶雷氏，迁宁德河濑山，三子钟允政迁建阳蓬门山头。

甘棠坑门里钟氏分支 听公派下，始祖钟听，明正德十年（1516）从大林迁入，生2子，长子钟天令，次子钟天鉴。钟天令娶雷氏，生3子，长子钟允禄福迁居泰顺鳌洋田边，三子钟允旺分居九都南山，次子钟允愍仍居大留；钟允愍生子钟亦正、钟亦位。钟亦位生钟公房、钟公库，分迁林洋和福宁游湾。钟亦正生钟公当，钟公当生钟孔任、钟孔仪。钟孔仪迁居霞浦。钟孔任生子钟其华、钟其亮、钟其锐、钟其旺，分康、乐、和、亲四房。至今已传三十四世，族裔达602人。宗祠建在坑门里村。

社口徐墩坂钟氏分支 肇基始祖钟立，为钟允奇之孙。明万历三十五（1607），钟允奇长子钟建携子宁德河濑山回迁穆阳燕窝（今穆云乡燕科村），同年，钟建长子钟立迁入徐墩坂，并发族繁衍，现族裔3000多人，已传至二十六世。宗祠建在徐墩坂村。

社口南山钟氏派支 原为大林钟听公天令分支，钟天令长子钟允禄，迁居泰顺鳌洋田边。南山肇基始祖钟三春。于康熙六年（1667）由浙江泰顺鳌阳田边迁居福安社口南山。钟三春娶吴氏，生子4人，为钟进瑞、钟进琦、钟进珍、钟进珠。又与其弟钟三勤、钟三荣分为“兴、旺、隆”三房。发族繁衍已至十六世。其后裔又分迁社口山里、马尾栏、桐弯、河山仔、里溪头、穆云梨田、赛岐锦浦庵、城阳马下等村。宗祠建在南山村。

5. 大林钟氏乐公支派

钟熙五子钟乐，字光欣，行癸五，于明正德九年（1515）迁侯官汤岭，生 2 子，长子钟天禄、次子钟天寿；钟天寿生子钟启林；钟启林，字符水，行整一，号翠亭，配雷氏，于明万历四十八年（1620）迁横溪林前（今溪潭蓝田），生 5 子，长子钟法陈，次子钟法度，三子钟法寅，四子钟法真，五子钟法华，分为仁、义、礼、智、信 5 房发族。

仁房钟法陈，字李言，行刚一。娶雷氏，生钟廷章、钟廷敏、钟廷旺、钟廷翼 4 男。康熙年间（1662—1722）由林前迁上墘里。钟廷章，奏名法有，字日文，行乾一。娶蓝氏，生钟敬清、钟敬联、钟敬华、钟敬廊、钟敬泰等 5 男。清乾隆后期钟敬华三子钟士达，字文发，娶高山蓝叶使而迁居墙坪高山。钟廷翼，字日凤，行乾四。娶蓝氏生子钟敬荣、钟敬昌。于康熙年间再迁霞浦磨石桥。

义房钟法度，字李方，行刚二。娶雷氏生钟廷周。钟廷周，字日纯，行乾五。娶蓝氏生钟敬珠、钟敬瑞。康熙年间由林前迁居坦洋张坑。其后钟敬珠四子钟士动仍居张坑外，钟敬珠（字明珍）及长子钟士财、次子钟士勉、三子钟士助再迁三十六都林洋延黄上院后。钟敬瑞（字明玉）娶蓝丁妹，生钟士芳、钟士朋、钟士贤 3 男，分居三十六都利洋山头山里垅。

礼房钟法寅，字李和，行刚三。娶杨氏生钟廷祥、钟廷全 2 男，钟红妹、钟已妹、钟安妹、钟宝妹 4 女。清雍正十三年（1735）九月二十一日由林前迁居寿宁李家洋。乾隆年间（1736—1795），钟廷全，字日周，行乾七。娶李氏，生钟敬如、钟敬双、钟敬禄 3 男 1 女。回迁四都吴溪边（城阳镇马上村牛溪边）。

智房钟法真，字李顺，行刚四。娶雷氏生钟廷诗、钟廷书、钟廷礼、钟廷乐、钟廷射、钟廷御 6 男。康熙年间由林前迁居十七都黄儒岭头。钟廷诗，乳名文龙，奏名法连，字日兴，行乾八。配桂垄蓝莲使生 4 男 6 女。三子钟敬音，字明容。先迁大箬，后移居大山下；钟廷书，名文华，字日典，行乾九。配蓝氏生钟敬珏、钟敬慈、钟敬起、钟敬养、钟敬微、钟敬六6男。钟敬珏，名石宝，字明芳，行福七，生3男，3男为钟士钦、钟士铃、钟士珍。乾隆年间由岭头迁居城阳镇化蛟村后洋里。钟敬六迁廉首；钟廷礼，名文发，字日仪，行乾十。配雷氏生钟敬绍、钟敬纲。钟敬绍居十九都穆阳坑壁。钟敬纲居廿一都大箬慈云六定（赛岐镇廉首锦浦庵）；钟廷乐，名文旺，字日欢，行坤一。配咬头吴吉妹生2男4女。长子钟敬茂，字明林。娶雷日妹生3男2女。乾隆年间迁居樟垄后坑；钟廷射，名文达，字日影，行坤二。配雷氏生5男1女。5男为钟敬寿、钟敬孙、钟敬金、钟敬发、钟敬林。乾隆年间迁廿一都鹧鸪岗白岩下；钟廷御，名文禄，字日车，行坤三。配蓝氏生子钟敬源、钟敬淋。乾隆年间迁居寿宁虎壑马头。

信房钟法华，字李茂，行刚五。生钟文喜、钟文贤、钟文献3男。钟文喜，字日贺，行坤四。生钟明新、钟明友、钟明连、钟明用、钟明期5男。乾隆年间钟明新迁居洋墈，钟明友迁居苏堤石门头（现穆云乡洋坪村石门头）。

附：大林钟氏源流世系总图

◎一世

钟景祺，阳名贵，字琴山，行天九，配清河郡张林安女，赐封中殿一品夫人。生5子1女，5子皆登科，1女钟顺唐，许配郑元龙。

◎二世

钟藜声，钟景祺长子。唐时官为曾孙宝。居颍川，配武陵吴真三女言同，赐封七品夫人，生2子，长子钟阳（扬），次子钟云。

钟藜龙，钟景祺次子。唐时为勇师大兵提督，封广东马鼻海。配宋泰云三女，赐封正一品夫人，生2子，长子钟纯，次子钟伯。

钟藜周，钟景祺三子。唐时官为知府，济南府及第大夫。配吴方成长女应兰，封三品夫人，生1子，名钟遗克。

钟藜霖，钟景祺四子。唐时官为福建汀州府上杭县知县。配牙希中四女四端，赐封五品夫人，生2子，长子钟江吉，次子钟江中。

钟藜凤，钟景祺五子。唐时官为兵部尚书，湖南察院背荆禄大夫。配石如玉次女招膺，赐正殿一品夫人，生1子，名钟岐包。

◎三世

钟扬，行重一，宋时官为知府，南京府大夫。配周林山长女廷凤，生子钟音明。

钟云，宋时官为苏州府知府。配杜兰童女松遗，生1女。

◎四世

钟音明，字天朋，行雨三，宋时由南京至福建福州府闽侯县，配雷世三女清使，生子钟锡。

◎五世

钟锡，宋开宝三年（970）迁福州南台（门）大桥头居住，配蓝清富六女，生子钟怀。

◎六世

钟怀，配雷由言长女十七娘，生2子，长子钟珣远，次子钟珣近。

◎七世

钟珣远，配蓝氏，迁罗源大土丘田居住，生子钟位进。

◎八世

钟位进，行武六，配蓝氏，生子钟世良。

◎九世

钟世良，行盈三，配吴廷安三女秀鸾，生子钟允宏。

◎十世

钟允宏，行余八，配蓝氏，生子钟达。

◎十一世

钟达，配蓝氏，生子钟思烈。

◎十二世

钟思烈，行代九，配蓝氏，随带香火由罗源迁十五都金溪玉林，生子钟傅。

◎十三世

钟傅，行庶十，娶雷氏小女四娘，生子钟若清。

◎十四世

钟若清，名法广，字可慈，行绩三，娶雷氏，生钟又纯，于明景泰年间由金溪玉林迁福安县大西门五都眠山岗。

◎十五世

钟又纯，行咸三，娶蓝氏，生子钟金。

◎十六世

钟金，行熙六，娶蓝氏，生子钟熙。

◎十七世

钟熙，名熙亭，行德六，弘治八年任福建抚标参府，因为人忠义正直，敕封侯王，娶雷氏，生5子，钟聪、钟明、钟采、钟听、钟乐。

◎十八世

钟聪，行重九，任兰溪守备，于明正德十一年（1516），迁大林，娶雷氏，生子钟进。

钟明，于明正德十一年迁山头庄。

钟采，于明正德七年迁白石漈，生子钟天建。（长子钟天佑、次子钟天言。）

钟听，于明正德十年配邓氏，迁大留，生2子，长子钟天令、次子钟天监。

钟乐，字光欣，行癸五，于明正德九年迁侯官汤岭，生2子，长子钟天禄、次子钟天寿。

◎十九世

钟进，钟聪之子，行圭三，娶雷氏，生2子。长子钟升、次子钟晟。钟晟，行璋九，迁居福宁府后地洋东。

钟天佑，钟采长子，娶雷氏万五娘，生子钟启腾。

钟天言，钟采次子，娶蓝氏生子钟启照分居福鼎。

钟天建，钟采之子，生2子，长子钟元旺，居九都山里，次子钟元相，居宁德。

钟天令，钟听长子，生子钟禄，居泰顺鳌洋田边。

钟天监，钟听次子，生3子，长子钟启迁居浦城，次子钟奇迁居宁德河濑山，三子钟殷迁居建阳蓬门山头。

钟天禄，钟乐长子，配蓝氏生2子，长子钟启整，次子钟启和。

钟天寿，钟乐次子，生钟启林迁横溪林前。

◎二十世

钟升，钟进之子，行璋七，娶雷氏，生子钟祥。

◎廿一世

钟祥，生于甲戌年二月十三日，字德瑞，行荣九，娶雷氏，生2子，长子钟安，次子钟泰，钟泰讳法县，行华七，迁福宁鸡角岩。

◎廿二世

钟安，讳法鹤，行华六，娶雷氏，生9男2女。长子钟希圣、次子钟希哲、三子钟希生、四子钟希邹，五子钟希鲁、六子钟希书、七子钟希堂、八子钟希隐、九子钟希相，又义子钟希儒，合称“十全和气万家钟”。长女钟龙妹适龙潭，次女钟凤妹适坑头。

◎廿三世

钟希圣，字讳朝，行孙一，娶雷氏七娘，又娶雷九娘，生3男4女。长子钟一轮、次子钟一轩、三子钟一辂、四子钟一轸，居大林。

钟希哲，行孙二，配吴氏，迁处州丹桥。

钟希生，奏名法祥，名余名，行孙三，配雷氏，生子钟明，迁吴老子前洋。

钟希邹，行孙四，配蓝氏，迁小坑。

钟希鲁，行孙五，配雷氏小三，生2子，长子钟一辗分居福宁府老虎湾，次子钟一转迁居福鼎县上七都澳岭。

钟希书，行孙六，配李氏，迁四都梨坑。

钟希堂，行孙七，配雷氏，迁福宁百露坑。

钟希隐，行孙八，配林氏，迁七碇林前。

钟希相，行孙九，配朱氏，迁六都天池。

钟希儒，行孙十，配雷氏，迁仙岭洋、和安。

◎廿四世

钟一轮，钟希圣长子，奏名法举，行福一，配雷氏，生子钟三畏，迁居濑头。

钟一轩，钟希圣次子，奏名法嬴，行福二，生子钟三敬，迁居濑头。

钟一辂，钟希圣三子，奏名法琼，行福三，娶雷氏，生4男4女，长子钟三门、次子钟三华、三子钟三龙、四子钟三球，分为福、地、人、和四房。

钟一轸，钟希圣四子，奏名法曜，行福四，配雷氏，生2子，长钟三明、次子钟三和。

◎廿五世

钟三畏，钟一轮之子，生2子，长子钟尚贤、次子钟尚养。

钟三敬，钟一轩之子，生2子，长子钟尚进、次子钟尚亲。

钟三门，钟一辂长子，讳梅，娶雷氏五娘，生5男3女，长子钟尚志、次子钟尚恩、三子钟尚愈、四子钟尚悠、五子钟尚听。分为乾、元、亨、利、贞5房。

钟三华，钟一辂次子，生子钟尚富。

钟三龙，钟一辂三子，生子钟尚云、钟尚吉、钟尚全。（金斗洋谱三子为钟尚嵩、钟尚豹、钟尚腾。）

钟三球，钟一辂四子，生子钟尚锡。

钟三明，钟一轸长子，生子钟尚福，分为炳房。

钟三和，钟一轸次子，生子钟尚英，分为炳房。

福安市坂中大林钟氏繁衍迁徙情况表

支派	始祖	迁徙时间	迁徙地点	转迁地点
大林	钟聪	明正德十一年（1516）	大林	上广、横溪林前、濑头、廉岭、凤翔（凤洋）、过洋里（过洋）、下奥、竹园兜、金斗量（金斗洋）、仙岭洋（仙岩）、翁山、长坑、叠石、仙岭头、松罗东兴埕、桦岭、大填、桦楯、林洋、桥座头高岭、叠石深水湾、横溪高溪、牛楼、桔垄、笊篱壑、牛池岗、鸡角岩下、清路头、象地、溪尾马山、白沙南坑、福安城内龙山头、江竹林下盾白岩鼻、下墘山。
山头庄	钟明	明正德十一年	山头庄	燕窝、碓洋头、铜洋里、亳屿、墘山、考河、南山头、柳溪茶洋、丹丘、东山、白岩下、牛池岗、下林、李家宅、城内东门头、洋坪。
梨坑	钟采	明正德七年（1512）	白石漈	橄岭、龙潭面、梨坑、深度、下天池、葛藤坪、铁湖、满洋中、溪柄东山、金竹坪、松湾洋、仙岭洋、城内龟湖山、留洋施坑、柳溪里厝、留洋南山、林洋半山、溪尾马山、溪头黄坑、盘龙、山头过洋、溪头里鲤鱼背、炉里坑、梅洋岭头。

续表

支派	始祖	迁徙时间	迁徙地点	转迁地点
大留	钟听	明正德十年（1515）	大留	林洋、坑门里、社口南山、白鹭上三坪、五斗里、下三坪、穆阳燕窝、徐墩坂、溪柄下考坑、九龙、大岭边、湖后、七掟、下邳天池、甘棠青下楼、王楼、下邳廉江、北山。
侯官汤岭	钟乐	明正德九年（1514）	侯官汤岭	横溪林前、坦洋张坑、上乾里房、洋勘、黄儒岭头、后洋里、墙坪高山、莲花岗五斗天后洋、坑壑、六定、下林后坑、大箬、王家边、林洋九湾渡、码岭、莲花岗、牛溪边、城内阳头黄厝。

附：杨姓畲族

明崇祯年间，廉溪杨家坪杨氏文公避兵燹之乱，迁十五都五斗（月斗）里洋畲村，又迁大林畲村，改为钟姓，从畲族习俗。清光绪年间合族商议，复归杨姓，但近200年的畲汉通婚，已然与畲族融为一体。杨姓畲族主要在社口潘洋村、溪柄蛤蟆洋村、松罗后宅村等。杨姓畲族这一历史渊源，在其始祖坟墓碑上留下特殊的模式。清乾隆五十三年（1788），杨姓始祖坟墓碑文镌刻“颍川郡”而非“关西郡”。

（三）下白石红夏钟氏派系

康熙年间因倭乱，始祖钟法玉由罗源大坪头避祸迁至宁德金垂石碑后。在石碑后居住30多年，生有3子，因感住地不利，携家再迁福安县三十三都红夏（现下白石镇下赤村委会红夏自然村）兴居立业。至今，繁衍236人。

（四）溪柄镇仙仁钟氏派系

肇基始祖钟月华，行万干。娶雷氏生钟日圣、钟日林、钟日光、钟日瑞、钟日珠5子。康熙三十八年（1700）由浙江平阳三十八都黄墺村迁居福安县廿十四都溪柄镇溪南村仙仁自然村（土名仙脚迹），至今已繁衍至二十九世，人口171人。

（五）佳阳单桥派系

福鼎县佳阳单桥钟氏，明崇祯十二年（1639）由浙江平阳三十五都状元内金岙村迁入福鼎县佳阳单桥。其后裔一支始祖钟文官，其子钟世莲于道光年间从福鼎县佳阳单桥迁居于松罗乡茶洋。生4男1女，4男为钟声授、钟声逊、钟声说、钟声俊。于茶洋自然村繁衍发族；一支始祖钟文满，其子钟世云，生于清嘉庆十七年（1812），从福鼎县佳阳单桥迁居于松罗乡茶洋里厝，娶雷氏生3男2女，2男为钟声金、钟声祖；一支始祖钟文劲，娶雷氏生3男2女，长子钟世嘤、次子钟世萼、三子钟世领。长子钟世嘤、三子钟世领迁居赛岐镇秀洋村郑里发族；一支始祖钟声附从福鼎佳阳迁居溪柄镇立峰村九龙。

（六）柴坑钟氏派系

始祖钟通达，于明天顺年间由福州方向迁入宁德九都柴坑村，其后裔发展而分迁宁德金贝上境、百院、后湖、周宁玛坑杉洋等地及福安赛岐小盘贝头里、甘棠清水壑（过洋）、康厝红坪、填秦等村。

（七）下白石双贵山钟氏派支

先祖钟聚崇于清雍正三年（1725）从武平县迁宁德斑竹村，其子钟奕昌分迁下白石镇章沃村委会双贵山。至今已繁衍至26世，族裔218人。

（八）社口镇竹工岔钟氏派支

始祖为亨统公，于清朝乾隆二年（1737）与次子钟利通从江西赣州府会昌县左水上村老厝场徙迁社口竹工岔定居。钟利通娶填头陈氏，生2男3女。2子钟贞人、钟贞仪，分二房衍派发族。

（九）潭头镇祠堂前钟氏派支

先祖为钟元亮，娶江氏，生钟安、钟泰 2 子。乾隆十四年（1749），钟安曾孙钟春相、钟泰曾孙钟春杨两堂兄弟由汀州武平县携家迁居潭头镇龙井坑，后又迁居祠堂前发族。

四、迁出

◎坂中和安钟氏

三十世　钟谢富　迁霞浦大坑里。

　　　　钟伏龙　迁浙江。

◎坂中大林钟氏

廿一世　钟　奇　迁宁德河濑山。

廿一世　钟　殷　迁建阳蓬门山头。

廿一世　钟　启　迁浦城池塘深弯。

　　　　钟　晟　迁往福宁府（今霞浦）后地洋东。

廿二世　钟　泰　出迁罗源。

廿三世　钟希堂　出迁霞浦白露坑。

　　　　钟希哲　出迁处州丹桥。

　　　　钟希鲁　迁福鼎。

廿四世　钟一辗　迁福宁老虎湾。

　　　　钟一转　康熙四十年迁福鼎县上七都澳岭。

廿五世　钟日华　迁霞浦报恩。

廿八世　钟淑茂　迁福宁路口小岭。

　　　　钟淑梅　迁福宁崇儒半岭。

　　　　钟淑章　迁福宁崇儒半岭。

廿九世　钟士植　迁移福宁深澳并后漳。

　　　　钟士安　发迁寿宁资坑。

卅一世　钟廷道　迁福宁梅洋岭头湖坪。

卅二世　钟万标　迁霞邑老虎湾。

钟瑞铸　迁浙江余田县。

卅三世　钟立煦　迁霞浦赤岸后山。

钟启善　迁福宁。

卅八世　钟启魁　迁邵武珠坊。

◎乐公派系

十　世　钟法寅，清雍正十三年（1735）九月二十一日由林前迁居寿宁李家洋。

十一世　钟廷翼，字日凤，行乾四，清康熙年间迁霞浦磨石桥。

钟廷御　名文禄，字日车。迁寿宁虎鏊马头。

三十世　钟士贵　迁寿宁县南门。

卅三世　钟立埝　迁福宁漈。

钟立基　迁霞浦目莲寺。

卅五世　钟承兴　迁寿宁斜滩水涧湾。

◎坂中濑头钟氏

卅三世　钟高骏　迁霞浦城内。

钟高庸　迁霞浦芹溪村。

钟高棚　迁霞浦伏马村。

钟高杨　迁霞浦塔望街。

◎康厝凤洋钟氏

十七世　钟家懃　迁福宁西胜。

◎溪潭蓝田钟氏

十一世　钟万善　迁周宁龙游。

十三世　钟玉成　迁福宁盐田罗园。

二十世　钟永钹　迁宁德三都澳。

◎**甘棠山头庄钟氏**

十　世　钟陈确　迁豪兴居住。

十一世　钟向抄　迁苏塆铜洋里居住。

十四世　钟官成　迁宁德闽坑居住。

钟元太　迁宁德闽坑居住。

十五世　钟廷树　迁龙岩漈房居住。

十六世　钟毓凡　迁德邑天丰院。

钟毓喜　迁建安。

钟李生　迁钟山居住。

◎**城阳铁湖钟氏**

廿二世　钟兆蔚　出迁霞浦东埠头。

◎**城阳茶洋钟氏**

十五世　钟日凤　迁霞邑。

十六世　钟兆旺　迁霞浦老虎湾。

◎**社口徐墩坂钟氏**

十四世　钟佑王　迁霞浦县水潮西村。

十五世　钟连琼　迁宁德琴前。

钟连椿（乳名春弟）　迁宁德尖山。

十六世　钟元祝（乳名阿福）　迁宁德飞銮黄土垒转至霞浦下北山。

钟元煜（乳名福全）　迁霞浦罗汉坪。

钟元焖（乳名阿福）　迁霞浦下浒李溪边。

十七世　钟廷敏　迁明坑塘门里（炉洋）。

钟廷开　迁宁德赤溪炉头。

钟廷聚　迁宁德炉头下坂。

钟廷曜　迁福洋帕岭。

钟廷祐　迁宁德琴前转楼里。

十八世　钟敬曾（乳名奶增）　迁宁德九都乌坑。

钟奶藏　迁宁德井洋。

钟奶旺　迁宁德九都章坑。

钟敬向（乳名雷妹）　迁宁德七都西溪林。

十九世　钟光波（乳名林兴）　迁财洪五斗。

钟光前（乳名金发）　迁宁德七都北山高源。

钟光聪　迁横溪桦林。

钟光锦（乳名德郎）　迁宁德宣洋馒头石。

钟光渊（乳名国发）　迁宁德八都慈福。

二十世　钟祚养（乳名国养）　迁宁德六都白岩。

钟祚澄（乳名国清）　迁宁德六都白岩。

钟祚榕　同治九年（1870）迁浙江。

钟祚葶　迁浙江。

钟祚球（乳名明官）　迁潘洋下林。

钟祚洋（乳名成金）　迁周宁咸村云门下村。

钟祚炳（乳名妹弟）　迁霞浦菖蒲洋半岭。

钟祚广（乳名奶春）　迁霞浦。

钟祚杞（乳名蓝盛）　迁宁德霍童半岭。

廿一世　钟家磬（乳名成茂）　迁宁德炉头转至周宁咸村云门下村。

钟家翰（乳名伏成）　迁罗源。

钟家镗（乳名文弟）　迁霞浦尤澳凤洋尾。

钟家冀（乳名伏全）　迁建瓯溪东鲁历。

钟家耀　迁罗源官庄。

钟家锵（乳名伏文）　迁霞浦盐田下青山。

钟家顺、钟家树　迁寿宁斜滩。

钟家锡、钟家钊、钟家铺、钟家镃　迁霞浦后澳里。

钟家铭（乳名家灿） 民国 8 年（1919）迁寿宁武曲冻坑。

廿二世 钟大富 民国 35 年（1946）迁社口东瓜坪。

钟大颀（乳名石贵） 民国 22 年（1933）迁寿宁武曲冻坑。

钟大厨（乳名伏通） 民国 21 年（1932）迁邵武坑口。

钟大鹏（乳名伏新） 民国 20 年（1931）迁寿宁斜滩莲花垱。

钟大颀（乳名成禄） 民国年间迁霞浦后沃里。

钟大莘（乳名树金） 民国 34 年（1945）迁寿宁武曲冻坑。

廿三世 钟兴佟（乳名木旺） 迁厦门湖里区湖山镇吕厝居委会。

钟兴诸（乳名石清） 迁邵武。

◎上白石南山头钟氏

迁霞浦崇儒陆家唐。

◎城阳后洋里钟氏

钟士钦 迁居赤溪莲花岗。

◎下白石红夏钟氏

第五世 钟明福（子名得金）早迁周宁县李墩镇际会村。

第七世 钟陈学（乳名木金）迁宁德县塔山后再迁大桥头村居住。

钟长溱 迁宁德县五都院林村居住。

第八世 钟奶旺 迁宁德县云淡村居住。

钟神池（俗名春德）迁霞浦县溪南镇大山牛栏头村居住。

钟进团 迁宁德云淡邦门村居住。

◎溪柄镇仙仁钟氏派系

十八世 钟日珠 迁霞浦四十四都青皎小马葛藤湾。

钟日光 迁寿宁天坵岗。

二十世 钟林发 迁居寿宁东家洋。

廿一世 钟其生 迁霞浦老鼠壑。

注：由于各钟氏祠堂所尊世祖不同，世辈不尽统一。

第三节 各村钟氏

钟氏在福安迁徙繁衍路线交错纷杂，多以自然村为聚居，又因多居山区受居住区域土地环境局限，只能另寻居住之地，造成迁徙反复繁杂，一个村委会存在多支分支。为更好地体现钟氏分布脉络，对 50 人以上人口钟氏村庄的源流做一个叙述。

城南街道南湖钟氏 主要一支属坂中畲族乡井口村濑头宗祠分支。先祖钟国寿，娶雷氏生子 2 人，长子钟元立、次子钟元士。乾隆年间从濑头村迁居城区南湖小西门。另有一支因祖谱遗失，归属不明。

坂中乡和安钟氏 现和安钟氏，一支钟彦江派支，属钟静三后裔是迁居福安最早的钟姓支派。宋大观四年（1110），钟飞由钟莆坑迁入大林。至钟成九时，携家迁移上广（现和安村委会地域范围）。康熙四十年（1701），钟成九四世孙钟静三迁住和安；另一支为大林支派钟希生之孙钟日林于明崇祯年间由上广迁入发族。

坂中乡日宅村钟氏 属蓝田宗祠钟氏分支。肇基始祖钟三茂，娶雷氏生 3 男 2 女，于康熙年间从横溪林前移居岭门，其后，3 子分居日宅、岭门、牛埕等 3 个自然村。次子钟尚荣于康熙十九年（1680）移居岭门秋竹岗，三子钟尚连于乾隆九年移居日宅。至今已传二十四世，族裔达 400 多人。刘伯岐自然村钟氏为凤洋宗祠分支。

坂中乡彭家洋村钟氏 为希圣、希儒分支。一支先祖钟月赢，钟月赢四子钟林养生于清康熙四十二年（1703），雍正十年（1732）左右迁居仙岩下，钟林养娶金斗洋雷福妹，生 5 男 2 女，五男为钟士珍、钟士玉、钟士还、钟士殷、钟士春，繁衍为仙岩下钟氏；另一支钟士宁和钟鸣武迁住仙岭头。

坂中乡仙岩村钟氏 为希圣、希儒分支。主要一支先祖为钟三龙第三子钟尚全。钟尚全，字承光，行义六，娶雷氏生3子，长子钟月顺、次子钟月生、三子钟月显，分“福”“禄”“寿”三房衍派。至今已传至三十八世。分居仙岭洋、南垅、赤花垅等自然村，人口400多人；其二支先祖为钟三华之子钟尚富，钟尚富生子钟月聪，讳法响。迁居仙岭洋自然村及对面厝。已繁衍至三十八世；其三支先祖钟林宪，讳法辕，字兆章，娶蓝氏生钟士银、钟士兰、钟士宝、钟士隆4男，繁衍迁居叠石与对面村自然村。至今已繁衍至三十九世；白岩下上村钟氏则为山头庄宗支，始祖为钟文兴次子钟连华，由穆云乡燕科迁居仙岩村白岩下；白岩下下村为秀坑宗支，始祖钟月宝，由秀坑迁居白岩下下村。

坂中乡林岭村钟氏 为希圣、希儒分支。始祖钟月隆，讳法双，原居大林，后移居岭头，又迁杨家山。乾隆年间，转居前洋，后归三都廉岭兴居立业。至钟林富之时，迁住下廉岭。又钟士明收养阳头黄进生为谊子，改姓为钟进生，字开金，娶雷氏生4男3女，4男为钟纹雅、钟纹秀、钟纹华、钟纹盛，迁发林岭。至今已繁衍至四十一世。人口400多人。

坂中乡亭兜村钟氏 属钟进生后裔。光绪年间，始祖钟孔益，由廉岭村钟氏迁居楼下自然村，生7子，钟瑞忠、钟瑞基、钟瑞崇、钟瑞孝、钟瑞廉、钟瑞节、钟瑞清。钟瑞清出继阳头黄姓，其余于亭兜繁衍，至今三十九世。

坂中乡井口村钟氏 主要为濑头村钟氏，肇基始祖为钟一轮、钟一轩。清顺治年间，钟一轮与弟钟一轩由大林迁住十六都眠山，即现濑头村。钟一轮生1子，名钟三畏；钟一轩生1子，名钟三敬。三畏生2子，钟尚贤、钟尚养；三敬生2子，钟尚进、钟尚亲，逐分为兴、旺、进、发4房。衍发成派。至今已繁衍至三十九世，人口300多人。祠建井口濑头村。

坂中后门坪村钟氏 仅4户，1户居南极自然村，1户居后门坪，2户居如会自然村，其余多为钟姓女性嫁入后门坪村。人口100多人。

坂中乡天池村钟氏 为钟希生分支。始祖钟文连为钟日兰长子，钟文连生子钟林峰，钟林峰名起明，奏名法达，娶雷氏生 2 子，长子钟蒂蕃、次子钟蒂庄，由上广迁居二都天里（今江家渡天池），遂繁衍为天池钟氏分支。至今已传三十世，人口 200 多人；另一支为属梨坑派支，始祖钟进龙，于明代由梨坑分迁下天里（现坂中畲族乡江家渡村下天池）。

坂中乡大洋村钟氏 属梨坑派支。清乾隆年间，始祖钟士安从獭湖（今铁湖）迁坂中乡仙源里村大洋，至今已传三十四世，族裔达 68 人。

穆云乡洋坪村钟氏 考河自然村钟氏为钟陈集派支。从燕科村迁入，为钟忠震长子钟文春派下，至今已传二十六世，族裔 133 人。洋坪、石门头自然村钟氏皆从坂中大林村迁入，先祖钟林鸿（二十八世），至今三十六世。洋坪自然村有族裔 100 多人，石门头族裔 105 人。

穆云乡燕科村钟氏 燕科村钟氏主要一支为甘棠镇山头庄钟陈集派支，由甘棠镇山头庄迁入衍发，始祖钟陈集，钟陈集生钟新弟，钟新弟生钟忠震，钟忠震娶雷氏，生子 3 人，长子钟文兴、次子钟文明、三子钟文春，分为智、仁、勇三房，智房留居燕科分居燕科、洋堪、牛池岗等各自然村，仁房分墘山、勇房迁考河。钟文兴次子钟连华派驻下分迁坂中白石岩下、康厝石门限，至今二十六世；另一支始祖为钟家蓁，由社口徐墩坂迁入，居坑壑，至今三十六世，总人口 12 人。

穆云乡铁场村钟氏 为希圣、希儒分支，归坂中濑头宗祠。始祖钟华祯（二十八世）由坂中濑头村迁入穆云乡温岩村铁场，总人口 41 人。

穆云乡岭坑村钟氏 为希圣、希儒分支，归坂中濑头宗祠。始祖钟国武由坂中濑头村迁桦岭再迁穆云乡岭坑村长坑自然村，总人口 58 人。

穆云乡兰头村钟氏 为希圣、希儒分支，归坂中濑头宗祠。先祖为钟尚福，钟尚福生 2 子，长子钟月发、次子钟月进，钟月进生钟锦余、钟锦适、钟锦友、钟锦朝、钟锦长 5 子。钟锦适迁穆云科后村兰头繁衍为兰头钟氏，至今已传至三十世，另一支则为钟氏二十九世钟华洪由濑头迁入兰头，族裔 100 多人。

穆云乡里楼村钟氏 为希圣、希儒分支，归坂中濑头宗祠。由坂中濑头村迁入穆云乡里楼村，总人口 163 人。

穆云乡山头仔村钟氏 为希圣、希儒分支，归坂中濑头宗祠。始祖钟国祥（二十九世），由坂中濑头村迁入穆云乡龟凤村山头仔，至今三十六世，总人口 31 人。

穆云乡竹舟山村钟氏 为希圣、希儒分支，归坂中乡井口村濑头宗祠。始祖钟国诩（二十九世），由坂中乡井口村濑头自然村迁入，至今三十六世，总人口 78 人。主居下竹州、三湾 2 个自然村。

穆云乡溪塔村钟氏 考坑自然村钟氏，由坂中乡大林村迁入，人口 40 人；长岗自然村钟氏，由康厝乡凤洋村迁入，人口 16 人。

穆云乡燕坑长贝定村钟氏 为希圣、希儒分支，归坂中濑头宗祠。由坂中濑头村迁入穆云乡燕坑村长贝淀，总人口 17 人。

穆云乡上村钟氏 为希圣、希儒分支。先祖钟月兴，由坂中大林迁居上村南山自然村。另一支采公派下。钟月明由城阳镇铁湖迁居穆云乡上村南山，至今三十三世，族裔 73 人。

穆云乡梨田村钟氏 梨田主村钟氏为希圣、希儒分支，归康厝金斗洋宗祠。始祖为钟三门孙子钟月新，由仙岭头迁居梨墘（梨田）；南柄村钟氏，明崇祯九年（1636），始祖钟瑞金（十四世）由社口镇南山迁入穆云乡梨田村南柄自然村，至今二十六世，总人口 180 人。

穆云乡中沃村钟氏 为希圣、希儒分支。先祖为钟尚听，其长子钟月贤生钟鸣求、钟鸣隐、钟鸣祥、钟鸣泰 4 子。钟鸣泰于清乾隆年间举家由坂中乡大林迁居穆阳上沃（今穆云畲族乡中沃村），分居于大莲、里沃、中沃 3 个自然村。至今已传至三十七世，人口 113 人。另一支由康厝乡金斗洋迁入，始祖钟兆周，二十九世，分居大莲、笊篱壑 2 个自然村。至今已传至三十七世，人口 101 人。

穆云乡南山村钟氏 为乐公派下。南山村大贝下，始祖二十七世由城阳镇牛溪边迁入大贝下，至今三十七世，总人口22人。下南、四岔丘自然村，始祖二十七世由穆云高岭岭头村迁入，总人口176人。

穆云乡高岭村钟氏 岭头自然村钟氏，属大林宗祠智房。始祖钟法真，由林前迁入穆云乡高岭岭头。至今三十七世，总人口96人；上高山自然村钟氏，为山头庄宗支。始祖钟脔晨（十三世）由穆云燕科村迁入，至今二十六世，人口360人；大湾自然村钟氏，为凤洋宗支。始祖钟蒂俊（十七世）由康厝凤洋迁入，至今二十三世，人口71人。

穆云乡王楼钟氏 为大林钟，归社口镇徐墩坂宗祠。乾隆八年（1743），始祖钟元兵，由社口徐墩坂迁入穆云王楼村洋中厝。

穆云乡虎头村蜈蚣脚钟氏 由社口镇南山迁入穆云乡虎头村蜈蚣脚自然村。总人口34人。

康厝乡长潭村钟氏 为希圣、希儒分支，归金斗洋宗祠。先祖为钟士有，钟士有生2男，长子钟张盛，次子钟张圣。清乾隆五十三年（1788）由金斗洋迁居长潭；另一支始祖钟国全，从坂中乡濑头迁入，人口50多人。另有一户为凤洋宗祠支脉。

康厝乡竹岙村钟氏 主居竹园兜自然村，归金斗洋宗祠。清康熙三年（1664）由坂中乡大林迁入康厝畲族乡桂垄，乾隆二十九年（1764）又迁居竹岙村竹园兜自然村。始祖为钟月盛，现居竹岙村竹园兜自然村钟氏，主要为其四子钟林岳后裔，人口170多人。

康厝乡半山村钟氏 归社口镇山里村里后宗祠。先祖钟书然，名奶福，迁居三十六都大洋尾后壑。民国年间，其孙钟锦琇携子钟汉馀迁居康厝半山村发族。另一支为凤洋宗祠支脉。

康厝乡红坪村钟氏 一支宁德九都柴坑派。十一世钟士发由宁德柴坑迁居康厝乡红坪仙岭自然村，钟士发生子钟祖有、钟祖寿、钟祖林3人，钟祖林发族红坪仙岭村。另一支为溪潭镇洪口宗祠支脉，先祖钟良锦，民国时期迁居红坪。

康厝乡东山村钟氏 主要一支为明公派系。明公曾孙钟陈确长子钟法黄（十一世）由甘棠山头庄迁居康厝畲族乡东山村。钟法黄生钟四贵、钟四满 2 男，钟四满发族东山。

康厝乡彭洋村钟氏 桂垄村自然村钟氏为希圣、希儒分支，归金斗洋宗祠。清康熙三年（1664）由大林迁入。始祖为钟月盛，其长子钟林章、三子钟林惠、四子钟林万在桂垄发族。人口 85 人。

康厝乡秋岭村钟氏 属社口镇徐墩坂宗祠支脉。清道光年间，始祖钟光铎，名忠兴，由社口镇徐墩坂迁居康厝乡秋岭村九垢，娶雷氏生钟祚漂、钟祚泛 2 男，发族秋岭村九垢。

康厝乡填秦村钟氏 为宁德柴坑派支。始祖从宁德柴坑迁居康厝乡填秦村。

城阳镇洋面村前洋钟氏 明万历年间，肇基始祖钟日秀，奏名法通，从上广迁居城阳镇前洋。钟日秀生钟发喜。钟发喜生 3 子，长子钟启旺、次子钟启建、三子钟启昌，繁衍成前洋钟氏分支。至今已传至四十世，族裔 700 多人。宗祠建在前洋村。

城阳镇纸坪村钟氏 为大林钟希生分支，归城阳镇茶洋村宗祠。肇基始祖为钟日平，其曾孙二十八世钟日招迁居茶坑。后裔再迁霞浦县大沙、池头、南洋等地。

城阳镇铁湖村钟氏 为采公派支。肇基始祖钟进棣，其长子钟陈麟，字以祥，行福一，娶雷氏生钟元连、钟元贤、钟元明、钟元恩 4 男。钟元连，字亦续，奏名法禄，行荣一，生 2 子，钟月绶，钟月元。钟月元，字又干，行元二，乾隆十六年（1751）举家迁居獭湖（今铁湖）。

城阳镇化蛟村后洋里钟氏 为乐公派下。始祖钟敬珏，名石宝，字明芳，行福七，生钟士钦、钟士铃、钟士珍 3 男。乾隆年间由岭头迁居城阳镇后洋里。其后，钟士钦再迁居赤溪莲花岗；钟士铃迁居松罗三斗坑；钟士珍仍居后洋里，娶雷氏，生钟蒂洪、钟蒂潮、钟蒂渭、钟蒂泗 4 男，繁衍为后洋里钟氏。

城阳镇马上村牛溪边钟氏 为乐公派下。始祖钟廷全，字日周，生于康熙二十五年（1686）。清康熙年间从寿宁李家洋回迁四都牛溪边，生钟敬如、钟敬双、钟敬禄 3 男，发族牛溪边。

城阳镇溪东村路坑里钟氏 为乐公派下。始祖钟敬如，字明似，行福四。娶后洋溪后坑蓝敬，生 4 男。长子钟士潘，字文湖。娶雷兴生 4 男。清咸丰二年（1852），钟士潘次子钟蒂桢迁居城阳乡溪东村路坑里。至今已传三十二世。族裔 70 多人。

城阳镇官洋村雷柏洋钟氏 属听公坑门里支派。始祖钟大翰，名廷树，咸丰年间，由现罗江街道坑门里村迁城阳官洋村雷柏洋。至今已繁衍至三十一世。人口 90 人。

城阳镇茶洋村钟氏 为钟希生分支。清顺治二年（1645），钟日秀次孙钟启建由前洋迁廿六都茶洋，生子钟法善、钟法全、钟法抄 3 兄弟，衍分天、地、人 3 房。遂成茶洋钟氏分支。至今已传至三十世，族裔 500 多人。宗祠建在茶洋村。另一支肇基始祖为钟日平，清顺治二年（1645）迁居茶洋村。其后裔二十八世钟日凤迁康厝老虎湾；钟日兴迁居茶洋甲藤坑；钟日招迁居茶坑。二十九世钟兆禄迁居社口镇里后，成里后钟氏之祖。茶洋宗祠族裔 1000 多人。

城阳镇白坑村钟氏 为钟希生分支。明万历年间，钟日阑四子钟文圣从上广迁居白坑。

溪潭镇岔口村牛埕钟氏 属蓝田钟氏分支。肇基始祖钟三茂，娶雷氏生 3 男 2 女，于康熙年间从横溪林前移居岭门，其后，3 子分居日宅、岭门、牛埕等 3 个自然村。长子钟尚仁，于康熙五十三年十二月移居牛埕。

溪潭镇岳秀村钟氏 主要为金斗洋宗祠利房分支。清嘉庆四年（1799），始祖钟圣雍生钟廷清、钟廷壮、钟廷实 3 子。迁居桂垄。三子钟廷实由桂垄迁入溪潭馒头山（溪潭镇岳秀村横林），娶雷氏生钟桂长、钟桂华、钟桂光、钟桂金、钟桂维 5 子，在溪潭镇岳秀村横林发族。

溪潭镇溪填村钟氏　归社口镇徐墩坂宗祠支脉。乾隆年间，始祖钟元长从社口镇徐墩坂迁居溪填村仙山自然村。

溪潭镇洪口村钟氏　归社口镇徐墩坂宗祠支脉。十六世钟元归（乳名归弟，洪口谱名元挥），雍正年间从社口镇徐墩坂迁居洪口垅头。

溪潭镇沙岩村钟氏　归社口镇徐墩坂宗祠支脉。始祖钟廷旺，娶南山头蓝氏生钟永兴、钟永振、钟永俊、钟永昂、钟永昌 5 子。乾隆年间从社口镇徐墩坂迁居沙岩村仙山下自然村。

溪潭镇岐山村钟氏　归蓝田宗祠支脉。始祖钟万侯，为钟尚胜之孙。于乾隆三十六年（1771）由林前（蓝田）迁居茄山（岐山）。娶雷氏生子 3 人，钟光荣、钟光乐、钟光柱。

溪潭镇瓜溪村钟氏　一支始祖钟光武，同治年间由康厝竹园兜迁入瓜溪村，至今三十七世；一支始祖钟清泉，光绪年间由穆云上沃迁入瓜溪狮子庄自然村。

溪潭镇仙石钟氏　祠归凤洋宗祠。始祖钟日龙为仁房祖，钟日龙生 4 子，钟文周、钟文铃、钟文生、钟文发。钟文发由芹菜洋分迁南庵（仙石南山）。大山下钟氏为乐公分支，智房。始祖钟廷诗，乳名文龙，奏名法连，字日兴，行乾八。配桂垄蓝莲使生 4 男 6 女。三子钟敬音，字明容。先迁大箬，后移居大山下。

溪潭镇下庄钟氏　一支归东山宗祠。始祖为钟元束，其子钟立仁，生 3 子，钟开从、钟开瑶、钟开瑾，迁居下庄村桦林自然村。一支归燕科宗祠。总人口 80 多人。

溪潭镇马山村钟氏　一支为乐公派下。钟廷射，名文达，字日影，行坤二。配雷氏生 5 男 1 女。5 男为钟敬寿、钟敬孙、钟敬金、钟敬发、钟敬林。清乾隆年间迁廿一都鹧鸪岗白岩下（马山村白岩下自然村）。另一支始祖钟尚志，其长子钟月新迁居溪潭马山凤凰池，至今已传三十九世。第三支为金斗洋宗祠分支。始祖钟士荣，生子二人，长子钟进熙、次子钟进隆迁居马山凤凰池。

赛岐镇小盘贝头里钟氏 为宁德柴坑派支。清康熙年间，始祖钟日星从宁德柴坑迁居赛岐镇小盘村贝头里。钟日星之子钟敬灼生子钟允临、钟允亮、钟允诚 3 人，钟允亮、钟允诚分福、禄二房发族。

赛岐镇廉首村钟氏 为乐公派下。始祖钟廷礼，名文发，字日仪，行乾十。配雷氏生钟敬绍、钟敬纲 2 男。次子钟敬纲生钟士泉，迁居廿一都大箬慈云六定（廉首村锦浦庵）；另一支为钟敬六，于清乾隆年间由岭头迁居城阳镇后洋里，再迁廉首。

赛岐镇店前村钟氏 属凤洋宗祠仁房第一扇。始祖钟立康，乳名钟盛椿，1949 年左右从康厝乡凤洋村移居赛岐镇店前村。

赛岐镇象环村钟氏 主要居住长岗自然村。一支为听公分支，归罗江街道坑门里村林洋宗祠。始祖钟仲凤（十五世），字信凤。娶雷氏生钟光祖、钟光宗 2 子，乾隆十六年（1751）从坑门里村林洋移居长岗罗里坑；一支钟树波从城阳镇茶洋村迁居象环村长岗自然村；一支钟维弟由湾坞镇池头村金水坪迁居长岗；一支钟廷勤从山头庄移居长岗；一支钟财顺由坂中乡井口村濑头迁居长山岗。

赛岐镇泰康村钟氏 属蓝田宗祠寿房。始祖钟廷兴，钟廷兴生钟光雅、钟光德、钟光秀、钟光明、钟光海 5 子，钟光明、钟光海于嘉庆年间移居泰康村牛坑兰里发族。

赛岐镇秀洋村钟氏 属福鼎丹桥钟氏支派。始祖钟文劲，娶雷氏生 3 男 2 女，长子钟世嘤、次子钟世萼、三子钟世领。长子钟世嘤、三子钟世领迁居赛岐镇秀洋村郑里发族。

罗江街道北山村钟氏 为康厝乡凤洋宗祠仁房第一扇第五支。始祖钟秀迁，俗名祥春，娶陈氏生钟士泳、钟士浩、钟士洪、钟士江、钟士海、钟士润 6 男发族北山村岭尾宫。

罗江街道小留村钟氏 为甘棠镇山头庄钟陈集派支。钟文明居穆云乡高岭村墘山（高山），其后裔钟庆兴、钟庆全、钟庆珪及钟朝平由墘山（高山）迁居小留村。

罗江街道坑门里钟氏 听公派下。始祖钟听，明正德十年（1516）从大林迁入，生 2 子，长子钟天令，次子钟天鉴。钟天令娶雷氏生 3 子，长子钟允禄福迁居泰顺鳌洋田边，三子钟允旺分居九都南山，次子钟允慇仍居大留。钟允慇生 2 子钟亦正、钟亦位。钟亦位生钟公房移居林洋、钟公库移居福宁游湾为纪房。钟亦正生钟公当为伦房，钟公当生钟孔任、钟孔仪。钟孔仪迁居霞浦。钟孔任娶雷氏生钟其华、钟其亮、钟其锐、钟其旺 4 男，分为康、乐、和、亲四房，康、亲二房居本村发族。

溪柄镇立峰村九龙钟氏 一支为听公派下。归坑门里宗祠，始祖钟云登，娶雷氏生 3 男 2 女，道光年间从坑门里迁入溪柄镇立峰村九龙，人口 69 人。另一支为福鼎佳阳钟氏派支，始祖钟声附从福鼎佳阳迁居溪柄镇立峰村九龙。

溪柄镇长洋村钟氏 葛藤坪自然村钟氏属梨坑派支。始祖钟陈华，为钟进棣次子，清道光年间从梨坑迁入铁湖，又从铁湖迁满洋中，再迁葛藤坪。另一支为福鼎单桥支派，始祖钟钟元亮，由满洋分居葛藤坪族裔达 405 人。碧后自然村钟氏，归宁德柴坑派驻支，由康厝红坪村仙岭头迁入，始祖为钟进泰四子钟经树和五子钟嫩弟。另为徐墩坂分支钟用公（乳名进元）迁溪柄鼻后（碧后）。

溪柄镇宬山钟氏 龟武自然村钟氏，始祖为钟陈麟次子钟元贤，字亦德，行荣二。乾隆十六年（1751）由铁湖分迁溪柄镇龟武村。至今已繁衍至二十六世，人口 161 人。宬上自然村钟氏，为希圣、希儒分支，始祖钟尚养，钟尚养生子钟文饱，钟文饱生 2 男，长子钟华盛，次子钟华进。钟华盛生 3 子钟国纯、钟国策、钟国贤。清嘉庆年间，钟国纯，字锦瑞，由坂中乡井口村濑头迁入扆山村扆上，至今已繁衍至三十三世。人口 86 人。

溪柄镇白沙村钟氏 共有 4 支。白沙村亭下自然村钟氏为蓝田宗支，嘉庆年间，钟永炎从坂中日宅迁大叶，再迁入白沙村亭下；牛角垄自然村钟氏，同治三年（1864），从溪潭镇仙山下迁入白沙村牛角垄；1953 年，钟瑞登从坂中天池下厝坪迁入白沙村；1960 年，钟大焕从坑门里村林洋迁入白沙。

溪柄镇溪南村横路钟氏 雍正二年（1724）由仙仁迹迁入。人口 36 人。

溪柄镇北山村钟氏 为希圣、希儒分支，归大林宗祠元房。始祖钟士坤，生于乾隆十二年（1747），为钟鸣英长子。钟士坤娶雷丑妹生钟进生、钟进黄 2 男。钟进生次子钟长兴，字亦起，迁居溪柄北山村发族。

溪柄镇采花桥村钟氏 为钟希生分支，始祖钟日秀季孙钟启昌，从城阳镇前洋迁入，至今已传三十四世，族裔 165 人。

溪柄镇港里村钟氏 为钟希生分支钟日蘭支脉。钟日蘭长子钟文连迁居天池。钟文连次子钟林崧生钟蒂莱、钟蒂蔚、钟蒂蕓 3 子。钟蒂莱长子钟家驹、钟蒂蕓次子钟家驿从坂中上天池迁入溪柄横坑，至今已繁衍至三十八世，族裔 124 人。另一支由大林村迁居菇楼自然村。

溪柄镇龙潭面村钟氏 一支潭头镇秀坑宗支。始祖钟陈贤，十三世。于清乾隆十一年（1747）由潭头小坑迁入龙潭面村。钟陈贤之子钟元益生子钟月余、钟月明、钟月清、钟月联 4 人，发族至今已传至二十四世，族裔 154 人。另一支为徐墩坂分支，钟连诵（乳名法顺）迁溪柄镇龙潭面村下考坑。

溪柄镇东坪村钟氏 主体为仙仁钟氏，肇基始祖钟月华，行万干。于康熙三十八年（1700），由浙江平阳黄土粤村迁居福安县溪柄镇溪南村仙仁自然村（土名仙脚迹），至今已繁衍至二十九世。另一支为大林钟，钟尚英之子钟月佥迁溪柄镇东山（东坪）。钟氏总人口 171 人。

溪柄镇茜洋村钟氏 归山头庄宗祠，为十九世钟彦猷支脉。钟彦猷曾孙钟良江由亭下迁居茜洋岭头。另一支为秀坑宗祠支脉，迁居大田坪自然村。

溪柄镇仙洋里村钟氏 仙洋里钟氏主居下邑自然村。一支为宁德柴坑派支，始祖钟日星，清康熙年间从宁德柴坑迁居赛岐镇小盘村贝头里，至十五世钟文槐迁居仙洋里下邑村。另一支为秀坑宗祠支脉，二十世钟春蔚，名伏仁，民国37年（1948）从坂中乡白岩下迁居下邑。第三支为铁湖宗祠支脉，二十一世钟家庚，约1962年从葛藤坪迁居下邑。

社口镇牛山湾村钟氏 牛山湾主村钟氏为希圣、希儒分支，归大林宗祠元房钟尚恩分支。始祖钟士坤为钟尚恩曾孙，生于乾隆十二年（1747），为钟鸣英长子。娶雷丑妹生2男，长子钟进生，次子钟进黄。钟进黄迁居牛山湾，生子钟国升。钟国升，字奕高。生钟元发、钟元顺2男，发族牛山湾村。下山仔自然村钟氏，先祖为钟文持，娶雷氏生钟廷运、钟廷祝、钟廷畿、钟廷慎、钟廷琼、钟廷斌6子，迁居下山仔村，归社口南山村宗祠；北山自然村钟氏，先祖钟裕公，生四子钟福林、钟福惟、钟福春、钟福满。钟福春（名连震公）迁居北山，娶兰氏生2子钟元盛和钟元銮，归徐墩坂宗祠。

社口镇山里村钟氏 里后村钟氏为钟希生分支。始祖钟兆禄于乾隆四十五年（1780）由城阳镇茶洋村迁居社口镇山里村里后自然村。至今已传至三十九世，族裔500多人。马尾兰村钟氏一支为乐公分支，始祖钟立堘，同治年间由城阳镇吴家边迁居山里村马尾兰。另一支为听公徐墩坂宗支，始祖钟孟，乾隆年间从徐墩坂迁入山里村马尾兰。山腰自然村一支为采公派支，始祖钟元旺。另一支为南山钟氏宗支。

社口镇社口村钟氏 一支为竹工岔派支。始祖为亨统公，于清朝乾隆二年（1737），与次子钟利通从江西赣州府会昌县左水上村老厝场徙迁社口竹工岔定居。钟利通娶填头陈氏，生2男3女。2子钟贞人、钟贞仪分二房衍派发族。原居竹工岔，现已移居社口镇区。一支为冬瓜平钟氏，归南山钟氏宗祠，为钟进珠分支。

社口镇坑里坑钟氏 里溪头钟氏原先由大林迁往社口镇填头村上潘洋，清道光年间迁居坑里坑里溪头自然村；外溪头钟氏由山头庄迁至康厝东山，十五世钟光邮迁往外溪头、岐壁头定居；白虎岩、坑里坑、白叶洋、茶坪丘钟氏归属于南山钟氏宗祠。

社口镇上山村钟氏 主要一支为徐墩坂村钟氏，肇基始祖钟立，为钟允奇之孙。明万历三十五（1607），钟允奇长子钟建携子由宁德河濑山回迁穆阳燕窝（今穆云乡燕科村），同年，钟建长子钟立迁入徐墩坂，并发族繁衍，分居徐墩坂、湖后。

社口镇利岔村钟氏 主要为南山村钟氏，肇基始祖钟三春。于康熙六年（1667）由浙江泰顺鳌阳田边迁居福安社口南山。钟三春娶吴氏生子钟进瑞、钟进琦、钟进珍、钟进珠 4 人，又与其弟钟三勤、钟三荣分为“兴、旺、隆”三房。分居南山、里洋头、外弯、中弯、大冈等自然村。

社口镇填头村钟氏 属徐墩坂宗祠。钟大度（乳名洪水），民国 23 年（1934）迁社口镇填头村坑里。上潘洋（松湾洋）自然村钟氏始祖十四世原先由潭头秀坑村迁入定居，归属于潭头秀坑村钟氏宗祠。

社口镇大坪村钟氏 属大林宗支。始祖为钟尚云，其孙钟鸣生，名元生。配蓝氏生钟士適、钟士奇、钟士长 3 子，迁居社口镇大坪村。

社口镇荣岭头村钟氏 焦坑里自然村钟氏归大林宗祠。始祖钟士安，其长子钟子林、三子钟子满，于清乾隆四十五年（1780）左右，从坂中乡大林村迁居荣岭头焦坑里自然村；彭家洋自然村钟氏为秀坑宗支，始祖钟月相为钟陈明之孙，由东门岭迁居荣岭头村彭家洋；东桂洋自然村、燕岩头自然村钟氏由潭头秀坑村迁入定居，归属于潭头秀坑村钟氏宗祠。

晓阳镇墙坪村钟氏 为乐公派下。始祖钟敬华，清乾隆后期钟敬华三子钟士达，字文发，娶高山蓝叶使而迁居墙坪高山。至今已传三十三世，人口 11 人。

潭头镇潭头村钟氏 为希圣、希儒分支。肇基始祖钟月容，为钟尚志三子。由大林迁移后漈（潭头镇后柘），至今已繁衍至三十四世。人口 133 人。另一支钟氏为秀坑宗支，始祖钟进光，娶雷氏生 5 子，长子钟陈明迁居东门岭，次子钟陈兴迁荣岭头彭家洋，三子钟陈昌、四子钟陈金、五子钟陈银以及钟进成之子钟陈铃迁居车岭。

潭头镇东岭洋村钟氏　为希圣、希儒分支。始祖钟月正生子钟鸣瑞，清康熙末年从大林迁居东岭洋。至今已繁衍至三十五世。人口 26 人。

潭头镇祠堂前村钟氏　为潭头镇祠堂前村钟氏派支。人口 60 多人。

潭头镇鹅山村钟氏　敢岭钟氏为采公派系。钟发隆娶吴氏生钟兴国、钟兴年、钟兴锐 3 子。钟兴国由白石漈迁秀坑，钟兴年迁鹅山村敢岭。分居竹园、敢岭等自然村。人口 239 人。

潭头镇渔溪洋村钟氏　深度自然村钟氏，属梨坑派支。始祖钟进棣。明崇祯年间，钟进棣四子钟陈财由梨坑迁居渔溪洋村深度自然村；秀坑自然村钟氏分支。肇基始祖钟发隆，迁居秀坑。钟发隆娶吴氏生钟兴国、钟兴年、钟兴锐 3 子。分东、西、南三房。长子东房钟兴国居秀坑发族，至今本村钟氏人口达 182 人。

上白石镇南山头村钟氏　归潭头镇渔溪洋村秀坑宗祠。始祖钟陈荆，字可来。从潭头秀坑迁入上白石镇南山头村，钟氏人口 77 人。

甘棠镇湄洋村清水壑钟氏　为柴坑钟氏派支。清嘉庆年间，肇基始祖钟士开从宁德县九都柴坑迁入；另一支属坂中乡濑头宗支。乾隆年间，始祖钟国譔由濑头迁居甘棠清水壑。全村钟氏人口 130 人。

甘棠镇过洋村钟氏　过洋里钟氏归坂中乡濑头宗支，钟三敬分支。钟三敬生钟尚进、钟尚亲 2 子。钟尚进长子钟文殿娶蓝氏生钟华殷、钟华珠、钟华良、钟华应 4 子，钟华应于乾隆年间从坂中乡井口村濑头迁居甘棠镇过洋里；猴池自然村钟氏，为山头庄宗支。始祖钟毓环，从山头庄迁居过洋村猴池自然村。

甘棠镇岭尾村钟氏　主要一支归山头庄分支燕科宗祠，钟向满后裔。

始祖钟陞纶，生于嘉庆十九年（1815年），由穆云乡燕科迁居甘棠镇岭尾村；另一支归为山头庄派支宁德南门岗宗祠分支。二十世钟名安回迁至福安甘棠镇岭尾村。

甘棠镇吴洋村钟氏 三斗自然村钟氏属金斗洋宗支。先祖钟圣景原居馒头山（溪潭镇岳秀村横林），其孙钟桂耀由康厝乡桂垄迁坑下楼，钟桂耀之子钟修宋再迁吴洋村三斗，钟修宋为吴洋村三斗始祖；牛角湾钟氏为大林宗祠钟希生分支。肇基始祖钟文申，娶蓝氏生钟林鹊、钟林元、钟林顺3子，由福安城阳镇白坑村里厝迁洋岙（吴洋村牛角湾）。

甘棠镇山下村钟氏 为大林宗祠钟希生分支。为吴洋村牛角湾钟氏迁居山下村。

甘棠镇何厝村钟氏 何厝本村钟氏归柴坑派金贝分支。始祖钟振余，于民国时期迁居何厝本村；对面楼自然村钟氏为山头庄派支。始祖钟朝铎，生钟阿春、钟阿瑞、钟阿建3子，发族对面楼自然村。

甘棠镇小岭村钟氏 与大林钟姓同宗。先祖钟木金，于明崇祯前后由宁德金贝迁福安大湾贝里，钟木金长子钟士兴再迁甘棠小岭。钟士兴为小岭的开基始祖。至今已传至二十三世，族裔500多人。

下白石镇大梨村吴楼钟氏 始祖钟赛全，雍正年间由宁德上金贝迁入下白石镇大梨村吴楼自然村。至今二十三世，人口80人。

下白石镇王坑村钟氏 始祖钟荣禄，雍正年间由宁德柴坑迁入下白石镇王坑村填洋自然村，至今已一百二十六世，钟氏人口65人。

下白石镇通湾洋村钟氏 一支始祖钟洪金、钟春弟、钟石利，雍正年间由宁德柴坑迁入下白石镇通湾洋，至今二十一世。人口59人。一支始祖为钟增秀、钟石发、钟焕光，雍正年间由宁德上金贝迁入下白石镇通湾洋村，至今二十三世，人口43人。一支始祖钟廷如，康熙年间由宁德八都南岗迁入通湾洋村，至今二十一世，人口5人。一支始祖钟松锦，道光二十五年（1845）由康厝凤洋迁入，至今二十二世，人口4人。一支始祖钟贵寿，光绪年间由溪潭蓝田迁入，至今二十四世，人口 8 人。

下白石镇亨里村钟氏 为柴坑钟氏派支。先祖钟法丙从宁德金贝迁湾坞，生钟小一、钟小二 2 男。钟小一迁亨里，为肇基始祖，钟小一生钟兆俊、钟兆清 2 男，发族亨里。

下白石镇湖头村钟氏 属宁德柴坑钟氏派支。一支始祖为钟石妹，由金贝迁居下白石镇陈家浦（湖头）。生钟大文、钟大仁、钟大贤、钟大华、钟大智 5 男发族。另一支亦属宁德柴坑钟氏派支。始祖为钟雷发。

下白石镇章沃村钟氏 主要为双贵山钟氏，先祖钟聚崇于清雍正三年（1725）从武平县迁宁德斑竹村，其子钟奕昌分迁下白石镇章沃村双贵山。钟奕昌生钟华连、钟华李、钟华杨、钟华修、钟华文、钟华长、钟华汤、钟华庄 8 子发族，至今已繁衍至二十六世，族裔 218 人。

下白石镇秦坎村钟氏 为大林宗祠炳房。钟三明后裔十八世钟茂松迁宁德尖山，其后裔钟连富再迁三十三都秦坎。

下白石镇荷屿村钟氏 其一为宁德丹斗宗支。始祖为钟存锭，民国年间由宁德丹斗迁居荷屿。始祖钟金麟，1957 年由宁德丹斗迁居荷屿。其二为柴坑派支。一支先祖从金贝迁居霞浦县长春镇路里村，后裔于 1955 年再迁荷屿。一支始祖钟成安，由宁德乌坑迁入荷屿。其三为山头庄宗支。一支钟试满由山头庄迁居荷屿。一支钟向贵后裔钟名俊由山头庄迁居荷屿；其三为徐墩坂宗支钟采花家族。

下白石镇金腰带村钟氏 为大林宗祠炳房。始祖为钟三明后裔钟林养、钟林砚，由大林迁居下白石镇金腰带（杨梅山）。

松罗乡东洋埕村钟氏 为希圣、希儒分支。始祖钟鸣义，为钟月圆之子，钟鸣义娶雷氏，生 3 男 2 女，原居廉岭 30 余年，清乾隆初年迁居松罗乡王家村东洋埕。至今已传三十九世，族裔达 101 人。

松罗乡大坪里村前洋钟氏 为希圣、希儒分支，归金斗洋宗祠。始祖钟林鹤，生子钟士余、钟士有 2 人，钟士余生于清康熙五十八年（1720），讳法通，字起步。娶雷氏生 4 男 1 女，4 男为钟张禄、钟张照、钟张显、钟张应。清乾隆年由大林迁至松罗前洋。今已传三十九世，族裔达 140 人。

松罗乡茶洋钟氏 一支始祖钟文官，其子钟世莲于道光年间从福鼎市佳阳单桥迁居松罗乡茶洋。生 4 男 1 女，4 男为钟声授、钟声逊、钟声说、钟声俊。于茶洋自然村繁衍发族。一支始祖钟文满，其子钟世云，生于清嘉庆十七年（1812），从福鼎市佳阳单桥迁居于松罗乡茶洋里厝，娶雷氏生 2 男 2 女，2 男为钟声金、钟声祖。人口 163 人。另丹坵自然村钟氏为山头庄支脉。

松罗乡满洋中村钟氏 属梨坑派支。始祖钟进棣，其次子钟陈华，于清康熙年间由梨坑迁松罗满洋中，至今已传二十五世，总人口 117 人。

松罗乡王隶村钟氏 一支始祖由甘棠镇山头庄迁入衍发；一支由霞浦溪南镇白露坑村迁入。始祖钟启生，原名进生。钟启生生子钟文受、钟文代、钟文光 3 人。钟文光于王隶村发族，总人口 73 人。

松罗乡孟尾钟氏 属大林宗祠钟聪派支。钟聪次孙钟晟迁居福宁府后地洋东，其六子钟明德（二十世）生有 9 子，其三子钟元显曾孙钟文图（二十五世）从霞浦城关镇岭头里村迁入松罗乡孟尾村，至今已繁衍二十八世，总人口 24 人。

松罗乡后洋钟氏 佳阳单桥派支。始祖钟文希，其长子钟世衡，从福鼎县佳阳单桥迁入松罗乡后洋村。至今人口 93 人。

湾坞镇梅洋村钟氏 梅洋村天池自然村钟氏为听公派下，一支始祖钟元枝，雍正年间从徐墩坂迁入下邳天池（湾坞镇梅洋村天池）；另一支始祖钟元泗（乳名富弟），从徐墩坂迁入湾坞梅洋村天池。何厝里钟氏共 4 支。其一为福鼎市佳阳单桥派支，始祖为钟世训、钟有连。先迁居溪尾郑里后迁湾坞梅洋湖岗，再居何厝里；其二属城阳镇铁湖宗支，道光年间，始祖钟厅陞、钟奇位，由城阳镇铁湖迁居梅洋村何厝里自然村；其三为蓝田宗支；其四为山头庄宗支。下天池自然村钟氏属凤洋宗支仁房，始祖钟立焕、钟立赠，于民国初迁居下天池。至今梅洋钟氏人口 215 人。

湾坞镇寒洋村钟氏　为希圣、希儒分支，归属金斗洋宗祠。居大垄头、招坑里、塘贝定。始祖钟修吉从康厝乡金斗洋迁居寒洋村大垄头。后裔繁衍分居大垄头、招坑里、塘贝定。

湾坞镇坑源村钟氏　坑源里主村为仙人迹派支。始祖钟元明（十九世）由溪柄镇仙人村迁居坑源里居住；仁仓里钟氏属山头庄宗支钟二满分支，始祖钟奶安由溪尾镇坎下村礁洋头迁居水涸后居仁仓里。

湾坞镇岩下村钟氏　主居上墩自然村为大林钟氏金斗洋宗支；另一支为大林钟氏濑头宗支。始祖钟高杳，于光绪年间由坂中畲族乡井口村濑头迁居岩下村。

湾坞镇福岭村钟氏　属康厝畲族乡凤洋宗支仁房第一扇。道光初年，始祖钟家安迁居富田边江竹林上半岭（福岭）。

湾坞镇池头村钟氏　一支属听公山头庄宗祠，长房钟向晨派支。十四世钟玉满由山头庄迁居池头，配雷氏生子钟沅贤、钟沅聪、钟沅善发族。十八世钟登温迁本村清水坪。另一支为金斗洋宗支，肇基始祖为钟修贵，由馒头山（溪潭镇岳秀村横林）迁居池头。

湾坞镇半屿村钟氏　一支属凤洋宗支仁房。始祖钟家春于道光年间由凤洋迁居梅洋天池，其子钟邦尧再迁半屿。另一支为柴坑派支，始祖钟日寅，由宁德上金贝迁居湾坞半屿。

湾坞镇炉山村钟氏　王家边村自然村钟氏主要属宁德柴坑派支，始祖钟德淋，从上金贝迁溪尾镇下邳平头岗，至钟瑞兰迁入湾坞乡炉山村王家边。另一支为大林钟氏蓝田宗支，始祖钟应茸于民国后期迁居炉山村王家边。人口 73 人。

湾坞镇沙湾村钟氏　长垅里自然村钟氏，归山头庄村明公派支。始祖钟向抄由山头庄村分迁湾坞长垅里（今居龙珠新村）；山贝前自然村钟氏属柴坑派支，始祖钟元凤，由柴坑迁居山贝前（三贝田）。

溪尾镇溪里村钟氏 为钟希生分支。始祖钟日阑，奏名法秀，娶雷氏生5男，次子钟文申由上广迁溪尾居里（现溪尾镇坂中村溪里），至今已传二十四世，人口45人。

溪尾镇下邳村钟氏 为希圣、希儒分支。始祖钟士有，乾隆年间从大林迁居溪尾镇下邳村对面洋。至今已传至二十五世，人口28人。

溪尾镇石合沃里村钟氏 沃里村位于溪尾镇西南，距镇政府驻地6公里。海拔318.5米，有外村与里村之称呼，相隔不到50米，村落坐西向南，与林洋王家墓村相邻，东面与松罗乡王隶、茶洋、里厝、大楼下、古厝等村相隔山隔溪相连相望，遥望霞浦县山麓，松罗赤溪下游和柳溪下游的大溪经村口山下而过流经溪尾上村钱塘汇入溪尾大海，目前在大溪下游上村溪里拦河筑坝建设"溪尾水库"。村房屋依山排建，公路可通达溪尾坎下和林洋过洋连接松（罗）溪（尾）公路，20世纪50年代至80年代有个公办学校，全村有70户297人，其中钟姓41户168人，蓝姓8户30人，雷姓21户96人，耕地面积：田186亩，园地165户，林地面积2475亩。该村祖先从城阳铁湖到溪柄葛藤坪迁入而来，至今已有四五百年。该村钟成秀于1957年8月至10月作为畲族参观团代表晋京参加国庆观礼受到毛泽东主席等党和国家领导人接见并合影留念，为首任福安县人委民族科科长，主管全县民族事务之职。

溪尾镇林江村钟氏 听公派下。雍正年间，始祖钟元其（乳名黄其，林江谱名元奇）从徐墩坂迁入溪尾镇林江村西山，生子3人钟廷祚、钟廷礼、钟廷社，于林江村发族。至今已传至二十四世，人口154人。

溪尾镇林洋村钟氏 王家墓自然村钟氏为仙岩宗祠寿房派支。始祖钟禄木，娶蓝氏生钟永芹、钟永藻、钟永蕃、钟永兰4子。钟永兰与其母于道光年间迁居并发族林洋村王家墓；杞湾渡自然村钟氏为乐公分支，始祖为钟蒂纶。钟蒂纶娶吴氏生钟瑞萼、钟瑞荃2子。于道光年间由上墘里迁居林洋村杞湾渡，至今已传三十七世；半山自然村钟氏属城阳镇铁湖宗支。

始祖钟德茂，于嘉庆二十三年（1818）由铁湖迁居半山。地同更自然村钟氏属金斗洋宗支，始祖为“月亮派”之祖钟月亮，由坂中乡仙岭头迁居林洋村地同更。帕岭自然村钟氏，始祖钟允乐。钟氏总人口426人。

溪尾镇坎下村钟氏 为山头庄派系，始祖钟二满，从甘棠山头庄迁入溪尾镇坎下村碓洋头，至今已传二十五世，人口88人。

第二章 分 布

殷周时期，福安境内即有土著先民在此活动。隋唐之际，中原百姓开始迁居境内。宋代，境内的穆阳、苏阳、廉村、黄崎镇等地的人烟已很稠密。明代，畲族大规模迁入县内。清代，人口持续增长。民国时期，社会动荡，灾患频繁，人口呈下降趋势。关于福安市钟姓人口的历史记载资料十分有限，只能从族谱、畲族人口统计来分析估算。总体上新中国成立前人口高出生率、高死亡率，低自然增长率和低素质状态，生活质量恶劣。新中国成立后至改革开放为人口高增长期，人口素质、生活质量有明显提升。改革开放后为低出生率、低死亡率、低增长率时期，人口素质较高，生产生活空间开放流动。村落是畲族钟姓生存的基本社会形式，他们以大杂居、小聚居的形式依山而住，结舍为村。因多居住于丘陵山区，钟氏村庄规模多分散且偏小，人口数量较少，基本以自然村聚居。

第一节 人口状况

一、规模分布

明朝之前，钟姓人口虽已入邑福安，但总数较少，明景泰年间（1450—

1456），随着“大林钟氏”族系的迁入，钟姓人口开始逐步在福安繁衍发展。至清末，多支钟氏宗支的迁入加成，已形成一定规模。清光绪二十四年（1898），刑部主事钟大焜在修纂《颍川钟氏族谱》时，所列福安县钟氏村庄 82 处和族谱三代人口统计估算，当时福安钟姓人口为 2000 多人。影响人口增长的因素主要为自然变动和机械变动。民国时期，钟姓人口增长主要为自然变动；根据民国 26 年（1937）《福建省统计年鉴》所统计的福安畲族人口共 2000 户、8400 人的数据分析，钟姓人口为 2800 多人。综上而言，新中国成立前人口基本处于高出生率、高死亡率、低自然增长率和低素质状态。中华人民共和国成立以后，由于民族政策的落实，畲村生产生活条件得以极大的改善，医疗卫生、文化教育逐步配套，钟姓人口出现较快增长。根据 1953 年第一次人口普查，福安畲族人口为 30743 人的数据分析，钟姓人口为 10000 以上。1964 年第二次人口普查，福安畲族人口为 37195 人，钟姓人口为 12400 多人，增加 2400 多人，年增加人口 218 多人。1990 年第四次人口普查，福安市钟姓人口有了专门统计，为 20715 人，占福安市总人口 525582 人的 3.9%，排福安市第 7 位。从新中国成立到 1990 年为较快增长时期，影响人口总体快速增长的原因：一是国家未实行人口计划生育；二是人口跨区域流动少。1990 年后，随着计划生育政策的落实，钟姓人口开始步入低出生率、低死亡率、低增长率、高素质的良性循环。由于计划生育政策的实施，加之改革开放市场经济的催动、城市化进程加快和高考等要素变化，钟氏人口流出相应加大，人口回归平缓。根据福安市统计，2004 年全市钟姓人口为 25045 人。2020 年钟姓人口为 28340 人，为全市总人口的 4.1%，列福安市第 7 位。福安市钟氏常住人口为 28213 人，占福安市常住人口 609779 人的 4.1%，人口占比提升 0.2%。钟氏人口的机械变动表现为县域内流动增大和县域外小规模净流出。影响人口增长的主要原因仍为自然变动，其生育惯性仍保持了钟姓人口较高增长；其次由于上学、工作等外迁带来的机械变动。

在人口分布上，明代钟姓人口分布区域不大，主要分布在以大林村为中心的县域中部几个山区村庄，多为低山、丘陵和山麓。清代逐步向福安西部、东部和南部山区扩散，钟姓居住村落也进一步增多，清光绪十年（1884）版《福安县志》记载畲民为“布散山泽间，亦受民田以耕”，所列钟姓村庄有 93 处。清光绪二十四（1898），刑部主事钟大焜在修纂《颍川钟氏族谱》时，所列福安县钟氏村庄 82 处。清末，钟姓人口开始零星进入城区、镇区居住。有社口谢岭下村钟姓、仙岭洋钟姓在县城分别经营豆腐店和染布店，社口里后村钟某在城关开设华宾客栈，上天池钟氏开设的南门拳艺馆等。从有关《钟氏族谱》中记载的迁住地点有城关东门头、阳头、司前街宾行路、南湖等。民国 26 年（1937）《福建省统计年鉴》载：畲族“多业农，间有少数业工、商、巫、医者”。中华人民共和国成立后，党的民族政策得到落实，民族教育逐步普及，钟氏人口素质不断提升，一些钟氏人士走上政府部门、企事业单位的工作岗位，进入城区钟姓人口进一步增多。特别是改革开放以后，党和政府加大对少数民族的扶持力度，对“一方水土养不活一方人”的民族地区实施“造福工程”——搬迁，如留安新村、富阳新村、朝阳新村、东山村、高岭村搬迁等，加之市场经济催活城区二、三产业的快速发展，就业领域更加宽阔灵活，福安市城区面积不断扩容，钟氏人口亦较大幅度进入城区和镇区办厂、经商、就业，繁衍生息。1990 年第四次人口普查，韩阳镇钟氏人为 803 人，2004 年三办（由韩阳镇析设）钟氏人口为 887 人，约占城区三办总人口的 1.21%。按城区、镇区、山村划分比例为 5.89%、3.89%、90.22%。按区域方位划分为中部 26.89%，东部 9.53%，西部 27.35%，南部 25.58%，北部 10.65%。根据《福建统计年鉴》2019 年的数据显示，福安市常住人口有 57.7 万人，其中城镇人口有 37.04 万人，乡村人口有 20.66 万人，城镇化率为64.2%。2020年三办钟氏人口为1494人，加之坂中畲族乡、城阳镇等新区及各乡镇区人口，约14038人。城镇钟氏人口约为15532人，占福安城镇人口37.04万人的4.19%，占钟氏总人口的54.8%，城镇化率低于全市约9.4个百分点。钟氏人口最多的乡镇为坂中畲族乡，人口3995人；最少为晓阳镇，人口29人。2004年，钟氏人口最多的村委会为康厝畲族乡凤洋村，人口752人。2020年，罗江街道办事处坑门里村钟氏人口880人，成为钟氏人口最多的村委会。

2004年福安市钟姓人口情况表

单位：人

地名	人口			地名	人口		
	小计	男	女		小计	男	女
福安市	25045						
城北办	**571**	**321**	**250**				
前进村	146	92	54	中兴居	33	22	11
后垅村	170	116	54	冠杭居	124	74	50
东凤村	96	62	34	锦阳社区	125	78	47
棠发洋村	88	58	30	富春居	110	69	41
城南办	**229**	**107**	**122**				
官村	17	9	8	莲池	20	4	6
程家垅	1	0	1	东凤街	56	27	29
南郊	34	17	17	南湖	101	50	51
阳头办	**87**	**43**	**44**				
阳上	12	7	5	阳和	18	8	10
阳泉	8	2	6	阳春	8	5	3

续表

地　名	人　口			地　名	人　口		
	小计	男	女		小计	男	女
城阳乡	**1858**	**1033**	**825**				
后楼	4	0	4	秦源	1	0	1
上沃	1	0	1	中村	3	0	3
仙岭	4	0	4	中泉	3	0	3
官洋	65	46	19	林洋	6	0	6
堵坪	2	0	2	石门院	2	0	2
东口	2	0	2	金园	3	0	3
阮家坑	1	0	1	留洋	7	1	6
马上	66	35	31	洋面	188	116	72
占洋	28	17	11	赤岭	24	15	9
湖塘坂	10	6	4	马下	52	8	44
雁塔	33	19	14	日山	28	4	24
溪东	58	33	25	纸坪	150	76	74
林家洋	10	0	10	茶洋	479	327	152
瓮窑	6	2	4	化蛟	251	169	82
岩湖	7	2	5	白坑	119	45	74
秦溪	16	2	14	铁湖	227	110	117
坂中乡	**3995**	**2272**	**1723**				
坂中	64	30	34	汤洋	22	7	15
湖口	20	4	16	铜岩	6	0	6
坑下	29	5	24	彭家洋	302	183	119
长汀	29	15	14	冠岭	10	3	7
仙源里	68	35	33	亭兜	153	103	50
南岸	13	2	11	林岭	336	188	148
和安	590	302	288	日宅	424	244	180
仙岩	726	485	241	江家渡	202	140	62
大林	345	232	113	松潭	5	1	4
许洋	44	2	42	满春	127	71	56
后门坪	116	9	107	乡直	64	34	30
井口	300	177	123				

续表

地名	人口			地名	人口		
	小计	男	女		小计	男	女
范坑乡	**39**	**18**	**21**				
徐家山	38	17	21	乡机关	1	1	0
上白石镇	**157**	**70**	**87**				
白石	2	0	2	白石坂	1	0	1
沙坑	2	0	2	南山头	77	38	39
圆潭	1	0	1	松茂林	1	0	1
不老	20	13	7	曹洋	3	0	3
里垄坑	3	0	3	西园	5	1	4
坪庄	10	3	7	小洋	1	0	1
柘坑	2	1	1	坑尾	2	0	2
东峰	20	10	10	镇直	6	4	2
佳浆	1	0	1				
潭头镇	**835**	**384**	**451**				
潭头居	105	57	48	汾洋	21	7	14
富罗坂	1	0	1	祠堂前	49	24	25
东升	1	0	1	柘头	8	2	6
建柄	5	1	4	后洋	3	0	3
渔溪洋	182	128	54	上坪洋	2	0	2
泥洋	11	1	10	西坑	3	1	2
高岩	6	0	6	下洋	2	0	2
东昆	3	0	3	半坑	1	0	1
枢洋	6	0	6	后湾垅	2	0	2
南岩	8	3	5	鹅山	239	136	103
千诗亭	4	0	4	金菊园	32	5	27
东岭洋	26	13	13	镇直	7	4	3
棠溪	9	2	7				
晓阳镇	**29**	**12**	**17**				
墙坪	11	5	6	南源	2	1	1
龙洋	7	5	2	首洋	1	0	1
谷口	1	0	1	南溪	1	0	1
晓阳	1	1	0	马洋	5	0	5

续表

地　名	人　口			地　名	人　口		
	小计	男	女		小计	男	女
社口镇	**1592**	**882**	**710**				
社口	107	66	41	潘洋	17	1	16
岩下	4	2	2	沙溪	11	5	6
溪坪	24	8	16	岭后	31	18	13
坦洋	29	14	15	大坪	79	25	54
坑里坑	145	79	66	荣岭头	142	97	45
上山	272	186	86	秀峰	1	0	1
牛山湾	168	98	70	谢岭下	33	0	33
利岔	248	150	98	公岐	1	0	1
填头	83	40	43	林柄	2	0	2
山里	169	84	85	镇直	12	5	7
仙溪	10	1	9				
康厝乡	**2305**						
康厝	7			洋溪	15		
苏坂	7			梧溪	8		
红坪	142			凤洋	752		
东山	311			金斗洋	336		
彭洋	85			施洋	14		
邮亭	1			半山	99		
竹岙	142			大坑	10		
秋岭	56			渡头	23		
长潭	197						
穆阳镇	**269**	**102**	**167**				
百岁居	37	15	22	苏堤居	15	3	12
中兴居	25	13	12	苏堤村	74	28	46
西成居	14	2	12	穆阳村	63	30	33
石马居	9	0	9	机关	20	6	14
东旭居	12	5	7				

续表

地名	人口			地名	人口		
	小计	男	女		小计	男	女
穆云乡	**2369**	**1255**	**1114**				
桂林	8	2	6	下村	8	6	2
洋坪	277	164	113	上村	48	28	20
燕科	310	187	123	里楼	66	39	27
虎头	64	20	44	温岩	34	18	16
溪塔	109	44	65	燕坑	56	4	52
高岭	307	220	87	岭坑	66	25	41
黄如	15	2	13	桥溪	2	0	2
上洋	10	0	10	贵洋	1	0	1
双溪	1	0	1	下逢	5	0	5
南山	163	77	86	翁洋	3	0	3
咸福	15	0	15	王楼	71	22	49
占溪	1	0	1	中沃	175	100	75
龟凤	22	16	6	科后	152	58	94
竹洲山	29	17	12	隆坪	11	0	11
外洋	2	0	2	犁田	233	159	74
外垅	3	0	3	机关	40	22	18
外厝	8	0	8				
溪潭镇	**1910**	**965**	**945**				
城山	25	13	12	洋头	10	1	9
溪北	4	1	3	沙岩	71	39	32
马山	193	76	117	陈家山	6	0	6
双峰	1	0	1	张家山	24	0	24
濑头	4	2	2	西隐	14	0	14
凤林	14	0	14	番溪	3	0	3
濑尾	1	0	1	岳秀	219	143	76
岔口	136	96	40	岐山	80	25	55
前甫	4	0	4	下庄	88	17	71
溪填	113	76	39	院前	3	0	3
仙石	145	74	71	西安	3	0	3
廉村	15	3	12	芹洋	13	5	8
兰田	517	305	212	瓜溪	82	32	50
王里	10	0	10	吉坑	5	1	4
廉明	12	6	6	岭头	2	0	2
洪口	90	50	40	华岩	1	0	1

续表

地 名	人 口			地 名	人 口		
	小计	男	女		小计	男	女
甘棠镇	**1465**						
甘棠居	2			过洋村	174		
东门村	4			上塘村	16		
西门村	5			港边村	2		
南门村	2			观里村	1		
北门村	1			厝坪村	1		
南塘村	11			湄洋村	117		
外塘村	2			倪下村	12		
甘江村	1			牛柏洋	20		
后岐村	1			吴洋村	59		
港岐村	1			山下村	70		
奎住村	7			何厝村	192		
英岐村	2			小岭村	265		
国泽村	11			山头庄	239		
春雷云	74			铜坑里	10		
牛家洋	3			可洋村	5		
岭尾村	57			镇直	35		
大车村	9						
下白石镇	**1293**	**580**	**713**				
下白石	14	4	10	濑尾	4	1	3
下赤	213	111	102	本斗坑	2	0	2
林门头	5	0	5	北斗都	1	0	1
章岭	28	0	28	东岐	32	20	12
王坑	55	22	33	外宅	14	2	12
外山	18	10	8	坑门	28	9	19
凤山	2	0	2	楼坪	7	3	4
顶头	4	0	4	福屿	4	0	4
小梨	1	0	1	渔江	5	0	5
斗门头	9	0	9	荷屿	68	28	40
大梨	71	45	26	章坑	45	24	21
通湾洋	109	53	56	长坑	31	7	14

续表

地名	人口			地名	人口		
	小计	男	女		小计	男	女
亨里	109	53	56	行洋	30	9	21
白招	2	0	2	大获	7	2	5
塘楼下	6	0	6	塔里	1	0	1
湖头	98	63	35	南甫	4	0	4
远杞	2	0	2	金腰带	80	28	52
章沃	84	48	36	福渔	5	0	5
秦坎	63	27	36	居委会	7	3	4
平岗	14	5	9	4807 工厂	4	3	1
溪柄镇	**1640**	**835**	**805**				
溪柄	8	1	7	白沙	100	34	66
立峰	69	30	39	楼下	10	0	10
北山	9	0	9	榕头	2	0	2
甲厝	1	0	1	东坪	187	103	84
仙洋里	45	27	18	山下	6	1	5
宸山	219	144	75	溪南	36	19	17
长洋	333	190	143	三村	9	2	7
港里	124	70	54	茜洋	59	19	40
田坂	3	0	3	采花桥	165	87	78
龙潭面	172	78	94	坑口	17	10	7
水田	9	1	8	横坑	33	16	17
黄兰	11	2	9	林场	1	0	1
甫后	4	0	4	居委会	8	1	7
松罗乡	**748**	**376**	**372**				
松罗	5	1	4	王隶	73	43	30
洋西	9	3	6	王家	101	68	33
牛溪	24	13	11	大坪里	106	65	41
后洋	93	39	54	赤溪	15	3	12
岭头	7	0	7	杜坑	11	0	11
满洋	117	54	63	后溪	3	0	3
柳溪	7	0	7	山界	5	0	5
茶洋	163	86	77	南溪	1	0	1
古厝	8	1	7				

续表

地　名	人　口			地　名	人　口		
	小计	男	女		小计	男	女
湾坞乡	**949**	**477**	**472**				
湾坞	34	15	29	岩下	92	50	42
马头	7	0	7	福岭	91	49	42
徐江	3	0	3	池头	99	52	47
深安	9	6	3	白莲	6	2	4
梅洋	161	98	63	半屿	83	43	40
坑源	41	16	25	上洋	5	0	5
宝岭	11	8	3	龙珠	19	3	16
宝林	43	22	21	渔业	2	0	2
寒洋	69	34	35	白马	1	0	1
炉山	73	38	35	浮溪	4	0	4
下塘	18	0	18	沙湾	56	33	23
下广	3	2	1	鸡场	1	0	1
半岭	12	5	7	乡直	3	0	3
溪尾镇	**949**	**519**	**430**				
溪尾	16	1	15	林洋	208	132	76
坂中	28	18	10	利洋	12	2	10
渔岐	13	0	13	众坑	25	5	20
下邳	53	32	21	溪边	5	0	5
林江	163	102	61	湖岭	3	0	3
溪邳	2	0	2	新洋	6	0	6
坎下	236	132	104	新溪	8	3	5
石合	140	77	63	镇直	31	15	16
赛岐镇	**811**	**507**	**304**				
万寿街	48			小盘	112		
溪里	55			长冈	97		
江兜	39			廉首	165		
下港				店前	62		
泰康				梨园			
秀洋				赛里			
郭厝坪				解放街			
前进街				和平街			

续表

地名	人口			地名	人口		
	小计	男	女		小计	男	女
赛开区	**945**	**554**	**391**				
罗江	18	3	15	樟港	6	1	5
大留	38	23	15	加招	13	1	12
小留	40	18	22	坑门里	749	483	266
南安	13	11	2	北山	68	14	54

2020年福安市钟姓人口情况表

单位：人

地名	户籍人口	常住人口	地名	户籍人口	常住人口
福安市	**28340**	**28213**			
城北办	**870**	**864**			
东凤社区	75	75	锦阳社区	110	111
富春社区	130	130	前进社区	140	138
冠杭社区	100	98	棠发洋社区	110	109
后垅社区	170	168	中兴社区	35	35
城南办	**336**	**327**			
官村社区	30	27	莲池社区	40	37
程家垅	1	1	东风社区	95	93
南郊社区	45	44	南湖社区	125	125
阳头办	**288**	**290**			
广兴社区	20	21	阳和社区	60	59
阳上社区	70	71	阳春社区	35	35
阳泉社区	33	33	阳中社区	70	71
城阳镇	**2077**	**2068**			
后楼	8	8	秦源	4	4
上沃	5	5	中村	8	8
仙岭	5	5	中泉	10	10

续表

地名	户籍人口	常住人口	地名	户籍人口	常住人口
官洋	90	90	林洋	6	6
堵坪坑	4	4	石门院	2	2
王湾	3	3	金园	8	8
阮家坑	4	4	留洋	6	6
马上	63	63	洋面	220	218
占洋	40	39	赤岭	25	25
湖塘坂	20	18	马下	40	39
雁塔	40	40	日山	23	23
溪东	70	71	纸坪	160	160
林家洋	12	12	茶洋	520	517
瓮窑	13	13	化蛟	280	277
岩湖	25	23	白坑	100	99
秦溪	33	33	铁湖	230	229
坂中乡	**4429**	**4422**			
坂中	110	109	汤洋	3	3
湖口	25	25	铜岩	8	8
坑下	20	21	彭家洋	330	327
长汀	33	33	冠岭	7	7
仙源里	76	76	亭兜	220	218
南岸	2	2	林岭	400	404
和安	610	608	日宅	450	447
仙岩	835	835	江家渡	250	254
大林	370	369	满春社区	210	207
许洋	30	28	后门坪	100	103
井口	340	338			
范坑乡	**82**	**79**			
八斗村	1	1	马冈	1	1
半坑	1	1	毛家坪	1	1
东洋	6	6	蒲家山	1	1
墩头	5	5	上坪	5	4
范坑	5	4	蛇头	2	2
领先	5	4	洋山	2	2
徐家山	35	35	竹柄	12	12

续表

地名	户籍人口	常住人口	地名	户籍人口	常住人口
上白石镇	**211**	**209**			
上白石村	2	2	白石坂	4	4
沙坑	4	4	南山头	90	91
圆潭	7	7	松茂林	2	2
不老	25	24	曹洋	4	4
里垄坑	5	5	西园	7	7
坪庄	10	9	小洋	6	6
柘坑	2		坑尾	5	5
东峰	15	16	上白石居	3	3
财洪	1	1	姜家山	2	2
前洋	4	4	流尾	1	1
山头境	2	2	郑家山	7	7
佳浆	3	3			
潭头镇	**886**	**885**			
潭头	133	133	汾洋	20	19
富罗坂	1	1	祠堂前	60	59
东升	4	4	柘头	7	7
建柄	6	6	后洋	2	2
渔溪洋	285	283	上坪洋	1	1
泥洋	10	11	西坑	5	5
高岩	8	8	下洋	1	1
东昆	10	9	坑坪	1	1
枢洋	4	4	后湾垅	1	1
南岩	3	3	鹅山	240	243
千诗亭	6	6	柯洋	30	32
东岭洋	30	28	太逢	3	3
大庄	4	4	西洋境	1	1
棠溪	10	10			
晓阳镇	**61**	**60**			
墙坪	10	11	南源	5	4
龙洋	12	12	首洋	3	3
谷口	6	6	南溪	5	5
晓阳	10	9	马洋	6	6
东源	2	2	岭下	2	2

续表

地名	户籍人口	常住人口	地名	户籍人口	常住人口
社口镇	**1724**	**1721**			
社口	115	114	仙溪	11	11
岩下	4	4	潘洋	15	15
溪坪	23	23	沙溪	12	12
坦洋	22	22	岭后	40	40
坑里坑	160	161	大坪	85	83
上山	300	302	荣岭头	160	162
牛山湾	180	178	秀峰	3	3
利岔	290	286	谢岭下	23	23
填头	80	80	公岐	5	4
山里	180	182	林柄	6	6
龟龄	2	2	溪口	4	4
吉洋	2	2	岩坑	2	2
康厝乡	**2474**	**2474**			
康厝	30	30	长潭	196	196
苏坂	10	11	洋溪	23	23
红坪	145	144	梧溪	4	4
东山	345	345	凤洋	840	839
彭洋	85	84	金斗洋	325	325
象地	6	6	施洋	13	13
竹忝	170	171	半山	110	110
秋岭	56	56	大坑	18	18
岗头	2	2	渡头	23	23
高台	4	4	社洋	5	5
湖洋	3	3	石尖	4	4
界竹	2	2	宋家村	3	3
岭尾	2	2	填秦	50	51
穆阳镇	**227**	**223**			
百岁居	80	78	苏堤村	75	75
中兴居	30	32	穆阳村	1	1
西城居	15	13	石马居	6	6
东旭居	20	18			

续表

地名	户籍人口	常住人口	地名	户籍人口	常住人口
穆云乡	**2581**	**2573**			
桂林	30	31	下村	11	11
洋坪	315	316	上村	55	54
燕科	360	357	里楼	75	74
虎头	72	72	温岩	35	35
溪塔	90	90	燕坑	55	54
高岭	386	386	岭坑	50	50
黄如	17	17	桥溪	1	1
上洋	10	10	贵洋	7	7
双溪	1	1	下逢	6	6
南山	190	189	翁洋	5	4
咸福	20	19	王楼	65	64
占溪	2	2	中沃	190	190
龟凤	25	25	科后	135	135
竹洲山	80	78	隆坪	11	11
外洋	1	1	犁田	270	272
外垅	2	2	玉林	1	1
外厝	8	8			
溪潭镇	**2219**	**2215**			
城山	37	37	沙岩	65	66
溪北	17	17	陈家山	4	4
马山	233	233	张家山	16	16
濑头	10	10	西隐	15	14
凤林	15	15	番溪	8	8
濑尾	6	6	岳秀	285	285
岔口	180	181	岐山	85	85
前甫	4	4	下庄	95	94
溪填	130	131	院前	2	2
仙石	185	185	西安	2	2
廉村	20	21	芹洋	18	18
兰田	560	557	瓜溪	85	84
王里	12	12	吉坑	4	4
廉明	16	16	岭头	1	1
洪口	90	88	华岩	5	5
濑洋	1	1	上湾	1	1
洋头	12	12			

续表

地名	户籍人口	常住人口	地名	户籍人口	常住人口
甘棠镇	**1521**	**1519**			
东门村	30	31	过洋村	180	181
西门村	32	32	上塘村	30	29
北门村	15	15	港边村	3	3
南塘村	25	24	观里村	5	4
外塘村	7	7	厝坪村	2	2
后岐村	5	5	湄洋村	130	130
港岐村	2	2	倪下村	10	9
奎住村	10	11	牛柏洋	20	20
英岐村	5	5	吴洋村	50	50
国泽村	15	14	山下村	63	63
春雷云	62	62	何厝村	165	165
牛家洋	2	2	小岭村	305	305
岭尾村	63	63	山头庄	245	244
可洋村	8	8	铜坑里	22	22
大车村	10	11			
下白石镇	**1480**	**1449**			
下白石	55	53	濑尾	4	4
下赤	220	218	坑门	22	22
林门头	2	2	北斗都	3	3
章岭	20	22	东岐	37	37
王坑	65	65	外宅	16	16
外山	22	22	坑门	22	22
凤山	3	3	楼坪	10	11
顶头	4	4	福屿	7	7
小梨	1	1	宁海	2	2
斗门头	15	15	荷屿	70	70
大梨	83	83	章坑	45	45
通湾洋	120	118	长坑	30	30
亨里	116	116	行洋	40	39
白招	3	3	大获	15	14
塘楼下	13	13	塔里	3	3
湖头	110	108	南甫	1	1
远杞	10	10	金腰带	72	72
章沃	120	118	福渔	6	6
秦坎	60	62	下岐	3	3
平岗	20	18	渔江	10	11

续表

地名	户籍人口	常住人口	地名	户籍人口	常住人口
溪柄镇	**1826**	**1817**			
溪柄	25	24	白沙	105	104
立峰	90	91	楼下	11	11
北山	12	12	榕头	2	2
仙洋里	55	55	山下	8	8
宬山	270	269	溪南	35	35
长洋	405	406	三村	15	14
港里	140	138	茜洋	62	62
田坂	7	7	采梅	130	127
龙潭面	180	179	坑口	20	19
水田	17	17	横坑	30	30
东山	195	195	林场	1	1
甫后	3	3	兴龙居委会	8	8
松罗乡	**758**	**754**			
松罗	20	21	王隶	100	97
洋西	13	13	王家	110	107
牛落洋	25	25	大坪里	105	105
后洋	90	92	赤溪	10	10
外岭头	8	8	杜坑	10	9
满洋	80	82	后溪	4	4
柳溪	7	7	山界	6	6
茶洋	165	163	南溪	1	1
金山	4	4			
湾坞镇	**1134**	**1134**			
湾坞	40	41	岩下	85	85
马头	10	10	福岭	113	113
徐江	2	2	池头	120	119
深安	6	6	白莲	5	5
梅洋	215	214	半屿	83	83
坑源	60	62	上洋	8	8
宝岭	15	15	龙珠	20	20
宝林	40	39	渔业	4	4
寒洋	85	85	白马	8	8
炉山	77	77	浮溪	11	11
下塘	16	16	沙湾	83	83
下广	6	6	新城社区	6	6
半岭	15	15	镇直商贸街	1	1

续表

地名	户籍人口	常住人口	地名	户籍人口	常住人口
溪尾镇	**976**	**967**			
溪尾	26	26	林田	240	238
坂中	45	44	利洋	10	10
渔岐	5	5	众坑	20	19
下邳	55	54	溪边	2	2
林江	170	167	湖岭	5	4
溪邳	9	9	仙洋	3	3
坎下	233	233	新溪	3	3
石合	150	150			
赛岐镇	**1087**	**1075**			
万寿社区	60	61	大象	6	6
溪里	55	54	小盘	100	98
江兜	32	32	大盘	2	2
下港社区	55	54	廉首	210	207
泰康	60	59	宅里	20	18
秀洋	50	48	梨园	7	7
厝坪	2	2	赛里	22	22
宝洋	2	2	解放街	35	35
大叶	5	4	和平街	25	24
店前	73	73	凯旋社区	40	41
象环	110	108	上长岐	7	7
青江	6	6	狮子头	10	11
泥湾	6	6	苏阳	17	17
前进社区	32	32	桃洋	3	3
虹桥社区	30	31	下浦	5	5
赛开区	**1093**	**1088**			
罗江	10	10	加招	12	12
大留	40	39	坑门里	880	881
小留	50	48	北山	65	63
南安	6	6	三江社区	20	20
樟港	10	9			

二、人口构成

性别构成 1990 年第四次全国人口普查时，福安总人口性别比为 117.97∶100，福安钟氏人口 20715 人，其中男性 11292 人，女性 9423

人，性别比为 119.83：100。钟氏人口性别比大于总人口性别比。2020 年第七次全国人口普查时，福安总人口性别比 110.05：100，福安钟姓人口 27647 人，其中男性 14632，女性 13015，性别比为 112.42：100。钟氏人口性别比仍大于总人口性别比，但性别比有所缩小。

1990 年福安市钟姓人口数及性别情况表

单位：人

乡镇别	小计	男	女	性别比
全市	20715	11292	9423	119.83：100
坂中	3187	1348	1339	100.67：100
穆云	2053	1025	1028	99.7：100
康厝	1951	1012	939	107.77：100
韩阳	803	448	355	126.19：100
赛岐	700	360	340	105.88：100
穆阳	127	68	59	115.25：100
甘棠	1943	1057	886	119.30：100
下白石	1025	479	546	87.73：100
溪柄	1376	737	639	115.34：100
上白石	123	66	57	115.79：100
城阳	1455	869	586	148.29：100
范坑	30	20	10	200：100
潭头	710	424	286	148.25：100
晓阳	35	15	20	70：100
社口	1425	821	604	135.92：100
溪潭	1623	829	794	104.41：100
湾坞	788	422	366	115.30：100
溪尾	762	456	306	149.02：100
松罗	599	336	263	127.76：100

年龄构成 福安钟姓人口年龄构成显两头小、中间大的橄榄型状态。从 2007 年坂中畲族乡钟姓人口构成中可窥一斑，2007 年，坂中畲族乡钟

姓人口 3954 人，其年龄构成状况为：0—4 岁 157 人，占 3.97%；5—9 岁 185 人，占 4.68%；10—14 岁 368 人，占 9.31%；15—19 岁 387 人，占 9.79%；20—24 岁 345 人，占 8.73%；25—29 岁 419 人，占 10.59%；30—34 岁 361 人，占 9.13%；35—39 岁 302 人，占 7.64%；40—44 岁 260 人，占 6.58%；45—49 岁 199 人，占 5.03%；50—54 岁 241 人，占 6.09%；55—59 岁 174 人，占 4.40%；60—64 岁 117 人，占 2.96%；65—69 岁 92 人，占 2.33%；70 岁以上 312 人，占 7.89%。

2020 年，第七次全国人口普查时福安钟姓人口 27647 人，其年龄构成状况为：0—4 岁 1409 人，占 5.09%；5—9 岁 2240 人，占 8.1%；10—14 岁 2104 人，占 7.61%；15—19 岁 1514 人，占 5.48%；20—24 岁 1213 人，占 4.39%；25—29 岁 2355 人，占 8.52%；30—34 岁 2259 人，占 8.17%；35—39 岁 1976 人，占 7.15%；40—44 岁 2218 人，占 8.02%；45—49 岁 2275 人，占 8.23%；50—54 岁 2025 人，占 7.32%；55—59 岁 1488 人，占 5.38%；60—64 岁 1290 人，占 4.67%；65—69 岁 1254 人，占 4.54%；70 岁以上 2027 人，占 7.33%。

第七次人口普查福安市钟氏人口年龄构成表

钟氏（年龄段）	0—4	5—9	10—14	15—19	20—24	25—29	30—34	35—39	40—44	45—49	50—54	55—59	60—64	65—69	70以上	合计
1. 坂中、城北	271	465	423	264	224	410	405	358	430	390	323	258	221	216	388	5046
2. 城北、城南、城阳	104	130	127	131	98	158	132	115	151	162	128	99	88	81	116	1820
3. 城阳、范坑、甘棠	66	168	170	111	97	169	142	129	139	149	113	94	67	69	115	1798
4. 甘棠、穆阳、康厝	196	251	209	163	107	244	260	248	234	248	221	178	132	153	212	3056
5. 康厝、罗江、穆云、赛岐	197	315	283	211	147	334	298	296	310	310	315	209	179	184	305	3893
6. 赛岐、上白石	54	92	63	54	50	118	98	71	71	75	96	78	50	48	69	1087
7. 上白石、湾坞、社口	86	187	179	116	80	185	210	148	174	172	148	117	138	90	150	2180
8. 社口、松罗、溪柄	104	168	193	155	129	209	179	147	241	245	209	134	138	132	217	2600

续表

钟氏（年龄段）	0—4	5—9	10—14	15—19	20—24	25—29	30—34	35—39	40—44	45—49	50—54	55—59	60—64	65—69	70以上	合计
9.溪柄、溪潭、下白石	156	253	231	157	154	274	259	237	219	258	226	154	134	154	241	3107
10.下白石、溪尾、晓阳	128	152	160	109	103	185	208	165	178	206	181	136	106	103	167	2287
11.晓阳、阳头、潭头	47	59	66	43	24	69	68	62	71	60	65	31	37	24	47	773
合计（其中：男14632，女13015）	1409	2240	2104	1514	1213	2355	2259	1976	2218	2275	2025	1488	1290	1254	2027	27647

职业构成　清中期前，钟姓人口基本分布于农村，主要从事农业、畜牧业等生产。清末至民国，零星人口逐步进入城镇从事商业、服务业等，新中国成立后，一些钟氏人士进入政府部门、企事业等单位，就业门类进一步拓展，但仍以从事农业人口为主。改革开放后，钟氏人口就业面进一步拓宽。2020年，福安市钟氏在业人口11619人，占钟氏人口的41%。从事农业的10669人，从事工业的216人，从事建筑房地产业的241人，从事交通通讯业的32人，从事服务业的323人，从事国家机关党群组织工作57人，从事教育文化系列151人。从事卫生系列的30人。

2020年，钟氏人口公职在岗261人，分别为：市国家机关党群组织24人，乡镇国家机关党群组织33人，教育系列151人，卫生系列30人。农水系列3人，乡镇事业20人。

2020年福安市钟氏人口公职在岗情况表

单位：人

行业门类	小计	男	女
市国家机关党群组织	24	15	9
乡镇国家机关党群组织	33	20	13
卫生社会福利业	30	9	21
教育文化艺术业	151	66	85
农水系列	3	3	
乡镇事业	20	14	6

第二节 村落分布

村落是畲族钟姓生存的基本社会形式，他们以大杂居、小聚居的形式依山而住，结舍为村。明代族谱记载的钟氏村庄有13处；清代族谱中都有关于钟姓村落的记载，有些还绘制有村庄地域图。清光绪十年（1884）版《福安县志》记载钟姓村落113处；清光绪二十四年（1898），刑部主事钟大焜在修纂《颍川钟氏族谱》时，所列福安县钟氏村庄包括前洋、茶坑、老虎湾、长潭、林前（蓝田）、牛埕、可坑、岭门乡、山头庄、碓洋头、东山、燕窝、考河、白岩下、洋堪、橄岭、梨坑、獭湖（铁湖）、葛藤坪、林洋奥里、柳溪里厝、龙潭面、下天池、大林、仙岭洋（仙岩）、铁场、里洋楼、塔后、凤凰池、梨乾（犁田）、叠石、深水湾、吴山湾（牛山湾）、林岭、过洋里、金斗量（金斗洋）、竹园兜、桔垅、横林、凤翔（凤洋）、上天池、横路下、王楼、北山、林洋、黄儒岭头、坑壑、林洋九湾、鲤鱼山、仙人脚迹、上下横路、小岭等村落达82处。民国26年（1937）福建省政府秘书处统计室《福安县人口农业调查》记载钟姓居住村落有52处。2004年，福安市钟氏居住村落有285处。钟氏村庄一般分为3种类型，一是纯钟姓村庄，二是畲姓混合村庄，三是畲汉混合村庄。

一、明代钟姓村落

据族谱记载，明代钟姓村落有：钟莆坑、金溪玉林、大西门眠山岗、大林、山头庄、山里、白石祭、大留、林前、上广、后林、梨坑、坦洋杨中坑。

二、清代钟姓村落

清光绪《福安县志》记载钟姓村落有：

二、三都：上下天里、铁湖、车头、白坑、岭门二宅、廉岭。

四都：梨坑、牛胶边、南山头。

五都：大蓝、叠石、仙岩下、仙岭洋。

六都：上和庵、橄岭、桦坪、深渡、鹅山、小坑。

八都：前洋。

九都：南山、半山、墓亭。

上下十都：大坪、坑里。

十五都：金斗洋、老虎湾、周坑、大莲、上岙、里岙、竹舟。

十六都：蓝头、濑头、牛三湾、茶洋、王楼、上洋、仙岭带、长坑、凤洋岗。

十七都：梨前、牛射坂（牛石坂）、长潭、竹园兜、桂垄。

十八都：燕窝、洋墈、路头、南山、半山、登山。

十九都：牛埕、岭头。

二十都：马山、南庵、白岩下。

廿一都：林前、岩下。

廿二都：茄山（岐山）、蓝田、岳秀、馒头山。

廿三都：狮子中、瓜溪、林洋、桔垄、川山腰。

廿四都：山坪、仙胶迹。

廿五都：彩花桥、白沙、鬼洞里、亭下、上下横路、磨石坑。

廿六都：化蛟、茶洋、粗坑、茶坑、葛藤坪、菰科（龟武）。

廿七都：王家阳、东洋城（东洋埕）、前洋（大坪）、可坑、王高棣、葛藤坪、龙潭面、鼻后、后阳。

廿八都：过洋、林洋。

廿九都：坑源里。

三十都：上罗里坑、下罗里坑。

卅一都：定里、牛罗里。

卅二都：樟后（章沃）。

卅三都：亨里、红岔、金腰带。

卅四都：通湾洋、王坑上下村。

卅五都：保淋、半山、鸡角岩下、江竹林、下楯、上半岭。

卅六都：马山、下林洋、王家墓。

三、民国时期钟姓村落

民国 26 年（1937）福建省政府秘书处统计室《福安县人口农业调查》记载钟姓居住村落有：洋面（前洋）、茶洋、化蛟（后洋里、老蛇岗）、桦坪、廉岭、仙岭洋、上下天里、铁湖、白坑、岭头二宅、梨坑、南山头、牛胶边、仙岩下、叠石、大蓝、上和庵、井口、橄岭、深度、小坑、鹅山、墓亭、南山、上澳、里澳、牛山湾、王楼、上洋、金斗量、老虎湾、长坑、桂垄、燕窝、洋勘、路头、马山、蓝田、岳秀、林洋、牛罗里、登山、岭头、马山、江竹林、过洋、粗坑、可坑、定里、后洋、下楯、王家墓。

四、中华人民共和国成立后钟姓村落

福安钟姓居住的主要自然村村落包括：

1. 坂中畲族乡

仙岩村委会：仙岩、叠石、白岩下、南垄、对面厝、朝阳新村。

大林村委会：大林、花生园、刘田、赤花垄。

和安村委会：上和安、对面厝、福阳新村。

日宅村委会：岭门、日宅、刘伯岐。

林岭村委会：林岭下村。

亭兜村委会：塔后、楼下。

井口村委会：濑头、牛角坵。

长汀村委会：坑里垅。

仙源里村委会：大洋。

江家渡村委会：上天池、下天池、下厝坪。

彭家洋村委会：仙岩下、仙岭头。

2. 穆云畲族乡

洋坪村委会：洋坪、柯河、石门头。

燕科村委会：燕科、上洋堪、中洋堪、洋堪坂、牛池冈。

中岙村委会：中岙、里岙、大莲、笊篱壑。

梨田村委会：梨田、蓝柄。

虎头村委会：蜈蚣脚。

溪塔村委会：长岗、考坑。

高岭村委会：上高山、岭头、大湾。

上洋村委会：桦垄头。

南山村委会：下南上村、四角坵、大贝下。

龟凤村委会：山头仔。

王楼村委会：王楼、洋中厝。

科后村委会：蓝头。

岭坑村委会：上岩。

燕坑村委会：长贝埞。

温岩村委会：铁场。

上村村委会：南山。

里楼村委会：里楼。

竹洲山村委会：下竹洲、石厝下。

3. 康厝畲族乡

东山村委会：东山、纱帽下。

红坪村委会：红坪、仙岭。

彭洋村委会：桂垄。

竹沃村委会：竹园兜。

秋岭村委会：秋竹岗。

长潭村委会：长潭上村、长潭下村、周坑。

凤洋村委会：凤洋、牛石坂、大枝林、半岭、太阳山、詹洋、小枝林。

半山村委会：上半山、下半山。

金斗洋村委会：金斗洋、老虎湾、石门限。

4. 穆阳镇

穆阳村：文峰塔。

5. 溪潭镇

蓝田村委会：蓝田、龙腰河。

岳秀村委会：横林。

马山村委会：凤凰池、小坝、池家坪。

岔口村委会：牛埕。

洪口村委会：湖头面。

溪填村委会：仙山、橄榄头。

瓜溪村委会：狮子庄、高山、外瓜溪。

沙岩村委会：仙山下。

岐山村委会：岐山。

仙石村委会：南山、大山下。

下庄村委会：桦林。

6. 甘棠镇

山头庄村委会：山头庄。

过洋村委会：过洋、猴池。

春雷云村委会：田螺园。

湄洋村委会：清水壑。

小岭村委会：小岭。

何厝村委会：何厝、对面楼。

山下村委会：洋岙。

吴洋村委会：牛角湾。

7. 下白石镇

下赤村委会：红夏。

王坑村委会：填洋。

大梨村委会：大梨、牛楼。

通湾洋村委会：通湾洋。

亨里村委会：沙塘里。

湖头村委会：湖头、半山楼。

章沃村委会：双贵山。

秦坎村委会：秦坎。

东岐村委会：东岐。

坑门村委会：钟山下。

荷屿村委会：半山。

章坑村委会：官章、青山鼻。

行洋村委会：浦后。

金腰带村委会：金腰带。

8. 湾坞镇

池头村委会：池头、清水坪。

梅洋村委会：上天池、下天池、何厝里。

炉山村委会：王家边。

宝林村委会：秋竹岗、松柴冈、下洋里。

寒洋村委会：大垄头、招坑里、塘贝定。

福岭村委会：长坝头、福田边。

半屿村委会：半山。

岩下村委会：上墩、岩下。

沙湾村委会：长垄里、三坝田。

坑源村委会：里爿溪、仁仓里、坑源。

9. **潭头镇**

潭头居委会：后柘、车岭。

渔溪洋村委会：小坑、深渡。

鹅山村委会：竹园、敢岭。

祠堂前村委会：井里。

东岭洋村委会：东岭洋。

10. **上白石镇**

南山头村委会： 南山头。

不老村委会：不老。

11. **社口镇**

利岔村委会：南山、里洋头、外弯、中弯、大冈。

牛山湾村委会：牛山湾、山后、北山、下坑仔。

坑里坑村委会：里溪头、岐壁头、清水湾、白虎岩、坑里坑、白叶洋、茶坪丘。

上山村委会：鲤鱼背、徐墩坂、湖后、山头。

填头村委会：坑里、上潘洋。

山里村委会：里后、山腰、马尾兰。

大坪村委会：大坪。

荣岭头村委会：彭家洋、蕉坑里、燕岩头、东桂洋

社口村委会：冬瓜坪、竹工岔。

坦洋村委会：山头。

12. 晓阳镇

墙坪村委会：高山。

13. 城阳镇

铁湖村委会：铁湖、岩角亭。

化蛟村委会：后洋里、老蛇岗。

茶洋村委会：鋆里、里葛藤湾、外葛藤湾、大山、坡雷、合掌岭、坪冈头、茶洋。

纸坪村委会：粗坑、茶坑。

白塔村委会：下梨坑。

溪东村委会：大坑里。

白坑村委会：白坑、车头、里厝。

马上村委会：牛溪边。

官洋村委会：雷柏洋。

洋面村委会：前洋。

14. 溪柄镇

采梅村委会：采梅、白梅岭。

立峰村委会：九龙。

宸山村委会：宸上、龟武。

港里村委会：横坑、菇楼。

龙潭面村委会：龙潭面、可坑。

东坪村委会：仙仁、上金竹坪、东山、三坪。

白沙村委会：白沙、亭下、牛角垅、贵洞里。

溪南村委会：横路。

长洋村委会：葛藤坪、碧后。

横坑村委会：大田坪。

仙洋里村委会：下邑。

茜洋村委会：大岗。

15. 赛岐镇

店前村委会：里栏。

廉首村委会：锦浦庵、金蟹。

小盘村委会：长后，坝头里。

溪里村委会：下牛罗。

象环村委会：长冈、上流水坑、下流水坑。

江兜村委会：下龙岩。

16. 松罗乡

茶洋村委会：茶洋、丹坵、洋里、里厝。

大坪村委会：前洋。

后洋村委会：上后洋。

牛溪村委会：孟尾。

王家村委会：东洋埕。

山界村委会：后宅。

满洋村委会：满洋中。

王棣村委会：葛藤湾、大贝。

17. 溪尾镇

坂中村委会：溪里。

下邳村委会：东边洋、后岐。

林江村委会：上林江、西山、塘楼、牛头岗。

坎下村委会：马山、碓洋头。

石合村委会：沃里。

林洋村委会：王家墓、杞湾杜、半山、里林洋、地同更、怕岭。

众坑村委会：牛螺墘（岗）。

18. 罗江街道办事处

坑门里村委会：坑门里、林洋。

小留村委会：坑里。

北山村委会：岭尾宫。

第三节　主要村庄

福安钟姓村与畲族蓝、雷姓村一样，讲究本族相居，多数为自然村单姓主居或与蓝、雷姓畲族共居，村委会一级才有汉族姓氏村落组成。2004 年，全市钟姓人口 100 人以上居住的村委会有 82 个，人口最多为康厝凤洋村委会，钟姓人口 752 人。2020 年坑门里钟姓人口达 880 人，成为钟姓人口最多的村委会。

◎大林

又名“大蓝”，相传村庄原于一片大树林中故名。闽东钟姓的发祥地。大林村位于坂中畲族乡中部，仙岫山山腰，海拔 375 米。东至洋乾，西至岗顶，南至赤花垄，北至刘田。距乡政府驻地西北 2.7 公里，福安市区 4.5 公里处。下辖大林、花生园、刘田、赤花垄、田头厝等 5 个自然村，5 个村民小组。刘田自然村位于老爷顶东北侧，主村东北向 1.5 公里处。花生园自然村位于老爷顶东侧，主村东北向 1 公里处。赤花垄自然村位于老爷顶东南侧，主村东南向 600 米处。2020 年，全村 158 户，520 人，系纯畲族村。主姓钟，钟姓人数占 70% 以上。

清光绪十年（1884）属福安乡界东里五都。民国 18 年（1929），改村里为乡镇，属福安县韩阳区坂中乡。民国 26 年，废乡镇，编组保甲，属

大林村委楼

第一区坂湖联保。民国 29 年，联保改乡镇，属第一区察坂湖乡仙岭洋保。民国 30 年，察坂湖乡改称察阳示范乡，属第一区察阳示范乡。民国 35 年，察阳示范乡与韩坂镇合为城厢乡，大林属城厢乡仙和保。民国 36 年，属城厢镇仙坂保。1950 年属福安第一区仙坂乡。1953 年属仙岩民族乡。1961 年属城关区仙岩公社。1966 年属坂中公社，1969 年与仙岩合并称仙林大队，1980 年分出复称大林大队，1984 年设立大林村委会，属坂中畲族乡。

全村耕地面积 317 亩，其中农地 14 亩、水田 313 亩；林地面积 1800 亩，毛竹 100 亩，茶园 60 亩。主要经济收入为种植业和养殖业收入以及务工收入。2020 年，人均纯收入 18650 元。

村落坐西向东，背倚仙岫山，林木苍郁，面朝坂中乡驻地和富春溪，视野旷远。全村房屋依山迭建，坐落于左右两山脉相拥之间。村人谓之“双蛇孵蛋”。房屋多为土木结构，土木结构房屋 83 座。1978—2003 年，全村新建钢混房屋 6 座，1200 平方米。有个体商店 2 家，医疗站 1 个。1980 年开始供电，1998 年通程控电，2000 年通水。1989 年，村修有机耕道 1 条，宽 3 米。2005 年，3 公里公路拓宽 5 米以上，并实施了水泥硬化。村里公共建筑物：小学 1 所，建筑面积 240 平方米，1990 年修建，现改为村委楼。村内有福安市大荣汽配实业有限公司 1 家，为本村人士兴办。大林村是宁德市域主要钟氏发源地之一，称为“大林钟”。2006 年，大林钟氏宗祠被福安市人民政府列入市级文物保护单位。

◎和安

又名“和庵”“禾庵”。唐代此处建有庵，后人在此建村而名。其后衍为和安。清初，仅下村称为“和庵”，又名“南坑”，上村称为“鹿柏干”都，属福安乡界东里五都。地处坂中畲族乡中部，老爷顶山峰东北侧山腰，海拔 280 米。距乡驻地西北 6 公里处。北与汤洋村相接，西与许洋村相交，东与坑下村、松潭村相邻，南与大林村相连。下辖和安上村、和安下村、华坪、七堍、白石岩下、对面村、山头坪等 7 个自然村及福阳新村，11 个村民小组。钟姓主居上和安、对面厝 2 个自然村和福阳新村。对面厝自然村位于主村东南 540 米处。福阳新村位于松潭村西南侧处。2020 年全村 496 户、1827 人，系纯畲族村，也是坂中畲族乡最大的畲族村。

和安村

清雍正年间，“鹿柏干”改名“和庵”，才有“上下和庵”之称。同时上下村一并改属界西里六都。民国 31 年（1942）属桥溪乡。民国 35 年属城厢乡仙和保。民国 37 年城厢乡仙坂保。1950 年属福安县第一区仙坂乡。1961 年属城关区仙岩公社，为和安大队。1966 年属坂中公社。1984 年设立和安村委会，今属坂中畲族乡。

全村耕地面积 1065 亩，其中农地 215 亩、水田 420 亩；茶园 310 亩。和安经济以农业为主，主要种植粮食、茶叶、蔬菜、药材以及养殖家禽、牲畜等。传统副业为建筑业木工类、泥工类工匠众多，尤其是传统民居建筑师傅远近闻名。2020 年，人均纯收入 2 万元左右。截至 2017 年，尚有 40 岁至 60 岁工匠 20 多人。村落建于坡地，上、下村以一条小山涧和林带相隔，上村在南部，下村在北部，上村坐西南朝东北，下村坐北朝南，村落房屋沿坂井公路依山迭建。相传和安有四景：狮子献球、龙岗腾光、奇峰仙迹、双井同源。

和安村公共建筑物：小学 1 所，建筑面积 600 平方米，2002 年修建；老人活动中心 1 座（原为村委楼），建筑面积 180 平方米，砖混结构，1988 年修建，2011 年重修；医疗站 1 个；村委楼 1 座，占地面积 200 平方米，建筑面积 420 平方米，砖混结构，2013 年修建。和安畲家广场 1 处，占地面积约为 600 平方米；桦坪村室外休闲场所 1 处，占地面积约 200 平方米。建于 1985 年的坂井公路横穿上村。

◎亭兜

因其村位于廉岭岭尾亭附近而得名，别名“湖兜村”。村位于坂中畲族乡南部，海拔 68 米。距乡政府驻地南 3 公里处。东临富春溪，西与林岭村相连，北与湖口村相交，南与江家渡相接。下辖亭兜、楼下、涧里、塔后等 4 个自然村，2020 年，全村 159 户、686 人，其中畲族人口 502 人。钟姓主居楼下、塔后自然村。楼下自然村位于亭兜村北面，土名“下瓦窑”。

亭兜村楼下自然村

沿山涧而建。塔后自然村位于凌霄塔西北山坳中，距离主村南约 2 公里，有人口 23 户、90 人。

清光绪十年（1884）属福安乡界东里二、三都。民国 35 年（1946）属城厢乡美湖保。民国 37 年属城厢乡廉江保。中华人民共和国成立之初，属福安县第一区廉江乡。1956 年属第一区廉岭乡。1961 年属城关区亭兜公社，为亭兜大队。1966 年属坂中公社，仍为亭兜大队。1969 年与林岭、日宅合并。1980 年复析出称亭兜大队。1984 年为亭兜大林村委会，今属坂中畲族乡。

全村耕地面积 934 亩，山地面积 4095 亩。主要经济收入为蔬菜、水果和务工经商，2020 年人均纯收入 15000 元。村落坐东西向东南，依山而建，土木结构 85 座，钢混、砖木 22 座。村生活居住面积 18600 平方米，有个体商店 10 家左右，医疗站 1 个，公立幼儿园 2 所共有教学班 13 个，教师 54 人，在校生 486 人。1982 年开始供电，1998 年通程控电话。原村

亭兜村（福安畲族文化中心）

落依山向东南。村中房屋38座。2006年起因富春大道建设，亭兜逐步融入福安城区。亭兜、涧里拆迁为以高层建筑为主。村原有福安县碗厂一座，建于1960年。亭兜村现有公共建筑物：原小学1座，占地面积450平方米，建筑面积360平方米。村委设在亭兜小区大楼，二层共300平方米左右。福安畲族文化中心坐落在亭兜村，用地面积5628平方米，总建筑面积14986平方米。

◎日宅

原名“倪宅”，相传原为倪姓居住地，清代称“岭门二宅”，后改为“日宅”。位于坂中畲族乡西南部山区，距乡驻地南9.4公里，平均海拔在390米以上。北承林岭村、亭兜村，西、南与溪潭镇马山村交界，东与江家渡相邻，下辖日宅、下岭村、凤头、岭门、刘伯岐、吴厝下、王吉厝、岩头、浦头坑、福田等10个自然村、7个村民小组。村落十分分散，浦头坑位于仙岫山西侧，距主村10公里。村庄之上的山里有“红军洞”。钟姓主

日宅村

居日宅、岭门、刘伯岐等自然村。主村日宅位于青龙岗山垄内，房屋沿山垄迭建。原生态建筑保留较多，村落环境生态优良，风景秀丽。岭门位于主村西北1000米处。刘伯岐位于主村西北650米处。2020年全村263户、1000多人，系纯畲族村。

清光绪十年（1884）属福安乡界东里二、三都。民国18年（1929）属福安县韩阳区柳缠乡。民国31年属实验乡吴厝下保，民国35年属城厢乡吴廉保。1956年属福安县第一区廉岭乡。1961年属城关区亭兜公社，为日宅大队。1966年属坂中公社。1969年合并到林岭大队。1980年分回，仍称日宅大队。1984年设村委会。今属坂中畲族乡。

全村耕地面积1015亩，其中农地505亩、水田510亩。山地面积2694亩，茶叶面积107亩，果园面积30亩。主要经济收入为茶叶、蔬菜、畲药等种植业及外出务工经商，2020年人均纯收入12000元。2004年全村共有房屋78座，村生活居住面积16520平方米，其中公共建筑面积600平方米，居住面积16520平方米。1978—2003年，新建钢混、砖木房屋

42座6230平方米。2010年公共建筑物有村委楼1座，占地面积120平方米，建筑面积240平方米。老人活动楼1座，40平方米，小学校1所，建筑面积180平方米。健身活动场所1处，480平方米，建有篮球场。五显宫1座，建筑面积90平方米。

◎仙岩

又名“仙岭洋”。位于坂中畲族乡中部仙岫山东麓，距乡驻地西2公里，海拔123米。东至小洋干，西至岗顶，南至百望岭，北至和安坑，下辖仙岩、叠石、对面厝、白岩下、南垄等5个自然村及朝阳新村，8个村民小组。2020年全村295户，1130人。

清光绪十年（1884）属福安乡界东里五都，民国18年（1929），改村里为乡镇，属福安县韩阳区坂中乡。民国26年，废乡镇，编组保甲，属第一区坂湖联保。民国29年，联保改乡镇，属第一区察坂湖乡仙岭洋保。民国30年，察坂湖乡改称察阳示范乡，属第一区察阳示范乡。民国35年，

仙岩村

察阳示范乡与韩坂镇合为城厢乡，属城厢乡仙和保。民国36年，属城厢镇仙坂保。1950年属福安县第一区仙坂乡。1953年从仙坂乡析出成立畲族仙岩乡自治区人民政府。1956年撤销畲族仙岩自治乡重归仙坂乡。1961年属城关区仙岩公社，为仙岩大队。1966年属坂中公社。1969年与大林合并称仙林大队。1980年重分为仙岩大队。1984年设为仙岩村委会。今属坂中畲族乡。

全村耕地面积780亩，其中农地240亩、水田540亩；山地面积1812亩。主要经济来源为蔬菜种植、建筑和休闲旅游业。全村八角瓜种植面积达200多亩，户均年收入达3.5万元。2021年人均纯收入2.28万元。主村仙岩，村落坐西向东，20世纪80年代前，交通为5公里的石块鹅卵石混砌的山岭。村庄依山迭建，村生活居住面积18600平方米。村口建有门坊1座，极具畲族风格。村中有公共建筑物村委楼2座，占地面积280平方米；文化站1座，面积240平方米，创办于1957年，属公办机构。福安市民族实验小学1所8个教学班，教师27人，在校生161人。福穆公路经过村口。村内有“仙岫晴云”“老猿抱子”“丹榕胜境”“十泉映月”等仙岗四景。先后被评为“福安市社会主义新农村重点示范村”“省级第一批畲族文化生态保护示范点”“省级美丽乡村”“宁德市综合文化服务建设试点村”“中国少数民族特色村寨”等。

◎彭家洋

又名“彭家阳”。位于坂中畲族乡中部仙岫山麓，海拔480米，距乡政府驻地西南9公里。东与仙岩交界，西与穆云科后村分岭，南与铜岩村相接，北与大林村相承。下辖仙岩下、仙岭头、洋坪、青源、回头湾、彭家洋等6个自然村，9个村民小组。钟姓主居仙岩下、仙岭头等自然村。2020年，全村333户、1290人，其中畲族人口70%。

清光绪十年（1884）属用儒乡钦德里十五都。民国18年（1929）属

彭家洋村

穆阳区铜岩乡。民国35年属蓬山乡铜彭保。1950年属福安县第一区铜彭乡。1961年属城关区铜岩公社，为彭家洋大队。1966年属坂中公社。1969年与铜岩合并。1980年分出，称彭家洋大队。1984年改设村委会。现隶属坂中畲族乡。

全村耕地面积934亩，其中农地276亩、水田658亩；山地面积4095亩。主要经济收入为茶叶、蔬菜、畲药等种植业及外出务工经商。2020年人均纯收入19760元。主村落坐东北向西南，依山围湾迭建。仙岭头自然村在主村北向山上，靠近仙岫山顶。2020年村中有公共建筑物村委楼1座，占地面积90平方米；民族团结广场1处，2000多平方米。建有民族风格的舞台1座和休闲长廊、水车、茶座等休闲区；有“民族团结大楼”小区1处。仙岫山麓是“韩阳十景”之一“仙岫晴云”景观地。

◎廉岭

又名“林岭”。“岭因薛明月先生名”（光绪《福安县志》）。位于坂中畲族乡中南部，马山东面半腰。廉岭俗称“马山岭”。距乡驻地南9公里，

廉岭新村全景

下村海拔 275 米、上村海拔 345 米。东至亭兜，西至清源，南至日宅，北至洋坪。下辖廉岭上村、廉岭下村、冠头田、下洋中、七头冈、洋家山、牛角垄等 7 个自然村，6 个村民小组。钟姓主居廉岭下村自然村。2020 年全村 223 户、950 人，主姓雷、钟、吴，为纯畲族村。

清光绪十年（1884）属福安乡界东里二、三都。民国 18 年（1929）属福安县韩阳区柳缠乡。民国 29 年，属第一区察坂湖乡廉岭保。民国 31 年，属实验乡廉岭保。民国 35 年，属福安县城厢乡吴廉保。民国 36 年，属城厢镇廉江保。1950 年属福安县第一区廉江乡。1961 年属城关区亭兜公社，为林岭大队。1966 年属坂中公社。1969 年与亭兜、日宅合并。1980 年分出，称林岭大队。1984 年改设村委会。现复称廉岭村委会。今属坂中畲族乡。

全村耕地面积 767 亩，其中农地 175 亩、水田 592 亩；山地面积 1620 亩，有茶园面积 40 亩，果园面积 60 亩。主要经济收入为水果、蔬菜、畲药等种植业及外出务工经商，2020 年人均纯收入 2 万元。上林岭坐南朝北，下林岭坐西朝东。旧村多为土木结构房屋，新村建于廉岭路和古首交接处，为混砖结构。2020 年村中有公共建筑物村委楼 1 座，面积 300 多平方米；

广场 2 处，2300 多平方米。1989 年自办自来水，1990 年开始供电。下廉岭为“韩阳十景”之一“廉林孤树”景观遗址。

下廉岭村内仍有不少数座规模较大的宅院，其中在下廉岭村口就有一座规模颇大、造型奇特的大宅。该宅建于清代，钟氏先祖曾是银匠，家财富足，但山间常有匪寇流窜，因而集资建起了这座寨堡式的民居，留存至今，现已成为廉岭村的一景。此外，村域内还有廉岭古道、廉岭烽火台、廉岭亭等多处古迹。

2008 年，被宁德市人民政府命名为“畲族历史文化名村”。2014 年，被国家民委确定为“全国少数民族特色村寨”。2015 年，被福建省文化厅确定为省级生态文化保护村；被省住建厅确定为“省级传统文化村落”。

◎江家渡

旧名“高家渡”，位于坂中畲族乡南部，海拔 20—600 米之间，距乡政府驻地南 5 公里。富春溪由北至东绕村而过，西邻日宅村，南与溪柄镇白沙村交界，西北与亭兜村相连。村委会设江家渡，下辖江家渡、下坂、下天池、上天池、柳堤、下厝坪、金峰等 7 个自然村，7 个村民小组。（下坂因福安高速连接线通车后拆迁取消该自然村；上天池、下厝坪于 2016 年因旧村复垦后取消该自然村；2009 年金峰因宁武高速路通车后拆迁取消该自然村，后更名为金洋自然村。）钟姓原居住上天池、下天池、下厝坪等自然村。现主居天池自然村，在主村西侧山区，距江家渡 3.6 公里，由上天池合并入下天池形成。相传上天池原有一池，供当地畲民染布，故而得名。2021 年，全村 397 户、1305 人，其中畲族 85 户、362 人。

清光绪十年（1884）属福安乡界东里二、三都。民国 18 年（1929）属福安县韩阳区柳缠乡。民国 37 年属城厢镇廉江保。1950 年属福安县第一区廉江乡。1961 年属城关区亭兜公社，为江家渡大队。1966 年属坂中公社。1984 年设立江家渡村委会。今属坂中畲族乡。

江家渡村

全村耕地面积934亩，其中农地276亩、水田658亩；山地面积4095亩。主要经济收入为蔬菜、糖蔗、禽畜等种养业及外出务工经商，2020年人均纯收入18000元左右。村落坐西北向东南，围坂迭建，2004年土木结构85座，钢混、砖木22座。村生活居住面积18600平方米。2003年沈海高速连接线开通，以及2006年后的富春大道、宁武高速建设，江家渡二次大拆迁，现村内大部分为混砖结构安置房。福安南高速互通口设在江家渡村。其村公共建筑主要有村委楼1座，陈氏宗祠1座。1982年开始供电，1998年通程控电话。2009年天池通路。

◎井口

又名“井湖”，曾名“卓林”，为卓姓汉人居地，后废圮。位于坂中畲族乡西部，海拔250米，距乡政府驻地西15公里。北与穆云乡桥溪村、贵洋村交界，西与穆云乡贵洋村、下逢村接壤，东与许洋村相邻，南与穆云乡下逢村、翁洋村相接。下辖井口、里岙、外岙、濑头、牛角丘、过宅、

井口濑头村

冬瓜坪、朱家山、周湾等 9 个自然村，13 个村民小组。2021 年，全村 471 户、1639 人，畲族人口 1024 人（钟 360 人，雷 168 人，蓝 496 人）。人均纯收入 19981 元。

明代，属福安县用儒乡钦德里十五都。清光绪十年（1884）属用儒乡钦德里十六都。民国 18 年（1929）属穆阳区蓬山乡。民国 31 年属蓬山乡。民国 35 年属福安县蓬山乡井口堡。1950 年属福安县第一区许井乡。1961 年属城关区许洋公社。1966 年属坂中公社，1984 年设立井口村委会。今属坂中畲族乡。

全村耕地面积 1080 亩，其中农地 220 亩、水田 860 亩；山地面积 2524 亩。井口村以农业生产为主，主要种植粮食、茶叶、蔬菜、水果等，农闲兼营手工艺，“做篾”最为著名。钟姓主居濑头自然村，距主村东 2.5 公里处。著名钟姓传承人有钟进发、钟幼荣。村庄依山沿山涧而建，其山涧称为“蛤蟆口”。村落依山脚向内，村口处建有钟氏宗祠。井门村公共建筑主要有：小学 1 所建于 1990 年，面积 500 平方米，现为本村避灾点；村委楼 1 座，建于 2002 年，占地面积 72 平方米，建筑面积 216 平方米；文化中心 1 座，占地面积 300 平方米，建筑面积 300 平方米。

◎燕科

旧名“燕窝”，别名“草坑边”。清光绪二十二年（1896）修藏于高山村的《钟氏族谱》载《燕窝村记》：“燕窝由扆城而南三十余里，居穆水之西，川绕于前，山环于后，清流湍耳得之而为声，茂林修竹目遇之而成色，幽居之胜概也。”“窝者，藏也，紫燕归来巢于梁上，无须桑土，何忧风雨之飘摇，故名之曰‘燕窝’，此其居安而地密也。”位于穆云畲族乡南部，距乡政府驻地西 3 公里，海拔 120 米。南部为穆水，西部与康厝填秦交界，北至牛池冈，东邻洋坪。下辖燕科、草坑边、高山、上洋堪、中洋堪、洋堪坂、村下坴、牛池冈、坑鋆等 9 个自然村，6 个村民小组。钟姓主居燕科、上洋堪、中洋堪、洋堪坂、牛池冈、坑鋆等 6 个自然村。

燕科村（穆云）

2021年，全村225户、856人，系纯畲族村。

清光绪十年（1884）属用儒乡钦德里十八都，民国31年（1942）属穆阳镇溪亭保。1950年属福安县第四区穆阳区。1963年属穆阳区溪亭公社，溪亭大队。1975年属穆阳公社，和洋坪合为燕洋大队。1984年建穆云畲族乡，析分设燕科村委会。今属穆云畲族乡。

全村耕地面积650亩，其中农地125亩、水田625亩；山地面积2882亩，其中茶园面积201亩，果园面积261亩。主要经济收入为水果、蔬菜，2021年人均收入18268元，村集体经济收入10.98万元。村落坐东北向西南，依山迭建，土木结构85座，钢混、砖木13座。村生活居住面积18600平方米，其中公共建筑面积360平方米，居住面积18240平方米。小学1所，占地面积180平方米，建筑面积580平方米。现改为村委楼。

◎洋坪

又名“杨坪”，相传原为杨姓人居住，后废圮。位于穆云畲族乡南部，距乡政府驻地2.5公里，海拔65米。东邻穆阳镇与苏堤交界、南临穆溪、西邻燕科村，通康厝畲族乡填头村、北傍银池坪山麓、东南西一派平川，北有森林茶园遍野，清泉溪水，山清水秀。下辖洋坪、柯河、石门头、景岩、坪田、犁壁山、犁坪丘、楼里等8个自然村，6个村民小组。钟姓主居洋坪、柯河、石门头等3个自然村。2021年全村223户、839人，系纯畲族村。

清代属用儒乡钦德里十八都，民国31年（1942）属穆阳镇溪亭保，1950年属福安县第四区穆阳区。1963年属穆阳区溪亭公社，溪亭大队。1975年属穆阳公社，和燕科合为燕洋大队。1984年建穆云畲族乡，析分设洋坪村委会。今属穆云畲族乡。

全村耕地面积730亩，其中农地150亩、水田580亩；山地面积1469亩。主要经济收入制作线面、种植茶叶、水蜜桃，2021年人均收入20335元，村集体经济收入11.2万元。村落依开阔地密集而建，呈方块形。有土木结

洋坪村

构房屋 36 座，钢混、砖木 8 座，村生活居住面积 3250 平方米，其中公共建筑面积 210 平方米，居住面积 3040 平方米。有个体商店 2 家，医疗站 1 个，小学 3 所 4 个教学班，教师 6 人，在校生 135 人。村道长 2.5 公里，宽 2.5 米。村口处有民族广场 1 处，占地面积 400 多平方米，建有舞台 1 座和依溪亭廊 1 座。村道长 2.5 公里，宽 4.5 米。2018 年洋坪村列为省“千村整治、百村示范”美丽乡村。

◎南山

又名“庄后南山”，地处穆云畲族乡银池坪山腰，周边山峦环绕，因村址坐南得名。位于穆云畲族乡中部，距乡政府驻地北 12 公里，海拔 500 米。北面连接白云山风景区，南面为银池坪风景地，原为唐朝法明和尚旧迁，现是法明寺，西面是占溪林场风景区。村落面积 4 平方千米左右。下辖南山、李家宅、下南、下南上村、四角丘、大贝下等 6 个自然村，6 个村民小组。2021 年全村 254 户、947 人。钟姓主居下南上村、四角丘、大贝下等 3 个

南山村（穆云）

自然村。下南在主村东北对面山，白云山大道和澹溪相隔。桃林相抱，屋舍叠连景色佳美。

清光绪十年（1884）属用儒乡钦德里十八都；民国35年（1946）属社湖乡咸福保；1950年属福安县第四区穆阳区咸福乡。1963年属穆阳区咸福公社，南山大队。1975年属穆阳公社，为南山大队。1984年建穆云畲族乡，属穆云畲族乡，为南山村委会。今属穆云畲族乡。

全村耕地面积566亩，其中农地146亩、水田420亩；山地面积3726亩。经济作物有茶、水蜜桃、林木，年产毛茶300多担，水蜜桃500担。2021年人均收入17708元，村集体经济收入15.25万元。公共建筑主要有：村委楼1座，占地面积180平方米，建筑面积360平方米。小学1所，建于1990年，面积400平方米。村民族广场1处，内建有南山露营基地，占地面积3000多平方米。南山村是福建省美丽乡村示范点、传统村落、省级特色景观旅游名镇名村。

◎科后

古名“丘后”。位于穆云乡东部，距乡政府驻地东北 6 公里，海拔 250 米。东与坂中彭家洋相邻，西至翁洋，南临隆坪，北与冠岭交界。下辖科后、后舍、蓝头等 3 个自然村，4 个村民小组。钟姓主居蓝头自然村。2020 年全村 160 户、660 人，其中男 335 人、女 325 人，系纯畲族村。

清光绪十年（1884）属用儒乡钦德里十五都；民国 35 年（1946）属蓬山乡隆坪保；1950 年属福安县第四区穆阳区隆坪乡。1963 年属穆阳区下逢公社隆坪大队。1975 年属穆阳公社隆坪大队。1984 年建穆云畲族乡，划属穆云畲族乡，为科后村委会。今属穆云畲族乡。

全村耕地面积 557 亩，其中农地 34 亩、水田 523 亩；山地面积 2945 亩。主要经济收入为水蜜桃、茶叶和建筑业。2021 年人均收入 14507 元，村集体经济收入 20.64 万元。公共建筑主要有：小学 1 所，占地面积 420 平方米，建筑面积 180 平方米；村委楼 1 座，占地面积 220 平方米，有乡道留洋路

科后村

穿村而过。蓝头自然村位于主村西 1 公里处，村落坐北向南。科后畲族银器打造工艺闻名福安，深受畲族女性喜爱。

◎中沃

又名“中岙”。位于穆云畲族乡东部，距乡政府驻地北 3 公里，海拔 100 米。东至里岙，西至下蓬溪，南至龙首桥，北至笊篱壑。下辖中岙、里岙、大莲、排头、笊篱壑、坑丈洋、岙尾等 7 个自然村。钟姓主居中岙、里岙、大莲、笊篱壑等 4 个自然村。2003 年全村 120 户，503 人，其中男 335 人、女 325 人，畲族人口 113 户，468 人。

清光绪十年（1884）属用儒乡钦德里十五都，民国 31 年（1942）属蓬山乡隆坪保；1950 年属第四区，隆坪乡。1963 年属穆阳区下逢公社，为中沃大队。1975 年属穆阳公社，为中沃大队。1984 年建穆云畲族乡，划属穆云畲族乡，为中沃村委会。今属穆云畲族乡。

中沃村（穆云）

全村耕地面积695亩，其中农地35亩、水田660亩；山地面积1224亩。主要经济收入为水蜜桃、茶叶，2021年人均收入17881元，村集体经济收入15.68万元。村落依山临水而建。有土木结构房屋54座，钢混、砖木结构5座，村生活居住面积3250平方米，其中公共建筑面积170平方米，居住面积3080平方米。有个体商店1家，小学1所，教师3人，在校生50人。福穆公路穿村而过，村有机耕道2公里连接中岙、里岙。

◎梨田

又名“梨前”。位于穆云畲族乡东部，距乡政府驻地西北5公里，海拔110米。东临下蓬溪，西接加头，南至蓝柄，北至湖头山。下辖梨田、蓝柄、湖头、湖头山、长垅等6个自然村，4个村小组。钟姓主居梨田、蓝柄2个自然村。2003年全村99户，391人，其中男200人、女191人，系纯畲族村。

梨田村（穆云）

清光绪十年（1884）属用儒乡钦德里十七都，民国 31 年（1942）属蓬山乡翁洋保，1950 年属福安县第四区下逢乡。1963 年属穆阳区下逢公社，为梨墘大队。1975 年并入穆阳公社下逢大队。1984 年建穆云畲族乡，析归为穆云畲族乡梨田村委会。今属穆云畲族乡。

全村耕地面积 456 亩，其中农地 160 亩、水田 296 亩；山地面积 2388 亩。主要经济收入为种植茶叶、水蜜桃。2021 年人均收入 18256 元，村集体经济收入 15.17 万元。村落坐西向东，村后有老鹰石，村北有长毛山，房屋依山而建。有土木结构房屋 15 座，钢混、砖木 15 座，村生活居住面积 9840 平方米，其中公共建筑面积 120 平方米，居住面积 9720 平方米。有个体商店 1 家，小学 2 所，3 个教学班，教师 3 人，在校生 72 人。福穆公路由村域通过。

◎高岭

又名“高山”“乾山”。位于穆云畲族乡中部，距乡政府驻地西北 7 公里，海拔 460 米。东至洞岩山顶，西至牛池坪山，北接黄如、高岭，南至虎头。下辖岭头、上高山、南柄、大湾、高山、高山坑头、下高山等 7 个自然村，5 个村民小组。系纯畲族村。钟姓主居上高山、岭头、大湾等 3 个自然村。2021 年全村 157 户、572 人。

清光绪十年（1884）属用儒乡钦德里十九都；民国 31 年（1942）属穆阳镇溪亭保；1950 年属福安县第四区穆阳镇。1963 年属穆阳区溪亭公社，溪亭大队。1975 年属穆阳公社溪亭大队。1984 年建穆云畲族乡，归为穆云畲族乡高岭村委会。今属穆云畲族乡。

全村耕地面积 460 亩，其中农地 80 亩、水田 380 亩；山地面积 3657 亩。主要经济收入为种植茶叶、水蜜桃、刺葡萄，2021 年人均收入 18423 元，村集体经济收入 10.16 万元。高岭村是福安大白茶的发源地，现保存有一株三百多年树龄的“白茶树王”。“福安大白茶”在福建东部、北部茶区，

高岭村

广西、安徽、湖南、湖北、贵州、浙江、江西、江苏、四川等省区有栽培。1985 年全国农作物品种审定委员会认定为国家品种，编号 GS13003-1985。2003 年后，高山自然村搬迁桂林村秀溪洋，岭头、南柄二村搬迁到穆阳镇坡头。

◎溪塔

相传临溪有一塔，故名。位于穆云畲族乡中部，距乡政府驻地西北 3 公里，海拔 90 米。东至洞岩山顶，西至牛池坪山，北接黄如，南至财元。下辖溪塔、可坑、下坪、长冈、汤武洋、财元等 6 个自然村，4 个村民小组。钟姓主居考坑、长岗等 2 个自然村。2021 年全村 173 户、638 人，系纯畲族村。

清光绪十年（1884）属用儒乡钦德里十九都，民国 31 年（1942）属穆阳镇溪亭保，1950 年属福安县第四区穆阳镇。1963 年属穆阳区溪亭公社，溪亭大队。1975 年属穆阳公社溪亭大队。1984 年建穆云畲族乡，归为穆云畲族乡溪塔村委会。今属穆云畲族乡。

溪塔村

全村耕地面积 590 亩，其中农地 76 亩、水田 514 亩；山地面积 3189 亩。主要特色农作产品有水蜜桃、刺葡萄。水蜜桃全村年产量达 50 吨左右，刺葡萄种植在村的“啸溪”和“茶园溪”上，绵延近四公里，形成一道景观奇特的美丽葡萄沟，被全国葡萄协会评为全国“葡萄第三沟”，种植面积 1200 多亩，年产量近 2400 多吨，年产值 1200 多万元。2021 年全村人均收入 28701 元，村集体经济收入 50.7 万元。村落坐于秀溪之畔，村内留有古建筑“孩儿撑伞”房屋 1 座，它用一根柱子支起一整座房子，有其独特的建筑魅力，还得到行内专家的好评；有古磨坊一座，炮楼式的建筑土墙厚 1 米。公共建筑主要有：小学 1 所，占地面积 170 平方米，建筑面积 680 平方米；村委楼 1 座，占地面积 110 平方米，建筑面积 390 平方米；村广场 1 处，面积 120 平方米。溪塔村是全国文明村、中国少数民族特色村寨、中国特色村、福建省乡村振兴试点村、福建省民族乡村振兴示范村、福建省美丽乡村建设点、宁德市社会主义新农村建设试点村。

◎红坪

又名“南蛮”“南坪”。因村落坐南故名。20世纪50年代初改名“蓝坪”，1965年因广种红萍，又改今名。位于康厝乡中部，距乡政府驻地东南2公里，海拔125米。北与邮亭村相邻，南与东山相接，东与穆云乡桂林村相交，西与竹岙村相连。下辖红坪、仙岭、林村等3个自然村，5个村民小组。2020年全村189户、724人，其中男381人、女343人。钟姓主居仙岭自然村。

清光绪十年（1884）属用儒乡钦德里十八都；民国时期属中藻保；1950年属福安县第四区中藻乡。1963年属穆阳区康厝公社，称兰坪大队。1975年属康厝公社，称红坪大队。1984年9月建立康厝畲族乡，村一级改设村委会，为红坪村委会。今属康厝畲族乡。

全村耕地面积726亩，其中农地371亩、水田338亩；山地面积1643.7亩。主要经济收入有茶叶、水蜜桃、蔬菜，年人均纯收入17223元，

红坪村（康厝）

红坪村

村集体经济收入 14.8483 万元。村落坐南向北，有土木结构房屋 56 座，钢混、砖木结构 1 座。公共建筑主要有：小学 1 所，建于 1990 年，占地面积 150 平方米，建筑面积 350 平方米；村委楼 1 座，建于 2007 年，建筑面积 150 平方米。村内有建于 1000 多年前的普照庵，普照庵的附近有各种奇石，有公鸡石、蛤蟆石、画眉石、合掌石、蝙蝠石洞；还有建于两百多年前的完整古式九柱四廊民房 1 座。

◎半山

因村庄坐落于老虎岩半山腰故名。位于康厝畲族乡中部，距乡政府驻地西 2.5 公里，海拔 39 米。北与南洋相接，南与高台村相邻，东与穆阳苏堤村交界，西与大坑相依。离半山村 2.5 公里山上有风动石，两块石头大约有 30 吨，“风动石”呈桃子状，游客推动或风的助力下会摇摇晃晃。下辖半山、洋里 2 个自然村，8 个村民小组。钟姓主居半山、洋里 2 个自然村。

半山村（康厝）

2020 年全村 250 户、948 人，其中男 502 人、女 446 人。

清光绪十年（1884）属用儒乡钦德里十七都。民国 35 年（1946）属穆阳镇龙芦保。1950 年属福安县第四区龙炉乡。由于交通不便，1950 年至 1988 年陆续搬迁到省道小浦线今村址。1963 年属穆阳区康厝公社南洋大队。1975 年属康厝公社南洋大队。今属康厝畲族乡。

全村耕地面积 900 亩，林地面积 2003 亩。主要经济物为蔬菜、水果，其中以生姜为主，年产量 50 多吨。人均收入 19345 元，村集体经济收入 10.0673 万元。村落坐南向北，有土木结构房屋 56 座，钢混、砖木 1 座。公共建筑主要有：小学 1 所，建于 1990 年，占地面积 150 平方米，建筑面积 350 平方米；村委楼 1 座，建于 2007 年，建筑面积 150 平方米。1976 年开始供电，1998 年通程控电话。2006 年被福安市委、市政府授予第九届文明村。

◎凤洋

又称“凤翔岗”，因其背倚凤翔山而得名凤翔村，后更名凤洋村。位于康厝畲族乡东北部，距乡政府驻地东北 5 公里，海拔 225 米。东至大丘山，西至铁镐山，南至水尾山，北至黄楼山、铁迭垄。村落在秀丽的提刀山小盆地里，坐北向南，“前纱帽，后屏风，蛇龟把水尾，五马护朝江”。流传至今的村谣，概括出了该村的全貌。村落面积 3.8 平方千米。现有清代古民居 20 余座，其中一座民居，由单根柱支撑（俗称孩儿撑伞）正列为保护范围；有钟氏宗祠 2 座，清道光九年（1829）修建林公宫 2 座。村下辖凤洋、半岭、大枝林、小枝林、占洋、太阳山等 6 个自然村，11 个村民小组。全村 375 户，1421 人，其中畲族钟姓人口 839 人。钟姓主居凤洋自然村。

清光绪十年（1884）属用儒乡钦德里十六都。民国 35 年（1946）属穆阳镇凤曹保。1950 年属福安县第四区凤梧乡。1963 年属穆阳区洋溪公社凤牛大队。1975 年属康厝公社，称凤洋大队。1984 年，康厝建立畲族乡，

凤洋村

村级改设村委会，属康厝畲族乡凤洋村委会。今属康厝畲族乡。

全村耕地面积 1306 亩，其中农地 56 亩、水田 1250 亩；山地面积 5501 亩。人均收入 17943 元，村集体经济收入 11.585 万元。从清康熙年间到 20 世纪 60 年代，凤洋村曾以其丰富的传统民间手工技艺赢得“百艺村”美誉。村里做木工的，编蓑衣的，制畲服的，箍缸补锅的，只要人们生产、生活中用得着的，村里就有相应的手艺人，应有尽有。茶叶生产一直为凤洋的主要产业之一，清末时就有茶行 2 家，由刘桂弦（1829—1897）、刘家贵（1861—1932）父子开办，主要产品为红茶，年售干茶 1000 多担，并不断为坦洋工夫茶提供原材料。现主要经济有农业和建筑业。凤洋村自 20 世纪 60 年代起，就已组织群众搞建筑业，现从业人员达 500 多名，其中工程师、设计师 20 多人，成为福安西部有名的建筑业之村。村内有土木结构房屋 83 座，钢混、砖木结构 15 座。公共建筑主要有：小学 1 所，建于 1995 年，占地面积 600 平方米，建筑面积 300 平方米；村委楼 1 座，建于 2000 年，建筑面积 300 平方米。1955 年，成立了闽东最早的第一个畲族公办文化站，为组织文化娱乐活动与弘扬畲族传统文化起着重要作用。凤洋村与其他畲族村庄一样，历来有对唱畲族歌言习俗，流传至今。20 世纪 80 年代起，曾组织举办过 6 次大型赛歌会。

凤洋村为老区基点村。1929 年叶飞、马立峰等人在凤洋村一带活动，其年 9 月在凤洋建立了党支部，成为闽东畲族第一个党支部。1931 年钟阿佽经詹如柏、郭怀庆介绍加入中国共产党，成为闽东第一代中共党员。钟阿佽曾担任安德县委宣传委员，安德县苏维埃政府机关曾设在凤洋村，凤洋人民在革命年代为解放事业做出巨大牺牲与贡献。凤洋红军洞位于提刀山上，共 3 个石洞，均隐于山林，保存完好。当时红军在石洞里进行革命活动，集体召开会议、隐蔽行居等。

1997 年被福安市命名为“畲族艺术之乡”；2006 年 11 月被宁德人民政府命名为“畲族文化重点村”。

◎东山

因村庄坐落于老虎岩半山腰故名。位于康厝畲族乡南部，距乡政府驻地东南 3 公里，海拔 270 米。东临眠犬山，东南至石碑洋田，西至蛤蟆洋，南至白叶垄，北至涵卯小溪。下辖东山、纱帽下、石门里 3 个自然村 6 个村民小组。钟姓主居东山、纱帽下 2 个自然村。1988 年，受 12 号台风暴雨袭击，村内山体出现滑坡隐患，在上级领导及有关部门关怀和支持下，实施“造福工程”集体搬迁。在眠犬山东部择址兴建东山新村。2003 年，全村 282 户、984 人。

清光绪十年（1884）属用儒乡钦德里十八都。民国 26 年（1937），属福安县第三区桂龙保。民国 29 年，属第三区桂龙乡东坪保。民国 35 年，属福安县穆阳镇彭山保。民国 37 年属中藻保；1950 年属福安县第四区中藻乡。1963 年为穆阳区康厝公社东山大队。1966 年实行区、大公社并存制度，

东山村

成立康厝公社，划属康厝公社。1975 年为康厝公社东山大队。1984 年废弃“政社合一”，康厝公社改为康厝畲族乡，为康厝畲族乡东山村委会。今属康厝畲族乡。

全村耕地面积 1302 亩，其中农地 56 亩、水田 1246 亩，山地面积 5501 亩。主要经济收入有农业种植、养殖和建筑业。特色品种有穆阳水蜜桃和“东山鸭”。全村从事建筑业 200 多人，其中高级工程师 2 名、工程师 10 名、助工及技术员 40 多名，常年活跃在全国各建筑工地。2021 年村财政收入 50 万元，农民人均收入 24500 元，村集体经济收入 10.3618 万元。村落坐北向南，有土木结构房屋 83 座，钢混、砖木结构 15 座。公共建筑主要有：小学 1 所，建于 1991 年，占地面积 110 平方米，建筑面积 220 平方米；村委楼 1 座，建于 2000 年，建筑面积 330 平方米。东山村有抗清名将刘中藻隐居处“东山雪洞”和酷似宋朝官员乌纱帽的“纱帽岩”风景名胜。“纱帽岩”有一线天、蝙蝠洞、鲤鱼朝天、风动石、玉女峰、观音坐莲等众多连线景点，构成东山村特色旅游的一大亮点。2016 年，东山村被列为“全国乡村旅游扶贫重点村”。2021 年 12 月，获评“福建省卫生村”。

◎竹岙

别名岙里、沃里，因村庄建于山岙里，故名。位于康厝畲族乡中部，距乡政府驻地南 1 公里，海拔 45 米。东邻郎亭村，西毗高台村，南交秋岭村，北接康厝村。下辖竹园兜、沃里 2 个自然村，3 个村民小组。辖区面积 50 平方千米。2020 年，全村 226 户、790 人。钟姓主居竹园兜自然村。

清光绪十年（1884）属用儒乡钦德里十五都。民国 35 年（1946）属穆阳镇。1950 年属福安县第四区。1963 年属穆阳区康厝公社，为沃里大队。1966 年设康厝公社，属康厝公社。1981 年由红坪村的竹园兜和高台村的岙里两个自然村析出设立竹岙大队。1984 年废弃“政社合一”，康厝公社改建康厝畲族乡。村级改设村委会。隶属康厝畲族乡，为竹岙村委会。

竹岙村

全村耕地面积604亩，其中农地320亩、水田284亩；山地面积810亩。经济作物有林业、水果、药材、蔬菜等。主要经济收入有农业种植和养殖，人均收入17124元，村集体经济收入10.832万元。公共建筑主要有：小学1所，建于1992年，占地面积100平方米，建筑面积200平方米；村委楼1座，建于1995年，建筑面积80平方米。村域有福善堂1座，建于清咸丰年间；罗汉寺1座，建于村的西面，建筑年代不详。

◎长潭

长潭村古名“青蛙庄”，因村内有一对自然形成的青甲奇石，古称“青甲藏”（方言称青蛙为“青甲”）而得名。后因村前穆阳溪流经处有一条长约2千米的深潭而出名，故改名为“长潭村”。位于康厝畲族乡东部，距乡政府驻地东北5公里，海拔30米。东与金半洋村小坑交界，西与杨梅山小坑为界，北连后门山顶，南经金潭大桥接小浦线。村落面积0.7平方千米，现全村人口达791人，213户，下辖长潭上村、长潭下村、杨梅山、路垄、

长潭村

周坑 5 个自然村，8 个村民小组。长潭村下辖的周坑自然村村名由来则是相传明朝中叶出了个周姓尚书，故取名“周坑”。

清光绪十年（1884）属用儒乡钦德里十五都。民国 35 年（1946）属穆阳镇梧洋保。1950 年属福安县第四区凤梧乡。1975 年属康厝公社金潭大队。1984 年废弃“政社合一”，康厝公社改建康厝畲族乡。析分为长潭村委会。现隶属康厝畲族乡。

全村耕地面积 941 亩，其中农地 190 亩、水田 751 亩；山地面积 2000 亩。主要经济收入为种植水蜜桃、茶叶、芙蓉李。人均纯收入 14135 元。村落坐东向西，村后山为大片石头，造型各异，很是壮观。公共建筑主要有：小学 1 所，建于 1989 年，占地面积 160 平方米，建筑面积 400 平方米；村委楼 1 座，建于 2010 年，建筑面积 450 平方米。钟姓主居长潭上村自然村。长潭村先后荣获“福建省卫生村”“福安市百名优胜村”“宁德市第三批普惠金融信用村”等称号。

◎金斗洋

又名“金斗梁”“金斗量”。位于康厝畲族乡东北部与坂中畲族乡交界处，距乡政府驻地东 7.5 公里，海拔 160 米。东至米坪山，西至鲤鱼坂，南至金岭岗，北至大坝头，下辖金斗洋池丘、柯厝下、老虎湾、石门限、走马垅、洋中厝、油坊等 8 个自然村，8 个村民小组。8 个自然村呈五行八卦排列，竹木掩映，林壑佳美，秀色迷人。村北有小山涧环流。主村落坐东向西，凭险临涧，沿山叠建，形成竖向跌落布局，俨然一个寨堡，实为农耕时代难得的世外桃源。钟姓主居金斗洋、老虎湾 2 个自然村。全村 300 户，1060 人。

清光绪十年（1884）属用儒乡钦德里十五都。民国 35 年（1946）属穆阳镇梧洋保。1950 年属福安县第四区凤梧乡。1975 年属康厝公社金潭大队。1984 年废弃“政社合一”，康厝公社改建康厝畲族乡。析分为金斗洋村委会。现隶属康厝畲族乡。

金斗洋村

全村土地面积 4800 亩，耕地面积 1158 亩。主要经济收入有水果种植、茶叶、畲药等以及外出务工。全村水果面积 105 亩，茶园种植面积约 300 亩。2020 年人均收入 18122 元，村集体经济收入 10.4752 万元，村集体经济收入 18.5 万元。公共建筑主要有：小学 1 所，建于 1983 年，占地面积 260.25 平方米，建筑面积 260.25 平方米；村委楼 1 座，建于 2006 年，建筑面积 260 平方米；金斗洋畲族武术训练基地 1 个，占地面积 5 亩，建筑面积 360 多平方米。

金斗洋是畲族武术之乡。清雍正年间，南少林寺武僧林铁珠因逃难而隐居金斗洋村，授艺其弟子即被畲族同胞誉为“虎豹师傅”的雷国楚（畲族雷氏第三十二公雷朝宝）。后雷国楚为捍卫族人利益防匪防盗，广收族人传授武艺，融畲族传统功夫与南少林武功于一炉，衍化而出一种技击和健身价值极高，具有独特风格和地域魅力的武术体育项目——“金斗洋畲家拳”，至今已有 300 余年的历史。2017 年，“金斗洋畲族拳”被列入省级非物质文化遗产代表性项目名录。金斗洋拳术充分展示了畲族人民刚健尚武的性格特点，在畲族地区广泛流传，成了中国畲族拳术的一个代表。因而素有“畲族武术之源”的美誉。2015 年，金斗洋村被授予第一批省级畲族文化生态保护示范点；2017 年，金斗洋村被列为省级“美丽乡村”试点，同时挂牌为第二批“中国少数民族特色村寨”。

◎铁湖

又名“獭湖”。因村前有湖，湖中有水獭，故名，后改名铁湖。位于福安市郊南部，104 国道边侧，东至必井与化蛟村交界，西至交溪，北至里山与城南程家垅村交界；南至马宅相邻化蛟村，村落面积 5.1 平方千米，海拔 25 米。距福安市城区 5 公里，距镇所在地 6 公里，村落依山面溪，有“上有莲花壁钵，下有半月沉江”之说。全村现有人口 236 户，1068 人，下辖铁湖、满洋、岩角亭、高坂 4 个自然村，4 个村民小组。钟姓主居铁湖、

铁湖村

岩角亭2个自然村。

清光绪十年（1884）属福安乡界东里二、三都。民国31年（1942）属实验乡柳堤保。民国35年属石门乡。1950年属福安县第一区。1963年属城关镇仙蛟公社，为铁湖大队。1975年属城郊公社铁湖大队。1981年9月，城郊公社改称城阳公社，仍为铁湖大队。1984年废弃“政社合一”，为城阳乡铁湖村委会。2011年城阳乡改镇，今属城阳镇。

全村现有山地2400亩，耕地628亩，主要经济作物有蔬菜、绿笋、蔬菜，以畜牧业为辅，素有“绿竹走廊观光”之称。大部分村民从事运输业，尤其近几年交通的发展，依托铁湖工业园区的带动效益，解决了闲散村民的就业问题，群众生活水平有明显提高。2020年人均纯收入19000余元。村落坐西向东，有土木结构房屋14座，钢混、砖木15座。村公共建筑主要有：小学1所建于1990年，面积1000平方米；铁湖畲族文化馆及村委楼，建于1991年，占地面积500平方米，建筑面积1500平方米。1996年被宁德地委行署评为“小康明星村”，为国家“九五”规划哲学社会科学重大项目——“福安市畲族卷”三个典型畲族调查村之一。1995年、2000年被福建省评为“省级园林式村”。福安市铁湖工业园区坐落在该村东南山域。

◎化蛟

俗称“濑兜”。因村前溪流环绕而名。位于城阳镇西南部，距镇政府驻地南12公里，海拔30米。村辖区面积6.5平方千米，北承铁湖，南与溪柄镇黄兰村交界，东与茶洋相接，西临富春溪。村下辖化蛟、坂头、后洋里、洋上、老蛇岗、白岩下6个自然村。共有9个村民小组，村民410户，1621人。村委会设化蛟村，钟姓主居后洋里自然村。后洋里位于主村东南向山上。

清光绪十年（1884）属用儒乡仁风里二十六都。民国35年（1946）属石门乡化蛟保。1950年属福安县第一区洋蛟乡。1963年属城关镇仙蛟公社化蛟大队。1975年属城郊公社化蛟大队。1981年9月，城郊公社改称城阳公社，仍为化蛟大队。1984年废弃“政社合一”，为城阳乡化蛟村

化蛟村（后洋里）

委会。2011 年城阳乡改镇，今属城阳镇。

全村耕地面积 1075 亩，农地 150 亩，村面积 3000 多亩，主要产业种植甘蔗、绿竹、茶叶、葡萄等农作物。化蛟村种植甘蔗 650 多亩，生产加工化蛟古方手工红糖、姜母红糖，畅销全国各地，形成“一村一品一特色”产业。沿溪两岸种植绿竹 300 多亩，福安市绿竹走廊化蛟村就占 4 公里之多，形成一道亮丽的风景，同时种植茶叶、葡萄、枇杷、橙等农作物带来可观收入，2020 年村民人均收入 18500 元，村财收入 15 万元。

◎茶洋

因该村古代有一茶堂，故名，又名“鏊里”。位于城阳乡南部，距乡政府驻地东南 15 公里，海拔 210 米。东邻日山村，西交白坑村，南与溪柄镇黄兰村交界，北与马下村相接。村落座落于山坳中，型如大舟，坐东向西，有溪涧从村中而下。下辖鏊里、里葛藤湾、外葛藤湾、大山、坡雷、合掌岭、

茶洋村（城阳）

坪冈头、茶洋等8个自然村7个村民小组。钟姓主居茶洋、合掌岭等自然村。2003年，全村135户、555人。

清光绪十年（1884）属用儒乡仁风里二十六都。民国35年（1946）属石门乡茶洋保。1950年属福安县第一区洋蛟乡。1963年属城关镇仙蛟公社茶洋大队。1975年属城郊公社茶洋大队。1981年9月，城郊公社改称城阳公社，仍为茶洋大队。1984年改制为城阳乡茶洋村委会。2018年城阳乡改镇，今属城阳镇。

全村耕地面积680亩，其中农地111亩、水田569亩；山地面积1560亩。主要经济收入来自种植茶叶，2020年人均纯收入13000元。村公共建筑主要有：小学1所，建于1986年，占地面积1010平方米，建筑面积280平方米，现仍有学生70多人；村委楼1座，建于2008年，建筑面积120平方米。茶洋是老区基点村，闽东革命时期，叶飞、曾志等老一辈曾在此开展革命斗争，并成立红军游击队，村中有以钟石寿为队长的游击队50多人。现村中仍存有山崖涵洞、对月山崎崖站哨台、葛藤坑外厝暗道等遗迹。村口交汇处的合掌亭，较为著名，建构精致，老树相倚，自成一道风景。

◎洋面

古名“牛老子”，因山形似牛，故名“牛老祖”，方言谐音为“牛老子”。后因洋面发展成主村改为洋面村。位于城阳镇中部，距镇政府驻地东北15公里，海拔545米。北与林洋村相接，东与后楼村、荷洋以金钟溪隔界，西与赤岭村相连，南与马下相交。下辖大营、牛老祖、竹林下、祠堂边、垄口、墓后、前洋、清湾里、坪冈等9个自然村，7个村民小组。钟姓主居前洋自然村。全村现有412户，1578人。下辖牛老子、前洋、洋面等3个自然村，其中前洋畲族自然村有74户，350人；牛老子83户，402人，洋面中心村有255户，826人。

清光绪十年（1884）属福安乡界东里二、三都。民国35年（1946）

洋面村

属石门乡洋面保。1950 年属福安县第一区。1963 年属城关镇后楼公社洋面大队。1975 年属城郊公社洋面大队。1981 年 9 月，城郊公社改称城阳公社，仍为洋面大队。1984 年废弃“政社合一”，为城阳乡洋面村委会。2011 年城阳乡改镇，今属城阳镇。

全村耕地面积 1130 亩，林地面积 4600 亩，主要种植茶叶 1600 多亩、葡萄 360 亩、太子参 100 多亩、水蜜桃 130 亩。2020 年人均纯收入 8000 元。原村落坐东向西，有土木结构房屋 16 座，钢混、砖木 15 座，有个体商店 3 家，医疗站 1 个，小学 1 所 5 个教学班，教师 4 人，在校生 75 人。2005 年，实施造福搬迁工程，新村建设在中村。

村域有“仙阁梁”风景区，曾是明末抗清英雄刘中藻（鲁王晋封为东阁大学士兼兵部尚书）的练兵场。该点有龙潭瀑布、石椅、试剑石、指挥台、石轿、仙桌、金米箩、马鞍石等 22 处名胜古迹，慕名而来的游人络绎不绝。洋面村还是闽东革命的重点根据地。1935 年 1 月，在闽东苏区面临着敌人围攻剿杀，处于生死存亡的危急关头，中共闽东临时特委在洋面村召开了紧急会议，会议就革命斗争战略进行讨论，改变御敌于苏区之外的错误战略方针，果断地确立了实行战略转移，解决了至关重要的游击战略方针的转变问题，掌握了斗争的主动权，保存了革命的再生力量，为闽东日后游击战争的开展及获得胜利奠定了基础。新中国成立后，洋面村被评为烈士的有 17 人，评为五老的有 82 人。1987 年 4 月，中共福安县委、县政府在洋面村树立了“中共闽东特委洋面会议纪念碑”。

◎纸坪

早先有建造纸厂房，故名。位于城阳镇南部秀丽的龙际溪畔，距镇政府驻地东南 18 公里。东与溪柄镇接壤，西与茶洋村交界，南与井头岩交界，北与日山村交界，村落坐东向西，依溪而建，属畲族聚居的老区基点村，下辖粗坑、茶坑、老取朝、纸坪 4 个自然村。全村 119 户，416 人。畲族人口 398 人，占总人口 96.6%。钟姓主居茶坑自然村。

纸坪村

清光绪十年（1884）属用儒乡仁风里二十六都。民国35年（1946）属石门乡。1950年属福安县第一区。1963年属城关镇仙蛟公社纸坪大队。1975年属城郊公社茶洋大队。1981年9月，城郊公社改称城阳公社，属城阳公社茶洋大队。1984年废弃“政社合一”，为城阳乡纸坪村委会。2011年城阳乡改镇，现属城阳镇。

全村耕地面积680亩，其中农地111亩、水田569亩；山地面积1560亩。村民依托山区地势，主要靠种植、养殖、外出务工收入为主。现种植“福云六号”“大白”等茶叶128亩、毛竹230多亩、葡萄80亩、锥栗40亩、柑橘“红美人”20亩、脐橙50多亩。家禽养殖场面积60亩；肉牛饲养基地280平方米，饲养肉牛30头；豪猪养殖场230平方米，饲养豪猪21头；鱼塘养殖3亩。2021年，全村农民人均可支配收入24800元，其中生产经营性收入占比33.4%，工资性收入61.5%，其他收入5.1%。2021年村集体经济收入20万元。村内有土木结构房屋16座，钢混、砖木结构15座。村公共建筑主要有村委楼1座，占地面积64平方米，建筑面积174平方米。

纸坪村是老区基点村。革命时期，叶飞、曾志、陈挺、马立峰等老一辈革命家曾在此开展革命活动。近年来，在政府大力扶持下，村容村貌发生了巨大变化。完成对纸坪新村房屋立面装修，村委办公楼加层及立面装修。新建了纸坪主村休闲栈道和村道护栏，为村民提供了休闲场所，给村庄增添了一道靓丽的风景线。

纸坪村境内之黛凝寺建于唐咸通元年（860），为福安市内历史文化较深厚的寺庙之一。旧时，由于该寺地处福安至福宁府（霞浦）的必经之地，许多文人墨客、达官贵人常于此处驻足观光，每感于怀，留下许多脍炙人口的好诗篇。朝代更替，道路变迁，当年的大通道衢之喧嚣早已消失，但寺外田地上倒伏的马槽、石柱等物件仍然遗存较好，足以见证历史。寺庙几经重建，现有大雄宝殿、天王殿、斋堂、僧寮等建筑。整体规模虽不大，但因毗邻田园，环境幽雅，梵音古韵，朝拜香客未曾断绝。

◎白坑

旧有白波神仙境传说，故名。位于城阳镇南部，距镇政府驻地东南 15 公里，海拔 190 米。东与马下村接壤，西连铁湖村，南接化蛟村，北毗洋面、赤岭村。村落面积 4.067 平方千米，现全村 181 户，828 人，辖内有白坑、车头、半山、里厝、木林岗 5 个自然村，7 个村民小组。钟姓主居里厝自然村。

清光绪十年（1884）属福安乡界东里二、三都。民国 35 年（1946）属石门乡。1950 年属福安县第一区。1963 年属城关镇仙蛟公社白坑大队。1975 年属城郊公社白坑大队。1981 年 9 月，城郊公社改称城阳公社，仍为白坑大队。1984 年废弃“政社合一”，为城阳乡白坑村委会。2011 年城阳乡改镇，现属城阳镇。

全村田地面积 856 亩，茶园面积 200 亩，林地面积 2300 亩，山地面积 5860 亩。作物主要以水稻、甘薯、茶叶、榛子油、萝卜为主。2020 年

白坑村

人均纯收入 16000 余元。村落坐东向西，公共建筑主要有幸福院 1 所，2020 年由小学旧校舍改造，占地面积 130 平方米，建筑面积 260 平方米；村委楼 1 座，建于 2006 年，建筑面积 113 平方米。

白坑村的建筑物有清道光十年（1830）建造的“平水大王”宫 1 座。民国时期有过修补。有清代古居 5 座。有建于清乾隆年间的刘姓始祖刘万兴墓 1 座，清进士刘彰为其亲笔撰写墓志铭。20 世纪 70 年代建成石拱桥 3 座，分别坐落要白坑、里厝和东头村。水电站 1 座（附设碾米厂，90 年代荒废）。从铁湖到白坑村简易公路一条，90 年代建成，现拓宽硬化为全长 6 公里、宽 5.5 米的水泥公路。白坑溪从北至南经村中流过，瀑布、水潭、石桥、小溪、古村、老树相映，村景恬静宜人。

◎采梅

又名彩花桥。相传村前古道上曾有石板桥，为蔡氏所建，又因“蔡”“采”方言谐音，村落由此转名。现更名为采梅。位于溪柄镇东北部，距镇政府驻地东 9 公里，海拔 240 米。东至门首下，西至平岗，南至大湾，北至清水壑。下辖采梅、大墓兰、白梅岭、铁炉坑、石头山、秤锤山、柴山里等 7 个自然村，6 个村民小组。钟姓主居采梅、白梅岭等自然村，迁自福安前洋。2020 年，全村 92 户、366 人。

清光绪十年（1884）属用儒乡仁风里二十四都。民国 30 年（1941）属福安县第一区（赛岐）柏洋乡茜洋保。1950 年属福安县第五区。1952 年改属溪柄十二区茜洋乡。1958 年属溪柄公社茜洋大队。1962 年为溪柄区茜洋公社采梅大队。1968 年属溪柄公社茜洋大队。1980 年 1 月分队后为溪柄公社彩花桥大队。1984 年废弃“政社合一”，为彩花桥村委会。1985 年溪柄乡改镇，为溪柄镇彩花桥村委会。现更名为采梅村委会，今属溪柄镇。

全村耕地面积 722 亩，其中农地 22 亩、水田 700 亩；山地面积 1560 亩。主要经济收入为茶叶、木材、毛竹和水果以及禽畜养殖，人均纯收入

采梅村（溪柄）

12700 元。村落坐西北向东南，公共建筑主要有小学 1 所，建于 1990 年，占地面积 112 平方米，建筑面积 224 平方米；村委楼 1 座，建于 1998 年，建筑面积 110 平方米。

采梅村境内建有一座马头山水库，由福安市力源水电公司投资经营。大坝在距采梅村 1.8 公里的茜洋溪上，系混合式小型电站。大坝高 41.5 米，坝顶高程 91.5 米，长 149.49 米，为细骨科砼拱坝。正常蓄水位 85 米，总库容 968 万立方米，引水隧道长 3305 米，装机容量 1 万千瓦，年发电量 3300 万千瓦时。于 2007 年 2 月蓄水发电。水漫坑口、允坦、溪边村前，形成一个长 4 公里、宽 300 米的人工湖，山光水色顿成一处优美景观，吸引大量游人。2021 年 11 月，被福建省爱卫办授予“福建省卫生村”称号。

◎长洋

古名“棠阳”。村前有一片长方形田地，故名。位于溪柄镇南部，距镇政府驻地南 5 公里，海拔 50 米。北为溪柄村、立峰村，东与松罗乡松罗

长洋葛藤坪村

村交界，西至长湾，南与松罗乡王家交界。下辖长龙新、葛藤坪、长洋等 3 个自然村，共 5 个村民小组。2020 年，全村 135 户、555 人。

清光绪十年（1884）属用儒乡仁风里二十七都。民国 30 年（1941）属福安县第一区（赛岐）溪缠乡棠洋保。1950 年属福安县第五区。1956 年办起长洋高级社。1958 年 8 月成立长仙大队。1961 年设长洋大队。1963 年属溪柄区龙港公社长洋大队。1975 年属溪柄公社长洋大队。1984 年废弃“政社合一”，为溪柄乡长洋村委会。1985 年溪柄乡改镇，为溪柄镇长洋村委会。今属溪柄镇。

全村耕地面积 680 亩，其中农地 111 亩、水田 569 亩；山地面积 1560 亩。主要经济收入有茶叶、葡萄、蔬菜，年人均纯收入 15960 元。村落坐东向西，公共建筑主要有小学 1 所，建于 2015 年，占地面积 60 平方米，建筑面积 60 平方米；村委楼 1 座，建于 2008 年，建筑面积 130 平方米。

钟姓主居葛藤坪、碧后等自然村。葛藤坪相传原山场为长洋村林姓人所有，后来钟姓两兄弟在此迁居建房，当时宅地布满葛藤，故名“葛藤坪”。距镇政府驻地 6 公里。村落坐落于山坳中，坐北向南，有土木房屋 36 座。现村庄因实施造福工程搬迁至小浦线旁，房屋为混砖结构溜房。共有耕地面积 227 亩，其中水田 177 亩。钟姓人口 310 人。

◎龙潭面

因村落位于龙潭湖上首故名。位于溪柄镇南部，距镇政府驻地南 7 公里，海拔 220 米。北至可坑，西与港里村相连，东与松罗乡王家村交界，南与赛岐镇大象村接壤。村落东北向有可坑山、仙桌山、厝岗山等，西南方是龙潭湖。龙潭溪以东北向西南走向注入龙潭湖，将村落一分为二。西北方为小龙，蓝姓居住；东南方为大龙，钟、雷姓居住。雷姓于清乾隆三年（1738）从茜洋麻禄坑迁入；兰姓于乾隆三十二年（1767）迁自松罗月半山；钟姓于乾隆十一年由潭头小坑到此发族。村委会下辖龙潭面、可坑、

龙潭面村

盾兜等 3 个自然村，4 个村民小组。2020 年，全村 107 户、583 人，其中畲族 106 户、548 人。

清光绪十年（1884）属用儒乡仁风里二十七都。民国 31 年（1942）属王松洋乡龙潭面保。1950 年属福安县第五区。1956 年办龙潭面高级社。1958 年属龙港大队。1965 年设龙坑大队。1969 年并入龙港大队。1979 年复设龙坑大队。1981 年改称龙潭面大队。1984 年废弃“政社合一”，组建龙潭面村民委员会。1985 年溪柄乡改镇，为溪柄镇龙潭面村委会。今属溪柄镇。

全村耕地面积 433 亩，其中农地 133 亩、水田 300 亩；山地面积 6851 亩。历史上龙潭面村盛产松、杉、杂木和毛竹，以编织棕衣而闻名遐迩。现主要经济收入有种植葡萄、茶叶、生猪养殖及务工，人均纯收入 15746 元。公共建筑主要有：小学 1 所，建于 1987 年，占地面积 60 平方米，建筑面积 120 平方米；村委楼 1 座，建于 2011 年，建筑面积 70 平方米。龙潭面村地理上山重岭复，村外一片老松林，有座龙王庙。松林下是龙溪及峡谷，内藏三个龙潭，观者不绝。村前建了水库，一坝截流，高峡澄湖。从水库坝头起有龙港公路，全长 3.5 公里，直通港里村。

◎东坪

又名东山，村落原在东山垄故名。位于福安市东南部著名的柏柱洋红色旅游区东部，东与柏洋乡和松罗乡金山村交界，西与斗面村接壤，南与松罗乡山界村和本镇榕头村毗邻，北与茜洋、横坑村相连，距镇区 10 公里，距市区 32 公里。海拔 120 米。村落依山迭建，坐西向东，东部岭兜岗，西部横洋岗，南部宫岗。村中凹处有一条石砌梯路，门多朝北，北村称“塔里”。下辖东山、细日山、下金竹坪、三坪、仙仁、大兰、上金竹坪等 7 个自然村，7 个村民小组。钟姓主居仙仁、三坪、东山、上金竹坪等自然村。2020 年，全村 268 户、1008 人，其中畲族 146 户、697 人。

东坪村

清光绪十年（1884）属用儒乡仁风里二十四都。民国31年（1942）属柏洋乡斗面保。1950年属福安县第五区。1963年属溪柄区柏柱公社。1975年属溪柄公社东盾大队。1984年废弃“政社合一”，分为溪柄乡东坪村委会。1985年溪柄乡改镇，为溪柄镇东坪村委会。今属溪柄镇。

全村耕地面积650亩，其中农地90亩、水田560亩；山地面积6851亩。主要经济收入为茶叶，年人均纯收入13863元。公共建筑主要有：小学1所，建于1986年，占地面积60平方米，建筑面积135平方米；村委楼1座，建于2017年，建筑面积500平方米。

东坪村系福安市溪柄镇畲族聚居村，也是革命老区基点村，具有独特的民族风情。红色革命时期，在细日山自然村成立中共闽东特委机关报《闽东红旗报》报社和印刷厂，在东山村设立红二团后方医院，在上金竹坪设立苏区军械厂，在下金竹坪村设立红军被服厂，为革命事业的发展壮大做出了很大贡献。村庄依山傍水，山清水秀，风景独特。山上有仙岩洞、鬼洞，

红领巾水库

村内有仙脚迹、化炉禅寺等景点，引人入胜。改革开放后，东坪村已成为柏柱洋红色旅游景区一道不可或缺的亮丽风景线。是宁德市、福安市两级社会主义新农村建设试点示范村。

◎扆山

因该村村后有两座山，像古时的屏风一样，故名。位于溪柄镇西南部，距镇政府驻地北2公里。茜洋溪由北向西绕村而过，东与立峰村相接，南邻溪柄村。下辖扆山、扆上、龟武3个自然村，3个村民小组。钟姓主居扆上、龟武等自然村。龟武位于主村东北山上，背山而望富春溪。群山围拥，房屋沿山而建，村中心为广场。村口处建有1座平水宫。2020年，全村430户、2000人，其中畲族73户、300人。

清光绪十年（1884）属用儒乡仁风里二十六都。民国35年（1946）属赛岐镇扆岩保。1950年属福安县第五区。1963年属溪柄区溪柄公社，分为扆下、扆上、龟武3个大队。1984年废弃"政社合一"，为溪柄乡扆

宸山村（龟武自然村）

山村委会。1985年溪柄乡改镇，为溪柄镇宸山村委会。今属溪柄镇。

全村耕地面积650亩，其中农地90亩、水田560亩；山地面积6851亩。主要经济收入为茶叶和葡萄以及务工，人均纯收入18762元。公共建筑主要有：小学1所，建于1985年，占地面积120平方米，建筑面积240平方米；村委楼1座，建于2000年，建筑面积100平方米。1956年，福安糖厂创办在宸山村茜洋溪、交溪交汇处。为20世纪五六十年代较有影响企业之一，现改为造纸厂。

◎港里

因江港直通村前，故名。位于溪柄镇西部，距镇政府驻地南4公里，海拔60米。北与仙洋里村相接，西与赛岐镇交界，东为龙潭溪，南交龙潭面村、赛岐镇大象村。村中龙溪从山中而下，溪旁沿种榕树，小桥流水，老树垂荫，景色诱人。港里村委会下辖港里外村、港里里村、西林、横路、大洋、柘下、赛岔、高楼、山峰里等9个自然村，9个村民小组。钟姓主

港里村（横坑自然村）

居菰楼、横坑等自然村。横路自然村位于主村上游东向，右侧高山翠竹，左侧小溪古榕，田野葡萄连片。2020 年，港里全村有 422 户、1728 人，其中畲族 48 户、210 人。

清光绪十年（1884）属用儒乡仁风里二十七都。民国 35 年（1946）属赛岐镇港岩保。1950 年属福安县第五区。1963 年属溪柄区龙港公社。1975 年属溪柄公社龙港大队。1984 年废弃“政社合一”，分为溪柄乡港里村委会。1985 年溪柄乡改镇，为溪柄镇港里村委会。今属溪柄镇。

全村耕地面积 650 亩，其中农地 90 亩、水田 560 亩；山地面积 6851 亩。主要经济收入为种植葡萄、茶叶和务工，人均纯收入 17863 元。公共建筑主要有：小学 1 所，建于 2003 年，占地面积 248 平方米，建筑面积 260 平方米；村委楼 1 座，建于 2005 年，建筑面积 240 平方米。

◎白沙

白沙村因村左临交溪处有一条白色沙滩而得名。位于溪柄镇西北部，距镇政府驻地西北 9 公里处，海拔 14 米。北与坂中乡江家渡村交界，西与溪潭镇前浦村接壤，东临富春溪，南为浦后村和赛岐镇廉首村。下辖白沙、洋中厝、下贵洞、贵洞里、亭下、牛角垅等 6 个自然村，共 5 个村民小组。钟姓主居白沙、亭下、牛角垅、贵洞里等 4 个自然村，清嘉庆九年（1804）从坂中日宅迁居。亭下自然村位于主村西南方向。背仙岫山余脉而向富春溪。村边山溪水渠流淌，村前阡陌交错。2020 年，全村 235 户、810 人，其中钟姓人口 82 人。

清光绪十年（1884）属用儒乡仁风里二十五都。民国 35 年（1946）属赛岐镇黄沙保。1950 年属福安县第五区黄沙乡。1954 年属黄沙乡。1956 年办白沙高级社，同年 8 月溪柄区为第五区，黄兰、白沙合并为区属黄沙乡。1968 年与浦后合并为浦沙大队，隶属溪柄区。1975 年为溪柄公

白沙村

社白沙大队。1984 年废弃“政社合一”，为溪柄乡白沙村委会。1985 年溪柄乡改镇，为溪柄镇白沙村委会。今属溪柄镇。

全村耕地面积 669 亩，其中农地 206 亩、水田 463 亩；山地面积 67 亩。白沙是福安绿竹笋的主产区之一，依山面田，山环水绕，溪边遍植绿竹，直接黄兰公路桥下，面积上千亩，闻名遐迩。村里依托赛江两岸形成的天然沙地发展绿竹产业。“福安绿竹笋”被评定为国家地理证明商标，远销北京、上海、武汉等地，白沙村有绿竹 700 多亩，绿竹笋成为白沙村群众主要收入。人均纯收入 17670 元。村落建于山谷两侧，公共建筑主要有：小学 1 所，建于 1972 年，占地面积 162 平方米，建筑面积 287 平方米；村委楼 1 座，建于 2008 年，建筑面积 216 平方米。

沿溪有巨榕十多株，护卫村庄。溪上有一岛曰“鲤鱼墩”，面积 700 余亩，遍植松竹，苍翠欲滴，溪光山色、风景秀丽。村内有福安历史名人赵万年和黄钏墓；建于清光绪年间的奶娘宫，崇祀陈靖姑；始建于清代、重建于 1997 年的五显帝宫，祀五显灵官大帝。村后山上有一所农场，为民国时期福安县长高诚学兴办。新中国成立初期，一度转为劳改农场，今种植茶果，并培植有大面积茶花。

◎小盘

村建于盆地，村形似盘子，故名。位于赛岐镇南部，赛江东岸赛湾公路边，距赛岐镇区 12 公里，海拔 13 米。北与大盘村相邻，西临赛江，东与湾坞乡白莲村交界，南与江兜村相接。村落建于山谷盆地而走向赛江江畔，赛湾公路、宁上高速穿村而过。辖区总面积 242.45 公顷，下辖小盘、长后、贝头里等 3 个自然村，全村 6 个村民小组，290 户，1131 人，其中畲族钟姓主居长后、坝头里等自然村。2020 年，全村 300 户、1188 人，其中钟姓人口 96 人。

清光绪十年（1884）属秦溪乡沿江里三十一都。民国 35 年（1946）

小盘村（坝头里新村）

属赛岐镇苏堤保。1950 年属福安县第五区象江乡。1963 年属赛岐区赛岐公社。1975 年属赛岐公社小盆大队。1980 年恢复赛岐镇，属赛岐镇小盆大队。1984 年废弃“政社合一”，为赛岐镇小盘村委会。今属赛岐镇。

全村耕地面积 1400 亩，其中农地 800 多亩、水田 600 多亩；山地面积 3000 多亩。主要经济收入有葡萄、杨梅等水果，大棚蔬菜、畲药、观光农业和山羊养殖。人均纯收入 7000 元。公共建筑主要有：小学 1 所，建于 1997 年，占地面积 2060 平方米，建筑面积 320 平方米；村委楼 1 座，建于 2005 年，建筑面积 120 平方米；幸福园 1 座，占地面积 2 亩，建筑面积 160 平方米。

◎象环

位于赛岐镇中部赛江之滨，北依金钟山，距离赛岐镇约 2 公里。海拔 14 米。下辖象环、长冈、上流水坑、下流水坑等 3 个自然村，2003 年，全村 818 户、3256 人，其中钟姓人口 112 人。钟姓主居长冈、上流水坑、

象环村

下流水坑等自然村。长冈自然村北至茶山，东为峨峰山，西、南为象环村。村落坐落峨峰山西南侧山脚处。

清光绪十年（1884）属秦溪乡沿江里三十都，民国35年（1946）属赛岐镇象环保，1950年属福安县第五区象江乡。1963年属赛岐区赛岐公社象环大队。1975年属赛岐公社，更名为红光大队。1980年恢复赛岐镇，1984年废弃“政社合一”，为赛岐镇象环村委会。今属赛岐镇。

全村耕地面积2800亩，其中农地580亩、水田1680亩；山地面积640亩。象环村以葡萄种植为主，是福安市巨峰葡萄的发源地，有“南国葡萄之乡”的称号，曾承办过全国葡萄大会。现全村种植有葡萄2000多亩。象环巨峰葡萄粒大果甜，远销全国各地。村年人均纯收入23000元。

村落依金钟山而向南。西望赛江，东仰峨峰山，南野葡萄百里，景色诱人。村附近有象环白莲堂。始建于明代，清乾隆五十八年（1793）重建。坐西北向东南，砖木结构合院式建筑，穿斗抬梁式建筑，单进，由门楼与佛堂组成。面阔23.3米，进深22.3米，占地面积519.6平方米。堂内左侧墙体上嵌有

象环村长冈自然村

四块青石碑，记载该堂重建历史及认捐姓名、银两等。最早一块时间落款为“大清乾隆五十八年（1793）岁在癸丑十二月穀旦”，与大殿中梁墨书年限相同。堂内还保存有明万历八年（1580）石雕香炉一个，石雕佛像二块，为研究当地迁居历史及民俗信仰、宗教建筑文化具有一定的历史价值。公共建筑主要有：小学 1 所，建于 1987 年，占地面积 3000 平方米，建筑面积 480 平方米；村委楼 1 座，建于 2019 年，建筑面积 150 平方米。

2020 年 2 月，列入福建省第三批省级传统村落。2020 年 11 月，农业农村部认定象环村为第十批全国“一村一品”示范村镇。2020 年 12 月，象环村入选 2019 年度福建省“一村一品”示范村名单。2021 年 11 月，被福建省爱卫办命名为“福建省卫生村”。

◎廉首

廉首村位于三江口的西侧，南面与罗江村隔穆阳溪相望，东临赛江与赛岐北部新区隔江相对，北与大叶村相接。发源于政和县镇前的穆阳溪（古

廉首村（锦埔安自然村）

称廉溪）经历了重重关山，在这与富春溪（交溪）相汇，古人就认这里是廉溪之“首”，于是把村子称作“廉首”。位于赛岐镇北部，距镇政府北 3.9 公里。下辖廉首、金蟹、锦浦庵、白鹤、张坑、锦浦、陈澳等 7 个自然村，共 11 个村民小组。主村主要是高、张二姓。钟姓主居锦浦庵、金蟹等自然村。2003 年，全村 510 户、2090 人，其中钟姓人口 203 人。

清光绪十年（1884）属用儒乡西兴里二十一都。民国 35 年（1946）属赛岐镇廉田保。1950 年属福安县第五区廉田乡。1963 年属赛岐区赛岐公社林首大队。1975 年属赛岐公社廉首大队。1980 年恢复赛岐镇，1984 年废弃“政社合一”，为赛岐镇廉首村委会。今属赛岐镇。

全村耕地面积 1260 亩，其中农地 300 亩、水田 960 亩；山地面积 2083 亩。主要经济收入栽培葡萄和茶叶以及外出经商务工，人均纯收入 10000 元。村庄坐落于富春溪与穆阳溪交汇处，依山而建。公共建筑主要有：小学 1 所，建于 1980 年，占地面积 1500 平方米，建筑面积 2000 平方米；村委楼 1 座，建于 2000 年，建筑面积 500 平方米。

廉首里村巷路深处有一幢旧式瓦房，是现代文化名人张白山的故居。故居占地面积约 250 平方米，规模虽不大，但整体布局合理，建筑风格别具一格。主体建筑为前堂后厅式，分为前后两进，整体呈灰暗的色调。另有廉首教堂，始建于清朝同治九年（1870），民国初年曾重建过一次，现存天主堂为新建建筑。

2021 年 11 月，被福建省爱卫办命名为“福建省卫生村”。

◎蓝田

又名“林前”，相传钟姓迁居此地时，村前有大树林故名。位于溪潭镇南部，距镇政府驻地西 2.5 公里，福安市高速公路西互通口东侧，海拔 30 米。东至溪潭岐壁头，西至港里，南至东坂，北至七垵。沈海高速复线从村上通过。村委会下辖蓝田、夫艮、七垵、龙腰河、王厝 5 个自然村，10 个村民小组。钟姓主居蓝田、龙腰河等自然村。村落有 348 户、1486 人。

清光绪十年（1884）为用儒乡西兴里二十二都蓝田保。民国 28 年

蓝田村

（1939）属磻溪乡蓝桥保。民国 37 年属廉溪乡岳田保。1950 年属福安县第八区岳口乡。1960 年设兰田大队。1963 年为溪潭区岳秀公社兰田大队。1975 年为溪潭公社兰田大队。1984 年废弃“政社合一”，为溪潭乡兰田村委会。1994 年，溪潭乡改镇。今属溪潭镇。

全村耕地面积约 1198 亩，林地面积 4800 亩。主要经济作物有茶叶、脐橙、畲药等。脐橙约 1000 亩，年产量 2 万斤。是福安市“畲医畲药研究发展中心”的基地之一。种植金线莲、铁线莲、三叶青等 100 多亩，主要产品有畲家保健茶、畲家观音茶以及畲家药膳 30 多种。2021 年农民人均收入 1.95 万元。村前为磻溪以及溪潭至磻溪村路。村落背山面溪，坐北向南。村内小涧旁长有多棵古樟树和古榕树。兰田村后门山顶上有块奇石，俗名叫“鸡公石”。站在奇石上眺望，视野开阔。东眺福安市区，西望宁德交界，南瞭赛岐港口，北望穆阳古镇。

村口右侧有滴水堂小苑，占地面积 1730 多平方米，小苑为滴水堂组成的小建筑群落，由滴水堂及园地组成。滴水堂占地面积约 168 平方米，建筑面积 423 平方米左右，两层半布局：第一层按传统畲家建筑第一层的厅堂格局设计，分三项功能：中堂与东侧后厢房为展厅；东侧前厢为接待室；西侧后厢为畲膳房。展厅重点展示历届中央领导关心畲家人的影像资料；习近平总书记在宁德任地委书记期间，挂点福安，深入老区、畲乡的剪影；滴水穿石精神春风化雨福安大地，老区、畲乡广大干部群众精心描绘小康蓝图；基金会五年来的爱心榜、光荣榜和圆梦活动的剪影。第二层为基金会办公室。第三层为活动室、会客、会议等。园门上的楹联：“涌泉报滴水，何况恩深似海；美丽添特色，务必快马加鞭。”横楣“滴水园”。村内主要公共建筑物：村委楼 1 座，占地面积 238 平方米，建筑面积 750 平方米，其中一楼为畲医畲药展厅生产车间，二楼为村委办公 256 平方米，三楼为畲医畲药药膳养生体验馆；民族广场 2 处，占地面积 1000 平方米；忠平侯王宫 3 座，占地面积分别为 40 平方米、60 平方米、70 平方米。

2019 年，蓝田村被评为中国少数民族特色村寨。2017 年，获评省级美丽乡村。

◎岔口

因处两山岔口处而名。位于溪潭镇东北部、溪北洋新城区内，距镇政府驻地东北 7 公里，海拔 35 米。东临前浦，西接濑头村，北交溪北村，南毗凤林村，南北皆有穆阳溪支流穿绕交割。下辖岔口、乌石、洗马池、岩下、牛埕等 5 个自然村。2020 年，全村 420 户，1520 余人。钟姓主居牛埕自然村，历史上曾属蓝田村。

清光绪十年（1884）属用儒乡西兴里二十都。民国 37 年（1948）属廉溪乡凤林保。1950 年属福安县第八区。1963 年为溪潭区溪北公社岔口大队。1975 年为溪潭公社岔口大队。1984 年废弃“政社合一”，为溪潭乡岔口村委会。1994 年，溪潭乡改镇。今属溪潭镇。

全村耕地面积 722 亩，其中农地 22 亩，水田 700 亩；山地面积 1560 亩，

岔口村

茶园面积 20 亩。主要经济收入为种植茶叶、外出务工，人均纯收入 18000 多元。村落坐东向西，有土木结构房屋 16 座，钢混、砖木结构 100 座，村有公共建筑物村委楼 1 座，占地面积 200 平方米，建筑面积 600 平方米。

村西北侧有福安市奥体中心。项目规划总用地 349.5 亩，主要建设“一场两馆”以及室外绿化、停车场、道路、活动场地等。现第一期建设的“综合体育馆”是福安市第一个乙级体育建筑，工程总投资 2 亿多元，占地面积 66605.05 平方米，总建筑面积 21838.5 平方米（含地下建筑面积 3040 平方米），地上框架结构建筑共三层，屋面部分采用钢桁架结构，场馆内设有篮球场、游泳馆、综合训练馆等场馆，共设观众席 3600 座。可满足篮球、排球、手球、羽毛球、乒乓球、体操、武术等全国性单项比赛要求。

◎马山

因村后山形似马故名。又名“石壁上”“槟树下”“大埕”。位于福安市溪北洋新区区域内、溪潭镇东北部，距镇政府驻地东北 5 公里，海拔

马山村

100 米。北与坂中乡林岭村交界，西以马山溪与城山村分界，东与坂中乡日宅村浦头坑相接，南与溪北村相承。下辖下马山、上马山、外坳、双井、坑下、风洋新村等 6 个自然村，共 11 个村民小组。2020 年，全村 336 户、1450 人。钟姓主居凤洋新村等自然村。

清光绪十年（1884）属用儒乡西兴里二十都。民国 31 年（1942）属溪潭乡马山保。1950 年属福安县第八区。1963 年为溪潭区溪北公社马山大队。1975 年为溪潭公社马山大队。1984 年废弃“政社合一”，为溪潭乡马山村委会。1994 年，溪潭乡改镇。今属溪潭镇。

全村耕地面积 450 亩，林地面积 3380 亩，村庄建设用地 300 亩。主要农业生产稻谷、花生、芋头、生姜、苦瓜、葡萄等，人均纯收入 19880 元。村落坐北向南，有土木结构房屋 18 座，钢混、砖木 292 座，村里有公共建筑物村委楼 1 座，占地面积 280 平方米，建筑面积 1650 平方米。革命时期，这里是叶飞、曾志等老一辈革命家浴血奋战的重要根据地之一。村的后山是闽东工农游击第一支队的旧址、红军洞旧址。

◎仙石

因村落山上石头重叠，最顶一个像八仙桌，中间有个大涸（斗形），外围有个小涸（酒杯形），传说是八仙喝酒的地方，其中积水不干，故名。别名“仙叶”。现主村搬迁至 302 省道旁边。位于福安市溪北洋新区、溪潭镇东北部，距镇政府驻地北 4 公里，海拔 15 米。下辖仙石、南山、大山下等 3 个自然村，共 9 个村民小组。钟姓主居南山、大山下等自然村。2020 年，全村 356 户、1300 多人。其中畲族 832 人，占全村总人口 64%。

清光绪十年（1884）属用儒乡西兴里二十一都。民国 37 年（1948）属廉溪乡廉峰保。1950 年属福安县第八区。1963 年为溪潭区仙潭公社仙后大队。1975 年为溪潭公社山石大队。1984 年废弃“政社合一”，为溪

仙石村

潭乡仙石村委会。1994 年，溪潭乡改镇。今属溪潭镇。

全村耕地面积 1145 亩、其中水田 800 亩，有林地面积 5950 亩，茶园面积 156 亩，果园面积 800 亩，主要经济收入有水蜜桃、生姜、小种花生，人均纯收入 21000 元。村落坐北向南，有土木结构房屋 100 座，钢混、砖木 160 座，村有公共建筑物：村委楼 1 座，占地面积 90 平方米，建筑面积 300 平方米；小学 1 所，占地面积 600 平方米，建筑面积 300 平方米。

◎溪填

原名富溪村，因村前是溪流冲积地，故名。位于溪潭镇东北部，距镇政府驻地东北 5 公里，海拔 100 米。下辖湖头、福口、仙山、小溪垅、橄榄头 5 个自然村，共 14 个村民小组。2020 年，全村 560 户、2200 人。钟姓主居仙山自然村。

清光绪十年（1884）属用儒乡西兴里二十二都。民国 31 年（1942）属溪潭乡马山保。1950 年属福安县第八区。1963 年为溪潭区仙潭公社溪

溪潭橄榄头村

填大队。1975年为溪潭公社溪填大队。1984年废弃“政社合一”，为溪潭乡溪填村委会。1994年，溪潭乡改镇。今属溪潭镇。

全村耕地面积1642亩，其中农地1276亩、水田336亩；山地面积4237亩。主要经济收入种植甜蔗等农作物，人均纯收入25000元。村落坐北向南，有土木结构房屋130座，钢混、砖木350座。村有公共建筑物：村委楼1座，占地面积600平方米，建筑面积960平方米；小学1所，占地面积7200平方米，建筑面积20000平方米。

◎岳秀

因该村山明水秀，风景秀丽，故名。别名“日秀”，位于溪潭镇南部，距镇政府西南5公里，距市区40公里，海拔30—50米。北邻王里，东接洋头，西交番溪，南靠马腰山。该村缘群山环抱，溪流穿前。在省际公路未开通前，是福安、宁德、周宁三县交界地域前往赛岐港的必经要道。现今溪华公路从村对岸经过，交通便利。自16世纪林氏迁居此地繁衍发展后，岳秀村呈

岳秀村

现出村兴人旺势头。村内有郑、陈、万、雷、钟姓等家族，现村内留有林氏、郑氏、钟氏三个宗祠，还有一个天主教堂。其中畲族主要集中在横林和后山两个自然村，背靠福安、宁德、周宁三县交界的马腰山大山脉，村边有一处人称“岳龙潭”的天然奇观。下辖岳秀、横林、后山等 3 个自然村，共 18 个村民小组。系溪潭镇畲汉杂居的老区基点村。钟姓主居横林自然村。横林自然村在主村东南向半山脚处，背山面磻溪，房屋依山梯建，错落有致，风景秀美。2020 年，全村 500 户、1792 人，其中畲族 598 人，钟氏人口 219 人。

清光绪十年（1884）属用儒乡西兴里二十二都。民国 18 年（1929）属赛岐区岳秀乡。民国 35 年属番溪乡岳秀保。1950 年属福安县第八区。1963 年为溪潭区岳秀公社岳秀大队。1975 年为溪潭公社岳秀大队。1984 年废弃“政社合一”，为溪潭乡岳秀村委会。1994 年，溪潭乡改镇。今属溪潭镇。

全村耕地面积 1234 亩，茶园 740 亩，林地 1716 亩，果园 200 亩。主要经济收入脐橙，人均纯收入 18996 元。村民主要以农业种植为主，其中脐橙种植极具规模特色，岳秀村现已建成观光道 700 多米、田间采摘道 1 公里、沿溪栈道 1 公里、竹篱笆 1000 米、脐橙产业服务中心 1 处等观光娱乐设施。有土木结构房屋 20 座，钢混、砖木结构 360 座，村有公共建筑物：村委楼 1 座，占地面积 240 平方米，建筑面积 120 平方米；小学 1 所，占地面积 2000 平方米，建筑面积 360 平方米。

◎后洋村

后洋村隶属松罗乡，位于福安市东南部，松罗乡中部，单鼻峰脚下的丘陵盘地，有百亩水田之洋，故称后洋。村口有霞大线（301 省道）通往霞浦县。距福安市城区 37 公里，距松罗乡所在地 2 公里。东与柳溪村交界，西与尤沃村相邻，南与王隶村接壤，北与满洋、松罗村毗连。从后洋村可远眺南面的单鼻峰。后洋钟氏系福鼎县佳阳单桥派支，始祖钟文希，其长

后洋村全貌

子钟世衡，从佳阳单桥迁入，至今衍繁人口 93 人。

明清时期，后洋属用儒乡仁风里二十七都湖塘境。民国初期，仍沿清制。民国 18 年（1929），村里改为乡政制，属赛岐区柳溪乡。民国 26 年，废乡镇，编组保甲，属第一区（赛岐）王松洋联保。民国 29 年 10 月，联保改乡镇，属王松洋乡油墺保。民国 35 年，撤销区署，实行县、乡二级政制，属狮峰乡姚岙保。1950 年 4 月，废保甲，实行区乡政制，属福安县第五（赛岐）区松沃乡。1952 年 5 月，从第五（赛岐）区析出第十二（溪柄）区，属溪柄区。1958 年 7 月，撤区并乡，属孟洋乡。9 月，属孟洋公社。1961 年 7 月，恢复区建制，孟洋公社改称松澳区，后洋大队属松澳区西岭公社。1962 年，撤销松澳区，西岭、金溪、茶洋划归溪柄区，属溪柄区西岭公社。1966 年 11 月，从溪柄区析出成立松罗公社，属松罗公社后洋大队。1984 年 10 月，撤销松罗公社改为乡建制，后洋大队改称后洋村委会，属福安县松罗乡。1989 年 11 月 13 日，福安撤县建市，属福安市松罗乡。名称、隶属至今不变。

后洋村辖后洋、上洋、畲斗洋 3 个自然村，3 个村民小组，辖区面积 1.8 平方千米。2022 年，全村人口 98 户 398 人，其中畲族 90 户 365 人，畲族人口占 95%。村委所在地为后洋自然村。

20 世纪 30 年代初期，中共闽东的领导人马立峰、詹如柏、施霖、詹建忠等曾先后来到地处大山深处的后洋村，宣传革命，发动群众，开展革命活动；中共福州市委也派叶飞、曾志等同志到闽东指导革命，开展武装斗争，深入后洋村，发动群众宣传党的政策方针，足迹印在后洋村的山山水水。后洋村群众踊跃参加革命，兰成江、兰朱（子）章、钟老汉等同志参加苏维埃游击队，打土豪、分田地、维护红色政权；兰成江同志提升为苏维埃副主席；兰子章、雷家良、兰六弟、兰木弟等同志为革命献出宝贵生命。1964 年，在闽东战斗过的老一辈革命家叶飞、曾志等同志回到闽东，探望慰问老区各山庄群众，之后后洋村被评为“革命老区村庄”。

后洋村村景

2013 年，后洋村被列入国家民委畲族特色村寨建设。2014 年，列为省级“美丽乡村”试点。2015 年，列入宁德市畲族文化保护示范点。2016 年，获评“全国少数民族文明村”。2017 年 3 月，被认定为第二批中国少数民族特色村寨。获评宁德市 2018—2020 年度市级文明村镇。2019 年 2 月，获评福建省森林村庄。2020 年 1 月，被国家林业和草原局认定为第一批国家森林乡村；10 月，被福建省民族与宗教事务厅列为“福建省民族乡村首批振兴示范点培育名录”。2021 年 12 月，获评福建省卫生村。2022 年，村民年人均收入 21000 元，村集体经济收入 12 万元。

现有古民房 4 座，宫庙 2 座，土地庙 1 座，均建于康熙元年（1662），已有 360 多年历史。建有小学校 1 所，为钢筋水泥结构，面积 200 多平方米（包括操场）。村道为长 1 公里、宽 4 米的水泥路。畲族记忆馆 1 栋，两层砖木结构，面积 147 平方米。

◎茶洋

又名“茶阳”“小茶洋”。位于福安市东南部的单鼻峰山脉，海拔 430 米的丘陵盆地。远古时期油茶树满山遍野，故称“茶洋”。位于松罗

茶洋村（小茶洋）

乡南部，距乡政府驻地东南 7 公里。北部苎麻园山，南部棋盘丘，东部小山涧，西部福霞公路。下辖下里厝、大楼下、棋盘丘、茶洋 4 个自然村，4 个村民小组。钟氏由福鼎市佳阳（丹桥村）在顺治七年（1650）迁入，现居茶洋、里厝自然村。全村 205 户、848 人，其中畲族人口 560 人，占全村人口的 66%，钟氏人口 165 人，占全村人口的 19.46%。

清光绪十年（1884）属用儒乡仁风里二十四都。民国 35 年（1946）属狮峰乡首洋保。1950 年属福安县第五区金溪乡。1963 年属溪柄区茶洋公社，为茶洋大队。1975 年属松罗公社，称茶洋大队。1984 年废弃“政社合一”，为松罗乡茶洋村委会。今属松罗乡。

全村耕地面积 520 亩，山地 5160 亩，林地 5600 亩，茶果园 400 亩。茶洋村山地面积广阔，物产资源丰富，盛产毛竹、松树、阔叶树，农作物主要有茶叶、葡萄、芙蓉李、柚及水稻、甘薯等。主要经济收入来于葡萄、茶叶种植，2020 年人均收入 17800 元。该村现保留有古民居 3 座、宫庙 6 座、土地庙 2 座，古民居建于康熙元年（1662），至今已有 360 多年。

村有公共建筑物：村委楼1座，占地面积110平方米，建筑面积220平方米；小学1所，占地面积240平方米，建筑面积480平方米。

◎满洋

别名“满洋中”。位于松罗乡东部，距乡政府驻地东2公里，海拔450米。北邻牛溪村，南接柳溪村，东与霞浦县交，西与外岭头村交界。下辖满洋中、满洋里2个自然村，共3个村民小组。是福安市唯一含有四个基点村的行政村。康熙年间，钟姓始祖从福安梨坑村首迁于此，择宅满洋中自然村。2020年，全村134户、638人，其中钟姓人口118人。

清光绪十年（1884）属用儒乡仁风里二十七都。民国35年（1946）属狮峰乡松柳保。1950年属福安县第五区金溪乡。1963年属溪柄区西岭公社，后并入柳溪大队。1975年属松罗公社柳溪大队。直到1980年析分满洋大队。1984年废弃“政社合一”，为松罗乡满洋村委会。今属松罗乡。

全村耕地面积360亩，其中农地80亩、水田280亩；山地面积3100亩。

满洋村

主要经济收入葡萄和茶叶，年人均纯收入 20300 元。村落建于山谷两侧，有土木结构房屋 80 座，钢混、砖木 60 座，村有公共建筑物：村委楼 1 座，占地面积 200 平方米，建筑面积 120 平方米。2021 年 11 月，被福建省爱卫办授予“福建省卫生村”称号。

◎王家

古名“王家阳”，又名“王加”。位于松罗乡西部，距乡政府驻地西 7 公里，海拔 600 米。北西分别与溪柄长洋村、龙潭面村交界，南与大坪里村相邻，东与姚澳分水，辖区面积 5.6 平方千米。下辖边坪、西坑、东洋埕、梨头、大岭、金竹洋、西溪等 7 个自然村，共 5 个村民小组。2020 年，全村 450 户、1865 人，其中钟姓人口 82 人。钟姓主居东洋埕自然村。2008 年 12 月，东洋埕自然村全面从地质灾害点搬迁至松罗乡所在地新居。

清光绪十年（1884）属用儒乡仁风里二十七都。民国 35 年（1946）属狮峰乡松柳保。1950 年属福安县第五区金溪乡。1963 年属溪柄区王加公社，为王加大队。1975 年属松罗公社，称王加大队。1984 年废弃“政社合一”，为松罗乡王加村委会。今属松罗乡。

全村耕地面积 2200 亩，其中农地 840 亩、水田 1380 亩；山地面积 7731 亩。主要经济收入来源于葡萄、茶叶及务工，人均纯收入 18200 元。村有公共建筑物村委楼 1 座，占地面积 220 平方米，建筑面积 400 平方米。

◎大坪里

因村边有座大坪里山而名。位于松罗乡西部，距市区 53 公里，距松罗乡政府 10 公里。海拔 450 米。北邻王家村，南接赤溪和赛岐泰康，西与赛岐交界，东为赤溪溪。下辖大坪里、前洋 2 个自然村，共 4 个村民小组。2020 年，全村 142 户、528 人，其中畲族 234 人，占全村人口 44.31%，钟姓人口 105 人，占 19.89%。

大坪里村

乾隆二年（1737），福安坂中乡钟姓、雷姓移居于前洋村，随后赛岐镇苏阳刘姓移居大坪里，繁衍至今。钟姓主居前洋自然村。

原为福安县三十一都罗带境。清光绪十年（1884）属用儒乡仁风里二十七都。民国35年（1946）属狮峰乡松柳保。1950年属福安县第五区金溪乡。1963年属溪柄区王加公社，为王加大队。1975年属松罗公社王加大队。1984年废弃“政社合一”，析分为松罗乡大坪里村委会。今属松罗乡。

全村耕地面积700亩，其中农地340亩、水田360亩；山地面积2479亩，其中林地面积630亩。盛产茶叶、反季节蔬菜。人均纯收入17000元。村落建于山谷两侧，有土木结构房屋24座，钢混、砖木30座。村有公共建筑物村委楼1座，占地面积200平方米，建筑面积400平方米。

◎利岔

该村位于利溪村岭上的岔口处，故名。位于社口中部，距镇政府驻地西南2.2公里，海拔165米。北接岩下村， 南连林柄村，东临西溪，西至山脉与溪头分界，下辖南山、石壁坑、外弯、中弯、里弯、大冈、西洋、利岔、爬山坪、里洋头、三峰山 11 个自然村，10 个村民小组。2020 年，有 429 户、1535 人。钟姓主居南山、里洋头、外弯、中弯、大冈等自然村。村委会设在南山自然村。南山村因坐落位于山南面而名。海拔 100 米，距乡 2 公里。村庄依山而面向西溪，社口镇区尽收眼底。周边茶园环绕，桃花依稀，山水相映，景色秀丽。南山村畲族风情浓郁，畲族歌手辈出。其钟姓始祖于清康熙六年（1667）从浙江泰顺鳌阳田边迁入。

清光绪十年（1884）属福安乡平溪里九都。民国 31 年（1942）属坦洋乡利山保。1950 年属福安县第三区山湖乡，称利岔村。1958 年后，属前山管理区，称利岔大队。1961 年成立区公所，属前山小公社。1968 年体制合并由原来的利岔、桐塆、南山、三峰山合并为利岔大队。1984 年 9 月，废弃“政社合一”，社口公社改乡。为社口乡利岔村委会。1992 年 9 月，社口乡改镇，为社口镇利岔村委会。今属社口镇。

全村耕地面积 1897 亩，其中农地 339 亩、水田 1558 亩；山地面积

利岔村（社口）

3000 亩。是福安市现代毛竹产业园基地之一。主要经济收入有茶叶、水果、毛竹等，人均纯收入 19919 元。村落坐东向西，有土木结构房屋 16 座，钢混、砖木 15 座。村有公共建筑物：村委楼 1 座，占地面积 136 平方米， 建筑面积 400 平方米；小学 1 所，占地面积 300 平方米，建筑面积 600 平方米。

◎上山

因村位于山上而名。位于社口镇西部，白云山麓，海拔 460 米。北以下逢溪与坑里坑村分界，西与晓阳镇马洋村交连，东至下逢溪，南与牛山湾村相承。距镇区 5 公里。土地面积 5.24 平方千米。龙溪流经本村。村域有社口镇最高山峰赤岩山，海拔 989 米，龙溪沿河有大批野鸭、鸳鸯，西岸陡壁有着成群猕猴。下辖上山、鲤鱼背、天堂、山头、利溪、上湖后、下湖后、徐墩坂等 8 个自然村，10 个村民小组。2020 年，全村 237 户、854 人。钟姓主居徐墩坂、下湖后、山头、鲤鱼背等自然村。

上山村

清光绪十年（1884）属福安乡平溪里九都。民国 35 年（1946）属社口镇。1950 年属福安县第三区前山乡，称上山乡。1958 年后，属前山管理区，称上山大队。1961 年成立区公所，属前山小公社。1968 年体制合并由原来的上山、湖后、利溪、山后、牛山湾合并为上山大队。1980 年山后、牛山湾分出，各成立大队，上山、湖后、利溪为上山大队。1984 年 9 月，废弃“政社合一”，社口公社改乡，为社口乡上山村委会。1992 年 9 月，社口乡改镇，为社口镇上山村委会。现隶属福安市社口镇。

全村耕地面积 941 亩，其中农地 190 亩、水田 751 亩；山地面积 2000 亩。主要经济作物有茶叶 400 亩，林木 6487 亩，其中毛竹 2330 亩。人均纯收入 19759 元。村落坐东向西，有土木结构房屋 16 座，钢混、砖木 15 座。村有公共建筑物村委楼 1 座，占地面积 42 平方米，建筑面积 168 平方米。

◎牛山湾

地处白云山麓景区境内，海拔 335 米。清代，雷氏祖先迁居此地，因“日闲放牛，夜宿山湾”故名。距镇政府驻地西南 5.6 公里，距社口镇 15 公里，距福安城区 25 公里。北承上山村，西与穆云乡温岩村交界，东至下逢溪，南与穆云乡白岩溪交界。下辖牛山湾、北山、下坑仔、洋面、山后等 5 个自然村，7 个村民小组。钟姓主居牛山湾、北山、下坑仔、山后等自然村。全村人口 156 户，694 人，其中畲族人口 489 人，占村人口总数 71%。

清光绪十年（1884）属用儒乡钦德里十六都，民国 18 年（1929）属穆阳区后溪乡。民国 35 年属蓬山乡后牛保，1950 年属福安县第四区象牛乡。1963 年属社口区前山公社牛山弯大队。1968 年合并入上山大队。1980 年从上山大队析出复设牛山湾大队。1984 年 9 月，废弃“政社合一”，社口公社改乡，为社口乡牛山湾村委会。1992 年 9 月，社口乡改镇，为社口镇牛山湾村委会。现隶属福安市社口镇。

牛山湾村

全村耕地面积 1100 亩，山地面积 5100 亩，竹林地 1060 亩，茶园面积 1100 亩。主要产业以水稻种植、茶叶、蜂蜜、手工竹编为主，人均年收入达到 19984 多元，村集体收入 11.2 万元。村落坐东向西，群山环抱，林木苍翠。

村内有 20 世纪 60 年代中期妇女耕山队队长钟祖妃带领畲族群众历经五年时间开山凿壁修建的“红旗渠”。红旗渠 3.5 公里长，引白岩溪水以满足村民饮用和灌溉农田。成为牛山湾村的特色文化和景点。2013 年被福安市人民政府列为“福安市第五批市级文物保护单位”。1973 年，修建“引水式”小电站 1 座，装机容量 500 千瓦，年发电量约 150 万千瓦。村有公共建筑物：村委楼 1 座，占地面积 90 平方米，建筑面积 210 平方米。小学 1 所，占地面积 210 平方米，建筑面积 420 平方米。畲族文化广场 1 处，占地面积 2000 平方米。此外还依托群众民居建有特色村寨文化墙、钟祖妃故居纪念馆、“红旗渠”精神楷模馆、新时代文明实践展示馆等项目。2016 年，牛山湾村被国家民委列为“全国少数民族特色村寨”。

◎坑里坑

因该村地处山坑之中，故名。位于社口镇西北部，距镇政府驻地西 11 公里，海拔 366 米。社晓公路绕村西而过。北与寿宁县交界，西与晓阳镇岭下村交连，东邻坦洋村，南以下逢溪和上山村分界。下辖坑里坑、高楼湾、东坑、上园湾、石门头、林后、白叶洋、茶坪丘、清水湾、洋中坑、三十六坡、里溪头、岐壁头、外溪头、白虎岩、里龙山冈、外龙山冈、龙峰等 18 个自然村，4 个村民小组。2020 年，全村 162 户，628 人。为纯畲族村。钟姓主居里溪头、岐壁头、清水湾、白虎岩等自然村。

清光绪十年（1884）属福安乡平溪里九都。民国 18 年（1929）属西溪区坦洋乡。民国 37 年属社口镇坦洋上保。1950 年属福安县第三区社口乡，称坑里坑村。1958 年大公社后，属社口管理区。1961 年成立区公所，属坦洋小公社，称坑里坑大队。1968 年体制合并由原来的坑里坑、墙坪、溪头三个大队合并为坑里坑大队。1979 年墙坪分出，坑里坑与溪头仍为坑

坑里坑村

里坑大队。1984 年 9 月，废弃“政社合一”，社口公社改乡。为社口乡坑里坑村委会。1992 年 9 月，社口乡改镇，为社口镇坑里坑村委会。现隶属福安市社口镇。

全村耕地面积 941 亩，其中农地 190 亩、水田 751 亩；山地面积 2000 亩。主要经济收入有茶叶、水果、毛竹等，人均纯收入 19742 元。村落坐东向西，向下而望可看坦洋村全景。山峦跌宕，林森竹茂，视野广阔。有土木结构房屋 16 座，钢混 16 座、砖木 15 座。村有公共建筑物：村委楼 1 座，占地面积 84 平方米，建筑面积 168 平方米；小学 1 所，占地面积 105 平方米，建筑面积 210 平方米。社口镇林场位于坑里坑村西侧山上，创办于 1975 年，经营面积 2700 亩，场部建筑设施齐全。

◎山里

因该村位于群山里，故名。位于社口镇西南部，东和龟龄村接壤，西与潘洋村相邻，南和谢岭下交界，北与林柄村毗邻，海拔 300 米，总户数 234 户、人口 931 人，其中畲族人口 613 人，占总人口的 65.7%。下辖吴厝、后宅、潘厝、丹罗、新村、马尾兰、山腰、山枣园、里后、宅林岗、黄厝岔、马度、长坪等 13 个自然村。钟姓主居里后、山腰等自然村。里后位于主村西南 13 公里处；山腰村位于主村西南 7 公里处。

清光绪十年（1884）属福安乡平溪里九都。民国 35 年（1946）利山保。1950 年属福安县第三区后洋乡，称山里村。1958 年大公社后，属竹岭管理区，称山里大队。1961 年成立区公所，属竹岭小公所。1968 年由山里、谢岭下合并为山里大队。1978 年谢岭下分出另成立大队。1980 年分出成立林柄大队。1984 年 9 月，废弃“政社合一”，社口公社改乡，为社口乡山里村委会。1992 年 9 月，社口乡改镇，为社口镇山里村委会。现隶属福安市社口镇。

全村土地面积 4.14 平方千米，其中耕地面积 1003 亩（水田 949 亩，

山里村

农地 54 亩）、茶园 910 亩、水果 45 亩、用材林 3870 亩、毛竹 258 亩。主要经济收入为茶叶。2020 年，村人均纯收入 18708 元，集体收入 5.26 万元。村落坐西向东，沿山沿路而建，散落而下。公共建筑主要有：小学 1 所，建于 1992 年，占地面积 120 平方米，建筑面积 240 平方米；村委楼 1 座，建于 2000 年，建筑面积 360 平方米。

◎荣岭头

原名明岭头，后因重名，改为荣岭头，故名。位于社口镇北部，距镇政府驻地东北向 30 公里，离市区 20 公里，海拔 460 米。北与潭头镇后洋村交界，西与寿宁县接壤，东与潭头镇柘头村相邻，南与山里村相承。下辖岭头、彭家洋、上村、蕉坑里、燕岩头、东桂洋、岐岭等 7 个自然村，全村人口 990 人，其中畲族人口有 300 人。钟姓主居彭家洋、蕉坑里、燕岩头、东桂洋等自然村。

清光绪十年（1884）属福安乡平溪里。民国 37 年（1948）属棠溪乡

荣岭头村

柘荣保。1950 年属潭头区。1953 年划社口管理区，称岭头大队。1961 年成立区公所，属社口小公社。1968 年由岭头、上村、岐岭三个大队合并为岭头大队。1980 年地名普查改为荣岭头。1984 年废弃“政社合一”，改设荣岭头村委会。1992 年 9 月，社口乡改镇，为社口镇荣岭头村委会。现隶属福安市社口镇。

全村耕地面积 941 亩，其中农地 190 亩、水田 751 亩；山地面积 2000 亩，其中茶园面积 350 亩、林地面积 1100 亩，盛产毛竹、茶叶、桃、李。村内生产的绿茶远销省内外。2020 年，村民人均纯收入 19161 元。村落深藏于群山峻岭环抱之中，主要公共建筑有：小学 1 所，建于 1986 年，占地面积 120 平方米，建筑面积 240 平方米；村委楼 1 座，建于 2006 年，建筑面积 270 平方米。2013 年 7 月，村内大王宫被福安市政府授予文保单位。全村保存有古民居多座，尤以李家大院规模较大、保护较好。李家大院建于清嘉庆年间，至今已 200 余年，占地面积 2800 平方米，建筑面积 1900 平方米，由主大楼和左侧楼组成，大宅设三进大门。大院的诱人之处在于其演绎的官民居文化，具有一定的历史文化价值。2018 年 7 月，李家大院被福安市政府授予历史建筑名录。2019 年 6 月，荣岭头村被评为福建省最美乡村。2020 年 2 月，被评为福建省传统村落。

◎社口

村后山上多寺庙，称“寺口”，因方言谐音社口。为社口镇政府驻地。海拔 67 米。北与溪口村相邻，西临西溪，东与寿宁县交界，南与岩下村相接。下辖社口、冬瓜坪、四甫、回龙冈等 4 个自然村，共 10 个村民小组。村庄倚九龙山而坐落西溪两岸，东岸为社口主村，西岸为四甫自然村，沿溪种植多株古榕树，北部为小湿地，水岸景观迷人。村周山皆为茶园，山涧穿流成潭，茶园叠翠如云。钟姓主居冬瓜坪、竹工岔 2 个自然村。2020 年，全村 1102 户、3243 人。

清光绪十年（1884）属福安乡平溪里十都。民国 35 年（1946）属社口镇社口保。1950 年属福安县第三区社口乡。1963 年属社口区社口公社

冬瓜坪自然村（社口）

社口大队。1975 年属社口公社社口大队。1984 年 9 月，废弃“政社合一”，社口公社改乡。为社口乡社口村委会。1992 年 9 月，社口乡改镇，为社口镇社口村委会。现隶属福安市社口镇。

全村耕地面积 925.29 亩，林地面积 5544.2 亩，茶园 4859.55 亩、年产干茶 728.85 吨、产值 4985 万元，主导产业是茶叶，形成茶业种植、加工、销售的“一村一品”。其他产业有毛竹 160 亩，产值 24 万元。人均纯收入 19636 元。村落坐东向西，公共建筑主要有：会场 1 座，占地面积 896 平方米，建筑面积 1200 平方米；小学 1 所，建于 1987 年，占地面积 4667 平方米，建筑面积 4218 平方米；村委楼 1 座，由原社口工商所改建，建筑面积 440 平方米；中学 1 所，建于 1969 年，占地面积 12595 平方米，建筑面积 6307 平方米。还驻有福建省茶科所、福安市坦洋茶厂。

◎南山头

南山头村原名大厝下、田洋中。因该村落位于山南边，新中国成立后更名为南山头。距市区 28 公里，镇区 7 公里，东至柘荣黄柏交界，西南至潭头南岩、西洋境、北与财洪相连，村庄呈长方形分布。下辖月斗、虎首岔、岗良 3 个自然村。在清朝年间，蓝氏从广东，钟氏从浙江，先后前往南山头村所在地的大山沟里搭草棚、建山楼，并在此扎根开荒，挖田、种地、繁衍子孙后代。清朝末年，蓝氏兄弟们开始走出山沟，在大山腰的开阔地带建起一座占地面积 300 多平方米的土木结构大屋，就此定居于该村，并称为“大厝下”。钟氏兄弟则搬迁至大厝下不远处修建房屋，又称“田洋中”。其后，蓝氏兄弟们因人丁发达、兄弟分家，遂将旧大屋改建成多栋小屋，因房屋周边都是石竹林，便将村名改称为“石竹垅”。新中国成立后，石竹垅、田洋中所在村被命名为“南山头”。2020 年，全村人口 505 人，其中畲族 393 人、占全村人口的 78%，少数民族以兰、雷、钟三姓氏为主。村庄呈长方形分布。

南山头村（上白石）

清光绪十年（1884）属福安乡界西里七都。民国 18 年（1929）属东溪区上白石乡。民国 35 年属白石乡建洪保。1950 年初属二区建洪乡。1956 年办高级农业社。1958 年属建洪联社。1959 年成立南山头大队。1963 年属上白石区财洪公社。1975 年属上白石公社南山头大队。1984 年废弃“政社合一”，为上白石乡南山头村委会。1989 年上白石乡改镇，为上白石镇南山头村委会。现属上白石镇。

全村耕地面积 553 亩，林地面积 2000 多亩，毛竹面积 110 亩。大部分村民以种植水稻为主，茶叶、太子参为辅。2020 年人均纯收入 21600 元。

村下小溪间有独特的石景，如石门槛、石舂臼、石牛、石猪、石棺材等。传说石牛、石猪夜里出行到江西一带吃麦苗、稻禾等农作物，粪便拉在本村旁东坑的地方，引得他乡财运到本村。后被江南一带人发现，跟踪行迹到本地，并带上工具将“石牛”和“石猪”斩断。据说，原东坑地方居住有一家季氏地主，本来财运旺盛，生意兴隆四海。自从石牛、石猪被“斩”，风水被破，渐渐人财不旺，生意一败涂地。现该地还遗留有所谓石牛的脚印和季姓人氏的宅基地。

◎潭头

潭头村位于潭头镇区中部偏南，系潭头镇政府所在地，东临潭头电站库区，潭头镇主干道潭太公路穿村而过。海拔 60—300 米。北接渔溪洋村，南承富罗坂村，东临长溪，西与高岩村交连。下辖潭头、车岭、彭洋、凡山冈、后柘、吴厝、后岐、坑元上街等 8 个自然村，共 14 个村民小组。钟姓主居后柘、车岭等自然村。2022 年，全村 658 户、2390 人。

清光绪十年（1884）属福安乡界西里六都。民国 18 年（1929）属东溪区上潭头乡。民国 37 年属棠溪乡潭夏保。1950 年属福安县第九区潭厦乡。1963 年为潭头区潭头公社潭头大队。1975 年为潭头公社潭头大队。1984 年，废弃“政社合一”，为潭头乡潭头村委会。1992 年潭头乡改镇，现隶属福安市潭头镇。

潭头电站形成的人工湖，水域面积达 40 万平方米，水光山色，蓼花汀草，景色如画。全村现有耕地面积 900 多亩，其中农地 171 亩、水田 542 亩；种植茶叶 1000 多亩；果园 1000 多亩。村民收入主要以种植水果、外出打工、经商为主，人均纯收入 21000 元。村落坐东向西，公共建筑主要有：小学 1 所，建于 1937 年，占地面积 18491 平方米，建筑面积 9689 平方米；村委楼 1 座，建于 2002 年，建筑面积 300 平方米，2020 年因建设潭头大桥被拆，现租用一栋楼用于办公。

2010 年获福安市文明村称号。2021 年 6 月，被授予福建省第四批省级传统村落名称。

◎鹅山

因村坐落于鹅山，故以山名作村名。位于潭头镇西部，距镇政府驻地约 13 公里，距福安市城区约 29 公里，海拔 300 米。东至琵琶洋，西至后洋，南至垄头，北至槟树岗，下辖鹅山、竹园、敢岭、槟树岗、垅头等 5 个自然村，共 5 个村民小组。全村人口 220 户，875 人，现有常住人口 200 多人。系畲族人口聚居村，福安市老区基点村。主要姓氏有雷、钟、蓝、吴。钟姓主居竹园、敢岭等自然村。

清光绪十年（1884）属福安乡界西里六都。民国 31 年（1942）属泰逢乡后洋保。1950 年属福安县第九区棠溪乡。1963 年属潭头区棠溪公社敢岭大队。1975 年合入潭头公社柘头大队。1984 年废弃“政社合一”，为潭头乡柘头村委会。1992 年潭头乡改镇，析分鹅山村委会。现隶属福安市潭头镇。

全村现有林地约 1900 亩，耕地约 458 亩，其中茶叶种植面积 1000 多亩，果树 100 多亩。主要产业为李子、茶叶、水稻等种植业，主要经济收入有茶叶、水果、养殖业和外出务工经商。2020 年人均年收入 16700 元，

鹅山村

村集体经济收入 6 万元。村落坐东向西，公共建筑主要有村委楼 1 座，建于 2009 年，建筑面积 232 平方米。

“竹园钟氏大厝”是坐落于鹅山村的钟氏名楼，建于清道光元年（1821），至今已有 200 多年的历史。该厝面宽 46 米，进深 38 米，占地面积 2186 平方米。大厝正厅高大，中庭壁、神龛、窗棣等镂空雕或浮雕装饰精致。抬梁、穿斗式悬山顶双层木结构，天井有石雕装饰，大厅、台阶、墙体用“三合土”筑成，围墙为空斗砖墙（俗称“火墙包栋”）。此厝在清道光年间出过文武二秀才，文化遗存丰富，如今存有丝质寿序 2 幅、漆金木雕屏风 8 幅、木质楹联 2 对，还有秀才练武时留下的石锁以及族谱等文物。“竹园钟氏大厝”是当地畲族世俗和宗教建筑及艺术的杰出代表。

◎渔溪洋

位于潭头镇腹地，距政府驻地北向 2.2 公里，海拔 80—600 米。北为棠溪村，东为建柄村，西与泥洋村相邻，南与潭头相接，渔溪洋村地处四面环山的一个盆状地形中央，有着方圆百亩多的“平原地带”，东、北面各有一座山峰对峙屹立，武陵溪流域从北往西南方向绕过，形似游鱼，因此得名。下辖上渔溪洋、下渔溪洋、大坑、小坑、深度等 5 个自然村，全村 536 户、1857 人（其中畲族人口占 33%），共 18 个村民小组。钟姓主居小坑、深度等自然村。

清光绪十年（1884）属福安乡界西里六都。民国 35 年（1946）属社口镇溪岩保。1950 年属福安县第九区。1958 年成立渔溪洋大队。20 世纪 60 年代分成上洋、下洋、大坑三个大队。1984 年废弃“政社合一”，为潭头乡渔溪洋村委会。1992 年潭头乡改镇，为潭头镇渔溪洋村委会。现隶属福安市潭头镇。

北宋神宗年间起，就有陈、赵、黄、林、钟、雷、蓝等多个姓氏先后结庐渔溪洋，至今将近千年。村庄留下 5 栋百年以上的青砖青瓦四合院古

渔溪洋村

民居和一口古井，3 棵几百年的大榕树，渔溪洋人一直秉承着祖祖辈辈传下的“鼓瑟鼓琴，笙磬同音”“和气致祥，讲信修睦”的优良传统，村户团结，邻里和睦，互帮互助。耕地面积 713 亩，其中农地 171 亩、水田 542 亩，种植有金牡丹茶叶、芙蓉李、萘、橙、柑、橘、葡萄、石榴、百香果、猕猴桃、台湾桑葚等几百亩水果，形成了“山脚稻浪、山腰茶果、山顶戴帽”的观光农业综合开发格局。2020 年，村民人均纯收入 2 万元。村落坐东向西，主要公共建筑物有：村委楼 1 座，占地面积 230 平方米，建筑面积 690 平方米；小学 1 所，占地面积 320 平方米，建筑面积 960 平方米，现已不再招生；健身场 1 处，占地面积 530 平方米。该村先后被评为省级“小康明星村”“科技示范村”“美丽乡村示范村”，以及福安市“百名优胜村”“水土保持示范村”“乡村振兴实绩突出村”。

◎山头庄

又名“上下垄”。位于甘棠镇西北部，距镇政府驻地西 13 公里，海拔

山头庄村

430米。东与小岭村交接，西邻可洋、铜坑里，北与溪潭镇交界，南临何厝村。山头庄风光秀丽，《山头庄钟氏族谱》载诗：“翠竹苍松景最幽，人生乐此更何求。”村中保存较好的自然景观有五百年历史的枫树，祖山狮子岩，鸡冠顶和玉笋凌云等。下辖山头庄、前坪、北山、西半岭、过冈等5个自然村，4个村小组。钟姓主居山头庄自然村。2020年全村98户、468人。

清光绪十年（1884）属秦溪乡沿江里二十八都。民国35年（1946）属三塘镇倪洋保。1950年属福安县第六区倪洋乡。1963年属甘棠区山岭公社，山头庄大队。1975年属甘棠公社，称山头庄大队。1984年废弃“政社合一”，改设山头庄村委会。今属甘棠镇。

全村耕地面积480亩，果树面积180亩，茶园260亩，林地面积2369多亩。2020年，村民人均纯收入10700元。山头庄旧村坐落湾垅，房屋梯阶叠建，多为土木结构。因湾垅地势窄小，1998年择址毗邻平岗头建设新村，被列为福安市人民政府造福工程统一规划建设。新村建有混砖结构民房60余座。1988年开始供电，1998年通程控电话。2000年完成水、电、路、网络、电视、健身场所等各项生活配套设施并集体搬迁。村有公共建筑物：村委楼 1 座，占地面积 80 平方米，建筑面积 200 平方米；小学 1 所，占地面积 140 平方米，建筑面积 90 平方米；健身场 1 处，占地面积 500 平方米。

◎过洋

又名“过洋里”，相传又曾名“郭洋”，因清代有一位郭姓的举人出自此地。位于甘棠镇西南部，距镇区 4 公里，海拔 70 米，四面环山。下辖过洋、石壁头、笊篱壑、猴池、岔栋、野马壑等 6 个自然村，10 个村民小组。总人口 1074 人，其中畲族人口 800 多人，是典型的少数民族村。在交通不发达的年代，过洋是周边村落通往宁德的必经之路，一度商贾云集，经济繁荣。北为垅头山，南为坝头山，东与岭尾村交界，西为岔门。钟姓主居水龟山岭尾自然村，雷姓主居石壁头自然村，蓝姓主居爪篱壑自然村。

过洋村

清光绪十年（1884）属秦溪乡沿江里二十八都。民国35年（1946）属三塘镇鹳里保。1950年属福安县第六区。1963年为甘棠区岭尾公社过洋大队。1975年为甘棠公社过洋大队。1984年废弃“政社合一”，为甘棠镇过洋村委会。今属甘棠镇。

全村耕地面积826亩，其中农地286亩、水田540亩；山地面积45200亩。1986年，村里在当地民宗部门的帮助下，每亩投资2000多元，种了30多亩葡萄，成为宁德地区第一个引植巨峰葡萄品种的畲族村。全村种植葡萄面积达60多亩，葡萄种植户达80多户。种植茶苗是过洋村的传统和优势产业，有茶苗基地100多亩，种植有黄金芽、安吉玫瑰、金观音、金牡丹等品种，远销广西、云南、贵州等地。2017年，农民人均可支配收入达17658元。公共建筑主要有：小学1所，建于1990年，占地面积1000平方米，建筑面积150平方米；村委楼1座，建于2010年，建筑面积120平方米。1990年，过洋村被国家民委授予“全国少数民族团结先进村”称号。

◎小岭

位于甘棠镇西北部，距镇政府驻地13公里，海拔350米。东与赛岐开发区林洋村交界，西与山头庄村相接，南与何厝村相连，北与溪潭镇西隐村接壤，辖土地面积0.5平方千米。下辖小岭1个自然村，共4个村民小组。2020年，全村115户、463人。

清光绪十年（1884）属秦溪乡沿江里二十八都。民国35年（1946）属福安县潘溪乡西隐保。1950年属八区（溪潭）可而村。1955年划归甘棠可而村。1956年成立山岭乡高级社。1961年组建小岭大队。1984年废弃“政社合一”，为甘棠镇小岭村委会。现隶属福安市甘棠镇。

全村耕地面积411亩，其中农地100亩、水田311亩；林地面积1100亩，森林覆盖率达36.91%。主要经济收入有茶叶，2020年村民人均纯收入

小岭村（甘棠）

15000 元。原村落建于山谷之内，后造福工程搬迁至老村南侧山坡地上。公共建筑主要有：1956 年建有一座二层土木结构小学楼，1998 年新建一座 80 平方米钢筋水泥结构小学楼，现已停办，占地面积 230 平方米，建筑面积 220 平方米；村委楼 1 座，建于 2014 年，建筑面积 120 平方米。村后石笋山建有石笋寺。村右则是小岭公园，公园有八角亭、山羊石雕、乱石群、野树林等，曲径林幽，野趣撩人。为老区基点村。

◎何厝

因何氏始居此地而名。位于镇政府驻地西北 8 公里，距市区 38 公里，海拔 130 米。北与小岭村相承，西与吴洋村相邻，东与山下村接壤，南与厝坪村相交，山脉高耸两侧，溪涧穿流山下，山水交映，雄奇秀美。下辖何厝、对面楼、刘洋、油西坑（移到铜坑里）、藟村、大坪（无人无房）、后别（无人无房）等 7 个自然村，共 9 个村民小组。钟姓主居对面楼等自

何厝村

然村。2020 年，全村 186 户、710 人，其中钟姓人口 165 人。

清光绪十年（1884）属秦溪乡沿江里二十八都。民国 35 年（1946）属三塘镇倪洋保。1950 年属福安县第六区倪洋乡。1963 年为甘棠区山岭公社何厝大队。1975 年为甘棠公社何厝大队。1984 年废弃“政社合一”，改为甘棠镇何厝村委会。现隶属福安市甘棠镇。

全村耕地面积 740 亩，其中农地 110 亩、水田 630 亩；山地面积 500 亩。人均纯收入 19890 元。村内主要公共建筑有：小学 1 所，建于 1995 年，占地面积 150 平方米，建筑面积 160 平方米；村委楼 1 座，建于 1996 年，建筑面积 140 平方米。村辖区域有何厝水库 1 座，总库容 108 万立方米，坝高 26 米，是福安第一座双曲拱坝水库。

◎湄洋

又称“楣洋”“眉洋”。位于镇政府驻地西南 10 公里湄洋岭处，海拔

200 米。北与观里村相接，西与蕉城区交界，东与过洋村相邻，南与大车村隔岭相分。村庄三面环山，区域内群山连绵，风光旖旎，104 国道和沈海高速复线贯穿其境。下辖前溪、 坑边冈后、长门山、王家山、清水壑等 6 个自然村，共 13 个村民小组。钟姓主居清水壑自然村。位于主村东南向山间。甬莞高速冈顶山隧道北出口西侧。2022 年全村 376 户、1465 人。

清光绪十年（1884）属秦溪乡沿江里二十八都。民国 18 年（1929）属甘棠区鹳里乡。民国 35 年属三塘镇眉洋保。1950 年属福安县第六区。1975 年为甘棠公社楣洋大队。1984 年，废弃“政社合一”，改为甘棠镇眉洋村委会。现改称甘棠镇湄洋村委会，属甘棠镇。

全村耕地面积 860 多亩、林地面积 5600 亩、果林面积 660 亩、茶园面积 500 亩，森林覆盖率达 57.2%，是全镇出名的茶、果、林农业专业村。主要经济收入有林竹、茶叶、水果等。人均纯收入 21000 元 。村内主要公共建筑有小学 1 所，建于 1996 年，占地面积 650 平方米，建筑面积 600

清水壑自然村（甘棠）

平方米，现改为村委楼。

◎坑门里

又名“坑源里”。相传村前坑门有块巨石，每至夜晚巨石自动将坑门关闭，而村落安然藏匿于坑门内，因此称为“坑门里”。民国时期有诗载：“山川原气本相同，棋布星罗开窍通。众水会流经出口，坑源庐处永财丰。”位于福安经济开发区南部，距罗江街道办事处南 1.2 公里，海拔 80 米。东与北山村交接，西邻小岭，北与溪潭镇交界，南临倪下。下辖坑门里、沙坑、八斗、林洋半岭、荷杏、牛楼、岔门头、林洋、桥仔头、庵坪等 10 个自然村，10 个村小组。钟姓主居坑门里、林洋等自然村。2020 年，全村户数 238 户、人口 1103 人。

坑门里村原称福安县上二十九都仙源境。清光绪十年（1884）属秦溪乡沿江里二十九都。民国 18 年（1929）属甘棠区大留乡。民国 35 年属三塘镇大留保。1950 年属福安县第六区双留乡。1963 年为甘棠区双江公社

坑门里村

坑门里大队。1975 年为甘棠公社坑门里大队。1984 年废弃“政社合一”，为甘棠镇坑门里村委会。2012 年设立罗江街道办事处，归属罗江街道办事处。

全村耕地面积855亩，其中农地200亩、水田655亩；山地面积2000亩。主要经济收入有林竹、茶叶、水果等。2020 年人均纯收入 22000 元。村集体经济收入 15 万元。村落建于纱山山谷两侧，沿山涧而下。现村内留有古民居 6 座、钟氏宗祠 1 座、彭郑师公宫 1 座、土地主祠 1 座、古刹玉池禅寺 1 座。公共建筑主要有：小学 1 所，建于 20 世纪 70 年代，占地面积 320 平方米，建筑面积 120 平方米；村委楼 1 座，建筑面积 110 平方米。相传坑门里有八景，分别为：“弥勒坐堂”“悬钟挂壁”“纱帽献瑞”“石印呈祥”“双鲤朝天”“三仙放葫芦”“蛤蟆饮水”“罗星把口”。

◎下赤

因该村后山冈上有一小山丘称上赤，村居其下，故名，又名“下赫”“安塔”。位于下白石镇西部，距镇政府驻地西南 20 公里，海拔 250 米。东至青山鼻，西与宁德八都镇交界，南至卢门港，北至岗头山。全村面积 7.2 平方千米，下辖下赤、尼姑坪、牛山、关厝、红夏等 5 个自然村，5 个村民小组。雷姓在清朝从宁德猴盾迁入此地居住，村内留有民居建筑 40 多座，村中雷氏祠堂完好。钟姓主居红夏自然村。康熙年间由福建罗源县大坪迁入福安三十三都洪夏境，清朝红夏村出了 3 个八品官，有相关记载可证。钟氏现有民居建筑 30 多座。2020 年，全村 180 户、765 人。

原为福安县三十三都安峰境。清光绪十年（1884）属秦溪乡秦溪里三十三都。民国 35 年（1946）属黄岐乡大洋保。1950 年属福安县第七区。1984 年改为下赤村委会，今属下白石镇。

村域境内以山地为主，呈多山地多丘陵的层次结构明显的地貌，耕地面积 1170 亩，其中水田 580 亩、旱地 590 亩。林地面积 4800 多亩。主要

下赤村

有杉木、香樟、毛竹等经济林。经济发展以第一产业为主，主要种植茶叶、橘子、龙眼、桃、毛竹及养殖家禽等。2020 年，全村人均纯收入 21499 元。村落建于山谷两侧，有土木结构房屋 50 座，钢混、砖木结构 92 座，有个体商店 1 家。村内主要公共建筑有村委楼 1 座，建于 2010 年，建筑面积 96 平方米。2018 年建设休闲公园一个，面积 820 平方米。

◎章沃

又名“樟澳”。因村前有一停船的地方，村中又有一樟树，后因谐音衍为“章沃”，故名。位于福安市下白石镇区南部，距离镇政府所在地 10.3 公里。村落坐西朝东，西高东低，依山面向白马港而建，东面为长溪的入海口。东为白马港，北与远杞村相接，南与北斗都村、秦坎村相连，西与东岐村交界。村委会下辖章沃、双贵山等自然村，钟姓主居双贵山村。全村 177 户、912 人，共 8 个村民小组。

双贵山自然村

清光绪十年（1884）属秦溪乡秦溪里三十四都。民国35年（1946）属黄岐乡樟栏保。1950年属福安县第七区樟栏乡。1963年属下白石区樟栏公社章沃大队。1975年属下白石公社章沃大队。1984年改制为下白石镇章沃村委会。1982年，一普材料中该地名为樟澳，2013年改为章沃。今属下白石镇。

全村耕地面积330亩，主要种植水稻、甘薯、花生等农作物。山地5860亩，其中林地4443亩，种植有松木、杉木、香樟、毛竹等生态林。水面面积900亩。村民主要以浅海滩涂养殖和农业生产收入为主，2020年人均纯收入22580元。村内主要公共建筑有：村委楼1座，建于2008年，建筑面积180平方米；幸福院1座，建于2015年，建筑面积185平方米。村后约3公里建有双贵山后山森林公园，占地面积6平方千米，物种丰富，古树繁多，山石怪异，有“唐僧脸谱石”“猪头石”“金钟石”等，公园建造有观景亭和石径步道。2017年被列为省级美丽乡村建设试点村。

◎通湾洋

又名“汤湾洋”，相传该村原居汤氏，故有旧名。通湾洋村位于福安市下白石镇西部，东临白马港，南至三都澳。海拔50—300米。距镇区2.5公里，下辖通湾洋、双岩、南门、田洋、槟树湾、拱桥头、后院、角里8个自然村。全村人口817人，共7个村民小组。其中畲民506人，占全村人口的62%。钟姓主居通湾洋自然村。

清康熙年间，蓝姓从宁德八都栋兰迁入。清乾隆年间，钟姓从宁德九都柴坑迁入定居。清末，雷姓从福安市松罗乡茶洋村迁移到本村。

原称福安市三十四都牛坪境。清光绪十年（1884）属秦溪乡秦溪里三十四都。民国31年（1942）属黄岐乡双碧保。1950年属福安县第七区双碧乡称通湾洋村。1959年改乡属下白石公社通湾洋大队。1980年与亨里分队定为通湾洋大队。1984年改名通湾洋村委会。今属下白石镇。

全村耕地面积350亩，山地5462亩，林地570亩。2020年人均收入

通湾洋村

18500 元。电、路、通讯等基础设施基本完善。村内主要公共建筑物有：村委楼 1 座，占地面积 60 平方米，建筑面积 120 平方米；健身场 1 处，占地面积 600 平方米。

通湾洋村有着较为悠久的历史文化传统，明、清年间官道依村而过。该村现有妈祖庙、双岩禅寺、古官道、畲族传统民居等。古老的双岩禅林寺坐落于离村 1 公里处，建于宋朝年间，有王十朋的题诗：“崎岖九领步双岩，遥望闽山未见山。只闻禅钟存院处，翠眉精锁郁精兰。”通湾洋村山地面积广，主要产业有百香果、葡萄、茶叶、淡水鱼养殖等。形成了几个包括华姿家庭农场、渔丰垂钓基地、国成畲药园、老吴百合园等较有规模的产业园。

◎亨里

又名“何翁里”“何亨里”，因方言谐音故名。先前曾有何、翁、李姓家族在此定居，故历史上又称“何翁李”。海拔 70 米。位于下白石镇南部，

亨里村

距镇政府驻地南约 3 公里。东临白马河，南与白招村毗邻，北接下白石村，石甫公路从村前贯穿而过。全村面积 2.1 平方千米。下辖沙塘里、山田、亨里、坑里垄、村冈后、后岐、龙港等 7 个自然村，共 7 个村民小组。全村 178 户，总人口 758 人，其中钟姓人口 116 人，是纯畲族村。钟姓主居沙塘里自然村。

清光绪十年（1884）属秦溪乡秦溪里三十三都。民国 31 年（1942）属黄岐乡。1950 年属福安县第七区双碧乡。1963 年属下白石区黄岐公社亨思大队。1968 年从通湾洋大队划出，成立亨里大队。1984 年改为亨里村委会。今属下白石镇。距镇区约 2.5 公里，全村耕地面积 398 亩，其中水田面积 171 亩，农地面积 227 亩；山地面积 800 亩，林地面积 600 亩，池塘养殖面积 200 亩，人均耕地 0.65 亩。主要经济收入为种植龙眼，养殖跳鱼、海蚯蚓等。2020 年人均纯收入 22735 元。有土木结构房屋 30 座，钢混、砖木 150 座，有个体商店 2 家。主要公共建筑物有：村委楼 1 座，占地面积 158 平方米，建筑面积 660 平方米；避灾点 1 处，140 平方米；幸福院 1 个，160 平方米；篮球场 1 个，占地面积 300 平方米；公共厕所 1 座，占地面积 30 平方米；畲歌台 1 座，占地面积 108 平方米。

亨里旧村村前有一棵树龄 800 多年的古榕，古榕树根延伸又长出一棵小榕，村民称之为“母子榕”，该榕树是最先前来亨里定居的何姓族人作为镇村的“风水树”而栽下的。这棵古榕成为亨里村一道独特的亮丽风景。依山伴海的独特地理环境、畲村浓郁风情文化和美丽乡村的建设，使亨里村展现出特有的魅力。2021 年，被评为第四批全国少数民族特色村寨。

◎湖头

因该村位于湖头山脚下，故名。古名“陈家窝”，为陈姓人居住村。位于下白石镇东南沿海，距镇政府南 7 公里，海拔 68 米。北接塘楼村，东临白马港，西邻坑门，南交外宅、远杞。下辖湖头村，松树下，陈家埔，半山楼，坑里兰等 5 个自然村，共 12 个村民小组。钟姓主居湖头村自然村。

湖头村

全村 320 户 1225 人，其中钟姓人口 110 人。

清光绪十年（1884）属秦溪乡秦溪里三十四都。民国 31 年（1942）属黄岐乡。1950 年属福安县第七区湖塘乡。1963 年属下白石区湖塘公社湖头大队。1975 年属下白石公社湖塘大队。1984 年改制分出设湖头村委会。今属下白石镇。

全村耕地面积 620 亩，其中农地 305 亩、水田 315 亩；山地面积 1560 亩，其中林地面积 500 亩。主要经济收入有种植林竹、茶叶、水果及养殖禽畜、养殖海蛏等。晚熟龙眼是该村一大特色产业。面积 300 亩，年产量 25 吨。农业种植合作社 2 家；养殖业企业 1 家，主要养殖蛋鸡，年产值 70 万元。2020 年，人均纯收入 22092 元。村落建于山谷两侧，村内主要公共建筑有：小学 1 所，建于 1993 年，占地面积 280 平方米；村委楼 1 座，建于 2000 年，建筑面积 420 平方米。

◎梅洋

又名“梅阳”。地处福安市南端沿海半岛，位于湾坞镇东南部，距福宁高速公路湾坞互通口仅 2 公里。距镇政府驻地东 5 公里，海拔 120 米。东与溪尾镇交界，西接湾坞村，南连宝岭村，北邻坑源村，湾溪公路穿村而过。下辖梅洋、后湖、前房、上天池、下天池、墓亭、何厝里 7 个自然村，12 个村民小组。钟姓主居上天池、下天池、何厝里、墓亭等自然村。2020 年，全村 278 户、1023 人，其中钟姓人口 215 人。

清光绪十年（1884）属秦溪乡秦东里三十五都。民国 35 年（1946）属山溪乡下邳堡。1950 年属福安县第十区下邳乡。1963 年属湾坞区下邳公社梅洋大队。1975 年属湾坞公社梅洋大队。1984 年设立梅洋村委会，属湾坞乡。2010 年 5 月 22 日，湾坞乡改建制，设立湾坞镇。今属湾坞镇。

全村耕地面积 750 亩，其中农业用地 750 亩、水田面积 270 亩、林地

梅洋村

面积 4811 亩。2020 年，村民人均纯收入 16520 元。村落建于公路两侧，有土木结构房屋 43 座，钢混 195 座、砖木 7 座。村有公共建筑物：村委楼 1 座，占地面积 170 平方米，建筑面积 530 平方米；篮球场 1 个，占地面积 300 平方米。随着福安市湾坞工贸集中区的发展，梅洋工业园区成为不锈钢深加工发展的重要园地。市重点企业合青设备、宏泰不锈钢无缝钢管、大永固砼固有限公司及建福水泥厂、五万吨粮食储备库等企业相继落户梅洋工业园区。

◎池头

相传畲家初迁定址时，村前有个水池，故名。位于湾坞镇北部与赛岐交界地，距镇政府驻地 15 公里。村落坐北向南，海拔 516 米，东至清水坪村与溪尾利洋交界，西至鬼洞岩山与赛岐镇厝坪村交界，北至后门岗山与松罗乡杜安村交界，南至坎下村与福岭村交界。下辖池头、清水坪、坝下、

池头村

上楼坪、坑里垅、坑头洋、鸡母孵、岔门头等8个自然村，10个村民小组。池头村民于乾隆年间迁居于此。钟姓主居池头、衙门头、清水坪自然村。2020年，全村174户，600人，其中畲族人口460人，占全村人口的76.7%，钟姓人口120人，占20%。

清光绪十年（1884）属秦溪乡秦东里三十五都。民国31年（1942）属湾坞乡莲山保。1950年属福安县第十区炉山乡。1960年成立池头生产大队。1966年7月属湾坞公社福岭生产大队。1979年设池头生产大队。1984年改成池头村委会，属湾坞乡。2010年5月22日，湾坞乡改建制设立湾坞镇。今属湾坞镇。

全村耕地面积820亩，其中农地500亩、水田320亩；林地面积4000亩，森林覆盖率达85%以上。主要经济收入有林竹、茶叶、水果、药材和外出务工经商等。特色产业是畲药种植。人均纯收入18500元。村内主要公共建筑有：小学1所，建于1975年，占地面积300平方米，建筑面积100平方米；村委楼1座，建于2010年，建筑面积200平方米；幸福院1座，建于2020年，建筑面积200平方米。

◎福岭

位于湾坞镇北部边远山区，坐落于炉山和半岭两水库上游，海拔280米，距乡政府20公里。北与池头、赛岐镇泰康交界，东与溪尾镇众坑村、利洋村相邻，南向炉山水库，东与白莲村接壤。村委会下辖上半岭、福田边、长贝头、垅头、春木头、丁加山、下西山7个自然村。2020年，全村147户、525人，其中畲族人口352人，占全村人口的67%，钟姓人口113人。

清光绪十年（1884）属秦溪乡秦东里三十五都。民国37年（1948）属山溪乡炉山保。1950年属福安县第十区炉山乡。1963年属湾坞区半岭公社福岭大队。1975年属湾坞公社福岭大队。1984年，“政社合一”改设村委会，为湾坞乡福岭村委会。2010年5月22日，湾坞乡改建制设立

福岭村

湾坞镇。今属湾坞镇。

全村耕地面积 360 亩，山地 2865 亩，森林覆盖率达 97%，主要产业以中药材、水果等为主。2020 年，村民人均纯收入 17000 元。村内主要公共建筑有村委楼 1 座，建于 2010 年，占地面积 32 平方米，建筑面积 142 平方米。

◎坎下

因进该村的山路弯弯曲曲，似门槛一般，取其谐音，故名。又名“坎山”，原名“龚家崎”，为汉族龚姓村庄。位于溪尾镇中部，距镇政府驻地东北 2 公里，海拔 65 米。北接林洋村，南交溪尾村，东邻坂中村，西以山脉和湾坞乡交界，村辖面积 7.34 平方千米。绣溪傍村而过。下辖坎下、溪兜、西坑、上有香炉冈、碓洋头、上洋头、云林、松树冈、岔门头、冬瓜山、马山、下香炉冈、亭下、外坎下、坎下（片村）等 15 个自然村，共 10 个村民小组。

坎下村

2020 年，全村 190 户、814 人，村内畲民姓氏有雷、钟、蓝、吴等，其中钟姓人口 233 人。钟姓主居马山、碓洋头等自然村。

清光绪十年（1884）属秦溪乡秦东里三十六都。民国 35 年（1946）属山溪乡溪尾保。1950 年属福安县第十区溪尾乡。1963 年属湾坞区溪尾公社坎下大队。1975 年属溪尾公社并入溪尾大队。1984 年“政社合一”，析分设立溪尾乡坎下村委会。1992 年 6 月 4 日，溪尾乡改镇，为溪尾镇坎下村委会。今属溪尾镇。

全村有耕地 400 亩，林地 6321 亩，村域经济发展以第一产业为主，主要种植茶叶、毛竹、油茶和养殖家禽等。2021 年人均收入 22158 元，村财收入 20.17 万元。主要公共建筑物有：村委楼 1 座，2015 年修建，占地面积 200 平方米，建筑面积 400 平方米；避灾点 1 处，40 平方米；幸福院 1 个，40 平方米；“畲之厝”广场 1 个，1200 平方米；篮球场 1 个，占地面积 300 平方米；闽东畲族服饰展示馆 1 座，占地面积 400 平方米；

公共厕所 1 座，占地面积 100 平方米；畲歌台 1 座，占地面积 100 平方米。

坎下先后荣获全国乡村旅游扶贫重点村，第三批全国少数民族特色村寨，福建省美丽乡村、水土保持生态村、宁德市党建示范点、扶贫示范村等荣誉称号。坎下村山清水秀、景色宜人，村内的溪尾镇弘林敬老院，被授予全国农村五保供养先进单位、福建省农村二星级敬老院（全省仅三所）。

◎石合（沃里）

因建村初期，村落周围石山居多，故名。位于溪尾镇北部高山区，距镇政府驻地北 5 公里，海拔 318.5 米。东以赤溪与松罗乡古厝、茶洋分界，西与林洋接壤，南与坂中村毗邻，北以赤溪与松罗乡王棣村分水。下辖石合、沃里、兰里、山顶、犁路头、塔头冈、里茶洋、大林、楼冈、清水垅、外茶洋等 11 个自然村，全村共有 323 户 1078 人，其中钟姓人口 150 人。钟姓主居沃里自然村。

石合（沃里）村

清光绪十年（1884）属秦溪乡秦东里三十六都。民国35年（1946）属山溪乡林洋保。1950年属福安县第十区林洋乡。1963年属湾坞区利洋公社，为沃里大队。1975年属溪尾公社，为石合大队。1984年“政社合一”设立村委会，为溪尾乡石合村委会。1992年6月4日，溪尾乡改镇，为溪尾镇石合村委会。今属溪尾镇。

全村耕地面积626亩，其中农地236亩、水田390亩；山地面积8370亩。主要经济收入来源于种植业，如毛竹、花生、芙蓉李、柚子、枇杷、葡萄等以及药材种植业。2021年人均收入21158元，村财收入27.19万元。主要公共建筑物有村委楼1座，2019年兴建，占地面积88平方米，建筑面积264平方米；20世纪50年代沃里村有一所公办学校；避灾点1处，20平方米；幸福院1个，20平方米。村庄坐落山墺之中，沿溪涧珠串而列，水口处修建廊桥，具有山风野趣。

◎林洋

位于溪尾镇北部山区，距镇政府驻地北8公里，海拔115米。北接利洋村，西邻新洋村，东连石合村，南交坎下村，下辖林洋店、洋坪、王家墓、里林洋、半山、杞湾杜、汤厝下、大坪园、吴厝下、里冬、十字路、下坪、地同更、帕岭、前子龙等15个自然村，共21个村民小组。2020年，全村326户、1253人，其中钟姓人口240人。钟姓主居王家墓、杞湾杜、半山、地同更、帕岭等自然村。

清光绪十年（1884）属秦溪乡秦东里三十六都。民国35年（1946）属福安县山溪乡林洋保。1950年属福安县第十区林洋乡。1963年属湾坞区利洋公社，为林洋大队。1975年属溪尾公社，为林洋大队。1984年因“政社合一”，设立溪尾乡林洋村委会。1992年6月4日，溪尾乡改镇，为溪尾镇林洋村委会。今属溪尾镇。

耕地面积795亩，其中农地195亩、水田600亩。主要经济作物有花生，

林洋村

葡萄、茶叶、毛竹等。2021年村人均纯收入22024元，村财收入30.018万元。村内民居沿山脚依山涧而建。主要公共建筑物有村委楼1座，2009年兴建，占地面积130平方米，建筑面积310平方米；避灾点1处，60平方米；村广场1处，占地面积450平方米，建有舞台1座和休闲廊亭1座。

村境内有水龙潭瀑布、宋代古刹仁皇禅寺和明代打银坑等风景古迹。林洋村前“仁王寺”（今叫“仁皇寺”）建于宋乾德二年（964），相传有位风水先生路过该寺，说此地有潜龙之气。于是，寺中住持请来木匠师傅重建佛殿。开工那天，木匠师傅一时大意，将中楹柱截短了一尺。他急中生智，刻了两尾鲤鱼安放在两边中楹柱上，中梁再架在鲤鱼嘴上。佛殿落成后，有画家游学到此，见鲤鱼顶梁，画兴顿生，提笔即将中梁画成一条栩栩如生的长龙，形成“金龙戏鲤”的巧构。明万历版《福安县志》载：“仁王寺，二十四都，乾德创。”

◎林江

又名临江，位于溪尾镇南部，距镇政府驻地南 1 公里，海拔 14 米。北接溪尾镇区，南临盐田湾，东与溪邳村相邻，西与下邳村交连。沈海高速、湾溪公路从村前穿过，并设有高速福安服务区。村庄背山向海，沿湾溪公路而建。下辖林江、上杞湾、下杞湾、外澳、澳里、塘楼、龙头井、西山、牛头岗等 7 个自然村，共 12 个村民小组。全村 472 户、1786 人，其中钟姓人口 170 人。钟姓主居林江、塘楼、西山、牛头岗等自然村。

清光绪十年（1884）属秦溪乡秦东里三十六都。民国 35 年（1946）属山溪乡溪尾保。1950 年属福安县第十区溪尾乡。1958 年成立临江大队，1963 年属湾坞区下邳公社，为林江大队。1975 年与杞湾合为为临江大队，属溪尾公社。1984 年因“政社合一”，改设溪尾乡林江村委会。1992 年 6 月 4 日，溪尾乡改镇，为溪尾镇林江村委会。今属溪尾镇。

林江村

全村拥有山林 2806 亩，耕地面积 916 亩，滩涂 3000 多亩。2021 年人均收入 21758 元，村财收入 12.16 万元。2019 年被列为宁德市美丽乡村建设村庄。村域内山清水秀，自然条件优越，气候温暖湿润，水域资源丰富，农业生产和海水养殖兼营。主要经济作物及水产品有海蛏、海蛎、脐橙、柚子等。历史上杞湾蚶肉质鲜美，一度闻名区域之内。主要公共建筑物有村委楼 1 座，2018 年兴建，占地面积 120 平方米，建筑面积 420 平方米；避灾点 1 处，80 平方米；幸福院 1 个，30 平方米。

第三章　社会活动

自钟彦江迁入福安起，钟氏人就勤恳创业，攻坚克难，以勤劳、英勇、睿智为福安的发展写下璀璨的诗篇。钟氏人紧跟共产党踊跃参加工农红军，投身土地革命，为革命事业前仆后继，不畏牺牲。1949 年 7 月 19 日，福安解放。在中国共产党的领导下，民族政策得到落实，民族歧视得以摒弃，民族教育逐步普及，钟姓人的聪明才智得到进一步施展。在经济建设、文教卫生、政治参与等各项领域都做出显著的贡献，取得辉煌成就。

第一节　经济活动

明代，钟氏迁入福安，就致力于农业生产，租种土地或开山造林。钟氏迁入福安初始，主要从事农业生产。钟氏居所多为高山丘壑，土地贫瘠，梯田为主，良田极少。人均占有田地更少，一些人只能靠租种土地维持生活，主要种植水稻、甘薯粮食作物和蓝靛、苎麻、茶叶等经济作物，劈木卖柴、养殖家禽家畜为生。男女皆参加田间生产。万历二年（1574）二月十三日，福安知县发给大林村畲民钟盛九等官山执照一张，申明畲民钟氏对大林官山所负管理权和应承担义务。清乾隆二年（1737），畲民编图隶籍，编甲完粮，畲民往往承担更多租税，付出更大艰辛。清光绪本《福安县志》卷三十八《杂记》摘引《摭闻录》云："扆深山中，有……'畲民'，《桂海虞衡》谓之'傜'，生于广之西南，自为区落。其壤接广之右者，静江之兴安、义宁、右县、融州之融水、怀远县界皆有之。福郡古田、连江、罗源、福宁、宁德、福安，多有是种，不知始自何时，布散山泽间，亦受民田以耕。谓平民曰'百姓'。男女杂作，以远近为伍。性多淳朴，短衫跣足。妇人高髻蒙布加饰，如璎珞状。相传为五溪盘瓠之后。"在卷三《疆域》附录中记录"各都畲民村居"，其所载的畲民村落共184个。清末，钟氏人口开始零星进入城区、镇区居住，有社口谢岭下村钟氏、仙岭洋钟氏在县城分别经营豆腐店和染布店，社口里后村钟某在城关开华宾客栈，上天池钟家在城关南门开设拳艺馆等，但大多数只能从事倍受歧视的"天下最小，剃头、扛轿、吹鼓手"。畲民鼓吹班只能来往于乡间，难得在城里展示技艺。1940年6月26日，福安城关四家轿店店主，包括钟连锦、蓝树禄、吴清弟、雷蓝昭等，联名给福安县长高诚学呈文，叙述了他们生计的艰辛。1934年3月，闽东土地革命时期，闽东苏维埃政府委托中共闽东特委委员曾志参照中央苏区分田的方法、经验，主持制定分田政策，颁布分田大纲，并在福安县柏柱洋东山畲族村进行分田试点工作。闽东苏区分田大纲中关于畲族村分田的具体规定是："畲族妇女则与男劳力同等看待——每一个劳动力产量400斤的水田。"东山畲族村是闽东最早的土地改革试点村之一。全苏区37%以上的畲族农民都分到土地。同年冬，国民党军队围攻苏区后，畲民又丧失了土地。在新中国成立前，福安畲族钟氏一直过着艰辛贫苦，劳作而不能果腹的生活。《福建省福安县畲族情况调查》（1958年）载：

根据1951年土改调查，全县畲族8122户，27792人。其中地主7户，富农25户，地富占总户数0.4%弱，其他绝大部分为贫雇农。原仙岩乡、可洋乡、双留乡、凤洋村、王楼村，计3乡2村共1064户，其中富农2户，不到总户数的0.2%；富裕中农7户，占总数0.66%；中农103户，占总数9.5%；

贫农 922 户，雇农 22 户，贫雇农占总户数 90%。

山岭、凤洋、仙岩等 3 个生产大队中 100% 是农业户，就是离城关很近的仙岩大队，解放前虽有 18 人常年在外做手工业，但家中主要收入仍是农业。大约估计农业收入占总收入 90%，而林、副、畜养、手工业的收入只占 10%，有些地区可能超过以上比例。

1949 年 7 月 19 日，福安解放。在中国共产党的领导下，民族政策得到落实，民族歧视得以摒弃，民族教育逐步普及，钟氏人士逐步走上各行各业，聪明才智得到进一步施展。在改变穷山恶水，创新农业生产上，仙岩、凤洋、茶洋等一批钟氏村庄和个人被省、地、县评为先进单位。钟氏村穆云畲族乡高岭村的“福安大白茶”，成为享誉全国的优良品种。彩花桥是全省乌龙茶区试点之一。1959 年，九龙村打猎能手钟猫弟当选福建省民主青年联合会委员和全国第三次青年联合会代表。1963 年 6 月 1 日《闽东报》第一版发表《畲汉团结协作，奋力开渠抗旱》文章，刊载化蛟公社满洋、铁湖村畲族社员和化蛟汉族社员同修白坑水利，该渠被誉为“团结渠”。1964 年，牛山湾村畲族妇女耕山队队长钟祖妃带领村民，发挥“愚公移山”精神，历时五年，在鹰窝山的悬崖峭壁中硬生生开凿出一条水渠，解决了村民用水问题，被誉为福安“红旗渠”。1960 年 9 月 13 日，福建省民族参观团赴京参加国庆观礼，坂中和安钟金凤、甘棠洋岙钟老英被选为代表。1961 年，松罗后洋村钟良富为晋京国庆观礼代表。1964 年，甘棠山岭畲族公社团支书钟燕金为晋京观礼代表。1966 年，康厝红坪钟莲妹、溪柄西岭后洋大队钟七弟为晋京观礼代表。1975 年 1 月，社口公社牛山湾畲族大队妇代会主任钟祖妃当选全国第四届人民代表大会代表，并出席会议。1984 年，松罗乡后洋村党支书钟成洋为晋京国庆观礼代表。

附：1990 年坂中和安村主要农事活动表

季节		主要农事活动
春	立春	种松、竹、茶，收秋马铃薯
	雨水	犁田、种油茶、积肥
	惊蛰	孵番薯种、早稻浸种、下冬马铃薯肥、育茶苗
	春分	耙田、种花生、种芋头、早稻浸种、育秧
	清明	修田埂、排水、种芋头、采春茶、插早稻秧、除早稻草（插秧七天后）、单季稻犁田、种苎
	谷雨	耙田、翻土、整理田埂
夏	立夏	收大麦、下早稻肥、单季稻浸种育秧
	小满	栽番薯、收冬马铃薯、种姜、种豆
	芒种	收小麦、单季稻插秧、收苎、采夏茶
	夏至	早稻孕穗追肥
	小暑	锄番薯草及下肥、收割早稻、单季稻下肥、晚稻浸种育秧、收姜、收苎
	大暑	锄番薯草及下肥、收割早稻、再生稻孕穗、晚稻插秧、采茶、烧山灰积肥
秋	立秋	单季稻孕穗、收割再生稻、收姜、收苎、种萝卜、种花菜
	处暑	单季稻孕穗、育茶苗
	白露	翻番薯藤、采秋茶、种秋马铃薯、种白菜、收豆
	秋分	再生稻平穗、收豆
	寒露	收割单季稻、种油菜、收萝卜
	霜降	晚稻孕穗、下秋马铃薯及花菜肥
冬	立冬	收番薯、收芋头、收割再生稻、收萝卜、收花菜、收白菜、采冬茶
	小雪	收割晚稻、做番薯米、种小麦及大麦
	大雪	收割晚稻、做番薯米、犁田
	冬至	砍柴、做番薯米
	小寒	砍柴、下麦肥、下油菜肥
	大寒	砍柴、下麦肥、种冬马铃薯、下油菜肥

附：钟姓村 100—300 亩引水工程简明表

流量：立方米 / 秒　长度：公里

工程名称	所在村	集雨面积（km^2）	渠道进水闸可通流量	干渠			受益面积		受益范围			建成年代
				条数	长度	流量	有效	保证	乡镇数	村委会	自然村	
松坝	亭兜	1.6	0.01	1	2	0.01	101	100	1	1	2	20 世纪 40 年代之前
蛤蟆坝	林岭			1	1.5		235	230	1	1	7	20 世纪 40 年代之前
厝下坝	林岭		0.015	1	1	0.015	192	160	1	1	5	20 世纪 40 年代之前
上节坝	上岙	1.0	0.012	1	2.0	0.012	123	123	1	1	5	20 世纪 40 年代之前
三斗仔坝	洋坪	2.0	0.012	1	2.0	0.012	175	170	1	1	4	20 世纪 40 年代之前
里中节坝	洋坪			1	3.0		110	70	1	1	2	20 世纪 40 年代之前
宫山坝	洋坪			1	1.5		101	60	1	1	4	20 世纪 40 年代之前
龙潭坝	蓝田		0.010	1	0.5	0.010	154	120	1	1	5	
水尾坝	凤洋			1	0.2		101	50	1	1	8	20 世纪 40 年代之前
大同坝	半山			1	1.1		105	70	1	1	4	20 世纪 40 年代之前
坝头坝	半山		0.013	1	2.5	0.013	134	134	1	1	8	20 世纪 40 年代之前
坑头坝	东山			1	3.0		240	110	1	1	3	20 世纪 40 年代之前

续表

工程名称	所在村	集雨面积（km^2）	渠道进水闸可通流量	干渠			受益面积		受益范围			建成年代
				条数	长度	流量	有效	保证	乡镇数	村委会	自然村	
白坑坝	白坑		0.05	1	1.2	0.05	570	400	1	3	6	1962年
仙岩坝	仙岩		0.02	1	2	0.02	127	100	1	1	9	20世纪40年代之前

资料来源：1. 1965年12月福安专署水电局《福建省福安专区现有水利设施统计资料》；2. 1986年福安县水电局有关资料。

牛山湾村“红旗渠”

改革开放以后，钟氏乡村经济得到进一步发展，廉岭村的水果、蔬菜，过洋村的巨峰葡萄、茶苗，岳秀村的脐橙等名传市内。1990年甘棠镇过洋村钟菊春被评为“全国科技星火带头人”。钟氏人涉足的行业也更加广泛，涉及建筑、电机电器、食品、制茶、建材、包装等行业。许多钟氏人士还逐步走上发展工业企业，兴办经济实体的道路，特别是在建筑业上，钟氏人士成为重要组成力量。代表人物有坂中建筑公司创始人第一任社长钟进新、原经理钟石凤，康厝建筑公司经理钟伏明等，在他们的经营下康厝建筑公司成为二级建筑企业，坂中建筑公司成为三级建筑企业，名噪一时。和安、仙岩、凤洋等一些村的钟氏工匠进入建筑行业成为骨干力量。

20 世纪 90 年代，涉足民营企业的有钟绍铃创办的电机厂，钟绍铃在办厂创业基础上，还出资捐助，为建设家乡留洋公路等事业做出贡献。还有钟良斌创办福安市博大机电技术开发有限公司，钟奶荣创办福安市健龙汽配厂，钟建铃创办有胶南力达电机有限公司、文登市利达电机有限公司，钟荣善创办闽东赛岐经济开发区福华轧钢有限公司，钟石湖创办福建鑫恒爆破工程有限公司，钟石禄、钟奶祥创办建筑公司，同时开办金源大酒店，开始涉足第三行业的发展。

钟荣善于 1999 年 4 月成立闽东赛岐经济开发区福华轧钢有限公司，主要经营钢筋混凝土用热轧钢筋（不含钢坯）生产销售，为福安本土最大铸钢厂。企业还涉及机电铸件生产与销售。钟奶荣创办的福安市健龙汽配厂，现更名为福安市大荣汽配实业有限公司，是一家专业从事汽车配件及电机配件生产（销售）的企业。2018 年 3 月，获福建省科技型企业，是目前亚洲从事生产改装汽车高性能空气滤清器和高性能空调滤清器品种最多、产量最大的出口企业之一，也是福建省内唯一生产纯铝水箱散热器企业。产品销往美国 、墨西哥、东南亚、欧洲、俄罗斯、日本、中东等国家地区及国内市场。钟永华，坂中畲族乡仙岩村白岩下自然村人，为怡嘉（福建）电子有限公司董事长，2004 年毕业于厦门大学电子工程系，有 43 项发明专利，其中实用型专利 30 项。此外，许多钟氏人士走出福安，进入全国，走出国门，走向世界。钟石明在福州兴办宾士名车会所，为福建省最大名车专业维修中心，一级资质维修企业，公司占地面积 10000 平方米，拥有 60 个维修工位及 100 个停车位，众多常年服务于各高档进口车 4S 店的专业维修技术骨干，并拥有目前世界上最先进的各种维修设备、符合各种高档品牌轿车所要求的各种专业检测检修设备，并储备着充足的各种高档品牌轿车常用的原装零部件。钟荣祖在福州兴办福建灵信信息科技有限公司，业务涉及手机信号侦测管制、无人机低空安防管制等无线通信侦查管制应用领域的产品和服务。钟振安于2008年成立厦门胜联达石材工程有限公司，并担任总经理；2015年，顺应市场的需求，又成立厦门灏森幕墙装饰工程有限公司，专业从事建筑装配，石材幕墙装配，装修建材装配，是一家集设计、安装及施工服务的一体化企业。公司规模不断扩大，员工人数超百人，2021年产值上亿元，在厦门翔安拥有自有厂房20000平方米。钟涛兄妹在山东省青岛市创办顺润杰贸易有限公司。钟寿全在云南省昆明市兴办云南铸辉商贸有限公司。竹园村钟金祥、钟金福跨海到非洲的坦桑尼亚开展贸易生意。可谓各行各业人才辈出。

附：福安钟氏主要企业一览表

姓名	企业名称	地　址
钟永康	福安市康怡健电子有限公司	福安市城阳镇
钟吓莲	福安市亿合贸易有限公司	福安市韩阳煌都
钟贵忠	福安市忠源电子商务有限公司	福安市赛岐镇
钟木春	福安市兴悦机电有限公司	福安市城阳镇小溪边33号
钟金祥	福安市宏华电池有限公司	福安市城北六岔路工业区6号
钟建清	福安天启恒丰贸易有限公司	福安市坂中乡熙台新路23号
钟锦明	福安市欧健工贸有限公司	福安市坂中乡满春留安
钟伏义	福安市翔龙电机有限公司	福安市坂中畲族乡大林村
钟金玉	福安市通宇金属制品有限公司	福安市阳头街道阳泉社区王坑
钟进平	厦门皓中国际货运代理有限公司福安分公司	福安市城区城阳金湖路京都美景花园19幢1层106号店面
钟亮光	福安市瑶银信息科技有限公司	福建省宁德市福安市城北街道公园路22号
钟光城	福安市绿岛畲族种植专业合作社	福安市溪潭镇兰田村8号

续表

姓名	企业名称	地　　址
钟绍铃	福安市凤翔天宇种植专业合作社	福安市康厝乡凤洋村村委楼
钟田凤	福安市启源电子科技有限公司	福安市城阳镇瓮窑村小溪边
钟奶木	福安市惠达电子有限公司	福安市城北街道学院路675号
钟成平	福安市聚财电子科技有限公司	福安市城北街道学院路670号
钟水锋	福安市雨帆电子商务有限公司	福安市城南街道湖滨南路35号
钟建雄	福安市运嘉电子有限公司	福安市富春大道16号东百御玺
钟树权	福安市斯尔特再生物资有限公司	福安市经济开发区小留工业区
钟增华	福安市旺福成工贸有限公司	福安市城阳镇白塔8号
钟通明	福安市翔鹏机械设备有限公司	福安市城阳镇铁湖村全福路3号
钟奶铃	福安市荣航电机有限公司	福安市城阳镇溪东商贸街113号
钟美发	福州夏森商贸有限公司	福州市仓山区淮安路8号
钟国铃	福安市耀鑫投资有限公司	福安市城北街道新华中路3号
钟奶金	福建省庆丰农业科技开发有限公司	霞浦县松城街道集贤社区太康路251号
钟木生	福安市展兴电机有限公司	福安市棠兴路15栋29号
钟长富	福安市双龙福电机配件有限公司	福安市城阳镇瓮窑村单边街
钟进洪	福安市久耐报废汽车回收利用有限公司	福安市溪柄镇黄兰村大桥路
钟明森	福安市森丽源环卫工程有限公司	福安市溪尾镇镇前路15号
钟美珠	福安市鑫豪电子科技有限公司	福安市阳头街道工业路150号荣宏外滩C幢
钟兰萍	福安市帕克电子有限公司	福安市城阳镇王湾村万福路19号
钟少惠	福安市乾坤电机有限公司	城北鹤兴中路29–32号
钟凤容	福安市鼎瑞食品有限公司	福安市赛岐开发区罗江商贸区14号楼
钟小青	福安市闽网文化传媒有限公司	福安市城阳镇步兜亭村鹤兴中路49号

续表

姓名	企业名称	地　　址
钟细全	福安市晶盛车业有限公司	福安市农药厂内29房
钟芳清	宁德鼎新汽车销售服务有限公司	福安市秦溪洋工业园区太平洋路
钟黄钟	福建西图电机有限公司	福安市坂中工业区兴达路15号
钟石禄	福安市昌隆塑料制品有限公司	福安市城北富春路115号
钟志强	福建润南新能源科技有限公司	福安市阳头街道广兴社区龟湖路19号金沙花园
钟　灵	福建省灵和畲药有限公司	福安市中兴东路安吉大厦308室
钟南海	福安青源商贸有限公司	福安市湾坞镇上洋村
钟建明	福安市天惠食品配送服务有限公司	福安市城北街道学院路678号
钟生弟	福安市华牧盛农业有限公司	福安市城阳镇茶洋村1号
钟文金	福安市海荣不锈钢制品有限公司	福安市湾坞镇上洋村响塘77号
钟清莲	福建金安居装饰工程有限公司	福安市富春大道10号亭兜小区
钟荣永	福建安易充物联科技有限公司	福安市罗江工业路52号
钟金眉	福建省嘉盛电气有限公司	福安市城阳乡岩湖大溪边6号
钟廷义	福建永驰科技有限公司	福安市城阳镇中泉溪里26-6号
钟晨芳	福安市兴腾农业有限公司	福安市社口镇沙溪新村1号
钟小华	福安市濉康动力设备有限公司	福安市城阳镇铁湖村金业路10号
钟贵清	福安樟峰山陵园有限公司	福安市溪尾镇坎下村76号
钟群伦	福建中展投资有限公司	福安市城南财经大厦6楼
钟益申	福建淳一检测有限公司	福安市城阳镇岩湖67号第六层
钟奶胜	宁德市中捷房地产有限公司	福安市城南世纪天元六层A4号写字楼
钟金旺	福安市川和农业科技发展有限公司	福安市甘棠镇杨府路104号
钟木春	宁德博仕科技有限公司	福安市城阳镇瓮窑村小溪边33号

续表

姓名	企业名称	地　址
钟奶祥	福建畲业集团投资有限公司	福安市城北新华北路56号7楼
钟国玉	福建千汇印刷有限公司	福安市坂中乡坂中村阮厝巷17号
钟晞原	福安市荣洋船舶科技发展有限公司	宁德市福安市坂中乡大林村刘田18号
钟金玉	福安市长鑫农业发展有限公司	福安市坂中乡彭家洋村新路19号
钟水全	福安市运达电机有限公司	福安市城阳镇秦溪村路下路89号
钟志强	福安市众德贸易有限公司	福安市城北街道官埔181号
钟杰斌	福安市盛威饲料有限公司	福安市赛岐镇宅里后门山旧104国道边
钟吉茂	福建泓锐茶业有限公司	福安市城阳镇洋面村牛老子村33号
钟华光	福建安建建筑工程有限公司	福安市工业路中环一号1506室
钟成贵	福建闽东诺康贸易有限公司	福安市城阳镇岩湖村金湖路安置地一排13号
钟长木	福建省福安市丹霞红茶叶有限公司	福安市福新路68号
钟奶宝	福安市超旺生态农业发展有限公司	福安市溪尾镇坎下村19号
钟纺玉	福建纵景商贸有限公司	福安市秦溪洋工业园区大成路10号
钟福生	坤恒（福建）纸箱有限公司	福安市甘棠镇北部104国道东侧D3地块
钟江华	聚洋（福建）泵业有限公司	福安市城北街道王基岭199-5号
钟燕光	福建省顺仓物流有限公司	福安市城北东凤社区福新东路6号5幢1305室
钟伏堂	福安市福民生态农业发展有限公司	福安市坂中乡彭家洋村青元后山8号
钟利坤	福建东福装饰工程有限公司	福安市罗江坑门里村坑门里路217号
钟建荣	福安市深福达电机有限公司	福建省宁德市福安市城阳镇瓮窑村龙潭67号
钟金康	福建万特电机有限公司	福安市城阳镇瓮窑村小溪边353-23号

续表

姓名	企业名称	地　　址
钟永华	怡嘉（福建）电子有限公司	福安市坂中乡工业区
钟伏清	宁德森勃包装有限公司	福安市城阳镇金园村安波路 6 号 1 幢 101B
钟建忠	宁德励通建筑工程有限公司	福安市阳头街道银沙岗 53 号
钟锦坤	福安市比尔拉亚麻哈电器有限公司	福安市秦溪洋工业区
钟剑琼	福安市富明农业发展有限公司	福安市城阳镇岩湖村金湖路 1 号 1 幢 1210 室
钟奶祥	福建畲香茶业有限公司	福安市潭头镇鹅山村路口
钟平峰	福安市鑫亚伦装饰材料有限公司	福安市阳头富阳路电机电器市场 S7 号楼 253 号
钟清贵	福安市兴华洋工贸有限公司	福安市秦溪洋工业园区上村
钟奶荣	福安市健龙汽车配件有限公司	福安市坂中畲族乡大林村 1 号
钟桐宇	福建禾皓建筑劳务有限公司	福建省宁德市福安市城阳镇金园村吉安路 398 号
钟佛福	福安市隆兴达电机有限公司	福安市城阳镇小溪边 3 号楼
钟明发	福安市昌源电机配件有限公司	福安市秦溪洋工业园区过境路 3 号
钟杰昌	福建省杰昌粮油贸易有限公司	福安市城北街道荷塘坪 4–2 号 101D
钟声明	福建省横林护栏有限公司	福建省宁德市福安市罗江罗江村里巷路 128 号
钟奶胜	巨茂建设投资有限公司	福建省宁德市福安市城南世纪天元财经大厦 6 楼
钟翠容	福建领航电机有限公司	福建省宁德市福安市城阳镇秦溪洋吉安路 18 号
钟章贵	福安市源立贸易有限公司	福安市城区城北棠兴路 424 号瑞景名仕城 12 幢 7 层 606 号房
钟杰昌	宁德市龙兴丰盛农业科技有限公司	福建省宁德市福安市社口镇四甫 99 号

续表

姓名	企业名称	地　址
钟平仔	福建省纯味茶业有限公司	福安市坂中乡富春大道6号天逸山水2座60D
钟奶寿	世纪华海（福建）船舶重工有限公司	福安市甘棠镇甘下线海峡茶都#楼109号
钟木生	福安市利莱斯玛发电设备有限公司	福安市棠兴路369号
钟丽娇	福安市嘉星电子有限公司	福建省宁德市福安市溪潭镇工业园区50号
钟玉珍	福建三月三茶业有限公司	福建省宁德市福安市城阳镇岩湖村金湖路1号9幢D116
钟天行	福建幸福缘健康科技有限公司	福建省宁德市福安市城阳镇秦溪洋秦兴路125号
钟　梁	福建联太商贸有限公司	福安市城南湖滨南路92−701A
钟木清	哇掌柜（福建）媒体有限公司	福建省宁德市福安市城南解放路凯信商住大厦4楼
钟华斌	福建泓宝汽贸有限公司	福建省宁德市福安市嘉都华府7#楼第二单元1707室
钟进章	福建环宇建筑集团有限公司	福安市城南世纪天元（财经大厦）6楼
钟奶生	福建省承建顺投资开发有限公司	福建省宁德市福安市城阳镇铁湖满洋村2号
钟进木	福安市匠心建筑劳务有限公司	福安市城北街道鹤兴中路72号第四层
钟晓霞	福安德源水电管理有限公司	福建省宁德市福安市溪柄镇茜洋村坑边19号
钟海文	福安市松世工程机械设备有限公司	福安市阳头街道兴业南路95号102D
钟丽霞	福建省隆聚建筑劳务有限公司	福建省宁德市福安市城北街道新华中路6号
钟干明	福安市进恒贸易有限公司	福建省宁德市福安市洋边新阳路441−2号

续表

姓名	企业名称	地　址
钟明英	福建省乾厚信息科技有限公司	福建省宁德市福安市阳头街道栖云东路 89 号
钟振忠	宁德宇通物流有限公司	福建省宁德市福安市湾坞镇梅洋村 1 号
钟进洪	福安市旭途渣土运输有限公司	福建省宁德市福安市城阳镇铁湖村 65 号
钟赛姿	福安市后畲乡村旅游服务有限公司	福建省宁德市福安市穆云乡科后村后舍
钟兰芳	福建省丹樱阁运营管理有限公司	福安市坂中乡富春大道 20 号 5 幢 146D
钟水锋	福建爱为健康科技有限公司	福建省宁德市福安市城阳镇金园村安波路 5-3 号
钟谢姿	德瑞克（福建）控制设备有限公司	福建省宁德市福安市城北街道王基岭工业区 A1 地块
钟莲妹	福建恒生竹木制品有限公司	福安市城阳镇秦溪村秦兴路 43 号
钟少峰	福安市福隆健贸易有限公司	福建省宁德市福安市富春大道 20 号 2 幢 125D
钟廷清	福建省轩睿工贸有限公司	福建省宁德市福安市闽东世纪城 8 号楼一层
钟石宝	福建梦之椅工贸有限公司	福安市坂中乡亭兜村富春大道 5 号秦阳小区
钟神源	中盈聚品（福建）电子商务有限公司	福建省宁德市福安市城南街道新华南路 96 号
钟木生	宁德市锐奇机械有限公司	福安市甘棠工贸集中区
钟宝全	福建塑艺堂科技有限公司	福建省宁德市福安市甘棠镇上塘村八斗头 22 号
钟清波	福安市冠荣益利工贸有限公司	福安市城阳镇铁湖高坂村 1 号
钟庆波	福建天园工程项目管理有限公司	福安市阳头街道富阳路电机电器市场
钟建斌	福建远翔电机有限公司	福安市城北街道福泰路 160 号

第二节 政治活动

福安畲族钟氏世代秉承“忠勇”精神。清顺治三年（1646），清兵进入福建，南明隆武帝任命右佥都御史刘中藻“巡抚金衢，团练僚民”，并指出，“选练精兵，可取苎寮、菁寮、畲寮（即畲族‘三寮’）”。于是，抗清队伍迅速扩大，并先后收复浙江庆元、泰顺及福建宁德、福安、古田、罗源等县。清顺治五年（1648），由于清军的围攻，抗清队伍寡不敌众，退守福安城，“掘壕树栅，环之城中”，继续与清兵对抗。清总督陈锦率兵十万，围困福安城达四个月。为了避免城破之日清军屠城，刘中藻毅然吞金自尽，选择自我赴死以保全福安百姓。畲民抗清斗争仍持续数月，他们除战死外，大多隐居福安深山。刘中藻屯兵的仙阁梁即在钟氏村庄城阳镇前洋村附近。坂中乡和安《钟氏族谱》亦有“宏公世居大林，相传明季从戎苏江（福安苏阳）进士刘公讳中藻。后不遂，隐居上广”的记载。清嘉庆年间（1796—1820），台海一带动荡，蓝田村钟氏人士等一批畲民过台湾守戍国土。

1929 年，中国共产党领导的反帝反封建革命星火在闽东燎原蔓延。许多钟氏畲族群众跟随中国共产党，踊跃参加工农红军，投身土地革命，成为革命的重要力量，民主革命时期任区（营）级以上的就有 5 人。1929 年 9 月，闽东第一个畲族中共党支部在凤洋村建立，钟阿伱成为首批党员。1932 年 9 月，闽东工农游击队第一支队在福安县溪北洋上马山畲族村成立。土地革命战争时期，山头庄是中共安德县委、安德县委苏维埃政府活动地。钟廷森、钟廷枝、钟松池、钟石廷等 13 位革命同志在战争中献出了宝贵的生命。穆云畲族乡钟氏村庄竹洲山是宁寿县苏维埃政府所在地，钟日柱任

竹舟山革命纪念碑

政府主席。竹洲山成为闽东苏维埃与红军的重要依托地。1937 年 1 月，国民党当局第三次“围剿”竹洲山，钟日柱在转移兵工厂、后方医院，组织群众撤退后，自己不幸被捕，被国民党杀害。1935 年，岐山畲族妇女钟勤淑掩护苏维埃干部转移被捕，惨遭拷打，宁死不屈。抗日战争爆发，闽东红军独立师奉命改编为国民革命军新编第四军第三支队六团，奔赴苏皖抗日前线。南湖村钟汉、纸坪村钟伏锦、凤洋村钟盛顺、钟盛义、钟益顺等一批钟氏男儿奋勇作战，英勇牺牲。抗美援朝时期，彭家洋村钟金全牺牲在朝鲜战场。许多钟姓人杰为革命事业前仆后继，献身殉难，仅被评为革命烈士的就有 92 人。

新中国成立后，民族政策得到落实，民族歧视得以摒弃，在党组织的重视和培养下，一批钟氏人士走上了各级党政领导的重要岗位。在领导一方发展上取得了杰出的成绩。1987 年 10 月—1993 年 4 月，钟明森任福安县人民政府党组书记、县长及福安市人民政府党组书记、市长期间，大胆改革，积极发展经济，牵头开展脱贫攻坚，组织农业综合开发，为福安市的农业发展打下了扎实基础。1988 年 6 月—1993 年 2 月，钟安任中共柘荣县委书记，大力推进基础设施建设，积极发展县域经济，使山区县面貌得到明显改变。钟奶安在任宁德市民宗局局长期间出台了《关于支持少数民族乡村振兴的五条措施》，为民族乡村振兴助力，受到普遍好评，获得省民族团结进步模范个人奖。钟梅允在任宁德市妇联主席期间，开拓创新妇联工作，调动广大妇女企业家的社会作用，宁德市妇联被评为全国“三八红旗集体”。钟隐芳在任福安人大常委会副主任期间，积极推动畲医畲药发展，组织编撰了《福安畲医畲药》一书，获得科技部民族医药著作奖一等奖，受到业内一致好评。新中国成立 50 多年来，有 4 人被评为省级以上模范（先进工作者），有 2 人当选全国人大代表，2 人当选省人大代表，17 人当选设区市代表，289 人当选市（县）人大代表，1 人担任全国政协委员，2 人担任省政协委员。在担任各级人大代表、政协委员期间，钟氏代表、委员积极参政议政，提出发展民族地区经济、教育、基础设施、保护少数民族文化等议案、提案、建议。钟梅允《关于制定中华人民共和国听证法》、钟隐芳《关于制定少数民族文化保护办法》、钟韩《关于整合民族教育资源提高民族教育水平的建议》等都被纳入各级大会办理落实之中。钟奶祥在当任省、福安市人大代表期间，接待群众超过 1300 多人，提了 300 多件建议、议案，是福安市接待群众最多，提建议、议案最多，解决问题最多的人大代表。2006 年，钟奶祥荣获“第二届中国经济建设优秀人物奖”，在北京人民大会堂受到全国人大原副委员长布赫等国家领导人的亲切接见。2012 年，钟奶祥在中央宣传部、中央文明办主办、中国文明网承办的“我推荐、我评议身边好人”活动中被评为全国及福建省的“敬业奉献”好人。许多钟氏人士在平凡岗位上默默做出贡献。钟石清，长期从事乡村教育，辗转社口镇、坂中畲族乡多个村级小学，从一般教员到小学校长，2013 年被福建省人民政府授予“从事人民教育事业服务三十年”

勋章，2015 年被教育部授予“从事教育工作三十年”纪念章。2014 年 12 月 19 日，由文化部主办的首届中国文化馆年会上，康厝畲族乡凤洋村文化站站长钟伏龙被评为“2014 中国文化馆榜样人物”，是福建省唯一获此殊荣的榜样人物，也是全国唯一获此殊荣的村级文化站长。

新中国成立以来，在域内外任职领导干部有 97 人，其中副厅局级以上 7 人，处级 24 人，科级 66 人。有 9 人获得高级技术职称，47 人获得中级职称。钟干兴、钟妹銮等一批运动员在全国、省级赛事中取得优异成绩。从政治界到经济建设领域，从科教界到文体战线，各项事业上无不凝结着钟氏人的奉献。

第三节　畲医畲药

畲族以调节身体观念诊治疾病，分析脉理，治病的方法基本同于中医。畲族钟氏和其他畲族一样长期生活在高山偏僻地区，在与疾病做斗争的过程中，探索总结形成了一套适合当时社会环境、气候地理特征和生产、生活习惯特点具有民族特色的畲族医学体系。传统畲医认为人的生命是由心、肝、肺、脾、肾、胆六脏的“神”来主宰，通常简称为“六神”。六神按时辰各司其职，周而复始，循环不息。畲医认为，人体有 36 骨节、72 筋脉、12 条血路、28 脉，依靠气血筋脉来维持生命，人体气血旺盛，筋脉顺畅，生命活动就正常，人的身体就健康。若气血不足，筋脉不畅，人的身体就羸弱；若气血不调，或气血衰弱，筋脉滞阻，瘟邪侵蚀，则疾病发生；如气竭血枯，筋痉脉止，则生命活动就停止。福安有“畲药宝库”之称，据记载，福安境内盛产的畲药约 230 科、1460 多种，其中植物 1000 多种，临床常用植物 740 多种。畲族医学具有诊疗方法简易，药物就地取材，专科性强等特征。“畲家医术有不少绝招，比如针刺疗法，畲医叫‘挑风’，主要针对一些脸黄、食欲差、发枯黄、咳嗽、腹泻等小儿症状而施行，完成‘挑风’后，再开一些草药即可。”“畲医针刺疗法与中医的针灸不尽相同，注重部位，多用银制三棱针，有挑针与刺针之分，挑针又有轻挑与重挑之分。”儿科、妇科诊治方面，畲医也有不错的疗效，像妇女的不育症、妇科炎症，儿科中的小儿黄疸、“七天风”、受惊、腹泻等，畲医都有拿手绝活的治疗方法。

在福安，钟氏畲医尤其突出。

钟聚旺，生于1889年，福安市溪尾帕岭村人，秉承祖上青草药之业，其医术是传自祖父钟长盛（生于1841年），学于浙江省泰顺县的一名医生，又跟“南京婆”学喉科，擅治口腔、咽喉部的各种病症。钟聚旺自配喉科药散，自制银制手术刀切割脓肿，治法独特，以内服中草药为主，局部吹药或含药。至钟成瑞为第四代，现已传给其孙子钟应全、孙媳邓玉凤。

钟廷志，生于1909年，福安市溪潭兰田村人，行医70年，至82岁终年。他跟随其父亲钟益善（生于1881年）学医，擅长治疗瘰疬，治法上以内服消瘰汤，外用灸法。足迹遍布福安、宁德、霞浦、周宁四县，颇有名望。医术自浙江省泰顺一医生传授，祖上在罗源某医门下拜师学艺，其传人钟锦堂仍在兰田村行医，其传人钟清也在村里卫生所行医。钟清，特长治疗瘰疬，治法上以内服消瘰汤，外用灸法，自制丹膏药散敷贴，在闽东享有盛誉。2011年被列入宁德市级畲族医药非遗传承人，2019年被聘为福建省畲医畲药协会副会长。

钟清

钟玉履（1926—1993），福安市康厝乡金斗洋老虎坑村人，主治小儿风症，行医 48 年，著称于福安、周宁一带。专用中草药治疗，配合银针，旨在疏通经络气血，用药量轻，意取“轻灵”。其医术承继于祖上，自述五代前求学于“南京婆”，太祖母本姓亦，系南京人氏，太曾祖光顺，曾祖福兰，祖学锦，父品佺，至玉履为第五代。现已传至其子钟铃生。钟雨顺也是钟玉履的传人，行医 30 多年，亦负有盛名，其子钟铃锋、钟铃华，是畲医第七代传人，在福安市街尾行医，称著于福安、周宁一带。他们分别于 2017 年、2018 年被列入福安市级畲族医药非遗传承人，钟铃锋 2019 年被聘为福建省畲医畲药协会常务理事。

钟锦生，坂中畲族乡仙岩村白石岩下自然村人，曾任福安市韩阳镇卫生院院长。自幼跟随母亲蓝银妹采药学医，后就读福安卫生学校，毕业后在医疗机构工作。他根据畲族传统治疗方法，采用中医和现代医学知识对祖传秘方进行系统探索，对女性不孕症进行活血养血治疗，配以食疗，众多女性不孕者得以治愈，其疗法被推广应用，全国各地及港澳台同胞求治者甚多。钟锦生之弟钟石秋，坂中畲族乡仙岩村白岩下自然村畲医。擅用中草药治疗女性不孕症、月经病、产后病，并以祖传秘方和自己的临床经验规范编制了一号、二号、三号处方药，在临床使用中取得了良好的效果。20 世纪 80 年代，钟石秋被誉为“闽东畲医四大名医”。

钟锦堂

钟锦堂，溪潭镇兰田村人，18 岁开始行医，至今已有 50 余载，是当地治瘰疬的第四代传人。除治咽喉炎、妇科的秘方外，还治瘰疬，采取外贴祖传研制的散核药膏，内服清热散核的中药，半个月热结就可消去颈淋巴结结核，而且复发率低。

溪尾镇钟氏咽喉科在闽东一带颇有影响。畲家喉科第五代传人钟应全，采用祖上传下的治疗口腔、咽喉独特技艺，为喉科患者就诊。其钟氏独特配方的“福建闽东钟氏咽喉散”远销到加拿大。

钟隐芳，女，1949 年 12 月生，福安溪潭兰田村人。擅长用青草药治疗腹部炎症和药膳养生等。2008 年牵头成立福安市畲医药研究发展中心，担任主任至今，是畲族医药（福安）省级非遗传承人。主编《福安畲医畲药》一书，整理畲族单验方 2350 多方，食疗药膳方 100 多方，畲族独特疗法、畲族民间青草药 330 多种，填补中国畲族医药彩色图谱的空白，并于 2014 年、2019 年分别获得中国学术著作二等奖、科技部批准设立的中国民族医药著作奖一等奖，任中国民族医药学会理事、智库专家和中国民族医药学会畲族医药分会副会长，2011 年被列入畲族医药宁德市级非遗传承人，2017 年列入畲族医药省级非遗传承人，2019 年被聘为福建省畲医畲药协会名誉会长，2019 年入选福安市第一届特支人才，2020 年入选第二批宁德市特批人才（文化名家），2021 年任中国民族医药协会畲族医药分会创会会长和名誉会长。2021 年牵头申报中国民族医药协会科学技术奖项目《闽东畲药乌饭树的开发与利用》，荣获由中华人民共和国科学技术部、国家科学技术奖励工作办公室批准设立的“中国民族医药协会科学技术进步奖”二等奖，2021 年申报中国民族医药学会科学技术奖畲族医药（福安市），并荣获“中国民族医药学会科学技术奖发掘传承奖”三等奖。

钟隐芳

她是畲族医药文化非遗传承发展的领军人物、拔尖人才，在同行中享有广泛深远的声望和影响，为福安畲族医药的挖掘、整理、保护、传承和发展做出了开创性的卓越贡献。

福安市畲医药研究发展中心建有畲族医药展示馆和体验馆各 1 个、畲药生态园基地 8 个、畲族医药文化服务中心 4 个，现有非遗传承人省级 1 人，宁德市级 3 人，福安市级 7 人。

第四节　文化传承

畲族文化艺术质朴率真，丰富多彩，主要包括民歌、舞蹈、服饰、银器、民俗、民间文学等，被誉为“闽东之光”。歌谣是畲族主要的文艺形式，民间故事与谚语充满机智幽默，富有哲理性，字里行间洋溢着理趣、热情和达观。

◎歌言故事

在推动畲族歌言发展上，钟氏一直发挥着主力军的作用。歌谣创作一般由民间歌手和有一定文化的写手完成。钟延明，民国 5 年（1916）农历三月二十六日生于穆阳四家丘村。幼年家道贫寒，举家节衣缩食，供他到邻村南山读私塾，熟谙《三字经》《幼学琼林》《论语》等书。12 岁在苏堤村私塾攻读《诗经》《左传》等典籍。他善编畲歌，把刘备卧龙岗求贤编成 300 余条的《三请孔明》，把唐代薛仁贵征东征西故事编成畲歌 8 卷共 2000 条，还编著有《正德皇下江南》《九干记》（即《蚂蚁上天平》）供畲民传唱。新中国成立前后，有名的钟氏歌手有钟石宋、钟章莲、钟润如、钟全金、钟菊妹、钟伏富、钟金生等。改革开放后，随着城市化进程，为满足畲族人口大量迁居城区或进城务工的文化生活需要，钟奶祥、钟石禄兄弟在金源大酒店专门开辟了畲族歌厅。2009 年，钟荣善牵头组建了畲歌协会并赞助协会活动的部分经费。钟石木、钟神滔、钟乾斌等一批歌手活跃于舞台上。

钟石木是福安社口镇南山畲族村人。打儿时起，他便学畲歌、唱畲歌，他的启蒙老师是母亲，为了提高自己唱歌与创作水平，他还在闽东畲歌界寻找名师为其指导，后期还拜闽东畲歌知名创作兰兴发为师，以及到宁德市民族中学学习。一口好嗓子加上后天的勤学苦练，终于成了当地有名气的“畲歌王”。更令人称道的是，他不管什么时候都可以信手拈来、即兴编歌，目前还自编畲歌上百首。他不懈努力编写了朗朗上口的《山哈生来爱唱歌》《畲汉一家亲》《幸福畲歌颂党恩》等畲歌上百首，培养传唱徒弟 20 多名，其中“洋弟子”7 名，还在福安市民族中学、坂中小学等学校任畲歌教学工作，培养学生 600 多名，指导数千名畲族村民学唱畲歌。钟石木还率领福安畲歌协会会员编排精彩歌舞节目 20 多个。协会也涌现出一批畲歌新锐人才如雷寿玉、钟神滔、雷文停、雷丽颖、雷廷、蓝荣弟、钟乾斌等青年歌手。特别是钟神滔在畲歌中加入现代音乐元素，给畲歌注入全新的活力，创作的歌曲《歌唱三月三》《雨落畲乡》得到众广大群众好评。他与福安市民族中学的音乐老师一起编写了《畲・音乐》，入选省教育厅美育进校园的教材。2020 年 11 月，钟神滔演唱的《这边山，那边山》入选第十二届中国民间艺术节暨“山花奖・优秀民间艺术表演”，并获得中国民间文艺家协会颁发的荣誉证书，被收录为电视剧《那山、那海》的插曲。

仙岩、凤洋、洋坪是畲歌创作比较活跃的村庄，在创作上涌现出许多钟氏人才。凤洋村文化站的钟伏龙，长期从事于畲族歌谣的创作和收集，2022 年出版的《福安畲族传统歌言集》，就是由钟伏龙收集编辑，为畲族歌言发展起到了传承保护和创新弘扬作用。

在畲族故事传承创作上，最著名的是钟瑞珠。钟瑞珠是福安市溪柄镇金竹坪村人，1952 年出生。她曾祖父、祖父都是讲故事能手。《男造天女造地》《石神保人种》《田螺与土鳅》《仙脚迹》等几十个故事，就是钟瑞珠从祖辈那里传承下来的。钟瑞珠不但能讲故事，还善于唱畲歌，对熟悉的故事，她能随口编歌来唱。在金竹坪乡亲们管钟瑞珠叫“故事选”。1986 年，钟瑞珠被《中国民间故事集成》收编为畲族故事员。

◎畲族舞蹈

畲族能歌善舞，舞蹈与日常生活融为一体，现存的有婚礼舞和巫师舞。1957 年 3 月，福建省文化工作组在坂中仙岩村开展民族业余文化生活调研活动，与当地群众一起创作了“畲族婚礼舞”。在道场音乐上，钟益松、钟伏成有一定的知名度，“龙角”则有钟松轩。改革开放后，党和政府高度重视畲族各项事业的发展，使畲族文化进一步得到挖掘创新，从单一巫师舞向生产、节庆、爱情等多领域内容发展，也涌现一批优秀的节目。祭祀类的有“舞龙头”“奶娘踩罡”；生产生活类的有“打枪担”“打尺寸”“畲族婚礼舞”。

以钟秀容、缪丽容为主要编导编排的《打枪担》，是由畲族人上山砍柴草劳动活动转化的体育表演项目。上山时，畲族人边唱山歌，边用力敲击“枪担”，逐渐演变为“打枪担”。表演时，参加者腰佩刀鞘（俗称割吊），一手握柴刀，一手持枪担，且敲且舞。以柴刀击枪担、刀鞘，以刀柄、枪担撞地，清脆悦耳，节奏分明，整齐中富于变化。它还吸收了畲拳畲棍中的拔、挑、架、劈等“对打”动作，融体育、武术、舞蹈为一体。表演队伍为 16—24 人以上。表演内容分为“青山脆竹”“刀鞘声声”“刀花翻舞”“竹响山际”等。《打枪担》已连续三届荣获福建省少数民族运动会表演项目金奖和全国少数民族运动会表演项目金奖，连续三届成为全国民运会闭幕式颁奖晚会汇报表演节目，并进京参加新中国成立 50 周年阅兵大游行和民族大团结表演，在中央电视台播出。

◎畲拳传承

畲族尚武忠勇，畲家拳以套路和畲棍对练为主。拳法具有南拳步稳势烈，发力短猛，善用手法，防守门户严谨，进攻多用指法、拳法的特点。畲家拳的发展是个不断融合的过程，糅南少林拳和江浙的“南京婆”等拳种于一体。金斗洋村武术形威力猛、马实手狠，是畲族刚健勇猛的体现。金斗洋村、蓝田村、鹅山村等村在畲族拳术、棍术上都有长期的传承和发扬。钟氏在发扬畲家武术上发挥出重要的作用。清光绪三年（1878），钟应元、钟应魁兄弟双双考取武秀才，供职县衙。上天池钟家在城关南门开设拳艺馆。民国时期，东门头钟满弟、钟成康的拳艺在福安城关有一定的知名度。改革开放后，畲家拳传承发展进入崭新时期，从乡村走向全省、全国，并屡屡获得福建省民族运动会、全国民族运动会奖项。代表人物有钟福禄、钟团玉、钟刘华、钟井荣等，最为杰出是钟团玉。

畲家拳因其动作招招立足于实用，形威、力猛、马实、手狠，讲究疾、硬、力，所以长期以来有“传内不传外、传男不传女”的古训。到了钟团玉这一代，为了更好地弘扬畲族传统武术，金斗洋畲家拳在传承上与时俱进，“传男不传女”有了转变。钟团玉自幼跟随舅父雷盛荣习武，是金斗洋畲家拳女传承人中的佼佼者。从硬桥硬马的畲拳套路到虎虎生风的畲棍对打，她无一不精，曾多次在省、全国民

畲拳对练

运会和国际武术比赛中获奖。她参与创作、编排的《畲族拳操》被列入宁德市多个民族中小学校的校本课程。2017 年，第五届全国少数民族文艺会演开幕式在人民大会堂举行，钟团玉领衔的独具特色的“畲家拳歌——金斗洋”在《山高水长手足情》节目中亮相。2018 年，金斗洋畲家拳被列为福建省第四批非物质文化遗产保护项目。钟团玉成为“畲族武术（福安金斗洋畲族拳）”代表性传承人。

◎漆画

漆画源远流长，出土于商代墓穴中的许多雕花木器上附有朱漆花纹，木器虽朽但漆花仍鲜艳如故，附着于木器上的油漆彩绘的工艺已具有很高的水平。到了战国、西汉，油漆彩绘已经发展到表现故事情节，但终究未能形成独立的画种。直至 20 世纪下半叶，油漆彩绘才从工艺匠术蜕化为漆画艺术，成为绘画新品——漆画。在钟氏畲村也有一些画匠善于用油漆彩绘家具上花纹图案。用漆画反映畲族生活题材内容，钟志金可谓首开先河。钟志金是中央民族大学美术系艺术理论教研室主任、副教授、博士生导师，中国美术家协会会员、中国工艺美术学会会员、中国少数民族美术促进会常务执行理事。曾被中央民族大学评为“十大名师”。钟志金长期钟情于漆画，他的漆画《新娘》于 1997 年荣获第三届中国美术“民族百花奖”金奖后，名声雀起，并逐渐形成个人的独特风格。

漆画较之其他画种有其难以驾驭的地方，它既要有绘画的功底又要有繁杂的手工艺流程。这对一个画家来说既要掌握绘画和漆画的技巧，又要有不怕失败的韧性。出身畲族农家、做过手工艺工人的经历孕育了钟志金吃苦耐劳淳朴无华的品格，这也是钟志金在漆画艺术上能够做出成绩的重要前提。其油画和磨漆画作品先后选入在孟加拉、日本、韩国、前苏联、捷克、波兰、越南、美国、加拿大等国家和地区举办的各种国际艺术展，以及“第八届全国美术作品展”和其他各类全国性画展。1988 年他应邀赴美举办三次画展。《新家》等多幅油画、漆画作品在文化部、中国美协、中国少数民族美术促进会等文化艺术组织主办的各种全国性画展上两次获金奖。部分作品被中国民族博物馆、中国美术馆、各地美术家协会以及全世界许多艺术团体和收藏家收藏。出版专著《绘画透视新技法》《人体素描与人体结构》，其中《绘画透视新技法》获中央民族大学“98 人文社会科学一等奖”。他还曾获得北京市政府召开的“首届文学艺术工作者表彰大会”的表彰。

◎文化保护

新中国成立后，党和国家十分重视民族地区的文化发展，从财力、物力、人力上支持民族地区发展民族文化事业。在村一级建立文化站，在县一级成立研究会。仙岩文化站和凤洋文化站长期作为畲族文化的传承和保护阵地，为畲族文化传承保护与创新发展发挥了重要作用。

仙岩文化站成立于 1957 年，是闽东最早在畲族重点村成立的乡级公办文化站之一，配备专职干部一名。文化站设立报刊阅览、图书借阅，放映幻灯，出黑板报，广播宣传政策、讲时事，开展乡村文化宣传娱乐活动。仙岩业余闽剧团归文化站管理，编写新畲歌，演闽剧，唱新戏，农闲时巡回演出于邻近畲汉村落。1982 年，上级拨款建成钢混结构的文化站楼。1983 年，国家文化部民族文化司派员莅临检查工作，并赠送礼物。文化站曾编印《仙岩山歌》专集、《仙岩歌言》油印刊物。2000 年以后，文化站改建为文化活动中心，集农家书屋、棋牌室、展览室、视频室于一体，为群众的娱乐休闲活动提供场所，丰富了乡村的业余文化生活。村中还保存有旧织布机、草鞋架、剃头盒、竹茶筒、旧畲装和米砻、舂臼等畲俗物品（部分畲族头饰、婚礼服、织布工具被国家、省文物单位征集）。

2016 年 6 月，宁德市坚持重点先行、突出特色的工作思路，精心打造 100 个重点村（社区）综合文化服务中心，仙岩村名列其中。在建设好仙岩文化站的基础上，打造好仙岩村级综合文化服务中心。该服务中心位于村口，建筑面积 780 平方米，室外广场面积 600 平方米，基础设施完善，设有文体活动室、农技培训中心、民富中心、科普活动室、图书室、乡村记忆博物馆和文体广场等。其中乡村记忆博物馆面积 360 平方米，设有党建展馆、乡村记忆展室、畲族大观园等。

凤洋文化站成立于 1955 年，是民办公助站，也是闽东最早的畲族文化站。文化站兼为文化学习站，除了开展文化宣传工作以外，还负责扫盲工作。改革开放后，凤洋文化站在畲族文化保护上发挥了重要作用。凤洋畲族村文化站站长钟伏龙，康厝畲族乡凤洋村人，在凤洋畲族村文化站站长岗位坚守了 30 多年，曾先后 7 次被福建省、宁德市和福安市有关部门评为先进工作者。工作中，钟伏龙用心尽力让凤洋畲族村文化站发挥好传承与保护本民族传统文化的纽带与桥梁作用。30 多年间，钟伏龙利用业余时间，遍访 100 多个畲族村，以普查的形式，对畲族的民俗、民间文学、民间艺术进行搜集与整理。2006 年至 2008 年，钟伏龙还参与了宁德市畲族文化抢救 13 卷书籍的资料挖掘收集、整理工作，承担完成了关于畲族婚礼、丧礼、服装、祭拜、建房、祠堂和畲族歌言等内容的编写工作。基本收齐了“衣食住行，婚丧喜庆”等各方面的畲族传统文化习俗内容，并整理成 200 余万字的资料。2022 年，由钟伏龙整理编辑的《福安畲族传统歌言集》出版。1997 年，凤洋畲族村被福安市评为“畲族文化艺术之乡”，2006 年被宁德市政府命名为“畲族文化重点村”。2013 年，钟伏龙被评为福建省优秀农家书屋管理员；2014 年，文化部组织的“2014 中国文化馆榜样人物”评选活动，钟伏龙成为全国唯一获此殊荣的村级文化站站长；2016 年，钟伏龙荣获“2015 全国艺德标兵”称号。

◎畲族服饰制作

畲族的传统服饰，斑斓绚丽，丰富多彩。畲族服装崇尚青蓝色，衣料多为自织的麻布。现代畲族男子服装与汉族无异，畲族妇女服饰具有鲜明的民族风格。裁缝工匠大都是半工半农（极个别外出谋业），并以男性为多。钟氏人在畲族传统服饰制作上颇有名气，畲族服装服饰手艺的传承主要是在父子、叔侄之间，传承过程十分严格，不徇私情。

凤洋村畲族服装尤为闻名，有“后舍畲银”与“凤洋新衣”为新娘嫁妆标配的说法。据凤洋村传统制衣技师回忆，清代之前凤洋畲族服装服饰制作技艺的传承具体情况不详，仅仅知道在民国时期村里出了钟廷如、钟章弟、钟伏进、钟顺松、钟石轩等 5 位制衣技师。当年他们曾被誉为“制衣五杰”，是闽东畲族“福安装”制作的代表性人物。除了为本村人制衣外，他们长年在外，靠自身手艺赢得各地畲族村民的信任。他们制作的服装服饰遍及闽东东北部的长溪流域，包括寿宁、福安、宁德（今蕉城区）等县的畲族村落。

在“制衣五杰”中，钟廷如支系传承范围最广、传承人数最多，影响力最大，至今已传承了四代。民国时期第一代传人钟廷如，第二代传人钟祥春，新中国时期第三代传人钟章生，第四代传人钟锐金、钟玉其、钟石全、钟伏龙等。其中第三代健在的传人钟章生是其中的佼佼者。钟章生生于 1939 年，17 岁开始学艺，师从其叔父钟祥春。因勤奋好学不到 3 年就出师。20 岁后，他走南闯北，已然成为闻名遐迩的凤洋畲族服装服饰师傅。小至烟袋，大至蚊帐，精巧至衣饰花纹，繁复至女性婚礼服饰“福安装”的所有服装服饰他都能得心应手。他坚守传统，技术精湛全面，形成了完整的、与众不同的制作程序与技巧，具有完善的制衣技艺传承体系。钟伏进的第三代传人钟志金，现为中央民族大学美术学院民族服装系主任、教授、博士生导师。其有关民族服装的研究性著作“少数民族美术教育系列教材”《民族文化与时尚服装设计》（河北美术出版社 2009 年出版），是中央民族大学的研究生教材。

坂中畲族乡也有一批有名的钟氏畲族制衣技师，仙岩村钟住灿是 20 世纪 20 年代有名的制衣师；大林村有钟余弟（又名钟银弟）和钟培四。钟培四为钟梅允制作过参加第九届全国人民代表大会的畲族服装；和安村有钟光水师傅，随后有钟伏叔、钟伏利；廉岭村有钟成章、钟进松；日宅村有钟金明、钟伏周；井口村有钟禄松、钟丛金和钟桂梅。钟桂梅生于穆云畲族乡科后村兰头自然村，嫁坂中畲族乡井口村。1985 年开始学习制作畲族服装，她将畲族传统服饰与现代服饰相结合，制作出有时代特色的畲族服装系列。曾为十五大党代表雷春美、十二届全国人大代表雷金梅、十三届全国人大代表雷金玉制作出席大会的畲族服装。2018 年荣获“福安十大民间手工艺人”称号。

畲族服装制作

畲族历代对传统银器制作都极为重视，乃至推崇，也不断推进畲族传统银器制作的发展。畲族银器工艺经过漫长岁月的发展，逐渐形成了“操、凿、起、解、披”五大工艺精髓，畲族民俗银饰品的制作需经历溶银、倒条、打型、切料、压模、雕花、焊接、煮银、清洗、镶嵌、点翠、珐琅等工艺，达 30 多道工序。畲族民间银饰工艺繁复独特，浇筑成形后錾刻细部，仅錾花工艺就有阳錾、阴錾、平整、镂空等数种。从成形到纹饰全用锤錾，锤

畲族银器——银镯

錾之后焊接成立雕、圆雕，有的是锤錾之后以银环银链缀成整件作品，细部刻画则以錾刻和镌镂完成。此外，利用畲族传统的刮光和煮银泡洗技术，通过玛瑙片刮光和中草药混合液进行蒸煮刷洗，银饰显得更加光亮，典雅精致。

畲族银器是中国传统银雕工艺与畲族文化相融合的典型表达，是畲族人民群众智慧的结晶，充分反映了中华文明的历史连续性，记载着只有语言而没有文字的畲族文化变迁发展的历史，体现了银匠的高超水平，具有较高的历史、文化和科学价值。畲族姑娘出嫁时佩戴的传统“银凤冠”头饰，以及银耳环 1 副、银手镯 1 副、银戒指 4 只、银簪 1 条，是畲家人崇尚银饰的极致体现。银凤冠，俗称“圣疏”。银凤冠的制作，尽展畲族凤凰情节。传统银凤冠以展翅凤凰为主体饰物，并配套有数十件小银饰，雕有双龙、蝴蝶、花木、鱼鸟等代表不同意义的图案，新娘微步，银饰相击，叮当作响，寓意“凤凰带仔又带孙”，家族人丁兴旺。展翅的凤凰口衔银环，下缀银鱼，则寓意子孙勤俭持家、年年有鱼、代代相传。廉岭村老银匠钟伏松为民间畲银的代表人物，打了 60 多年银器，其作品一锤一錾之间尽显古朴大方，图案栩栩如生，在银片上呼之欲出，在闽东一带享有盛名。

钟伏松打磨银器

附：福安非物质文化遗产项目代表性传承人畲族传承人名单

序号	传承人	性别	项目类别	项目名称	公布时间	级别	备注
1	钟隐芳	女	传统医药	畲族医药（福安）	2018年2月第四批	省级	
2	钟伏谢	男	传统技艺	畲族乌饭制作技艺（福安）	2018年2月第四批	省级	
3	钟团玉	女	传统体育、游艺与杂技	畲族武术（福安金斗洋畲族拳）	2018年2月第四批	省级	
4	钟　清	男	传统医药	畲族医药（福安）	2011年1月第三批	宁德市级	
5	钟石木	男	民俗	宁德畲族三月三节俗	第五批	省级	
6	钟刘华	男	传统体育、游艺与杂技	畲族武术（福安金斗洋畲族拳）	2020年6月30日第六批	宁德市级	
7	钟桂梅	女	传统技艺	闽东畲族传统服饰制作技艺（福安）	2020年6月30日第六批	宁德市级	
8	钟神滔	男	民俗	宁德畲族三月三节俗	2020年6月30日第六批	宁德市级	
9	钟石秋	男	传统医药	畲族医药（福安）	2020年6月30日第六批	宁德市级	
10	钟铃锋	男	传统医药	畲族医药（福安）	2020年6月30日第六批	宁德市级	

附：福安仙岩业余闽剧团

1955年创办，又称仙岭洋闽剧团，拥有演职人员60人，是当时畲族地区最大的一支文艺演出团队。演出闽剧《拾玉镯》《卖花记》《何秀文》《三盅酒》《梅花寨》《血衣冤》等。他们也排演过一些小戏，如《游公路》

《相花记》《一张电影票》等，还演出过畲族婚礼舞、畲族小歌舞《阿姆》等。该村文艺骨干创作演出《卖余粮》《破除迷信》和《牧羊姑娘》等新编剧目。其中小歌舞《牧羊姑娘》参加福建省首届农村业余文艺会演，大获好评。1964 年，剧团参加北京“全国少数民族群众业余艺术观摩演出会”，表演畲族小演唱《难为迎亲伯》《草岗变茶岗》以及《茶歌》等节目，受到周恩来总理等国家领导人的接见。1980 年，仙岩畲族业余闽剧团复办，有人员 40 多人，以上演闽剧为主，兼演畲歌小戏，成为闽东畲歌演唱的主要演出团体，创作剧目《阿母》参加福安县农村业余文艺会演，获创作奖。1981 年，参加福安县城乡业余剧团调演大会，荣获演出奖。畲族演员钟乃康、钟燕（女）获县级演员奖。

第五节　生活习俗

福安钟氏在生活习俗上和福安其他畲族姓氏基本相同，既受地方汉族生活习俗的影响，又保持着浓厚的畲族特色。因地域不同，特别是县域交界地，又出现一些服饰、头饰的变化及民间信俗的差异。

一、服饰

历史上福安畲族男女服装多用手工自织的苎麻布制成。服装颜色多为青黑或蓝色。民国及以前，男子传统服装为青黑或蓝色的大襟布衫。夏天穿用的大襟丝布衫用耐汗、耐磨、通风透气性能好的丝布缝制而成。其款式为对襟、无领，仅用蓝布镶领口，两肩上衬有棉布“搭肩”。丝布衫因其袖子长短之别，又分成长袖和短袖两种。夏天穿短褂较普遍；夏天男子所穿短裤，亦用丝布或棉布缝制而成。冬天男子穿的大襟布衫，多用棉布缝制，故又称棉布衫，款式和丝布衫相同。冬天老人还加穿夹袄或棉袄，其式样均为中间开襟。出门做客时就穿“钱吊”，中间开襟，两边腰间备有口袋，便于藏放钱物。缺棉布的就用双重丝麻缝成马夹穿用。冬天男子穿青、蓝的棉布长裤，裤子为直筒式，裤筒大，不论短裤或长裤，裤腰均接有15厘米的不同颜色棉布作“裤头”，腰带用布带。男婚礼服装是红顶黑缎官帽（清代官帽）或礼帽，青色长衫，其襟、胸前绣花纹饰，青色布靴。除官帽、布靴系族内借用外，一般男子结婚都缝一件青色长衫。

凤凰装 当属最典型的女子服饰，由凤冠、衫裤、围裙、腰带、绑腿、虎牙鞋等组成，衫裤以黑色和青色为主调，显出庄严朴实、凝重深沉，但是在装饰上却用色绚丽，大量使用各种花卉、鸟兽及几何图案，散发着浓郁的民族文化气息，给人以强烈的视觉冲击感。传统女装大多选用青、黑色的布料缝制，花纹、纹样相对简单。大襟服斗上没有大块绣花，只在衣领上用水红、黄、大绿等有色的花线绣虎牙花纹。沿服斗的边则缝上一条三四厘米宽的红布边，下端靠袖头的地方有一块绣花的角隅花纹，呈半个红色方形，据说半个红色方形和肩膀处里层的正方形，是三公主告别其父亲高辛帝（帝喾）时盖的“金印”，以便子孙世代相认。上衣袖口上缝有一块1寸宽的红布边。20世纪70年代前大多数为苎麻布料，款式主要为开襟右衽式， 畲语称为“青衫”。上衣袖口的“贴边”与衣摆“衫岔”、衣领等处都用红布搭配，门襟有的还刺绣着花纹。从服装制作工艺的简单到繁杂、易到难又分为“里的衫”“三步针衫”和“副牙衫”。还有一种是畲族父母专门做给女儿的嫁衣，即“靠仔衫”。衣衫一般都用黑色或蓝色布料裁制而成，“里的衫”“三步针衫”和“副牙衫”其实款式是一样的，只是工艺不同。“里的衫”做工最为简单，没有绣花和镶边，只是领口和门襟用红色斜布条包边，袖口的里处和两边的“衫岔”开口处，缝上一条3厘米左右宽的红布条裹边，服斗缝制半个红色方形。“里的衫”半个红色方形也是没有刺绣，肩膀处的里层缝订一块正方形的红布，土语称叫“替肩”，这种服装主要作为平时野外劳作时穿用。“三步针衫”相对“里的衫”做工细致些，因为它不是劳作时穿的，主要是居家穿。“三步针衫”做工比较讲究，整条衣领上下边沿用红、黄、绿三种颜色的花线，绣上马牙花纹在衣服底层再用黄、绿、红三种颜色的布条与白色布条交叉叠上，衣领中央也用红、黄、绿、白四种颜色花线绣上“米”字形一排，服斗的半个红色方形也有绣花。“副牙衫”做工最为讲究，只有少女出嫁时，做一两件当作嫁衣使用，平时比较少穿，仅在出门做客人时穿用。“副牙衫”的衣领中央，用红、黄、绿三种颜色的花线绣上花蕊等图案，花蕊的边沿再用两条白线打结成一条白线来裹边。右边衣襟先用红、黄、绿三种花线绣上马牙花纹，后用红、黄、绿三种花线绣上花蕊，边沿用两条白线打结成一条白线裹边，再用红、黄、绿、白四种颜色布条交叉叠上，边沿用红布条裹包着。服斗的半个红色方形中央处绣上些精致的花草。松罗乡、溪尾镇一些畲村受霞浦县畲族风俗影响，着穿的是西路装。霞浦畲族妇女的服装式样与福安相仿，但上衣大襟、小襟的尺寸与福安的不一样，尺寸前后一样，便于反穿，所以大襟上有了服斗，小襟上也连做一个服斗。袖口是用蓝色布条缝制，在服斗和花边下端的琵琶带也比较讲究，美观大方。领上多绣白然花纹，与福安只绣几何纹、马牙纹不同，一般有大川牡丹、小叶牡丹、莲花，还有双龙抢珠，用色绚丽多彩。服斗上的花样有梅花、梅鹊、凤凰牡丹，“整鱼望凉亭”“鹿竹”“曲龙上天”以及蟠桃等；颜色有大红、桃红、大绿、水绿、蓝、白、大黄等几种，有的还配有金线，增添色彩。

凤凰发髻 福安畲族妇女的发式叫“凤身发髻”，也称“凤凰中”。16 岁前少女用红绒缠辫子，盘绕头上，额前留“刘海儿”。到了 16 岁才盘“凤身发髻”的发式，出嫁时必戴特造的帽子，又称“凤冠”，凤冠是由打银师傅专制而成。已婚发式跟未婚发型又略有不同，已婚妇女最明显的标志是发顶中央靠后横插一支银簪。未婚少女头上没有插银簪 ，以一根红线缠在右额前方的头发上 ，以示区别。妇女发式间环束着红色绒线，丧偶的妇女还会用绿色或白色的绒线环束。

16 岁前少女的发式称为“布妮头”，其梳理方法是，用红色绒线与头发掺在一起编成一条辫子，从后面向前盘在头上，做成圆形状，前留若干刘海。另一种梳理方式是先将辫子盘在头上，再用红绒线盘在辫子之下。未婚发式的梳理方法是，头发梳成斜筒高帽形状，但不向外扩张，而是把前面部分头发向后拢，与脑后头发合并后从脑后往左缠绕呈直筒型，头顶不压银簪，而是用红绒线代之。已婚妇女发式梳理方法是先将头发梳分成前后两部分，将后面头发用红毛线扎成坠壶状向头顶方向梳拢，与前面的头发一起梳起来，沿前额从中间往右再经脑后梳成扁平状盘绕头顶一匝，头发不够长则需续上假发。绕头一匝的头发高达脸部的二分之一，中间用红色毛线缠绕固定，上部略向外张，故又称为“碗匣式”或“绒帽式”。为了使梳成的碗匣扁平挺直，则需用数只发卡夹住头发，顶部压一条两指宽的银簪，并插银耳钯、豪猪簪各一枚。凤凰中发式梳成后，正面宽大平整如黑色缎帽，侧面看如富贵凤身。

松罗乡、溪尾镇一些畲村梳霞浦的“凤尾式”。“凤凰髻”是盘卷一椎的高椎髻，竖于头顶，为空心发髻，后面发髻蓬松。

凤冠

凤冠 女性的特造“帽子”，是畲族少女出嫁时所必戴的。其遮脸部分俗称“圣疏”，戴在头上的部分称“髻栏”。冠身以竹笋壳为骨架，外用红色布包缠后缝成长方形的头冠，冠上缀以一片片四方形且轻薄如纸的银牌，银牌上錾有凤凰、蝴蝶等图案，并用红线穿成一串串的五色珠垂挂在凤冠四周。冠的正面系有 7—9 根银链，链上再系上大大小小的凤凰、鱼儿之类图案的银牌与铃铛。廉岭凤冠垂挂物有枫叶，据说畲村都有村前种植枫树的习惯，所以枫叶寓意不忘家乡。凤冠戴在头上，珠串和链牌遮住脸部，直垂到胸前，走动起来摇摇晃晃，叮当作响，寓意“凤凰带仔又带孙”。凤冠作为畲族少女陪嫁礼物之一，在她逝世时，还要戴它入殓。

二、食俗

日常主食以米为主，除米饭外，还有以稻米制作成的各种糕点，常统称为“馃”。畲家常食的米饭有籼、粳、糯三种。从黏性上分，糯米最黏，粳米次之，籼米基本无什么黏性，但籼米出饭最多，畲家食用的米饭以籼米最为普遍。番薯也是畲族农家主食之一，番薯除直接煮熟外，大都是先切成丝，洗去淀粉，晒干踏实于仓或桶内，供全年食用。番薯粉丝是畲家招待客人制作点心和菜肴的重要食物，做法是把干淀粉用水拌成糊，用蒸笼蒸熟，冷却变硬后刨成丝，晒干即成。

福安畲族大都喜食热菜。除常见蔬菜外，豆腐也经常食用，农家招待客人最常见的佳肴是“豆腐酿”；肉食最多的是猪肉，一般多用来炒菜；竹笋是畲家四季不断的蔬菜。有这样的说法：一年十二月中只有八月无笋，用茭白替代。竹笋除鲜吃外，还可制作笋干长期保存。

饮茶是畲家日常必不可少的，大部分以自产的烘青茶为主，也有以青草冲泡的清凉茶。畲民喜酒，每逢喜庆佳庆、红白喜事、结婚、生孩子、盖房等都要请客喝酒。酒以自家酿制的糯米酒为主。酒用糯米酿造的，用粬不同，又分“白米酒”“红米酒”两种，醇香浓郁，味甜可口。

卤姜、咸菜等畲族风味菜，常用辣椒、姜、萝卜等腌制而成，称为糟辣椒、糟姜等。

乌饭 食用乌饭具有缅怀畲族先烈、准备春耕、迎接丰收的象征意义。关于乌饭有一个传说，相传明代倭寇从畲村过境，不知道乌饭是什么，便把畲族视为奇人奇物，大吃一惊，而逃之夭夭。乌饭的制法，是用畲山上的一种野生植物乌稔树（杜鹃科、乌饭树）的叶子，放到石臼里舂碎后，贮到布袋里。连袋放到铁镬里，加适量的水熬汤，让它释出紫黑色的汤汁来。而后去袋和叶渣，将精选的糯米泡进汤汁里，几小时后，捞起放到木甑里蒸熟即成。乌米饭色泽乌黑发蓝，并带有油光，香软可口。由于乌稔能起开脾、防腐作用。故将乌米饭放在通风或阴凉处，数日不腐。食用时，以猪油炒热，加花生、芝麻、糖等，味道更美。

畲家乌饭

菅叶粽　俗称“菅粽”，在端阳节和分龙节时食用。在裹菅叶粽的前几天，必须上山砍采一种特有的野生灌木黄碱柴（山矾），将其烧灰，淋出黄色碱水。在裹粽的前一天，再采集野生或人工种植的菅草叶（五节芒），放到铁镬里经过沸汤烫软，以防脆裂。

包菅粽

裹粽前，把精选的糯米泡进黄碱水里，浸几小时，拿两片又长又宽的菅草叶子对折成为一条槽，再拿一片菅叶披在槽底，而后舀嫩水泡过的糯米装填于叶槽中。装满后把披底的一片菅叶折过来，再把那折槽的剩余菅叶折过去，裹包好糯米。用棕叶丝缚作 5 节，即成为一条甘蔗棒子似的菅叶粽，放到铁镬里煮十余小时，遂成“菅粽”。煮熟的菅叶粽为浅黄色，既有黏性又不含糊。要是在糯米中掺少许的玉豆（金甲豆）或豌豆或羊嘴须豆包裹，更是芳香而不腻口。它既悦目又别有风味。每年端阳，畲民除了把菅粽当作佳品祭祀祖先外，还用于馈赠亲友。

糍粑 糍粑的做法，是取山泉浸泡糯米一天后，滤干水，放到木甑里蒸熟。趁热倒入石臼，一人拿着石锤击打石臼里的糯米团，一人负责翻转石臼里的糯米团，使糯米糍粑团均匀受击打，二人相互配合捣糍粑，在捣糍粑的过程中还要不时地往石臼里洒少许的水，避免糯米糍粑团黏到石锤上或石臼里。将糍粑团捣的油光可鉴，韧性极好时，再移到已洒好黑芝麻粉的竹案板上，就着糍粑团反复搓揉并捏压成一个个小糍粑团，或是压成一小块一小块碗面宽的饼状糍粑，即可食用。要是暂时不吃，也可以藏放到通风处晾干，即是糍团。待要食用时，把糍粑放到铁锼里加热，用猪油烤软食用。

打糍粑

还有一种比较精致的糍粑，叫作黄金糍。它的做法与糯米糍相似。不同的是，它的原料是用粳米和糯米各半（也有六四比例或七三比例混合），以黄碱柴的汤浸泡半天以上。然后，捞起蒸成貌似“凝脂”的金黄色糍团。“凝脂”出臼后，用印花模具把它印成一块块“福”字或梅花图案的糍饼，色、香、味、形一应俱全。

畲族过年、做“七月半”和冬节，都有制糍。他们常把丰收与喜悦，表达成“今年有糍做罗”，寓意“时（糍）来运到，生活年年（粘粘）甜”，同汉族蒸年糕祈望指日高升的心愿一样。因此，糍团就成了畲族人们庆贺良辰美景、婚嫁诞辰常用礼品。在亲戚客人来访的日子里，也常常砻谷、春米、蒸饭制糍，同欢共庆。甚至，在室内男女盘歌一方得胜之时，深夜里也制糍当点心。

三、建筑

历史上，畲族人过着刀耕火种、游移不定的生活，为了适应这种生计方式，他们“结庐山谷，诛茅为瓦，编竹为篱，伐荻为户牖”。即在山谷间搭建简易的山棚，称为“草寮”或“草厝”，用竹木当作支柱与支架，用茅草编制草帘作瓦片，用小竹片、芦苇秆编制篱笆，用荻条编制门窗，一切建材皆取自于大自然。明清之后，畲族人逐步趋向定居农业，也开始建造适宜定居的民居建筑，由茅草屋向土木结构民居过渡。福安市钟氏村庄的建筑物多为土木结构民居，少量的砖木结构。最简易的有“孩儿掬（举）伞”，内一根柱子，屋梁架在生土墙上。改革开放以后，混砖结构民居开始增加。

畲语“起寮”，即建房，是畲家大喜事，一户建房全村相帮，亲戚朋友责无旁贷。东家对于帮工者，只管酒饭，不付工钱，但建筑师傅除外，此俗至今不衰。坂中畲族乡的和安、仙岩，康厝畲族乡的凤洋就有许多钟氏建筑师傅。畲家建房讲究风水朝向和黄道吉日，基本做法是先打地基、立柱、上梁，搭好架子，然后在屋顶铺瓦，最后是砌墙、建灶、铺地、装饰屋内。屋宇营造一般不会一气呵成，会选择农忙时少干或不干，农闲时多干。有些关键环节要遵守畲族传统的民间习俗。

凤洋村民居依山而建，呈“一”字形排列。祖厝规模很小，第二、三代则另择地基新建，规模较大，为硬山屋顶，梁架外露。大厝两山墙搭有披檐，外砌土墙。第一代院门不在中轴线上，入门为前庭，接厅堂，厅堂由中庭壁分前厅后堂，左右厅门上端各有一个神龛，左神右祖。中庭壁上有横额“凤凰到此”，与福安普通民居几无二致。廉岭村内仍有不少数座规模较大的宅院，其中在下廉岭村口就有一座规模颇大、造型奇特的大宅。

该宅建于清代，钟氏先祖曾是银匠，家财富足，但山间常有匪寇流窜，因而集资建起了这座寨堡式的民居留存至今，现已成为廉岭村的一景。

钟宅坐东北而朝西南，以厅堂为中心依山就势建造于台地之上，平面布局也不规则，但规模颇大，总占地面积约 1000 平方米。建筑基座为卵石砌筑，厚重的夯土高墙将主体建筑全部围合，形成一座相对独立的寨堡；寨前大块条石铺就的埕地宽敞气派；厚实高耸的寨墙上开设小窗或小孔，小孔外窄内宽，既可观察寨外动静，又能投射利器；寨门为石枢木板门，门顶有注水孔，可注水护门，以防火攻；寨内有一口古井，终年不涸；寨右墙下为小沟渠，用以防备。整座建筑外观最为重要的特征就是高耸的夯土墙以及连续变化的山墙形态，有拉弓形、阶梯状等，颇具特色。

廉岭钟宅外景

钟宅主厅前有两座土木结构的碉楼，高 10 米有余，四坡顶，内部有木楼梯而上，四面厚重的夯土墙围合，仅在高处开设有券形、方形以及六边形的小窗，用于防御、瞭望等作用。主厅面阔三开间，明间为厅堂，两次间为卧室，明间宽大敞亮，中间设太师壁以及案桌；进深颇大，约七间十五椽，主厅两山披檐下空间与外墙之间为厨房以及杂物间等。主厅前后均有小院，右侧以及后侧均有楼梯可上楼，二、三楼多为储藏空间。整座

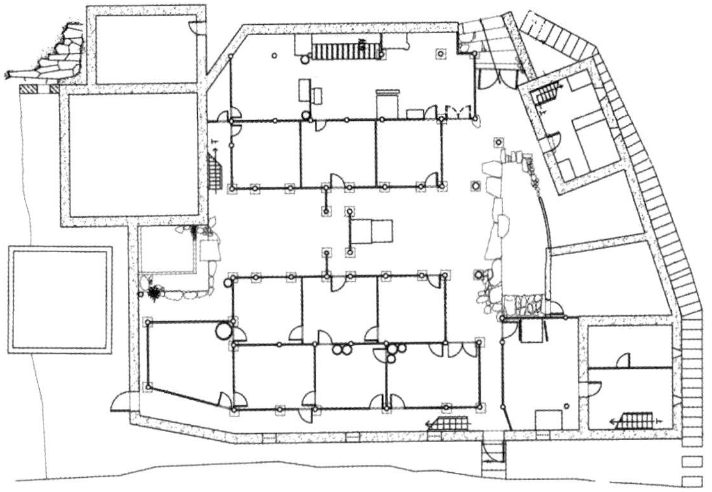

廉岭钟宅平面图

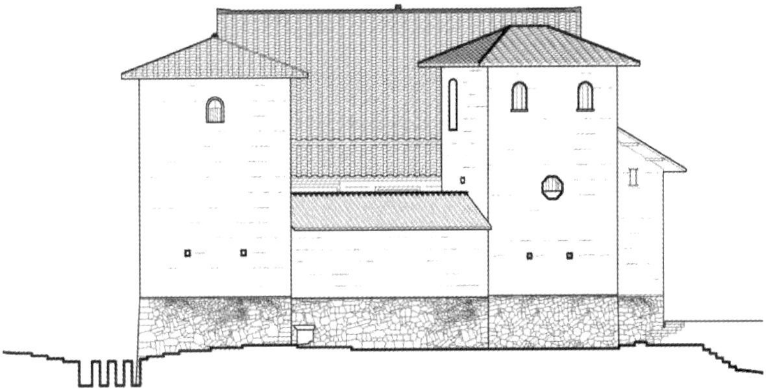

廉岭钟宅正立面

廉岭钟宅侧立面

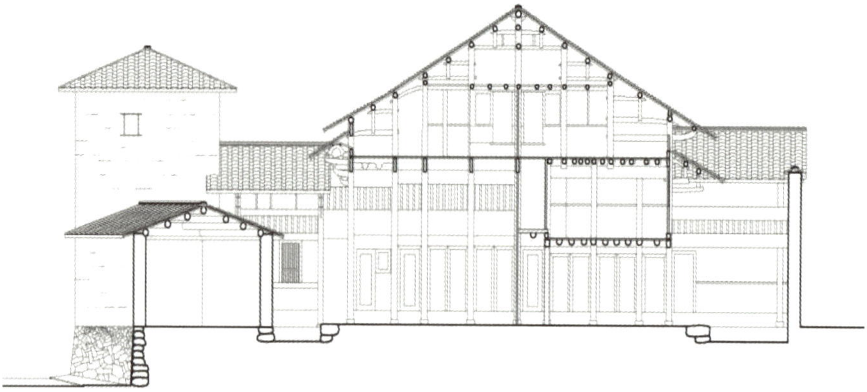

廉岭钟金发宅明间剖面

建筑的主体结构均为具有地方特色的穿斗构架，用材也颇大，体现出钟氏一族在建造时期的强劲实力。

此外，较有特色的钟氏建筑还有“竹园钟氏大厝”、仙岩村南垄自然村的钟氏大厝。“竹园钟氏大厝”坐落于鹅山村竹园自然村，建于清道光元年（1821），至今已有两百多年的历史。该厝面宽 46 米，进深 38 米，占地面积 2186 平方米。大厝正厅高大，中庭壁、神龛、窗棣等镂空雕或浮雕装饰精致。抬梁、穿斗式悬山顶双层木结构，天井有石雕装饰，大厅、台阶、墙体用“三合土”筑成，围墙为空斗砖墙（俗称“火墙包栋”）。“竹园钟氏大厝”在清道光年间出过文武二秀才，文化遗存丰富，如今存有丝

竹园钟氏大厝

漆金木雕屏风

石锁

质寿序 2 幅、漆金木雕屏风 8 幅、木质楹联 2 对，还有秀才练武时留下的石锁以及族谱等文物，是当地畲族民俗和建筑艺术的杰出代表。

四、传统节庆

封龙节 为每年的农历五月，是畲族人民祷求风调雨顺、五谷丰登的娱乐性节日。这一天畲族群众不从事农活，人们穿上节日盛装，兴高采烈地赴舞会，在山坪、田垅对“打”山歌，歌词多歌颂劳动、喜庆丰收和表达爱情等，歌会的场面十分动人。“封龙节”这一天聚集到福安白云山，举行群众性的登山比赛。人山人海，既有参赛者，也有前来观看助兴者，比赛的终点选在各山的峰顶。到达目的地被称为“赴蟠桃会”，优胜者获得“仙桃”和“仙酒”的奖赏。入夜，盘歌开始，一对对青年男女隐没在山林里、依偎在溪涧房，哼起美妙的情歌。因此，节日登山比赛既是锻炼身体、培养毅力的一项有益运动，也是青年“山恋”的极好机会。

年节 也叫春节，是畲族最隆重和热闹的节日。从农历 12 月 24 日的“祭灶送神”，畲族就开始过新年了。祭灶神后，就准备除夕的年夜饭，合家围炉。畲族家家蒸制“黄金糍 ”，吃“黄金糍”是畲民过年的特色之一。畲乡流传“糯米做糍圆又圆，香麻拦糍甜黏黏”的顺口溜，表示畲家人团圆共聚天伦和来年日子更甜美的意愿。除夕夜全家“吃隔岁”（即吃年夜饭），这是畲民最欢乐的时刻，一边尽情地享受美味佳肴，一边抒发来年日子更比今年好的愿望。“围炉”后，主妇选一根直径约七、八厘米粗的楮木放在灶膛里燃烧，烧至一定火候以灰烬掩埋之，使之不熄灭，备为正月初一的火种，俗称“隔年猪（楮）”或“留隔年火种”。是夜，万家灯火，通宵达旦，尽情欢乐“守岁”。所谓“守岁”就是“守祟”，意在防“祟”入室伤害儿童。初一清晨，鸡鸣第一声，各个畲村不约而同打开厅门，燃放大炮（即双响纸炮），人们走村串寨，平辈互相道贺新年大吉，晚辈向长辈拜年，主妇争先恐后到井里挑水，煮线面充作早餐，寓意家人平安长寿。儿童三五成群到竹村里“摇竹娘”，边摇边唱道：“摇竹娘，摇竹娘，你长我也长，旧年是你长，新年让我长，明年你我一样长。”以示像毛竹一样茁壮成长。青少年参加各种娱乐游戏活动，如弈棋、“猴孵蛋”、捉迷藏、荡秋千等。

“二月二” 又称会亲节，是畲族仅次于春节的传统节日。主要流行于闽东的福鼎、福安等县。所谓“会亲”，指原由福鼎双华、福安坂中分炉至浙南、闽东各地的畲族于每年农历二月初二回祖地相聚，举行会亲活动。节日这一天，畲家门前都升起白底红边的三角形族旗和颇似古时“华盖”的圆伞，各地族人都盛装打扮回到祖地会亲。人群熙熙攘攘，歌声笑声不绝于耳，宁静的山村顿时成欢乐的海洋。特别是夕阳西下，夜幕降临，松明火照耀得如同白昼，增添了节日的热烈气氛，歌会进入了高潮，人们引吭高歌，嘹亮的歌声在山野回荡，越唱兴致越浓，通宵达旦，热闹非凡。

孙公明王节 农历二月十四，为福安山头庄一带畲村祭祝孙公明王的生日，这一天，山头庄钟氏畲民必须宰猪备酒摆到钟氏祠堂里大祭，并且在祠堂中演戏三天。孙公明王是山头庄的开基祖，后代子孙年年都要为他庆祝生日。

“三月三” 又称“乌饭节”，是畲族人民纪念本民族英雄同反动统治阶级斗争取得胜利的节日。相传在唐高宗总章年间，畲族英雄雷万兴领导义军反抗唐王朝，被官军围困在大山里，粮断援绝，处境十分艰难。眼看有全军覆灭的危险，时值隆冬季节，天寒地冻，山里各种植物都已脱叶落果，唯有一种叫乌稔的野生植物，枝条上还挂有串串的甜果。畲军采集回营，雷万兴尝之香甜可口，便传令全军四出采集，军粮解决了，雷万兴便于三月初三杀出重围，取得了胜利。又是一年的三月初三，雷万兴想吃当年的乌稔果，让畲军入山采摘，可是这时乌稔刚吐芽抽叶，士兵只采回叶子，加入糯米蒸制，饭呈蓝黑色，同样香喷可口。后来，畲民为分享雷万兴抗击官军胜利的喜悦，每年三月初三出门"踏青"，采集乌稔叶，蒸制乌米饭，世代相沿，衍成风俗。如今，各地畲民为纪念民族英雄雷万兴，每年"三月三"都要蒸制乌米饭，合家共餐，馈赠亲友。举办舞会，集体对歌，欢度节日。

林公节 农历三月十六，是祭祀林公大王生日的日子，畲族村民都会筹备祭品前往村头水尾处林公大王宫庙进行祭拜，并鸣放神铳、鞭炮，敲锣打鼓恫吓驱赶山兽，保佑五谷丰登，人畜平安。凤洋、仙岩等村，每隔两三年的正月都要到宁德杉洋请林公"正身"。

牛歇节 农历四月初八为畲族的牛歇节。是日凌晨，畲族农民要把牛赶到山上吃露水草，梳洗牛身，做牛栏卫生，还以泥鳅鸡蛋泡酒，或用米粥等精饲料喂牛，严禁对牛棍打鞭甩。修有"牛王庙"的村庄也在这一天供祭。

尝新节 农历七八月水稻收割后过尝新节，又为"食新节"。按畲族传统，开镰收割必须先择吉日，把头一趟割一的稻谷碾成米，煮成白米饭，供祭地方神、祖公神、灶神。祭毕，请亲邻一起品尝新饭。桌上要请本家长辈先"动箸"，以示尊敬老人，祝贺老人健康长寿。是日客人越多越好，据说"多一人尝多一人粮"。各人饭罢，还要盛一碗米饭放在桌上，称为"剩仓"。

圆冬节 立冬是畲族农户的圆冬节。这一天，户户砻糯谷，舂米做糍粑，全家共餐，庆祝一年辛勤劳动取得的好收成。有的人家还要杀鸡宰鸭烹食，俗称“理园埕”，田园种植大计到此已料理完毕。个别畲民因某种原因立冬未曾做糍，到冬至也要补上“圆冬节”这一餐，或舂米糍或做汤圆先供祖，后全家吃汤圆，以祝来年好收成。

五、婚俗

新中国成立前，畲族婚姻家庭普遍实行一夫一妻制，仍保留着古朴的婚俗。一般同姓不婚，本民族内部的盘、蓝、雷、钟四姓中自相婚配。新中国成立后，随着民族平等团结政策的执行，畲、汉两族之间的通婚日益增多。现在畲族青年男女基本上都是自由恋爱，婚姻自主。

在畲族社会里，无儿的家庭多行招赘，不少有儿子的家庭也让儿子去入赘，而让女儿“招儿子”（即招女婿）。一般入赘者的子女要随母姓，也有生有二子分别随父母姓的。若夫妻双方都是独生子女，就得“做两头家”，即新婚头几年两边的家都要照顾，居无定处。这样维持几年之后，才确定在夫妻两家中经济条件较好的一方落户。

婚礼前先要报日，即男家选择结婚的日期，并将此吉日良辰通知女家。报日时间一般在农历八月，请五行先生占卜择定，结婚日期一般在冬季。日期一定，男家即请人挑着以红苎布袋套住的礼盒，内放写着迎亲日期的红纸帖一封，俗称“日子单”。另有猪肉、鲜鱼、线面、桂圆、红枣、冰糖等，还有中秋月饼，俗称“日子饼”，上述食物的数量都是双数，以示喜事成双。女方同意，即收下“日子单”红帖和半数食物。

女方父母根据男方送来的“日子单”中所注明的制作嫁妆的日期，请来畲族制衣匠，请师傅时事先要以红帖一封延请。首先做“压箱衣”，必须在师傅开剪日，先做“压箱衣”，又称 “草头衫”，用白布或白色苎布做成一套衣服，出嫁时放到箱底，平时不许穿在身上，也不借给外人，用途是夫家的前辈和娘家的前辈老人去世时，方穿在外面，作为戴孝时的孝服穿，等到自己去世时，作贴身内衣，穿在最里层。其次做三袋即大布袋、小布袋、红肚兜。三袋，即谐音三代，意为香火能连续传三代，三是虚数，意为代代。大布袋是新郎第一次做女婿时，用装礼物送给岳父之用。小布袋是出嫁当天，用来装“茶包”（果籽，取义开花结果）用的。红肚兜是出嫁当天，新娘穿在最里层，备装“凤凰蛋”之用的。其三做彩衣，即做一件绣花上衣、一件花鸟彩裙，作为出嫁时穿的礼服，布料颜色为黑色。此外，还要缝制一些平时穿的衣衫，和热天穿的苎布衣（畲语称“粗布衫”）、苎布蚊帐、苎被套等。其四做“杠头”。女方父母根据“日子单”注明的制作木用具的日子，延请细木师傅制作陪嫁用具，包括桌子、橱子、箱子，以及“三桶”即木脸盆、灶头桶、洗脚桶。打造“凤凰冠”，即新娘结婚时头上佩戴的银冠，一般延请银匠专门定制，也有直接购买的。

随后是少女“做客”，指新娘在出嫁前一段时间里，要到所有亲戚家中轮流做一次客人，意味着将告别少女时代，向亲戚辞行问好。也称为“做表姐”。少女“做客”期间，岁数小她的男性，称她“做客表姐”；岁数大她的男性，称她“做客‘布妮’（少女）”。做客有一套传统的惯例，先到谁家，后去谁家，是有顺序的。

“做客”

“做客”时，一定要从舅家开始，若舅家没请过，其他亲戚都无权先请。当成亲的日期确定后，由嫁女的父母把女儿成亲的日期，写在红条纸上，再用红帖一封套着，带上线面或鱼做“手信”，送到舅舅家。舅舅事先选好吉日，带上线面或鱼之类礼物做“手信”，亲自到外甥女家，把外甥女接到家中住。外甥女必须穿上绣衣与绣裙，双手佩戴手镯、戒指、耳环等银饰品。出行时，不管是晴天还是雨天，一路上都必须撑伞而行，路人一眼就能认出是“做客布妮”。

外甥女在舅舅家少则住十来天，多则住一个月不等。在舅家有特定的事情：歌言盘唱。外甥女到舅家的当晚或次晚开始，舅舅村庄的表哥、表弟就与即将出嫁的布妮对唱歌言，这是少女时代学歌成绩的一次展示。

外甥女住了一段时间后，必须由舅母送她回娘家。在外甥女准备回去前一天晚上，必须“响雷公”，即制作糍粑。“响雷公”是畲族最大的礼节，均由村里的表兄弟完成。少女回家后，就把舅舅家赠送的糍粑分赠给自己的堂叔伯、堂兄弟等。

除了去舅舅家有红帖通知之外，去其他所有亲戚一概不用红帖告知，所有亲戚是通过询问或打听，等舅舅请完外甥女回家后，自己登门请出嫁“布妮”前去。畲家在男女完婚的前两天，男方必须选择一位能歌善唱的机智男子，全权代表男方挑着礼物，来女家接亲，俗称“迎亲伯”或“亲家伯”。“迎亲伯”须懂礼节，能言善歌。一般对歌历时两夜。带上五至七人，其中一人能对歌、炒菜的，步行到女方家。这天女家故意在村外路上堆放杉刺枝条或荆棘条。“迎亲伯”把刺条等搬开，说明已带来歌手；把刺条等在路中竖起，说明不仅有歌手，而且要求女家起歌台，连夜对歌。迎亲人马一进村，女方家人全部躲藏起来，屋内空无一人，这时歌手开腔对亲家唱。歌手唱完歌，不进大厅，直入厨房生火。这时，亲家母才走出，端上茶水，并站在一旁看歌手往灶内生火，歌手也称为“火郎”。点火的意思是，女儿被娶走，但家里火种不灭，仍然兴旺。迎亲人员至中堂，按规定男方中四人先位于中堂右边，因为畲家认为左边主位为大，而女方四人却故意将男方四人往左边拉，如果男方站错位，即被奚落。因此，男方先得力求站对位置，站定后，男女双方一一对揖。随后互换位置再揖，此礼称为“捡田螺”。随后又行“脱鞋礼”，即女方端上热水请迎亲者洗脚换布鞋，女方称为“脱草鞋”，男方称为“穿草鞋”。“落脚酒”后，行郎要把嫁妆先抬回男家。嫁妆由女家帮厨者捆扎好并送至村口，在村口狭窄处，帮厨者同村上的姑娘互相配合，戏耍行郎。姑娘们用锅底烟灰涂抹行郎，有的把行郎拉到水田中。姑娘以夺得“送担包”为胜，行郎则极力留包，双方互比高低。畲家认为，没有戏耍行郎的村上姑娘没本事。女方的姑嫂姐妹还要为难抬花轿的行郎。她们与行郎对歌，比试才华，故意以种种借口来留出阁的姐妹，不让姐妹给抬走。而行郎则以种种理由说服女方，让花轿顺利出村。

女方出嫁不管是否愿意，在梳妆前都要“以歌当哭”，名为“哭嫁日”，目的是给娘家讨个吉利。其中，哭母舅最为感人，新娘见到母舅，便边歌边哭，还要跪拜，佯装不愿出嫁，亲友给她梳妆也不顺从。哭到第三天午后，母舅叫来两个人抱着她梳妆打扮后，半推半拉地把她扶出厅堂与胞弟“分酸”。胞弟手捧红漆樟木八角茶盘，盘里放着两碗带骨的肉煮成的线面。新娘站在竹制的米筛里，把甲碗里的肉面分一半到乙碗，又从乙碗里分一半到甲碗，连分三次，以示骨肉情深，日后两家常来常往。随后新娘又从另一茶盘里抓起一把米谷，边唱边撒到厅堂，祝愿娘家年年吃穿有余。接着由大哥抱新娘上轿，亲友们把一碗茶叶拌大米撒向轿顶，祝福她一路平安。

娶亲队伍中，新娘坐着朱顶彩边的花轿，新郎一身猎手打扮，还有手执红灯笼的“接姑”，肩挑礼品彩担的“赤郎”。到了男家，由“八仙头”（村中三代同堂的年长者）用秤子钩去新娘的红布盖头，新娘踏着米筛步入厅堂，意为她是米筛上的人，新郎不能轻视她。这时在畲歌声中，新郎先向天地、再向祖宗神位行三跪九叩礼。新娘则手执花绢掩面，由伴娘扶着站在一边。因为传说畲族祖先盘瓠是高辛帝的驸马，成亲时按皇家仪式，公主不要下跪。

畲族婚嫁请酒，母舅未入席，任何人不得“开筷”。婚宴开始后，新郎新娘边唱歌边给母舅敬酒。接着，新娘手捧茶盘，盘内摆着 10 只茶盅，盅内泡着花蜜茶，压上一把银匙，从母舅席上开始，逐席献上一盘茶。客人边喝茶边唱歌，祝愿新人“添丁添喜添钱财”，然后每人在盅底压上一个小红包，作为给新娘的回赠。

完婚请客“大酒”过后请佳仪酒，又称“八仙头”“暖房酒”或“新郎酒”。“八仙头”还要邀请“子弟官”八人，扮成“八仙”上门庆贺。“八仙头”又称“暖房头”，其余为“子弟官”又称“暖房脚”。这时新娘手捧茶盘，从后厅作半跪半蹲式舞姿至厅堂，先敬天地，后敬祖公神，再按辈分大小依次敬茶。茶毕，穿梭舞蹈，将茶盅一一收回。接着一手拿酒杯、汤瓢、筷子，一手拿方帕，舞至厅堂，一边有节奏地扭摆，一边做逐件洗擦动作，擦毕逐件摆到桌上，随后摇摆踏步擦座椅，请众人入席。酒宴要进行到第二天凌晨，然后“八仙”送新人入洞房，边舞边唱送房令：“床上一合凤凰鸟，凤凰鸟仔结成双，糖拌蜜，蜜拌糖，新娘伴新郎，荣华伴富贵，富贵天地长。年头食你双喜酒，年尾添个状元郎。”婚礼至此毕。

六、丧葬习俗

畲族人以享年 50 岁以上死者为寿终正寝。整个丧葬之礼与婚礼场面同样热闹，俗称“老喜丧”，先为死者梳洗更衣，孝男孝女执陶罐到溪河边，点燃三支香，烧化纸钱唱《买水歌》。唱完，向河里舀水，俗称“买水”。舀水时，死者是男，要舀顺流水，以示男在天；是女，要舀逆流水，以示女居地。清水舀回后，要放在火炉上暖几分钟，用白布在水中浸湿，在死者胸前揩三下，背后揩四下。死者不论贫富，衣着要新，旧衣和有口袋的衣服以及钱、米和有文字之物不能装殓。死者着黑色衣服，衣服有单、夹与棉的不同，穿衣以重数计算，一般上身九重，下身三重。女性则戴上结婚时竹制的三角形头冠。衣毕，为其理发（一般人病时就已理好头发）或梳头，这个过程均伴哭歌。死者穿戴完毕，从卧房移到后厅。用两条板凳、四块木板、一张草席为死者支起一张“灵床”。而后，用炉灰裹成10个小粽子缚在一枝桃枝上，放到遗体的旁边，入殓时扔到河里。有“祖图”的畲族村，遇上50岁以上的亡者，在其厅堂悬挂“祖图”三天。死者装殓时间要择海水涨潮时分，忌讳“重丧日”和“三丧日”。装殓时，丧女哭唱《落棺歌》。畲家报丧时，报丧者反穿衣服引人注目，奔丧者哭唱《思亲歌》。

畲族老人病逝，经过洗浴、更衣，停尸于后厅，举行告别仪式时，逝者右手要执一茶枝（有的地方用桃枝）。据说茶枝一拂，就能使黑暗变成光明，从而使逝者达到早日转生的目的。生人为逝者做坟墓破土奠基时，还要用茶叶与铜钱、大米、小麦、稻秆、灯芯等“七宝”埋到墓基底下，以示地能生财。这些习俗说明茶的功用已深入畲民生活的各个方面。

七、民间信仰

福安畲族钟氏以信仰道教为主，融以一定的佛教内容。居住城镇的钟姓人，受居住地汉族的影响也有信仰佛教，基本不信仰天主教。因长期受居住区域汉族宗教信仰的影响，形成了独特的多神崇拜、祖先崇拜、重风水的宗教信仰习俗。

神灵

畲族信奉的神灵由四个大类组成。1. 传说人物和历史人物演变而成的神灵，包括宗族远祖、族内英雄能人；2. 民间俗神，与当地汉族村民共同信奉的神灵；3. 道教与佛教神灵，其中前者占的比重大，民间信仰皆属于闾山教；4. 石神、树神等自然物体演化的神灵。

畲族钟氏尤其推崇祖宗和民族英雄神祇。受崇拜的本族主要神灵有田公元帅（雷海青）、钟景祺、雷万春、李仙娘以及盘自能、蓝光辉、雷巨佑、钟志深等。闽东畲族钟姓开基始祖钟熙被奉为坂中大林村土主，既是钟姓远祖崇拜的神灵，又是畲族英雄崇拜对象。康厝金斗洋村雷大三十二公，是清代畲族武林英雄，既是雷姓远祖崇拜对象，也是钟姓崇拜英雄。

田公元帅（雷海青）又称田都元帅、元帅公、相公爷、会乐天尊、昊天帝子等。据载，雷海青，清源郡田庄村（今福建莆田东峤镇田庄村）人氏，是唐玄宗时的著名宫廷乐师，善弹琵琶。传说，明末福王南巡福建，在海上遇险，雷海青显圣，使君臣安然。福王惊魂稍定，只见云端里有一支天兵，簇拥着一位天将，帅旗上绣着的“雷”字，“雨”头被云雾遮住，只露个“田”字。福王误认是姓“田”的将军护驾，于是颁诏天下塑像供奉，并赐名“田公元帅”。戏班和民间又奉他为保护神。是福建、台湾及广东潮州一带艺人供奉的戏神，也是闽台民间信仰的重要神祇之一。雷万春（701—757），本名雷震，字鸣空，号一元，范阳郡涿县（今河北省涿州市）人，唐朝将领，自幼学武，智勇兼备，博览群书，骁勇善战。安史之乱时，跟随张巡把守雍丘和睢阳，城陷遇害。唐肃宗即位，追赠荣禄大夫、忠烈将军。宋徽宗时期，追封忠勇侯，后人尊奉“雷霆驱魔大将军”，台湾民间尊其为“三田都千岁”“雷府千岁”。

受崇拜的民间俗神有林公大王（宋代周宁杉洋人林亘）、灶神、奶娘（陈靖姑）、五显大帝；道教神灵有三清、三官大帝、真武帝、福德正神、将爷公等；佛教菩萨有观世音；自然物体神灵有巨石神灵、巨树神灵。林公大王姓林名亘（一说名叫子芹），生于南宋庆元年间，是闽东家喻户晓的打虎英雄。清乾隆年间张君宾在他主纂的《宁德县志》中有简要的记载：“相传神为宋时邑杉洋人，善搏虎。没后能御虎灾，故祀之。”而杉洋村保存的《林公传》记载得更为详尽，其生平事迹约略是这样：林亘的父亲林珠及其兄长林玉二人原居住在长溪县西乡芹洋境溪墘头村（今属福安市溪潭镇芹洋），林珠娶吉坑村徐姓女子为妻，宋淳熙十五年（1189）迁居云气柏院。于庆元二年（1197）三月十六日生下林亘。林亘5岁了才会说话，可是就在那年他母亲病逝了，自此父子相依为命。到了林亘12岁那年，其父又无任何病兆就死了。林亘孤身一人被同村一陈姓乡亲收留抚养。南宋嘉定五年（1213），林亘只身来到杉洋，被杉洋人詹兆源收留。年轻的林亘因得其父亲家传，加上天生聪慧敏捷，练就一身狩猎好本领。当时杉洋附近的展旗峰一带，山深林密，虎狼成群而居，不时出没为患乡里，村民谈虎色变。林亘仗着一身功夫，立愿誓除虎患。他选择在嘉定十一年（1219）十月的一天正午，率领村人直捣虎穴，村人看见张牙舞爪的老虎，逡巡不敢向前，林亘却是铁骨铮铮，沉着应对，连毙三虎于地，当村人将老虎抬回村中时，方圆百里来围观的人不绝于道，百姓皆视林亘为神人。此后，针对深山兽害之烈，林亘制造出大排铳，用以轰击驱逐山猪等野兽，收效显著，远近村民争先仿造，自此山村人畜安泰，生产兴旺，这排铳就是流传至今的神铳。除了打虎除兽，林亘还上山采草药，帮助村民驱除瘟疫，预防疾病。

奶娘陈靖姑，出生于福州府（今福建省罗源县下渡）。父陈昌，官拜

奶娘踩罡

户部郎中，母葛氏。据《闽都别记》载，陈靖姑降生时，“景云覆室，紫气盈庭，闾里称奇，引为吉兆”。她自幼聪颖明慧，贤淑端庄。其兄陈守元有道术，隐居山中。陈靖姑曾进山饷兄，年十三受闾山道法，三年学成归里，奉亲命适古田县刘杞公为妻。陈靖姑怀孕数月，闽地大旱，禾枯树萎，民不聊生。她以二十四岁有孕之身，奋然脱胎，临坛施法祈雨，果降甘霖，旱象顿消。但夫人遭仇妖暗算，尸解归天。卒时自言道：吾死必为神，救人产难。民众以夫人之肉身，于古田立庙祀之。宋淳祐中，被封为崇福昭惠慈济夫人，赐额顺懿，后又加封为天仙圣母青灵普化碧霞元君。元明清各朝屡有封赠，称临水崇福夫人、顺天圣母顺懿元君等。道教经籍中称临水夫人为惠忱慈量天尊。

真武大帝又称玄天上帝、北极大帝、玄武大帝等。玄武系北方之神，道教职掌北方天界的重要尊神，道教名山武当山信奉的主神就是真武大帝。真武大帝的信仰源于中国古代的星辰崇拜和动物崇拜。传说中的真武大帝披发黑衣，金甲玉带，仗剑怒目，顶罩圆光，足踏龟蛇，形象威猛，其诞辰为农历三月初三。在福安村落中，以真武大帝为主神供奉的有社口镇坦洋村、下白石镇金腰带村等。

五显大帝又称五圣大帝、五通大帝、华光菩萨等，姓马，名灵耀，民间俗称马王爷、马天君、马灵官。为道家巫觋所祀之神，佛教则谓华光如来。农历九月二十八日为其诞辰。是广东、福建等地重要的中国民间信仰之一。传说玉皇大帝封其为“玉封佛中上善王显头官大帝”，并永镇中界，从此万民景仰。

宫庙

坂中乡大林钟熙侯王宫 始建于清咸丰五年（1855），重修于光绪六年（1880）。坐落于大林村钟氏宗祠左上方山岩，土木结构，悬歇山顶穿山减柱方式构架，宽 4 米，深两进 10 米。前进为大门回廊接天井，后进为正殿，供奉大林钟氏土主钟熙。2013 年再次重建，占地面积 120 平方米。

坂中乡大林钟熙侯王宫

大门、屋顶增加传统飞檐等装饰。

坂中乡仙岩五显大帝宫 民国年间建，面积 200 平方米。供奉五显大帝。

坂中乡濑头平水大王宫 坐落濑头村对面山，供奉林公大王，陈、林、李三夫人，陈士，陈八公，钟熙侯王。

坂中乡彭家洋村洋坪林公大王宫 始建于清末，1996 年重建，建筑面积 60 平方米。供奉忠平侯王（林公大王）林亘。

穆云乡洋坪村林公大王宫 位于穆云畲族乡洋坪村，建于 1980 年。

城阳镇茶洋平水大王宫 建于 1982 年，坐落于城阳乡茶洋村地名水井面处，宽 15 米，深三进 23 米。砖木悬歇山顶穿山减柱结构。屋顶挑檐中雕立鳌鱼抢珠一对。前进为戏台，两旁为回廊，后进为殿堂，供奉平水大王、钟法天、钟法旺三位神灵。

城阳镇铁湖忠平侯王宫 坐落于铁湖村左侧山脚，砖木结构，悬歇山顶穿山减柱方式构架，宽 4 米，深两进 10 米。前进为大门回廊及戏台，中间为天井，后进为正殿，供奉忠平侯王林亘。

四洲文佛亭（合掌亭） 位于城阳镇合掌山分路口右侧。歇山顶砖木结构。亭高 5 米，建筑面积 34.8 平方米。始建清代，重建于 2012 年，既

四洲文佛亭（合掌亭）

为路亭，又为供奉佛像堂，亭内塑有四洲文佛三身佛像及左右附官像。

康厝乡半山村土主宫 1988年建，为土木结构，面积60平方米。供奉大林钟氏土主钟熙。

康厝乡半山村洋里宫 旧名南洋古宫，建于清嘉庆十四年（1809），保存有多尊佛像和富有民族特色盘、蓝、雷、钟四姓龙牌。

康厝乡半山村临水宫 建于1984年，为土木结构，面宽17米，进深27米，占地面积600平方米，建筑面积400平方米，内建有戏台，主殿供奉奶娘及林公大王。

康厝乡牛石坂齐天大圣宫 位于福安市康厝畲族乡风洋牛石坂村。宫始建于公元1993年，进深10.8米，面宽8米，建筑面积86平方米。是闽人猴神崇拜的遗存。被立庙祭祀的猴精除齐天大圣孙悟空外，还有《闽都别记》中提到的红毛猴精即丹霞圣母。

溪柄镇长洋村葛藤坪林公大王宫 坐落葛藤坪村村口，面宽4米，进深6米，建筑面积24平方米，为砖木结构。主祭林公大王，从祭平水大王、奶娘陈靖姑、土主和李清曹。

溪柄镇东坪村五显长生大帝宫 在福安市溪柄镇东坪村。面积约160平方米，供奉五显长生大帝（五尊）、平水大王（大禹）、土地公、泗洲文佛等。

溪柄镇扆山村龟武林公大王宫 位于龟武自然村村口水尾右侧。

社口镇里后王三师公宫 建于1950年5月，坐东向西。1990年重修，深10.5米，宽7.2米，建筑面积75.6平方米。

社口填头村坑里五显帝宫 位于福安市社口填头坑里村东南侧。面积约85平方米，供奉五显长生大帝、平水大王、平水小王、牛舍投、奶娘等泥塑神像。该村没有到古田大桥临水宫祈请奶娘香火的习惯。村民一年做四次祈福，即下秧、保苗、秋福、丰收。

溪潭镇仙石村南山林公侯王宫 坐落南山村村口，2006年重建，砖木混凝土结构，共二进，中间为天井。建筑面宽14米，进深21米，建筑面积300平方米。主殿供奉林公忠平侯王。

溪潭镇横林钟熙侯王宫 建于2015年，坐落于横林村左侧后山。宽4.3米，深6.9米。悬歇山顶穿山减柱方式构架，前进为大门回廊接天井，后进为正殿。塑有钟熙侯王及侍者三尊像。较有特色的是塑像后的横林村油画图，将横林旧貌描绘得若临其境。

甘棠镇过洋村林公宫 坐落于过洋村口，原有旧宫一座，面积约60平方米，土木结构，现已废弃。2010年改址村口新建宫祠一座，为砖混结构，

甘棠镇过洋村林公宫

分为上厅、天井、下厅三个部分。祭祀供奉忠平侯王、田公元帅、忠勇王、奶娘、土地公婆等。

下白石镇下赤五显帝宫 在福安市下白石镇下赤村东侧。为土木结构，面积约 40 平方米。供奉五显长生大帝、林公大王、田公元帅、奶娘、虎马将军、折清师公（土主）、土地公等神。该村一年祈福 12 次。

下白石镇金腰带五显帝宫 在福安市下白石镇金腰带村。面积约 15 平方米，供奉五显长生大帝泥塑神像。

下白石镇金腰带真武宫 在福安市下白石镇金腰带村路口，供奉北极玄天帝君神像。

下白石镇亨里村土主宫 位于下白石镇亨里村，旧宫因村庄搬迁已荒置。2010 年在新村村口新建 1 座，面积 20 平方米，内供奉吴法仙师公、忠勇王、林公林王、钟老仙翁、奶娘、林泗相公等神像。

第四章 宗 祠

由于畲族是一个大杂居、小聚居的民族，社会组织孕化处于初级阶段，又没有自己的文字，故宗族是其组织聚集的重要方式。钟氏宗祠基本效法于汉族，以颍川郡为郡望，只在族源上有所不同，因而族谱撰写上有所区别。

第一节 祠 堂

一、家族

家族是畲族钟姓的重要社会组织，也是祠堂文化内核。祠堂又为家族组织提供一个载体。大凡钟姓村庄皆有以“祠堂头”“父老”为核心的家族组织。其结构分宗祠—房—家庭三个层次。随着宗族人口的发展，有的“房”演进为支祠。宗祠是以地域开基始祖为旗帜的有血缘相近的同姓子孙组成的宗族组织，房是以开基始祖各儿孙分蘖形成的宗族支派，家庭是组成宗祠的基本单位。“祠堂头”“父老”是维护家族秩序的主要力量，负责组织祭祖修祠，评判族内纠纷，维护宗族利益，规化子孙辈，兴办公益事业等。被选为“祠堂头”“父老”者，一般为族内辈分较高的，或精于事务，或稍读诗书，或少有积蓄又慷慨施济的德高望重者。“祠堂头”“父老”以伦理的力量取得崇高的威望，家族之事一般须经族人公议，“祠堂头”“父老”首肯。徐墩坂《钟氏族谱·祖训》写道：“族中凡有田园授受不明并数目不清者，须先禀于族长，听凭出断……”区别汉族在于畲族族长缺少外围政治力量的扶助，更具伦理道德的崇高性。

畲族钟姓又有与他姓不同的家族聚结和联合范畴。一是强调对同祖同宗的认同。认为同祖同宗一家亲，“锺为金千里，千里金之义”。所有《钟氏族谱·祖训》无一不以“睦宗族”为必须列写训条。徐墩坂《钟氏族谱·祖训》云：“宗族均属一祖所出，岂可以途人相视。”濑头村《钟氏族谱·祖训》亦言：“宗亲家族，叔伯兄弟之间，守望相助，有无相通，勿以富欺贫，以贵凌贱。”这种血脉的牵连主要体现在钟姓后期的投亲走向迁徙和重大活动上，特别是围绕祠堂文化的修谱和祭祖活动。对宗祠的聚力和对祖祠的追溯。从福安各村《钟氏族谱》的记载中，我们可以看到在修谱、建祠、祭祖、进龙牌等活动中，众多钟姓人对宗祠的凝聚。濑头《钟氏族谱》还专门记载了祖祠——大林钟氏宗祠的五次祭祖活动。“康熙五十五年（1716）丙申年，九月十二日戊申日。祭祖董事名列：十六都眠山（钟）三畏、（钟）三敬；五都仙岭头（钟）三门、（钟）三华；仙岭岩（钟）法陈。祭猪一口七十斤，钱四千文，题族户丁钱一十三千文。”“乾隆二十年乙亥年（1755）十一月壬午日。祭祖董事名列：（钟）法依、（钟）法殿、（钟）法馀、（钟）法水、（钟）法达。”“乾隆四十一年丙申年（1776）九月初一丙子日。祭祖董事名列：十六都眠山（钟）华贵、（钟）华旺、（钟）华昔；十五都唐前（钟）法陈孙（钟）淑家；桦岭（钟）华万；仙岭洋（钟）法秀。”……光绪十四年（1888）十二月初七子时，大林钟氏宗祠进“龙牌”（祖先的神牌），族裔钟有声还题诗为贺：“由来得姓溯钟吾，历代人文显帝都。祖德宗功期勿替，大林万古启宗祠。”二是强调对同民族的认同。畲族谚语：“山哈、山哈，不是亲戚就是叔伯”；“凤凰山上好开基，同是南京一路人”；“蓝雷钟三姓共门寮，不共锅灶同族亲”。族谱开篇皆先表述祖祠：“凤凰山原有祠址与南京一脉相连……四至开具明白以为盘、蓝、雷、钟四族永远同据。”大林《钟氏族谱·盘瓠王铭志序》还专篇表述了四姓的同祖而生。一种“民族即家族”的泛家族观念。三是对郡望的认同。钟氏郡望为“颍川”，同郡望亦一家人。濑头《钟氏族谱》中云：“钟理公其时兄弟三人，各以分居各名姓，陈西明、钟理、赖如川……”虽说是一种主观上以郡望来推论先祖来源的不科学之说，但又体现了钟姓在汉化过程中，依赖大姓扩大家族外延的意识。清光绪年间（1875—1908），坑门里村钟姓家族因一片山场的管理权而引起纠纷。“天下林陈占一半”，陈姓在福安具有更大的实力，有同情钟姓的林姓建议，可求援于福安韩阳镇陈姓。因为，陈姓与钟姓的郡望同属颍川郡。经过多方交涉，终于得到了陈姓家族的支持，这场纠纷得以解决。坑源里《钟氏族谱》载：“听公派下山场坐落上廿九都坑源里地方，北边截至三座，右边凤尾岗脊分水，南边截至火管笼田为界。原始祖听公出资助完寺饷西隐寺僧修德，即将该山立约为谢，历年管业无异。嗣后，争占互控七年，约费讼资七千串有奇。后经公人林明飞等，遵照邱邑主原断调处，将该山仍归作紫阳书院膏伙公业，年纳租钱六千文（申时用大钱四千八百文）给照会交本族石金、细弟、永清等永远承作，日后子孙俱凭县照归耕管业，递年订至九月十四日备足凑纳，如有抗欠任凭绍佃耕管，子孙俱各允是，无得反悔。徐邑主县照存（钟）汉荃处。清光绪十四年（1888）。”

二、郡望

福安钟氏皆以颍川郡为郡望，俗谓“颍川堂上”。颍川郡，建置于秦王政十七年（前230），以颍水得名，治所在阳翟（今河南省禹县）。相当于今河南登封、宝丰以东，尉氏、郾城以西，密县以南，叶县、舞阳以北区域，为钟氏发族之地。福安畲族钟氏在其族谱、祠堂、先祖牌位上皆冠以“颍川”二字，如“颍川世裔”“颍川世泽”“颍川堂上”等。

三、祖训族规

祖训族规是规范家族的公约条文，是接受汉族伦理思想，适应生存环境，分配家族利益、权利、义务的道德契约。福安畲族钟氏的祖训族规多从祖训的方式提出，重在以伦理道德兴旺家族，而不是用来惩戒族人。大林《钟氏族谱》写道：“父兄必须教训子弟，使之明礼仪识尊卑，不至有慢上无等之失，而教之之法在于宽与豫，宽则纵容开道，而下乐纵，豫则习惯自然为善亦易。倘素不教训一入于不善，即以荆楚从事则有伤恩之过，若教而不从则怙终不悛，徒以禽犊为心则有姑息之讥，二者皆非正道，贵酌其中始云无弊。”祖训基本书于族谱中。主要有劝（崇），内容涉及孝悌父母、兄弟亲爱、宗族和睦、生活节俭、公务协力等；训（警），内容涉及警游惰、严闺门等；戒，内容涉及戒赌博、戒争讼、戒饮鸦等；禁，内容涉及禁溺女。从四个层次来约束族人。福安各村《钟氏族谱》在祖训训导内容上基本一致，因各村村情有异，某些事项有所偏重。仙岭洋村因区域靠近城区，经济和文化较发达于其他钟氏村庄，在祖训中重笔强调了重嗣绍宗、公务协力、培植风水等公务性事业。濑头村则在教子崇学、禁戒溺女等关爱子女上提出训导。

四、宗祠建筑

坂中乡大林钟氏宗祠 坂中大林钟氏宗祠坐落于大林村左下方，坐西面东，南北两侧山脉环拥。始建于清康熙五十五年（1716），清光绪八年（1882）重建，面积700平方米，土木结构，由戏台、正厅组成。正厅面阔五间15米宽，进深二进30余米，穿斗减柱构架，悬山顶，两山施腰檐，顶棚露明造，前檐以三跳插拱挑檐。前进为戏台，中间天井，两旁回廊，后进正殿。正殿中间及两侧设有神龛，用于供放祖先的神牌（俗称“龙牌”）。

坂中乡大林钟氏宗祠

现存建筑物是2013年重建的，为混砖结构。共3层，宽16米，进深三进46米，占地面积736平方米，建筑面积1264平方米，底层架空为库房，两旁台阶而上为宗祠前看台。前进戏台，两旁回廊，中进为议事厅，后进正殿。正殿中堂及两侧设有神龛，供放开基始祖及列世祖宗的神牌。

大林钟氏宗祠极具价值的是祠内保存钟氏历代（唐至清光绪年间）祖先的神牌487块，这些神牌造型一致，均为木雕。上顶雕衔珠翘须龙头，两侧镂刻双龙或双凤，中间是表明祖先名分的宋体阳刻，底池为宝蓝色，下端是托座，雕有围栏、吊柱、流苏，镶嵌青云头、花卉、寿字等图案。正中神牌是“大林钟氏”派系始祖的龙牌，高达13米，宽0.5米，其余的基本为0.8米高，0.3米宽。1991年大林钟氏神牌供奉祠堂被福安市人民政府列为市级文物保护单位。

坂中乡和安钟氏宗祠 始建于清同治年间（1862—1874），坐落于和安上村右侧公路下方，坐西向东。新中国成立后曾5次重修，土木结构，宽14米，深20米，占地面积280平方米。由前后两座，左右两厢组成，中间隔一天井。后座中堂及左右两旁供奉各世祖宗神牌。

坂中乡濑头钟氏宗祠 始建于1963年11月，完成上座，1981年再建下座。坐落于坂中畲族乡濑头自然村的王蛇山，坐北向南，背靠王蛇山，面向穆阳镇，东西两侧雄山环抱。祠堂分前后两进，面宽13.3米，进深24米，占地面积300多平方米，为土木结构，以杉木、桦木为材料，高7米。内部结构类于福安当地风格，即悬歇山顶穿山减柱造。前进为戏台，两旁回廊，后进为正殿。正殿中堂及两侧设神龛，用于供放开基始祖及列世祖宗的神牌。2001年，祠堂重修，改为砖木结构，两侧砖墙亦高于屋顶，建筑物更显威仪。

坂中乡濑头钟氏宗祠

坂中乡仙岩钟氏宗祠 始建于1950年4月，1983年10月重修，宗祠坐落村头村道上侧，坐西向东，土木结构，宽10米，深20米，占地面积200余平方米。由前后两进，左右两厢组成，中间天井，正门门楣上镶嵌“钟氏宗祠”宗祠名。灰墙碧瓦，建筑形为福安宗祠传统的悬歇山顶穿山减柱方式，砖木结构。前进戏台，两旁回廊，后进正殿。正殿中堂及两侧设有神龛，用于供放开基始祖及列世祖宗的神牌，共40面。造型与其他宗祠的样式大致相同。宗祠殿中柱悬挂木刻楹联三副。2018年再次修新。

大门有石狮一对，正面大门板材装贴，庄肃大气。

坂中乡白岩下钟氏宗祠 位于仙岩村白岩下自然村村尾。坐仙岫山而面富春溪。为福安宗祠传统的悬歇山顶穿山减柱方式结构。砖木主体配以混凝土立柱。面宽16米，进深34米。分前厅、天井、正殿三部分。现已完成正殿，前厅正建设中。

穆云乡燕科钟氏宗祠 宗祠坐落于燕科、洋坪两村交界处，依山而向穆阳溪。动工于1999年，2003年正式落成。宽14米，深30米，占地面积420平方米，为福安宗祠传统的悬歇山顶穿山减柱方式结构，由前后两进，左右两厢组成，中间天井，前进戏台，两旁回廊，后进正殿。正殿中堂及两侧设有神龛，用于供放开基始祖及列世祖宗的神牌。正门门楣上镶嵌“钟氏宗祠”宗祠名。

穆云乡燕科钟氏宗祠

康厝乡凤洋钟氏宗祠 宗祠位于村内下方左侧山脚。始建于民国36年（1947）10月，董事钟瑞諠、钟盛銮。系土木结构两进厅宗祠，宽13.6米，深25米，建筑总面积340平方米。其间多次修缮。2016年重新动工扩建。2017年农历8月竣工。面宽18.2米，进深40米，建筑面积728平方米。

建筑形为悬山顶，穿斗减柱造，为砖木结构，由正座、戏台、门亭三进厅组成，分三大功能区，神龛（祖牌）、大殿、戏台。正门外以石板材质石雕装饰。

康厝乡凤洋钟氏宗祠

康厝乡东山钟氏宗祠 位于原东山旧村村口水尾。始建于清乾隆二十九年（1764），已废。后复建，为土木结构，面积 400 平方米。因村庄搬迁，已荒芜。

康厝乡金斗洋钟氏宗祠 坐落金斗洋村水尾左侧之上，动工于 2006 年 9 月，竣工于 2008 年 2 月。右侧抬级而上处建牌楼门坊一座，石木混凝土

康厝乡金斗洋钟氏宗祠

结构，飞檐画梁，鱼龙护顶。正座钟氏宗祠，面宽 13.6 米，进深 23.6 米。分为前后两进及中间天井，前进为戏台，后进为主殿供放列世祖宗的神牌。是福安宗祠传统的悬歇山顶结构，为砖木结构。大门上有飞檐顶装饰。宗祠前为石雕围栏，下方小广场，台阶两侧石狮一对。

溪潭镇蓝田钟氏宗祠 位于村庄左侧村前广场。始建于清嘉庆十三年（1808），土木结构。下座建于嘉庆十二年。1959 年被供销社借用存放木炭，废于一炬。1961 年重建，仍为土木结构。2001 年至 2004 年重新修缮，改为砖木结构。2013 年折旧重建。宽 17 米，深 38 米，总面积约 646 平方米。造价 300 多万元。为福安宗祠传统的悬歇山顶穿山减柱飞檐方式结构。灰墙画梁碧瓦，正门牌楼门，四根雕龙石柱，屋顶鱼龙相对。门楣上镶嵌洒金楷体“钟氏宗祠”宗祠名。内由前后两进，左右两厢组成，中间天井，前进戏台，两旁回廊，后进正殿。正殿中堂设有神龛，用于供放开基始祖及列世祖宗的神牌。

溪潭镇蓝田钟氏宗祠

溪潭镇岳秀村横林钟氏宗祠 宗祠位于横林村左侧村头鹧鸪坪。2013 年破土动工，2015 年竣工。面宽 16.6 米，进深 35.2 米，占地面积 583 平方米。

为砖木结构，分前后进及中间天井。为福安宗祠传统的悬歇山顶穿山减柱造。屋顶双龙护守，屋面四向飞檐，正面以石材石柱装修，庄严宏大。又以画梁雕柱飞檐装饰，瑰丽辉煌。内由前后两进及中间天井组成，前进戏台，两旁回廊，后进正殿。正殿中堂设有神龛，用于供放开基始祖及列世祖宗的神牌。

溪潭镇岳秀村横林钟氏宗祠

甘棠镇山头庄钟氏宗祠 位于旧村右侧水尾山脚。始建于晚清，土木结构，面积 100 平方米。民国年间重修，改为砖木结构，宽 15 米，深 29 米，

甘棠镇山头庄钟氏宗祠

面积为 435 平方米。2005 年 4 月扩建前座与中座，同年 8 月全面完成装饰。宗祠依山而建，后座以台阶相连。为福安宗祠传统的悬歇山顶穿山减柱造。面宽 16 米，进深 58 米，总建筑面积 900 平方米。

甘棠镇小岭钟氏宗祠　坐落于小岭村内。修建于 1990 年 9 月，为土木结构，面积 500 平方米。

城阳镇铁湖钟氏宗祠　位于村口左侧，坐东向西。建于 1981 年，砖木结构，面积 120 平方米，2015 年重建，主体建筑面积 668 平方米，为砖木结构，分上下座，共二进，仿古风格。为福安宗祠传统的悬歇山顶穿山减柱造方式结构。

城阳镇铁湖钟氏宗祠

城阳镇茶洋钟氏宗祠　共有三座。一座位于茶洋村左侧宫下，建于 1982 年，砖木结构，面积 20 平方米；二是新建位于村口右侧水尾菜坪处。建于 2013 年，占地面积 1075 平方米，建筑面积 310 平方米。混砖结构，为福安宗祠传统的悬歇山顶穿山减柱造。面宽 15 米，进深 34 米，分为前后两进座及中间天井。前座为戏台，后座为正殿，供奉列位世祖神牌。正门设前廊，廊楣梁上悬挂石雕“钟氏宗祠”横匾；三是确里村钟氏宗祠，

城阳镇茶洋钟氏宗祠

建于 1982 年，面积 20 平方米，位于茶洋小学前门下。

城阳镇洋面村前洋钟氏宗祠 位于村庄左侧广场。始建时间不详，重建于 2017 年。宗祠面宽 13.2 米，进深 32 米，共前后两进。前座为戏台，后座为正殿，供奉列位世祖神牌。为简易福安宗祠传统的悬歇山顶样式，砖木结构。

城阳镇洋面村前洋钟氏宗祠

社口镇徐墩坂钟氏宗祠 宗祠坐落在村右侧山脚。始建于清乾隆十五年（1750），重修于民国27年（1938），1954年遭台风洪水损毁，1982年秋季再建。土木结构，宽15.5米，深23.6米，占地面积378平方米。由前后两进、左右两厢组成，中间天井，正门门楣上雕塑“钟氏宗祠”祠名。前座中央设戏台，后座中堂及左右两旁供放列世祖宗的神牌，中堂上方悬挂牌匾。

社口镇徐墩坂钟氏宗祠

社口镇南山村钟氏宗祠 位于南山村右侧公路边。面宽13.6米，进深26米，面积360平方米。宗祠为砖木结构，仿古风格。分为上下座及中间天井，下座为两旁回廊及中间戏台，上座为正殿。正门为二层牌楼，雕梁画木，前为两尊雕狮。

社口镇南山村钟氏宗祠

社口镇里后钟氏宗祠 宗祠坐北向南。始建于民国9年（1920），为简易土木结构搭盖。1971年改为二层，学校宗祠共用。建筑占地面积与前操场共200多平方米。2019年在原址后扩建后堂。占地面积为462.4平方米。为砖木仿古结构。

潭头秀坑钟氏宗祠 宗祠位于本村葛藤塆，始建于同治二年（1863），重修于2017年，传统悬歇山顶穿山减柱方式，砖木结构。分为上下座及中间天井，面宽13.6米，进深30米，前进为戏台回廊，后进为正殿，供奉

潭头秀坑钟氏宗祠

先祖牌位。

潭头敢岭钟氏宗祠 位于竹园村左侧，兴建于2017年，董事钟连发。为福安宗祠传统的悬歇山顶穿山减柱方式，砖木结构。面宽16米，进深30米，分为前进戏台、中间天井、后进正殿。正面以石材装饰，黛瓦灰墙画梁红门，屋顶双凤护日。祠堂前是广场和一个副楼。副楼用于接待宗亲客人。

潭头敢岭钟氏宗祠

溪柄镇仙仁钟氏宗祠 宗祠位于村左侧后山坪。始建于2002年，2012年完缮天井及前大门。简易福安宗祠传统的悬歇山顶，砖木结构，仅分天井、正殿两部分。面宽11米，进深18米，面积约120平方米。白墙红门飞檐，

溪柄镇仙仁钟氏宗祠

坐落于绿荫围拥之中。

罗江街道坑门里钟氏宗祠　始建于清光绪三十一年（1905），建立正座，宣统元年（1909）完成前座。2020年新建宗祠，宽16米，深31米，占地面积640多平方米，建筑面积496平方米。由前中后三进、左右两厢组成，中间天井，正面四石柱牌楼门接正门，正门楣上镶嵌“钟氏宗祠”宗祠名。牌楼门前有石雕狮子一对。宗祠白墙画梁碧瓦，为福安宗祠传统的悬歇山顶穿山减柱方式结构。两侧砖墙亦高于屋顶，三个歇山顶从前至后抬高，前后两个重檐歇山顶。前进戏台，两旁回廊，中进为议事厅，后进正殿。

罗江街道坑门里钟氏宗祠

正殿中堂及两侧设有神龛，用于供放开基始祖及列世祖宗的神牌。

罗江街道坑门里村林洋钟氏宗祠 1960 年与同村雷氏在瓦窑岗合建众厅。作为简易宗祠之用。2021 年，在村左侧水涧边新建二进悬歇山顶穿山减柱方式结构宗祠。新祠堂宽 16 米，深 32 米。砖木结构。正厅斗顶及舞台雕刻图案十分精致。

第二节 谱 牒

一、修谱

牛埕村钟氏族谱内《重修颍川钟氏族谱序》写道："五世不修谱，乃祖宗之罪也。"畲族钟氏历来十分重视辑谱祀祖。修辑族谱主要以已建有宗祠的父老为组织领导者，个别未建有宗祠但族裔人口较多的也有组织修辑族谱活动。钟氏村庄修辑族谱多起于清代。见于最早的为乾隆、道光、同治年间，见于最多为光绪年间和民国时期。新中国成立后为 1982—1984 年修辑本。修谱先生多为本邑人，另有浙江平阳、泰顺等县人，汉族、畲族人都有。清光绪年间（1875—1908）本邑仙岭洋村人钟兆禧是福安钟姓第一代修谱先生。光绪二十四年（1898）八月十二日，刑部主事钟大焜在福宁府修钟氏联环谱，先从福建开始，聘请同宗族人遍历抄录，再加修辑，希望一年修完全省总谱，再以余力兼及他省，此为福安畲族钟姓修谱影响最大的一次，其工程十分宏大，为完成这一史无前例的工程，钟大焜联络了福建、广东、广西、湖南、江西等省钟姓官吏，在修谱之前制订十分详细的计划，并以章程的形式公告全省。同时还动用了各方力量对各地《钟氏族谱》进行考证去伪。光绪二十七年，修订以福宁府畲族钟姓为主体的十卷石印本的《颍川钟氏支谱》，其中福安县钟氏各村支谱占五分之三分量，是福安钟氏的一次大联宗。

福安收录82个畲村钟姓谱牒家状，包括前洋、茶坑、老虎湾、长潭、林前（蓝田）、牛埕、可坑、岭门乡、山头庄、碓洋头、东山、燕窝、考河、白岩下、洋堪、橄岭、梨坑、獭湖（铁湖）、葛藤坪、林洋奥里、柳溪里厝、龙潭面、下天池、大林、仙岭洋（仙岩）、铁场、里洋楼、塔后、凤凰池、梨乾（梨田）、叠石、深水湾、吴山湾（牛山湾）、林岭、过洋里、金斗量（金斗洋）、竹园兜、桔垅、横林、凤翔（凤洋）、上天池、横路下、王楼、北山、林洋、黄儒岭头、坑壑、林洋九湾、鲤鱼山、仙人脚迹、上下横路、小岭等村落。闽东畲族乡村至今流传钟大焜修谱的故事。谱现存于福建省图书馆特藏部。本市徐墩坂村、敢岭村亦保存有钟大焜修辑的《颍川钟氏族谱》五卷，红夏村保存有《颍川钟氏族谱》四卷。

修辑族谱对钟氏宗族来讲是十分隆重的。修谱伊始，必先举族祭告祖先，仪式庄严肃穆。并进行相应的分工，由族内若干人分任董事、总理、主持修纂工程，又配若干当事人为分赴各地联络者。溪潭镇蓝田村《林前颍川钟氏宗谱》载："道光二年十月修谱姓名开列于后：总裁兼管库并摄理丁簿：1人（名略）；董仕：6人（名略）；阜老：12人（名略）；择吉：1人（名略）。"在开祠发笔修谱之初，宗祠联络者分赴各地寻访血缘相近的同宗叔伯，由他们提供本家族人员生卒年月、子嗣状况、婚嫁情况以及墓葬时间方位等内容，俗称"家状"。修谱先生以各人提供的"家状"，按血缘亲疏分为"房"，形成宗族繁衍世系图。若是重修族谱，则将初修谱按"房"各系拆开，再由当事人根据原谱提供和线索寻访各"房"族人，补充发族后新出现的"家状"，修订原错衍的"家状"。修谱先生按现有"家状"重新编定，同时将初修谱重新装订，并与重修谱一并封藏。修谱一般在宗祠内进行，亦带有神秘的色彩，力求各"血线"皆有后人牵领，以告慰亡灵，一些修谱先生还施法祈福。封谱之时亦举行祭祀，请来戏班在祠堂唱演"祭谱戏"。

修纂族谱原则上以总祠为组织牵头开展。由于历史发展变迁，部分支派繁衍壮大，亦自行建祠修纂族谱。其间由于社会动荡等原因，也出现一些村庄跳离支祠而直由总祠牵线修谱的现象。

福安钟氏的修撰大多取欧苏谱式。其原则书于族谱凡例之中。大林《钟氏族谱》清宣统二年版中凡例较完整地阐述了这一原则：

——万物本乎天，人本乎祖。传世久远族蕃支衍固难强系而追溯源流，自有相因，故首提黎公为远祖得姓受郡因之再提，音公为始祖分支别派系焉，至各房裔派，复标出起提，分编汇辑。源流本末一览无遗。

——谱式有欧阳永叔、苏氏明允、曾氏子固、刘氏青田，各成其是，唯欧苏二氏之式为最要。欧仿年表，世经人讳，修理分明，脉络贯通；苏依家礼宗图，系联派属，高曾云礽，一堂如见，复人尊而行之，未有易也夫。

——纲目之法仿于春秋，纲犹春秋之经，目犹春秋之传，然分叙别书难于披阅，观者未免起厌，兹谱大书其纲目则只低一字以别之，详者或三四页，略者只仅五六行，令后人展卷而星罗棋布周悉目中矣。

——血线牵联取血脉绳绳弗替之意，盖上下吕分父子，平行以列兄弟，由长及次，自大至小，所吕明尊卑也。五世一提取君子之泽，五世而斩，九世再提亦取九族之义。同胞兄弟远隔数页亦必血线牵以相连，所吕别亲疏也。

——谱中有后者并寿至六十者，男称公，女称妣。盖三十年为一世，六十年为二世故也。若行义可风者作赞以扬之，有妇德者立传吕表之。妇无子而出者不书义有可绝也，出而有子者不得不书恩无可绝也，使后人当知自励所以明褒贬别善恶也。

——记载行实例在男女备书，先男而后女也，男以嗣续为重，女子从人者也。妇之父婿之父有绅衿者札书重门第也，如婿亦然庆门楣也，现在守节矢志无他之妇必书，唯风化也。

——谱填写大名旁边分注，先字次号次行次配次子次女次生卒而坟终，兆先后有序则人生之始终备矣。

——名登仕籍，身列黉宫用朱书名，余以墨写分显晦也，耆老膺受恩荣者如之，贵年尚齿之意也。

——礼戒乱宗律严冒姓非为子孙为祖宗者，何也？神不歆非类，倘异姓承祀鬼其馁而矣，若不幸未育而承祧者，必求伦序相当、昭穆不紊，先尽同父周亲，次求五服缌功。如无应立即于族内择立，出昭则书过房，承昭则书嗣子，如系螟蛉则书养子，其血线牵连别以红黑分明，异姓不得乱宗。

——子生三月，父命之名长而既冠，所命讳字，当考圣讳，祖宗名无忌讳者则命之，不许重名犯上，犯上者例应改之，言顺之意也，第日后，族蕃支衍，无论他支本支，而服已尽五世名，有单字意别而音同者，亦有双字而一字同者，考礼经，二名不偏讳并韩文讳辨之意当，不为犯也，唯字亦然。

——谱中有彰善并无阐恶存忠厚之道也，五不书者遵谱法重本支激励之意昭矣。

——谱原纪以传信，非可阙以传疑，间或生卒娶葬及年月日时阙而不全者，亦由前人未载后人莫详；兹则近代可考者，并为载明，未详原委者不敢妄为填写，姑从缺略。

——坟墓土名坐向葬之年月日时以及祭扫育贤田亩，悉备详载，代隔世远按图可求，自无五父之悲。

——谱之作天叙天秩民彝焕乎攸关，诚为传家之宝，告诸后人珍而藏之，勿使污坏，非比金玉之器，既失而可以复得也。三十年为一世，随世一修，自无遗失缺略之患。

但鉴于民族特性，畲族钟氏族谱又有与汉族区别之处。谱牒构成内容上差别尤为明显。钟氏族谱一般由名录、图纪、谱序、补遗、凡例、钟氏源流世系表、行第字讳、公产记载及附录官府文告等几个部分组成。一些族谱还包含了盘瓠铭志、龙首师杖志等内容。这些祖祠图、序、盘瓠铭志、龙首师杖志有着浓厚的民族特征，是汉族族谱所没有的。人丁入谱亦有特殊记载谱名方式，即按行第排列，主要用字“念、大、小、百、万”五字，循环使用。

二、藏谱

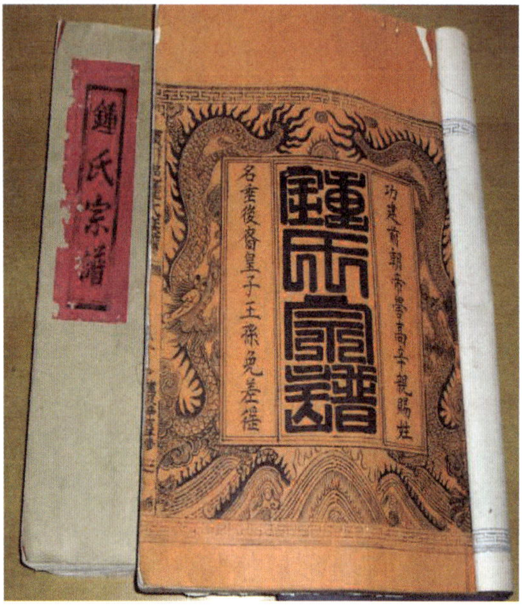

坂中大林《钟氏宗谱》

坂中大林《钟氏宗谱》 始修版本已遗失，现存谱牒共6个版本。清同治十三年（1874）重修版，由济州庠生江汝舟修撰并序，董事钟畅园、钟爱岩、钟常奄、钟昆山，4开手抄本，共1卷，120页。光绪三十四年（1908）重修版，由李经文撰，李焕庚书，董事不详。4开手抄本，120页。宣统二年（1910）重修版，欧苏式，由钟英、钟清修撰，董事钟伏吉、钟步树、钟其春、钟佛清。4开手抄本，共3卷。第一卷146页，封面为橙色，双龙花边中书有篆体钟氏族谱及宋楷“功建前朝帝喾高辛亲教授，名垂后裔皇子王孙免差徭”一副对联，封二上横书大清宣统二年岁次庚戌，中间直书“颍川世泽”四字，右书小楷遵欧苏二先生谱式，左书浙欧罗阳峰岐协五堂编辑。内容分祖祠图、钟氏源流世系总图、新修族谱原序、纂增盘瓠王铭志序、凡例及世第人名，书中楷字清秀、整洁、有力，较有特色。民国24年重修版，由吴种攀撰修，董事有大林村钟顺妹、钟协理、钟长森，迭石村钟成弟、钟成烂，仙岭头村钟成春、钟益宝，仙岩下村钟铭善，仙岭村钟佛圣。8开手抄本，共4卷。1984年重修版，由浙江省苍南县南水状元内钟廷招撰修，董事钟伏灼、钟益弟、钟奶成，助理钟如益、钟如四、钟成齐，清稿仙岩洋钟金生、林岭钟金树、钟桂春。浙江省南港萃青斋镶版，8开木印本，共5卷，851页。2013年重修族谱。2开印刷本，由寿宁斜滩卢正树修撰。

坂中乡仙岭洋《钟氏宗谱》 现存谱牒共4个版本。清道光二十七年（1848）孟冬首修版，在本邑撰修，奉三人杨开元撰修并序，董事未载。4开本，共1卷，有残缺。清光绪十一年（1885）季冬重修版，由东昆庠生郑延佐撰修并作序，董事钟长敏、钟兆乐、钟兆言等5人，4开本。共1卷，150页。民国7年（1918）重修版，由本族三十二世裔孙钟兆禧撰修并作序。董事未详，4开本，共1卷，190页。1982年重修版，由寿宁人章金甫撰修并序，董事钟瑞弟、钟毓钦、钟俊基、钟瑞兰、钟林泰等11人，4开本，共2卷，220页，第一卷为首修序和各次重修序言，及钟氏源流世系总图，至三十三世“玉”字辈，第二卷为近世福禄寿三房世系图谱，至三十八世“键”字辈。

坂中乡和安村《钟氏宗谱》 现存谱牒共5个版本。清道光二十七年（1847）首修版，由郑拱钧撰修并序。2开手抄本。清光绪十六年（1890）重修版，由郑思诚撰修并序。民国9年（1920）重修版，由雷其隐撰修并序。民国38年重修版，由缪培琛撰修并序。1982年重修版，由坤熙年撰修并序。

坂中乡濑头《钟氏宗谱》 现存谱牒共4个版本。清同治十二年（1873）首修版，共1卷，4开手抄本，董事钟有声；清宣统三年（1911）重修版，共1卷，4开手抄本，董事钟有声、钟春铃。民国27年（1938）重修版，共1卷，4开手抄本，董事钟珠发。1986年3月重修版，共1卷，4开手抄本，董事钟住梅。

穆云乡高岭村《钟氏宗谱》 现存谱牒共3个版本。首修本清光绪二十二年（1896）。

穆云乡燕科村《钟氏宗谱》 现存谱牒共3个版本。清光绪二十二年（1896）首修本，现藏于穆云乡高岭村。现有1962年撰修版，共2卷，2开手抄本，由浙江雷大甫撰修并序，董事钟佬波、钟寿生。1982年重修版，共2卷，2开手抄本，由浙江雷大甫撰修并序，董事钟佬波、钟寿生。

2021年重修版，由柘荣章伟峰撰修并序，董事钟奇祥、钟渠生，红色扉面，蓝布包装，2开印刷体。

康厝乡凤洋《钟氏宗谱》 现存谱牒共5个版本。首修版为道光二十五年（1845）撰修版，2开手抄本。光绪十二年（1886）重修版，由寿邑廪生朱英撰修并序。民国5年（1916）版。1982年重修版，4开手抄本。2017年重修版，2开印刷体，由钟昌安修撰并序。

康厝乡东山《钟氏宗谱》 现存谱牒共2个版本。首修版为民国10年（1921）撰修，共2卷。1983年重修版，共2卷，4开手抄本，由浙江泰顺林协章撰修并序。

康厝乡金斗洋《钟氏宗谱》 现存谱牒共3个版本。首修版为4开手抄本。1984年重修版，4开手抄本。2016年重修版，共2卷，4开木印本，由寿宁斜滩卢正树撰修并序，董事钟石荣。

城阳镇铁湖村《钟氏宗谱》 首修谱牒已遗失，现存谱牒共4个版本。清光绪十年（1884）重修版，由济州江汝舟撰修，董事钟丰亭、钟奇兴、钟凤台、钟绍鸿、钟梅轩、钟祥点、钟玉岩、钟奇玺，2开手抄本。民国3年（1914）重修版，由梅卿、卓冠撰修，董事钟明轩、钟良鉴、钟文波、钟良焕、钟赞唐、钟家旺，2开手抄本。民国37年重修版，由钟知撰修，董事不详。1984年重修版，由浙江苍南水头状元内钟廷招、钟联芳撰修，排版李人声，董事钟家赠、钟兆镕、钟扬王仓、钟佛兵、钟细全，4开木印本，共1卷。2015年重修版，由柘荣县章伟峰撰修，4开手抄木印本，共1卷。

城阳镇茶洋村《钟氏宗谱》 现存谱牒共2套。首修为清道光二十四年（1844），由柘洋姚仲权撰修并序，董事钟子禄、钟茂龙、钟朝长、钟子全，已遗失。民国9年（1920）重修本，只剩手抄家谱本。1957年重修，由福安阳头李春光撰修，未完修；现存本为1992年修辑本，由柘荣章伟峰撰修并序，董事钟石基、钟石韩、钟润富、钟石光、钟石才，4开手抄本。其序《龙首师杖志》较有特色。2010年重修版，由柘荣章伟峰、游迺金撰修并序，董事钟润富、钟石基、钟石光、钟石韩、钟石才。

城阳镇前洋《钟氏宗谱》 现存谱牒共3个版本。首修版为清代，现遗失。1984年重修版，共1卷，2开手抄本，由宁德霍童潘施春撰修并序。2006年重修，为2开手抄本，由柘荣章伟峰修撰。2022年重修版，由赛岐宋光扬修撰。

潭头镇秀坑《钟氏宗谱》 现存谱牒共6个版本。首修版为清乾隆十三年（1748年），已佚。清道光十五年（1835）撰修版，共1卷，2开手抄本，由林枝一撰修并序。清光绪五年（1879）重修版，由郭松年、郭孝年撰辑。清宣统二年（1910）重修版。民国36年（1947）重修版。

潭头镇敢岭《钟氏宗谱》 1989年前与秀坑宗祠合谱。现存谱牒共6个版本。首修版为清乾隆十三年（1748），已佚。清道光十五年（1835）撰修版，共1卷，2开手抄本，由林枝一撰修并序。清光绪五年（1879）重修版，由郭松年、郭孝年撰辑。清宣统二年（1910）重修版。民国36年（1947）重修版。1989年重修版，为敢岭宗祠第一次自修谱，共1卷，2开印刷本，由浙江泰顺林鼎夫撰修并序，陈睦之、谢仲文同辑。2017年重修版，共1卷，2开印刷本。

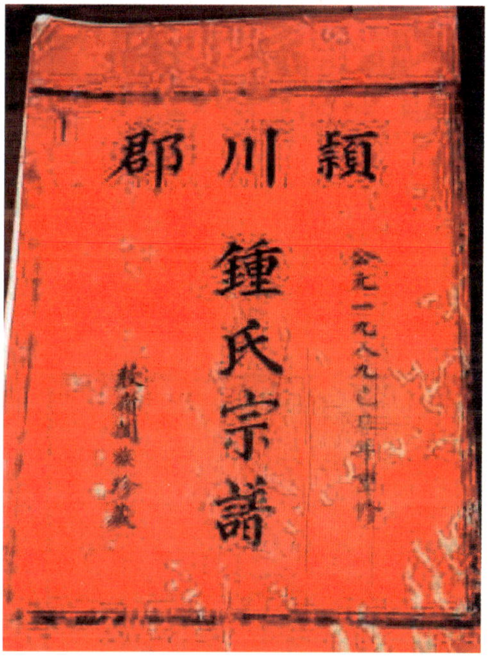

潭头镇敢岭《钟氏宗谱》

潭头镇祠堂前《钟氏宗谱》 现存谱牒共1个版本。首修版为清代时期，已损失。重修2014年版，8开手抄本，由福安阮氏人士撰修，较为简易，无谱序。

社口镇徐墩坂《钟氏宗谱》 始修本已遗失，现存谱牒5个版本。清

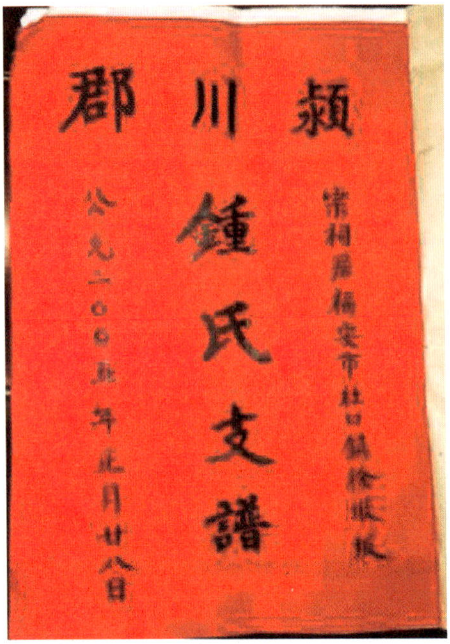

社口镇徐墩坂《钟氏宗谱》

嘉庆六年（1801）重修版，由钟敬元、钟敬发董修，王秉吉撰修并序。同治九年（1870）重修版，由钟祚须、钟祚琼总理，钟光浩、钟光赏、钟祚熏为董修，郑延济撰修并序。民国 5 年（1916）重修版，由钟祚维总理，钟魁新、钟佛钦董修，社口下洋刘德如撰修并序。1983 年重修版，由钟家铸、钟大敢董修，缪润正、缪树生撰修并序。2004 年重修版，由钟谢发、钟石森董修，缪润正、缪树生撰修并序，分序言、颍川钟氏历朝先贤罗列表、徐墩坂钟氏宗谱世系图三大部分，序言部分收集了钟氏流源考、家范、凡例、讳字排行和历次修撰序言，分别记载了钟氏的迁徙经过、祖训及修谱情况。肇基始祖为钟立，至三十六世“永”字辈止。

社口镇利岔村南山《钟氏宗谱》

社口镇利岔村南山《钟氏宗谱》 现存 6 个版本。首修为道光十九年（1839）版，2 开手抄本，由林枝一撰并序。重修光绪四年（1878）版，2 开手抄本，由郭孝平撰修并序；光绪三十四年版，由余之俊撰修并序。1958 年版，由雷其隐撰修并序。1988 年版，由浙江温州林仲瑞撰修并序。2013 年版，16 开印刷本，硬质封面，淡黄底色红色云纹，上书“福安市社口镇南山村颍川郡钟氏宗谱”，由寿宁斜滩卢正树撰修，董事为钟桂光、钟开金、钟振生等人。

社口镇山里村里后《钟氏宗谱》 现存 3 个版本。首修为民国 9 年（1920），已经破损。1984 年重修本，共 1 卷，由寿宁修谱人士撰修并序。2015 年重修本，共 1 卷，4 开手抄本，由寿宁县斜滩卢正树撰修并序。

社口镇竹工岔《钟氏宗谱》 首修为清朝同治十三年（1874）版，由秦溪林永烈手抄修撰。民国 10 年重修版，已遗失。1998 年重修版，为 8 开手抄本，字体工整，装订整洁，由九都西江刘正铭撰修并序。

溪潭镇蓝田《钟氏宗谱》 现存谱牒共 3 个版本。首修版为清道光二年（1882）撰修版，共 3 卷，2 开手抄本。1984 年重修版，共 3 卷，2 开手抄本，由郑瑞莲撰修。2014 年重修版，2 开木印本，由寿宁斜滩卢正树撰修并序，总理钟林春、钟宜弟。

溪潭镇岳秀村横林《钟氏宗谱》 首修版为 1988 年修撰本，共 1 卷，4 开手抄本。2016 年重修版，共 1 卷，4 开手抄本，由寿宁斜滩卢正树撰修并序，董事钟寿章。

溪潭镇洪口村《钟氏宗谱》 现存谱牒共 2 个版本，道光十九年（1839）版，8 开手抄本，由沙源碧峰林枝一撰修并序。光绪戊子十四年（1888）修撰本，手抄本，由寿宁朱英撰修并序。

罗江街道坑门里《钟氏宗谱》 现存谱牒共 6 个版本。首修于清道光五年（1825），双峰冯凌霄撰并序；次修于咸丰五年（1855），漳江阮洪钧撰修，董修钟登官、钟登珠。现藏有《大留钟氏族谱》，修于清光绪十四年（1888），由余庆瑊修辑，董修钟开苓、钟开暨，手写 2 开本，166 页，黄色封面。民国 9 年（1920）重修，宁德缪培琛手抄本，卷首收录新老序文、宗祠产业、历朝人物名宦、行第考、坑源名胜题咏、五音分姓郡望辨等。世系表中奉钟音为第一代祖。1986 年重修本，由泰顺周建达撰修，2 开手抄本，董修钟陈岁、钟石顺。2005 年冬重修，柘荣章伟峰撰写，董修钟石德、钟石柏、钟平生等，2 开手抄本。

罗江街道坑门里林洋《钟氏宗谱》 现存谱牒共8个版本。首修于清道光五年（1825），双峰冯凌霄撰并序。次修于咸丰五年（1855），漳江阮洪钧撰修，董修钟登官、钟登珠。现藏有《大留钟氏族谱》，修于清光绪十四年（1888），由余庆瑊修辑，董修钟开苓、钟开暨，手写2开本，166页，黄色封面。民国9年（1920）重修，宁德缪培琛手抄本，卷首收录新老序文、宗祠产业、历朝人物名宦、行第考、坑源名胜题咏、五音分姓郡望辨等。世系表中奉钟音为第一代祖。皆从坑门里分谱而藏。1953年，独立修谱，由福安察阳李春光修撰。1983年，由宁德霍童黄超鸣修撰。2008年，由柘荣章自华修撰。2020年，由赛岐宋光扬修撰。

甘棠镇山头庄《钟氏宗谱》 现存谱牒共6个版本。首修于清咸丰二年（1851），由汤长源撰修；清光绪十二年（1886）重修，由德邑孙绳武、孙麒麟修辑。民国3年（1914）重修，由缪书亨、培琛修辑。民国32年重修，由郭赞昭修辑。1983年重修，由范永如修辑。2014年再修，由寿宁县斜滩卢正树修撰。

甘棠镇小岭《钟氏宗谱》 首修于清光绪二十二年（1904），共1卷，24页。民国36年（1947）重修，修辑者黄鼎，共1卷，29页。1985年春再修，由南阳龚姓修辑，共1卷，50页。

下白石镇红夏《钟氏宗谱》 始修于清光绪八年（1882），现存谱牒共2个版本。光绪二十一年（1895）重修版，由慕陶弟、缪书亨撰修并序。1984年由周、谢二人再修订。

下白石镇章沃村双贵山《钟氏宗谱》 现存谱牒共3个版本。始修于1989年。重修2017年。

溪柄镇仙仁《钟氏宗谱》 现存谱牒共3个版本。首修于清道光八年（1828），由霞柘平湖林风桂撰修，董事钟其隆、钟得仁、钟士贤。清光绪元年（1875）重修版，由本邑王家宾撰并序，董事钟庆勋、钟连秀、钟连怀、钟庆雪。2012年重修版，未完本。

松罗乡满洋中《钟氏宗谱》　现存谱牒1个版本。为2019年撰修版，也是首修版。4开印刷本，由宋长撰修，版本简易，只设世次名字和正文两部分。

第三节　祖　训

福安钟氏与他姓畲族一样，世世代代都遵循与众不同的畲族古老祖训，即永世相传的“四不”：一是无食不讨；二是自丑不嫁；三是宁辱不屈；四是宁死不出卖朋友。此外，各钟氏宗祠还有自己的祖训，内容基本如下：

◎尊祖宗

尊祖宗者，身所出如水有源而木有本也。立祠宇以妥先灵，营窀穸以藏形体，朔望焚香春秋，祭扫坟墓，洁净品物丰享，则追远报本，无忧后人矣。

◎孝父母

孝父母之恩，其大无穷，然分所得为力能为各宜自尽，富则列鼎鸣钟，贫则啜菽饮水，如舜之克谐，武之继述，他若蓼莪致叹，屺岵兴嗟，捧檄而喜，受杖而泣，从古孝子难以备述。为人子者，须念哀父母生我够辛劳，存昏定晨省致其欢，服劳奉食竭其力，愉色婉容聚顺悌，承欢膝下，庶无所生焉。

◎和兄弟

兄弟同气连枝，一身之手足也，王季因心则友，宋帝灼艾分痛，姜肱大被同眠，赵孝遇难争死，此皆兄友弟恭，名垂青史。为兄弟者，须念一本之谊，宜笃埙虎之欢，式相好毋相尤，斯华萼相映、和气致祥矣。

◎睦宗族

同乡共井之人尚宜守望相助，疾病相扶持，况宗族均属一祖所出，岂可以途人相视。是故诗云：岂无他人？不如我同姓。杜老谓同姓古所敦，嗣宗诸子侄。故喜必庆，忧必吊，有无相济，患难相恤，勿以富欺贫，勿以贵凌贱，则宗族心安而祖宗心安矣。

◎务农业

舜耕历山，尹耕莘野，从古圣贤不废农业，乘天之时，因地之利，手胼足胝，须殚终岁之勤；火耨水耘，当竭三时之苦，诚如是也。遗秉遗穗，仓箱自获丰盈之庆；多黍多稌，妇子可获宁止之欢。

◎崇节俭

天地生财只有此数，当用不用，悭吝固属可鄙；不当用而滥用，侈泰亦恐终穷。必应斟酌得宜，量入为出，无太过亦无不及。斯缓急始有所资，称贷亦自可免，若暴殄天物，不知节制，后来穷窘，追悔奚及。

◎善治家

治家者必视诸子如己子，视别积如己积，衣均而后衣，食均而后食。为夫者勿听妇言以伤大义，为妇者勿惑不协以乱姻族。父子熙熙，兄弟怡怡，上爱于下，下敬于上。垂教不怒而惧，干蛊不笃而勤，婚嫁不奢，用度从约，岁时分络各有定规，治家如是，富不能使之贫，和不能使之离，子孙绳守，勿替斯言。

◎戒赌博

围棋双陆及一切戏耍之类皆能误人，而赌博尤甚。盖赌博则内损己财，外蒙恶声，甚至破家荡产，哭鬼讥贼，方正既不容，置身边无地，子弟切宜戒之。

◎息争讼

俗语云：一代动纸笔，九代不相识。语虽浅但其理甚远。甚言讼之不可长也，古有让产让爵虽不复见，独不能从容而谕曲直者乎。族中凡有田园授受不明并数目不清者，须先禀于族长，听凭出断，依旧平心静气复归于好，勿致行笔践履之伤。

◎敬书字

书乃百慧之根，张良跪师圯桥，运筹帷幄而决胜千里；孔明耕读南阳，未出茅庐而三分天下。古之贤达，无不饱学经诗。盖子孙虽愚，经书不可不读。为父母者，当敦子苦读勤耕；为儿女者，当励己博学多采。则上可光耀嗣祠，下可昌达门楣。此吾族兴旺发达之要旨也。

第四节 楹 联

功建前朝，帝喾高辛亲教授；

名垂后裔，皇子王孙免差徭。

颍水长青，念先泽流传又分支派；
仙山拱秀，顾后人继起同此峥嵘。

春祀秋尝遵万古圣贤礼乐；
左昭右穆序一家世代源流。

先祖德高光照河山万里；
子孙兴旺喜看兰桂盈门。

春露秋霜本支衍百世，三多九如严肃父积子承；
萍繁藻洁俎豆祝千秋，钟宏祖德之派源远流长。

颍川九派家声远；
仙岗四景世泽长。

身范克端绳祖武；
家规随训翼孙谋。

世祖肇基引德双龙脉；
颍川发祥裔贤秀八方。（大林宗祠）

颍川名门祖德家声远；
越国世第宗风世泽长。

莺峰凌峻霭山川瑞气；
祠宇生辉钟日月精华。（坑门里宗祠）

木本水源须念颍川承一脉；
宗基祖业尤思钟氏继千秋。

粤潮州宗功祖德流芳远长；
闽敢岭颍川孙贤世泽永久。（敢岭宗祠）
宗功祖德流芳远；
颍川孙贤世泽长。（仙岩宗祠）

颍川秀水潮涌衍万派；
燕科祖德绵长发千支。（燕科宗祠）

颍川望族忠孝家声振；
钟风衍派福源世泽长。（横林宗祠）

溯本穷源颍水家声远；
分支衍派林前世泽长。（兰田宗祠）

颍水溯渊源诗书继起；
大林分派系世泽绵长。

百世金山长济美；
千年梁水永朝宗。（金斗洋宗祠）

金生颍水千年秀；
重如泰山万古存。（城阳茶洋宗祠）

颍川名门出大儒；
越国世第仰书家。

颍水宗风流芳远；
南山后裔世泽长。（社口南山宗祠）

颍川望族声震五湖四海；
凤翔派衍脉绵万古千秋。

颍地发祥系本大林兴事业；
川源瑞气支分凤翔振家声。（凤洋宗祠）

第五章 人 物

本章“人物传”共收存人物 11 人，“英名录”收录钟氏革命烈士 93 人，民国国民党抗日阵亡将士 2 人；“人物简介”中收录中华人民共和国成立后厅司级以上干部 7 人、处（团）级干部 28 人、科级干部 76 人、在韩工作非福安籍钟姓科级以上干部 6 人；“人物表”收录中华人民共和国成立后先进人物 49 人次、全国、省级人大代表及政协委员 8 人、中高级职称技术人员 62 人、博士后 1 人、博士 6 人、硕士 14 人。

第一节 人物传

◎钟应元、钟应魁

钟应元，原名周焕，字文熙，号占鳌，生于清咸丰三年（1852）农历十月十八日。钟应魁，原名周相，字文学，号星阁，生于咸丰六年农历二月十一日。两人为同胞兄弟，六都竹园村人。兄弟俩幼年聪颖过人，好弄拳舞棒，弯弓射箭。后经大坑拳师教导，拳艺精进，练就了百步穿杨之功，力能举 200 余斤石锁。光绪三年（1878）兄弟俩分获第三名和第十二名武秀才。是年供职于县衙。光绪二十八年农历十二月初三弟应魁卒，光绪三十四年兄应元卒。

◎钟永模

钟永模，字应寿，男，生于清道光三十年（1850），二三都上天里村（现坂中乡上天池村）人。精练祖传拳杖术，善医六辰病和跌打伤。光绪十五年秋在天里五谷仙岗击毙一只老虎，虎身长 9 尺，重 310 斤，遂名震乡域内外。光绪十七年（1892）春，应福安人士聘请，举家迁至文昌祠边居住，于城内教馆收徒授艺。1917 年卒。

◎钟兆禧

钟兆禧，男，生于清光绪年间，坂中仙岭洋（现仙岩村）人，青少年时就聪颖过人，曾前后两次往福宁府参加“童试”，皆因家中报丧而中途折回，后在村设私塾授学，并为县内乡村撰修族谱，为第一代畲族撰谱先生。由于其文采横溢，在县内名闻遐迩。民国年间去世。

◎钟淑兰

钟淑兰，女，清光绪十年（1884）农历十月十一日生于下天池村。光绪二十八年出嫁溪柄暗井下厝坪畲族单座寮。民国 23 年（1934）12 月 22 日，闽东苏维埃政府妇女工作团副主任吴鸿琴在松罗柳溪村遇国民党新十师包围，混战中突围至下厝坪。淑兰以亲人相待，将吴鸿琴挽留在寮里暂住。让吴鸿琴换上畲族服装，以掩人耳目，并为她站岗放哨。正月初三，钟淑兰和大儿子雷成灼在后门山丛林中搭起一座“秘密寮”，让吴鸿琴暂住。白天为她送饭，夜晚母子四人挤在一张床上，合盖一条棉被，把另一条棉被让给吴鸿琴御寒。吴鸿琴在山上平安地度过 9 个月。不久，驻扎在茜洋村的国民党教导团部队听到风声，便乔装砍柴、割草人到山上搜索。为保证吴鸿琴安全，民国 24 年农历六月二十一日黄昏，钟淑兰潜到“秘密寮”

将吴鸿琴化装成自己的女儿（畲家姑娘），送她安全归队。钟淑兰被红军战士称为“革命好阿妈”，于 1955 年农历正月二十日病逝。

◎钟日柱

钟日柱，男，清光绪十八年（1892）生于穆云畲族乡下竹洲村，少时家贫，以砍柴换米度日。

1933 年投身革命。在畲族山村传播革命思想，发动畲民参加抗租、抗债、抗捐、抗税、抗粮的“五抗”斗争和分田活动。民国 23 年，钟日柱经倪英峰介绍加入中国共产党。1935 年 5 月，中共宁（德）寿（宁）县委、县苏维埃政府相继成立，倪英峰任书记。8 月，钟日柱任苏维埃主席。在两人的齐心协力下，宁寿县 13 区、37 乡、300 余个村苏维埃政权普遍建立起来，在竹洲山一带还开辟了秘密交通线，建立起游击队的赤卫队，抓了土豪 12 人，镇压了反动分子 9 人，分了 89 户地主的粮食共 13000 公斤，创办了兵工修械厂和红军后方医院。钟日柱懂得草药，医治了许多伤病员，还护理、治愈过叶飞的伤病。钟日柱为竹洲山根据地的各项建设呕心沥血不遗余力，竹洲山也因此成为三年游击战争时期闽东党的三个重要依托地之一。民国 25 年，在钟日柱的影响下，他的胞弟钟凤朝参加了游击队，在一次遭敌追击时，跳崖牺牲。钟日柱的儿子钟冬和成为红军伤员的护理员。1937 年 1 月，当国民党当局第三次“围剿”竹洲山时，日柱事先把兵工修械厂和后方医院转移他处，在组织群众撤退时，他却不幸被捕。国民党军队逼他供出党内秘密，他忍受百般折磨，坚不吐实。3 月 29 日，在历经一个半月多的拷打折磨后，一无所获的审刑者终将钟日柱斩首，将其头颅用铁丝串通耳孔挂在咸竹弯村村口“示众”。钟日柱牺牲时年方 45 岁。

◎钟阿俆

钟阿俆，字善众，俗名土溜，男，清光绪二十七年（1901）生于现康厝畲族乡凤洋村。1931 年，经郭怀庆、詹如柏介绍加入中国共产党，成为闽东畲族早期的共产党员。次年他担任中共福安下西区区委委员。此后四五年中，他足迹遍及穆阳、溪潭以及赛岐部分地区的穷乡僻壤，从事地下革命活动。

民国 24 年，国民党军队大举进犯苏区，土豪劣绅纷纷招募民团“围剿”苏区。阿侬发动群众坚壁清野，使其无粮可抢，不战自退；他还在各村建立儿童团，站岗放哨。1936 年，阿侬出任中共宁寿县委委员。面对国民党当局制造的“白色恐怖”，他坚守革命阵地，到新开辟的宁寿县的龙溪、水龙坑（现属周宁、寿宁）和象地、晓洋等 50 多个村庄，担任宣传和组织工作，发动群众组建革命武装。10 月，竹洲山老根据地惨遭反动军队武装洗劫，闽东红军转移到宁德一带活动，国民党当局到处追捕阿侬，在白色恐怖的岁月里，他躲进距家不远的太阳山岩洞里，过着睡稻草、吃甘薯的野人生活，就这样整整熬过 13 年。

中华人民共和国成立后，他把埋藏在岩洞中的匕首和下西区的 10 颗公章挖出来，献给人民政府，表现出对革命的无限赤诚。后历任凤洋大队党支部书记、乡支部委员，还被选为乡、县人民代表。1974 年 10 月 24 日病逝，终年 77 岁。

◎钟勤淑

钟勤淑，女，1914 年生于甘棠林洋村。因家贫，民国 15 年嫁给溪潭岐山村雷金德为妻，不久夫妻迁到娘家林洋村居住。1934 年，闽东革命领导人詹如柏之妻林淑梅到林洋村宣传革命道理，常驻钟勤淑家，受其影响，钟勤淑动员家人参加革命工作，带领妇女护理红军伤员，帮助红军洗衣服编草鞋。1935 年，钟勤淑在林洋山上秘密开会时遭国民党保安队袭击，她右胳膊中弹、肱骨折断，留下终身残疾，但仍坚持外出宣传革命道理，有一次被捕，在狱中受尽折磨，后经亲友营救获释。1936 年，为躲避“白色恐怖”，她把家搬到闽侯南屿居住，以打短工和砍柴度日。

1949 年 7 月福安解放后，钟勤淑一家才得返家乡。她参加农村工作，当选为乡妇代会主任。1953 年，县人民政府根据钟勤淑当年在革命斗争中负伤程度，她被评为二等乙级残废军人，享受国家抚恤金待遇。1963 年，她当选县人民代表，并参加全国少数民族国庆观礼团到北京和全国各地参观。1977 年病逝，终年 64 岁。

◎钟延明

钟延明，男，1916 年农历三月二十六日生于穆阳四家丘村。幼年家道贫寒，举家节衣缩食，供他到邻村南山读私塾，熟谙《三字经》《幼学琼林》《论语》等书。民国 17 年因避匪患，随父迁居苏堤村，并在该村私塾攻读《诗经》《左传》等典籍。因家庭经济拮据，辍学务农，后受聘于燕窝（现穆云乡燕科村）、南洋、填头、苏堤等村当私塾先生。1932 年，他弃教从商，做小本生意。因买卖公平，为人厚道，经年累月，门庭若市。他好为穷人打官司，分文不取，时南洋农民与同村缪姓财主发生田产纠纷，缪财主仰仗人多势众，财大气粗，唆使人殴打侮辱对方，延明闻讯，帮受辱村民投书告官，胜诉，乡民拍手称快。1938 年，他加入中国共产党，参加游击队。他善编畲歌，把刘备卧龙岗求贤编成 300 余条的《三请孔明》，把唐代薛仁贵征东征西故事编成畲歌 8 卷 2000 条，还编有《正德皇下江南》《九千记》（即《蚂蚁上天平》），供畲民传唱。1949 年后，他编歌歌唱新政权的诞生：“笔头落地字长长，翻天覆地换朝纲。换来人民管天下，造出新歌万人唱。”延明还善书法，每逢村中红白喜事，村民都请他写对联等。1976 年农历二月十七日卒于苏堤村。

◎钟成瑞

钟成瑞，男，1933 年生于福安市溪尾镇帕岭村。擅长治疗喉科疾病。

他将喉科病分为72症，辩症用药，随症状加减配方。治疗方法有将药末吹入患者喉腔浸润去毒，或结合用西医手术方法治疗，以刀破瘤然后上药末等，其运刀与用药颇讲究分寸。他常奔波于福安、宁德、霞浦、周宁等县，为民疗病治疾，誉满闽东。每年经他治愈的患者数百计。1962年，钟成瑞出任福安县溪尾公社保健院院长，1977年辞职回乡，1993年病逝。

◎钟祖妃

钟祖妃，女，社口镇牛山湾村人。1926年2月出生。1963年10月加入中国共产党。先后担任牛山湾大队支委、妇女耕山队队长、村妇联主任。牛山湾村地处白云山腹地，群山峻岭围绕，村子海拔高又偏僻，缺水成了村民生产生活的最大制约。喝水用水都靠天，更别说水利灌溉了。水稻没法种，只能种地瓜，喝水也是靠挖坑积雨水，或者去山涧里挑。1964年，社口镇水利部门来村里勘察，发现村后3公里左右的白岩溪是很好的水源地，如果沿着山开凿水渠，可以从根本上解决生产生活用水问题。但在20世纪60年代，没有机械设备，要在崖壁上开水渠难于上青天。秉着不怕苦、不怕累的精神和女同志顶得上男同志的干劲，畲族妇女耕山队队长钟祖妃决定带领村民进行人工开凿。那时的钟祖妃已年近半百，这种精神引领的作用是巨大的，甚至连刚怀上孩子的孕妇都参与到修渠工作中。1964年夏天开启了这场长达5年的凿山修渠壮举。5年里，修渠的队伍在钟祖妃和7名党员的带领下，打炮眼、凿崖壁、挑泥土、抬大石，队伍从起先的40多人壮大到后来的100多人。众人拾柴火焰高，3.5公里的水渠成功打通，牛山湾村终于在1969年的春夏之交结束了没有固定水源的历史。村里当年就扩种了水稻，次年增收了200担左右的大米。水渠还供水水电站发电，让牛山湾村成为这一带山区最早通电的村庄。牛山湾水渠被誉为福安的“红旗渠”。此外，她还带领群众建设加工厂、大石桥、仓库以及学校。1975年，钟祖妃当选为第四届全国人大代表，并受到毛泽东主席等党和国家领导人的接见。1995 年病逝。

第二节 英名录

一、革命烈士

革命烈士名单

姓名	出生年月	籍贯	牺牲前所在单位、职务	牺牲时间、地点
钟正贵	1909	韩阳南湖	新四军三支队六团战士	1938 年在宁德被杀害
钟健佺	1912	韩阳老蛇岗	中区游击队员	1938 年 8 月在黄坑坂被杀
钟廷国	1902	甘棠山头庄	大车村苏治安员	1934 年被民团杀于西隐村
钟则惶	1903	城阳前洋村	东区游击队员	1937 年 2 月被杀于墓后村
钟秀言	1910	城阳前洋村	东区游击队员	1934 年 11 月在大坪村牺牲
钟阿蒲	1896	城阳前洋村	前洋村贫农团团员	1934 年在溪柄战斗牺牲
钟细槌	1904	城阳前洋村	前洋红带队队员	1934 年在东昆战斗牺牲
钟茂金	1906	城阳前洋村	东区区苏政府主席	1936 年 8 月被错杀于前洋
钟佬四	1908	城阳坪头岩村	坪头岩村民	1938 年被杀于城关
钟琴章	1911	城阳大坑里村	大坑里村苏秘书	1934 年 10 月仙岭头战斗牺牲
钟细弟	1893	城阳老蛇岗村	化蛟村苏交通员	1934 年 8 月被民团杀害于黄兰溪坂
钟进弟	1908	城阳白坑里厝村	东区游击队员	1936 年随部队转移后失踪
钟庆祥	1904	城阳纸坪茶坑村	东区区苏炊事员	1936 年 12 月被杀害于北山村
钟白弟	1902	城阳纸坪粗坑村	东区区苏交通员	1937 年 2 月被杀害于溪柄村
钟石寿		城阳茶洋村	福安县苏巡治委员	1935 年 2 月被杀害于福安城关
钟兴贵	1916	城阳茶洋村	东区游击队员	1934 年 3 月被捕杀于茶洋村

续表

姓名	出生年月	籍贯	牺牲前所在单位、职务	牺牲时间、地点
钟德义	1911	城阳茶洋村	茶洋乡苏炊事员	1937 年被杀于茶洋村
钟寿森	1914	城阳日山村	东区肃反队队员	1936 年 1 月被杀害于福安城关
钟寿成	1904	城阳官洋岗村	东区肃反队队员	1935 年 11 月被杀害于福安城关
钟慈弟	1908	城阳马上牛溪边村	东区游击队员	1935 年 8 月被杀害于后楼村
钟伏金	1909	坂中大林村	东区游击队员	1936 年 9 月被杀于寿宁邓氏祠堂
钟妹贵	1913	坂中日宅蒲头坑	牛埕村苏肃反委员	1934 年 11 月在王必厝被杀
钟兆灿	1909	潭头柘头橄岭村	橄岭村苏交通员	1934 年 12 月被杀于里坑壑
钟禄登	1909	潭头柘头竹园村	竹园村赤卫队队员	1934 年 7 月在寿宁甲坑牺牲
钟茂善	1904	潭头鹅山村	鹅山村赤卫队队员	1934 年 7 月在山头仔村牺牲
钟仕佺	1907	社口山里山腰村	北上先遣队战士	1934 年 8 月北上后无音讯
钟阿细	1907	社口牛湾山村	上北区苏文化委员	1934 年被杀害于社口村
钟佺弟	1908	穆云南山村	安德县游击队队员	1934 年在寿宁藤甲窝牺牲
钟凤朝	1899	穆云竹洲山村	游击队第五支队队员	1936 年 10 月在竹洲山村牺牲
钟日柱	1892	穆云竹洲山村	宁寿县苏政府主席	1937 年 2 月被杀害于天亭下田中
钟伏坤	1910	穆云洋坪牛池岗村	牛池岗村苏调解委员	1937 年 2 月在狱中伤重牺牲
钟云章	1901	康厝东山村	闽东独立师警卫战士	1935 年 2 月 15 日被杀于溪北洋
钟加富	1902	康厝东山村	东山村苏交通员	1934 年被杀于穆云桂林村
钟益周	1913	康厝长潭村	长潭村苏交通员	1934 年 7 月被杀于穆阳
钟云吉	1910	溪潭溪填村	外西区警卫连战士	1938 年 10 月被敌拷打后病故
钟庆龙	1898	溪潭蓝田村	七土定村苏粮食委员	1934 年 5 月被民团杀害于蓝田村
钟廷淑	1909	溪潭龙腰河村	外西区警卫连战士	1934 年被民团杀害于北山村
钟奶长	1909	溪潭龙腰河村	外西区警卫连战士	1934 年 2 月在柏柱洋战斗中牺牲
钟申弟	1911	溪潭龙腰河村	里西区苏肃反委员	1935 年 1 月在宁德赤溪作战时被害
钟廷春	1908	溪潭龙腰河村	外西区苏秘书	1934 年 11 月被杀害于溪填村

续表

姓名	出生年月	籍贯	牺牲前所在单位、职务	牺牲时间、地点
钟大清	1907	甘棠坑门里林洋	屏潘区警卫连战士	1934年12月18日在大留被害
钟廷祥	1913	甘棠北山村	安德县游击队队员	1934年4月在宁德八都牺牲
钟兴嫩	1886	甘棠北山村	北山村苏交通员	1934年8月被杀害于赛岐
钟廷吉	1914	甘棠北山村	屏潘区肃反队队员	1934年11月在坑门里被捕遇害
钟士金	1905	甘棠林洋村	林洋村赤卫队队员	1934年4月在宁德八都阵亡
钟谦华	1901	甘棠林洋村	林洋村苏粮食委员	1935年12月被民团杀害于林洋村
钟顺庆	1909	甘棠坑门里村	坑门里村赤卫队队员	1935年6月被杀害于七岭村
钟廷凤	1909	甘棠坑门里村	坑门里村赤卫队队员	1934年12月被杀害于樟加洋村
钟桂兰	1908	甘棠坑门里村	下南区苏肃反委员	1934年在周宁县周墩村病故
钟庆顺	1905	甘棠林洋村	林洋村赤卫队队员	1936年6月在小岭村岔门被害
钟云章	1900	甘棠奎聚村	黄岐区苏宣传工作人员	1935年4月在宁德漳湾沙坪被害
钟佬五	1913	甘棠眉洋清水壑	下南区互济会工作人员	1935年2月被杀于观里村墓坪
钟为春	1899	甘棠过洋村	中共下南区区委委员	1936年5月在观里村被杀
钟廷森	1906	甘棠山头庄村	下南区苏财政委员	1933年在往西隐村途中被杀
钟志昆	1905	甘棠山头庄村	山头庄赤卫队队员	1934年3月在宁德龟山牺牲
钟廷枝	1901	甘棠北山村	安德县苏秘书	1933年12月被杀害于西隐村
钟松池	1900	甘棠北山村	下南区游击队排长	1935年4月被杀害于山头庄村
钟廷品	1898	甘棠山头庄村	下南区游击队队员	1934年12月被杀害于西隐村
钟廷全	1905	甘棠山头庄村	下南区苏秘书	1934年12月26日被杀于西隐村
钟细嫩	1908	甘棠山头庄村	下南区游击队队员	1934年3月在宁德龟山牺牲
钟片金	1903	甘棠山头庄村	下南区游击队队员	1934年3月在宁德龟山牺牲
钟石廷	1904	甘棠山头庄村	山头庄苏政府秘书	1935年在后额山寮中病故
钟五弟	1912	甘棠何厝村	下南区游击队队员	1934年随军活动后无音讯
钟鸿章	1905	下白石大梨村	黄岐区苏工作人员	1935年4月在宁德漳湾被害

续表

姓名	出生年月	籍贯	牺牲前所在单位、职务	牺牲时间、地点
钟金弟	1900	溪尾溪里村	过洋村苏主席	1935 年 6 月被杀于霞浦浒竹岐村
钟兴吾	1913	溪尾石合岙里村	岙里村赤卫队队员	1934 年 12 月被杀于霞浦邳溪村
钟伏城	1912	溪尾岙里村	霞浦郑岙乡赤卫队队员	1934 年 12 月在郑岙村被害
钟庆弟	1903	溪尾林洋帕岭村	上村区苏交通员	1934 年 12 月被杀害于霞浦盐田
钟安弟	1908	松罗小茶洋村	茶洋村赤卫队队员	1936 年 10 月被杀害于林洋村
钟耳弟	1911	松罗古厝横牛村	福霞县苏肃反委员	1937 年 7 月被民团杀害于溪尾村
钟细嫩	1907	松罗王加前程村	岭面区警卫连战士	1934 年 12 月在周坑被杀害
钟成佺	1905	松罗王棣大洨村	红军闽东独立师战士	1936 年 9 月攻打岭头村后无音讯
钟成富	1906	松罗王棣仓头下村	仓头下村红带会队员	1934 年 1 月在霞浦邳洋牺牲
钟生弟	1911	松罗大坪里前洋村	岭面区警卫连战士	1934 年 7 月在长洋村牺牲
钟树敌	1913	松罗孟尾村	孟尾村苏交通员	1936 年被杀害于岭头村
钟长言	1908	松罗孟尾村	福霞中心区苏粮食委员	1935 年 10 月被杀害于福安城关
钟石法	1914	松罗满洋中村	岭面区游击队队员	1937 年被杀害于霞浦城关
钟木连	1905	松罗满洋中村	满洋中村红带会队员	1933 年 10 月在甘棠战斗中牺牲
钟清妹	1886	溪柄房山龟武村	上南区苏交通员	1936 年被杀害于赛岐
钟成兴	1904	溪柄房山龟武村	上南区肃反队队员	1935 年被害于田坂村祠堂前
钟阿品	1900	溪柄采花桥村	共青团采花桥乡支委	1936 年 1 月 5 日被杀害于岩门头
钟茂金	1904	溪柄采花桥村	共青团采花桥乡支部书记	1934 年 4 月在溪柄村牺牲
钟波弟	1906	溪柄采花桥村	上南区警卫连战士	1937 年 1 月在步洋乡粗坑村被害
钟富弟	1915	溪柄长洋葛藤坪村	长洋乡赤卫队队员	1934 年 12 月在葛藤坪村被害
钟成言	1914	溪柄长洋横路下村	碧后村苏交通员	1934 年 12 月被杀害于碧后村
钟汉	1891	城关南湖	新四军六团战士	1938 年皖南留守处工作时被害
钟伏锦	1901	城阳纸坪长潭村	新四军六团战士	1938 年北上抗日后无音讯
钟盛顺	1913	康厝凤洋村	新四军六团战士	1938 年北上抗日后无音讯

续表

姓名	出生年月	籍贯	牺牲前所在单位、职务	牺牲时间、地点
钟盛义	1911	康厝凤洋村	新四军六团战士	1938年北上抗日后无音讯
钟益顺	1910	康厝凤洋村	新四军六团战士	1938年北上抗日后无音讯
钟金全	1906	坂中仙岭头村	志愿军483团2营战士	1953年牺牲于朝鲜战场
钟廷锦	1951	溪潭池家坪村	解放军7154部队战士	1972年在厦门任务中牺牲

二、国民党抗日阵亡将士

国民党抗日阵亡将士名单

姓名	所在部队	阵亡地点
钟应林	63师188团4连（上等兵）	浙江分水
钟振铨	75师446团2营6连（上等兵）	福建厦门

第三节　人物简介

一、厅司级干部简介

钟　安　男，1947年12月出生，福安市甘棠镇何厝村人。1978年9月任宁德地直机关团委书记；1979年3月任共青团宁德地委副书记；1983年8月—1988年6月，任宁德地委组织部副部长（1985年10月起主持工作）；1984年3月—1987年5月，兼任地区社会科学联合会副主席；1984年9月—1987年12月，兼任宁德地区纪律委员会委员；1988年6月—1993年2月，任中共柘荣县委书记、县人民武装部党委书记；1989年4月，兼任柘荣县人大常委会主任、党组书记；1992年12月起任中共宁德地委委员，1993 年 2 月起任中共宁德地委组织部部长。1993 年 3 月当选为中国人民政治协商会议第八届委员会委员，1998 年 3 月当选九届委员会委员。2000 年 4 月，调任福建省民族宗教事务厅副厅长、党组副书记；2007 年 5 月，任福建省民族宗教事务厅巡视员。

钟明森 男，1947 年 1 月出生，福安市溪潭镇蓝田村人。1981 年 3 月—1983 年 11 月，任福安县社口人民公社公社党委副书记、书记；1983 年 12 月—1993 年 4 月，任中共福安县（市）委副书记；1984 年 11 月—1987 年 12 月，任县委政法委书记；1987 年 10 月—1990 年 3 月，任福安县人民政府县长、党组书记；1990—1995 年，当选福建省第五届委员会候补委员；1990 年 3 月—1993 年 4 月，任福安市人民政府市长、党组书记；1993 年 5 月，任福建省民族事务委员会主任、省民政厅副厅长；1994 年 12 月—2000 年 5 月，任福建省民族事务委员会副主任、省宗教局副局长；1996 年到国家交通部挂职，任部直属机关党委副书记；2000 年 5 月起任省国防动员委员会办公室副主任、福建省人防办副主任。1996 年 4 月起，兼任政协福建省第七届委员会常委、省政协民族宗教委员会副主任；兼任中国台湾地区少数民族研究会副会长、福建省民族理论研究学会会长、福建省民族体育协会会长。

钟　声 男，1964 年 12 月出生，福安市下白石镇漳沃村双贵山自然村人。1991 年 12 月任省水产厅人事处副主任科员；1994 年 5 月任人事处主任科员；1995 年 4 月任省水产物资公司副总经理、中共党支部副书记（副处级）；1995 年 8 月兼任省水产发展公司副总经理；1997 年 9 月任水产厅人事处副处长；2004 年 12 月挂职罗源任县委副书记；2008 年 9 月至 2013 年 12 月，任福建省海洋与渔业厅海域和海岛管理处处长，兼任福建省海域勘界领导小组办公室主任；2013 年 12 月至 2015 年 8 月，任福建省海洋与渔业执法总队政治委员（副厅级）；2015 年 9 月，任福建省海洋与渔业厅（局）副厅（局）长；2020 年 3 月，任福建省民族与宗教事务厅二级巡视员。

钟昌华　男，1968年9月出生，福建福安人，曾任宁德市文化与出版局党组成员、纪检组组长；宁德市文化广电新闻出版局党组成员、纪检组组长；宁德市纪委常委；宁德市纪委常委、秘书长；古田县委常委、组织部部长；古田县委常委、组织部部长、总工会主席；霞浦县委副书记；福建省古田县委书记。2021年1月—2022年3月，任福建省纪委监委驻农业农村厅纪检监察组组长，福建省农业农村厅党组成员。2022年3月起，任福建省纪委监委驻农业农村厅纪检监察组组长，福建省农业农村厅副厅长、党组成员；为中共福建省第十一届纪律检查委员会委员。

钟洪糯　男，福安穆云人。1985—1991年，就读于宁德地区民族中学；1991—1995年，就读于福州大学外国语学院；2007—2008年，公派赴韩国中央大学深造，获国际关系专业硕士学位；1995年大学毕业后，进入外交部工作，历任驻马来西亚古晋总领馆、驻加拿大卡尔加里、多伦多总领馆副领事、领事；2016—2020年，任驻土耳其伊斯坦布尔总领馆副总领事（参赞衔）；现任外交部欧洲司参赞、二级巡视员。

钟乃安　男，1965年10月出生，福安市社口镇牛山湾村人。1985年8月参加工作，1986年12月加入中国共产党，中央党校在职研究生学历。1985年8月—1993年9月，任宁德地区农科所干部（1991年1月—1993年8月，挂职任福安市社口镇副镇长）；1993年9月，任宁德地区农委（市委农办）政研科副科长、干部科副科长；1998年12月，任宁德地区市委农办干部科科长；2003年4月，任宁德市委农办扶贫小康科科长；2003年10月，任宁德市农业局党组成员、纪检组组长；2008年2月，任霞浦县委常委、纪委书记、新城区开发建设管理委员会主任；2011年6月，任霞浦县委副书记、纪委书记，台湾水产品集散中心管委会主任，霞浦县经济开发区筹委会主任；2012年12月，任宁德市文化广电新闻出版局党组书记；2017年3月，任宁德市文化广电新闻出版局党组书记、局长；2018

年12月，任宁德市民族与宗教事务局党组书记、局长；2022年1月起，任宁德市人大常委会党组成员、副主任，市人大社会建设委员会主任委员。

钟梅允 女，1965年12月出生，福安城关南湖人，祖籍坂中畲族乡濑头村。1995年9月，任福安市潭头镇党委统战委员、组织委员；1999年9月，任坂中畲族乡党委副书记；2002年8月，任穆云畲族乡党委副书记、乡长；2004年8月，任穆云畲族乡党委书记；2006年6月，任福安市委常委；2008年4月，任福安市委常委、统战部部长；2015年8月，任宁德市妇女联合会主席；2022年1月，当选宁德市政协副主席；1998年1月，当选第九届全国人大代表，2003年1月，当选第十届全国人大代表。

二、处（团）级干部简介

钟干承 男，1945年11月出生，福安市城区南湖人。1974年2月任宁德地区公安处边防民警工作科副科长；1975年1月—1983年6月，改任消防科副科长；1983年7月转入武警宁德地区支队任正营级副科长；1985年5月任消防科副团级科长；1988年8月任武警消防支队支队长兼任支队党委书记。1988年12月授中校警衔，1991年授武警上校警衔。

钟应洪 男，1946年2月出生，福建省福安市坂中畲族乡仙岩村人。1977年8月，任宁德地委组织部干事；1983年9月，任地区民政局副局长。1988年3月，兼任中共宁德县第七届委员会常委（系挂职扶贫宁德县职务），1993年8月，任福安市委副书记、常委；2001年，兼任福安市机关党工委书记；2004年3月，任宁德市组织部正处级调研员、福安市委副书记；2006年1月，任福安市委正处级调研员；2006年6月退休。

钟树棠 男，1952年9月出生，福建省福安市坂中畲族乡仙岩叠石村人。1982年7月，任陆军二十师参谋；1983年8月，任司令部作训科副科长；1985年11月，为作训科科长（副团级）；1987年1月，任团参谋长；1989年8月，任团长；1992年4月，任师副参谋长。1993年9月，转任福州海关监察室副处级监察员，1995 年 4 月，任宁德海关副关长（主持工作），1997 年 3 月，任宁德海关关长。

钟成梅 男，1953 年 3 月出生，溪柄镇龟武村人。1992—1995 年，任省民委社会事业处副主任科员；1995—2000 年，任省民委社会事业处主任科员；2000 年起，任福建省民族宗教事务厅二处副处长；2010 年，任省民宗厅社会事业处正处级调研员。

钟志金 男，1953 年 4 月出生，福安市康厝畲族乡凤洋村人。1994 年起任中央民族大学美术系民族艺术教研室主任、副教授，中国少数民族美术促进会常务执行理事。

钟明龙 男，1963 年 4 月出生，福安市人。1992 年 11 月，任福建省宁德地委组织部干训科副主任科员；1994 年 12 月，任福建省宁德地委组织部知工科副科长；1996 年 10 月，任福建省宁德地委组织部干部科主任科员；1997 年 2 月，任福建省宁德市委组织部干部科副科长、主任科员；2002 年 1 月，任福建省霞浦县委组织部部长；2003 年 12 月，任福建省霞浦县委常委、组织部部长；2004 年 7 月，任福建省霞浦县委常委、组织部部长、县直机关工委书记；2008 年 6 月，任福建省福鼎市委常委、组织部部长；2013 年 12 月，任福建省福鼎市委常委、组织部部长、市直机关工委书记；2014 年 1 月，任福建省宁德市政府办公室党组成员、市旅游局局长（正处级）；2006 年 12 月—2014 年 6 月，兼任宁德陆军预备役海防团副参谋长；2015 年 1 月，任福建省宁德市旅游局党组书记、局长；2017 年 6 月，任福建省宁德市旅游发展委员会党组书记、主任；2018 年 12 月，任福建省宁德市文化和旅游局党组书记。

钟灵灵 女，1983 年 10 月出生，福建福安市坂中畲族乡仙岩村人。中共党员，省委党校研究生学历。2007 年 1 月—2010 年 9 月，公开选拔为松罗乡人民政府副乡长；2010 年 9 月—2011 年 5 月，任松罗乡党委副书记、纪委书记；2011 年 5 月—2016 年 5 月，任松罗乡党委副书记、政府乡长（期间挂职省水利厅）；2016 年 6 月—2019 年 3 月，任中共福安市委常委；2016 年 7 月—2019 年 3 月，任中共福安市委常委、市直机关工作委员会书记；2016 年 8 月—2019 年 3 月，任中共福安市委常委、福安市总工会主席；2019 年 3 月—2020 年 10 月，任市委常委、统战部部长；2019 年 12 月—2020 年 10 月，任市委常委、统战部部长、市政协党组成员、副书记；2020 年 10 月，任共青团宁德市委书记。

钟　燕　女，1965 年出生，福安市坂中畲族乡仙岩村白岩下人。1996 年 11 月，任福建省民委社会事业处副主任科员；2001 年 12 月，任省民族宗教事务厅社会事业处主任科员；2010 年 7 月，任福建省民族宗教厅机关党委副调研员；2013 年 9 月，任福建省民族宗教厅民间信仰工作处（宗教三处）副处长；2019 年 5 月，任福建省民族宗教厅民间信仰工作处（宗教三处）二级调研员。

钟隐芳　女，1949 年 12 月出生，福安市溪潭镇蓝田村人。1991 年—1999 年 5 月，任福安市卫生局副局长；1996 年 12 月—1999 年 5 月，任卫生局主任科员；1999 年 1 月起，任福安市人大常委会副主任。1983—1999 年，任福建省第五、六、七届政协委员；1986—1999 年，任福安市政协常委。

钟灼仔　男，1963 年 7 月出生，福建省福安市康厝乡金斗洋村人，大学学历，高级农艺师。1992 年 9 月，任宁德地区农业学校生产推广处副主任；1994 年 10 月，任宁德市古田县杉洋镇副镇长（挂职）；2000 年 11 月，任宁德市农业学校生产推广科科长；2008 年 2 月，任宁德职业技术学院机关党总支、实训中心、科技处负责人；2011 年 6 月，任宁德职业技术学院实训中心副主任；2017 年 10 月，任宁德职业技术学院机电工程系主任；2019 年 6 月，任宁德职业技术学院机电工程系党总支书记、主任；2021 年 12 月，任宁德职业技术学院新能源与智能制造学院党总支书记、院长。

钟廷富　男，1964 年 2 月出生，康厝畲族乡凤洋村人。1996 年 8 月，任福安市甘棠镇党委组织委员；1999 年 9 月，任甘棠镇人民政府副镇长；2002 年 9 月，任甘棠镇党委副书记，后任穆云畲族乡党委副书记、乡长；任坂中畲族乡党委副书记、乡长；任穆云畲族乡党委书记；2021 年，任福安畲族开发区管委会主任。

钟 韩 男，1964 年 5 月出生，福安城南办事处人，祖籍溪潭镇蓝田村。1992 年 3 月，任福安市地方志编纂委员会副主任；1996 年 8 月，任穆云畲族乡党委副书记；1999 年 8 月，任溪尾镇人大主席；2002 年 9 月，任城阳乡人大主席；2006 年 6 月，任坂中畲族乡党委副书记、乡长；2009 年 12 月，任福安市社口镇党委书记；2012 年 10 月，任宁德市民族中学党总支书记（副处级）；2019 年 1 月起，任福安市政协副主席。

钟丽萍 女，1968 年 9 月出生，福安市松罗乡王家村东埕洋人。1996 年 8 月—1999 年 9 月，任福安市松罗乡副乡长；1999 年 9 月—2002 年 9 月，任松罗乡党委副书记；2002 年 10 月起，任坂中畲族乡党委副书记；2010 年 1 月，任坂中畲族乡党委副书记、乡长；2012 年 7 月，任坂中畲族乡党委书记、政府乡长；2012 年 11 月，任坂中畲族乡党委书记；2015 年 12 月，任周宁县县委常委、宣传部部长；2020 年 9 月，任宁德市东侨经济开发区党委副书记、纪委书记。

钟 明 男，1971 年 9 月出生，福安市穆云乡里楼村人。共产党员，大学文化。2011 年 11 月，任宁德市人民检察院侦查监督处副处长；2005 年 5 月，任侦查监督处处长；2018 年 10 月，任四级高级检察官；2019 年 10 月，任检察委员会委员；2019 年 12 月，任第二检察部主任；2020 年 12 月，任周宁县人民检察院党组书记、检察长；2022 年 2 月，任周宁县人民检察院三级高级检察官。

钟奶贵 男，1973 年 10 月出生，福建省福安市康厝畲族乡凤洋村人。中共福建省委党校法学理论专业在职研究生，2001 年 11 月加入中国共产党，第五届宁德市政协委员。2006 年 2 月，任宁德市药品监督管理局办公室副主任科员、宁德市食品药品监督管理局监察室副主任；2011 年 4 月，任宁德市食品药品监督管理局纪检组副组长、监察室主任；2015 年 1 月，任宁德市食品药品监督管理局办公室主任；2017 年 5 月，任宁德市食品药品监督管理局党组成员、食品安全总监；2018 年 12 月，任宁德市市场监督管理局党组成员、食品安全总监；2022 年，任第五届宁德市政协民族和宗教委员会副主任（兼）。

钟光声 男，1974 年 12 月出生，福建福安湾坞镇池头村清水坪人。1996 年 6 月加入中国共产党，1997 年 9 月毕业于福州大学计算机应用专业，2013 年 6 月毕业于四川大学软件学院软件工程专业，获工程硕士学位。福州大学毕业后留校教务处工作，主要从事本科教学信息化建设、教学管理以及招生考试等工作。先后任福州大学教务处科员、主任科员、副处长，曾兼任福州大学机关二党委副书记，现任福州大学招生考试中心副主任。

钟奶荣 男，1975 年 6 月出生，福安市溪尾镇人。海军大连舰艇学院毕业。2001 年 6 月—2003 年 6 月，任海军南平舰副连职副航海长；2003 年 6 月—2004 年 5 月，任海军南平舰正连职副航海长；2004 年 5 月—2006 年 6 月，任海军南平舰正连职航海长；2006 年 6 月—2008 年 6 月，任海军南平舰航海长；2008 年 6 月—2009 年 1 月，任海军护卫舰第三大队司令部副营职军务参谋；2009 年 1 月—2009 年 6 月，任海军三都舰艇岸勤部司令部副营职战勤参谋；2009 年 6 月—2014 年 1 月，任海军三都舰艇岸勤部司令部正营职战勤参谋；2014 年 1 月—2014 年 6 月，任海军护卫舰第三大队司令部正营职航海业务长；2014 年 6 月—2018 年 3 月，任海军护卫舰第三大队司令部副团职航海业务长；2018 年 12 月—2019 年 6 月，任福建省宁德市发展和改革委员会副调研员；2019 年 6 月，任宁德市发展和改革委员会四级调研员。

钟奶祥 男，1977 年 8 月出生，福安市康厝畲族乡凤洋村人。本科学历，土木工程专业，高级工程师，注册建造师，2003 年加入中国共产党，宁德市第四、五届党代会党代表。2020 年 9 月，任宁德市三都澳新区开发建设有限公司党委委员、副总经理；2021 年 1 月，兼任宁德市漳湾临港工业区建设开发有限公司董事长；2021 年 9 月，兼任宁德市交通投资集团有限公司外部董事。2015 年被推选为宁德市城市建设协会副理事长，2016 年被推选为宁德市建设工程招投标协会副理事长，2017 年被推选为宁德市建设工程质量安全协会副理事长、秘书长。2014 年入选福建省综合性评标专家库专家，2019 年入选宁德市国资系统投资项目评审专家库专家。

钟锦荣　男，1978 年 7 月出生，福安市坂中乡仙岩人。硕士研究生，福建省民族与宗教事务厅宗教事务服务中心副主任。

钟乐光　男，1979 年 3 月出生，福安溪潭镇岳秀村人。中共党员，大学学历。曾任宁德市蕉城区飞鸾镇党委副书记、镇长、四级调研员，2020 年 10 月，任福建省宁德市自然资源局党组成员、宁德市国土资源监察支队支队长。

钟　健　男，1982 年 9 月出生，福安市溪尾镇人。2009 年 9 月—2011 年 9 月，任福建省建设信息中心系统科副科长；2011 年 9 月—2021 年 5 月，任福建省建设信息中心系统科科长（2003 年 12 月，兼任省住房和城乡建设厅办公室行政科科长；2014 年 7 月—2016 年 7 月，挂职任建宁经济开发区管理委员会科技副主任）；2021 年 5 月，任福建省建筑工程技术中心（福建省抗震防灾技术中心）副主任。

钟玲玲　女，1988 年 5 月出生，福安仙岩人。中共党员，本科学历。曾任福安市甘棠镇党政办科员，福安市穆阳镇党委组织委员、政府副镇长，福安团市委书记，福安市康厝畲族乡党委副书记、政府乡长，福安市社口镇党委书记；2022 年 1 月起，任宁德市蕉城区人民政府副区长。

钟江明　男，1956 年 12 月出生，松罗乡茶洋村人。1983 年 10 月任穆阳人民公社管委会副主任；1984 年 7 月，任坂中公社管委会主任；1984 年 9 月，任坂中畲族乡乡长、党委副书记；1990 年 8 月，任福安市老区办党支部书记、副主任；1994年5月，任福安市计委口党委副书记、纪委书记、计委支部书记；1996年12月，任福安市物委党支部书记、副主任；2010年任四级调研员。

钟秀轩 男，1957年10月出生，溪尾镇石合村沃里人。1984年7月，任下白石镇副镇长；1986年7月，任中共下白石镇委员会副书记；1987年6月，任下白石镇人民政府镇长、兼党委副书记；1990年8月，任松罗乡党委书记；1993年12月，任福安市民族事务委员会主任；2005年，任福安市委农办主任、农业局党组书记；2015年2月，任福安市机关副调研员。

钟　隆 男，1959年12月出生，溪潭镇洪口村人。1988年1月，任穆云畲族乡党委统战委员；1989年9月，任穆云畲族乡副乡长；1996年8月，任溪潭镇党委副书记；1999年9月，任甘棠镇党委副书记；2002年9月，任溪柄镇人大主席；2006年6月，任康厝畲族乡党委副书记、乡长；2012年7月，任福安市残疾人联合会第四届执行理事会理事长；2017年，任副处级调研员；2019年，任四级调研员。

钟　鸣 女，1963年12月出生，福安人，学历大专，中国民主同盟盟员，系宁德市第一、二、三届政协委员；1983年8月参加工作，1998年以来，先后任宁德地区人事局、公务员局退休干部管理科科长，宁德市人力资源和社会保障局军官转业安置科科长，2018年12月起，任宁德市退役军人事务局四级调研员。

钟奶光 男，福安岳秀横林人，1982年10月出生，大学研究生学历，硕士学位。2005年7月参加工作，中共党员。现任致公党福建省委组织处四级调研员，中共民主党派省委机关第六支部副书记兼组织委员，致公党福建省委经济和科技工作委员会秘书、省委环境与可持续发展工作委员会秘书。2012年12月，任致公党福建省委参政议政室副主任科员；2015年4月，任致公党福建省委组织处副主任科员；2016年1月，任致公党福建省委组织处主任科员；2019年6月，任致公党福建省委组织处二级主任科员；2019 年 9 月，任致公党福建省委组织处一级主任科员；2020 年 6 月，任致公党福建省委组织处四级调研员。

三、科级干部简介

钟生弟 男，福安城关人。1954 年 6 月，任福安县第四区（穆阳区）副区长；1955 年 9 月—1956 年 2 月，任穆阳区副区长。

钟成秀 男，溪尾镇沃里村人。1955 年 10 月，任湾坞区公所区长；1956 年 8 月，任下白石区公所区长；1957 年 5 月，任县民族事务科科长；1958 年 4 月，任上白石区公所区长；1958 年 8 月，任棠溪人民公社党委书记；1958 年 11 月，任共青团福安县委副书记；1959 年 2 月，任下白石人民公社党委书记；1961 年 10 月，任湾坞区委副书记；1966 年 7 月，任坂中人民公社管委会社长；1970 年 10 月，任松罗公社革命委员会副主任；1975 年 10 月，任康厝人民公社革委会副主任；1977 年 8 月—1983 年 8 月，任康厝人民公社党委书记。

钟　声 男，穆云畲族乡王楼村人。1956 年 6 月，任中共福安城关镇委员会书记；1958 年 4 月，任城关镇镇长；1958 年 8 月，任甘棠乡党委书记；1958 年 10 月，任中共甘棠人民公社委员会书记；1959 年 6 月，任下白石人民公社社长；1960 年 8 月，任富溪人民公社社长；1960 年 8 月，任中共富溪（区委）公社书记、区委副书记，富溪区区长；1963 年 6 月，任甘棠区区长；1966 年 11 月，任甘棠公社社长；1969 年 1 月，任甘棠公社革命委员会主任；1974 年 4 月，任福安县化蛟林场场长、支部书记；1977 年 5 月，任福安县计划委员会主任；1984 年—1987 年 10 月，任福安县政协常委。

钟乃顺 男，溪潭镇溪填橄榄头村人。1974 年 11 月，任柘荣城关公社副主任、党委组织委员；1982 年 7 月，任中共穆阳人民公社党委宣传委员；1984 年 7 月，任穆云畲族乡乡长、党委副书记；1990 年 10 月—2002 年，任福安市交通局支部书记。

钟成福 男，1947年8月出生，松罗乡王家村东洋埕人。1974年10月，任松罗公社革命委员会副主任；1980年9月，任松罗公社主任、党委副书记；1983年9月，任福安民委副主任、主任；1994年1月，任福安市人大常委、民族与华侨委员会主任；1999年4月，任福安市人大常委会农业与农村工作委员会主任。

钟奶寿 男，1932年5月出生，下白石镇章沃村双贵山人。1977年12月，任溪柄人民公社革委会副主任；1979年12月，任中共福安县溪柄人民公社党委副书记；1980年9月，任中共湾坞人民公社党委书记；1984年2月—1990年10月，任福安县审计局局长、县纪律检查委员会委员。

钟逢连 男，1944年12月出生，社口镇山里村里后人。1978年4月—1980年7月，任上白石人民公社革委会副主任；1980年9月—1984年2月，任中共上白石人民公社公社委员会副书记；1983年7月—1984年2月，任上白石人民公社管委会主任；1984年2月—8月，任中共上白石人民公社公社委员会书记；1984年8月—1990年9月，任中共社口乡委员会书记；1984年8月—1987年7月，兼任纪检书记；1990年10月—1994年5月，任福安市土地局局长；1994年5月起，任福安市民政局局长。

钟　鸣 男，福安市下白石镇人。1992年12月，任宁德地区人事局考试录用科副科长；1996年1月，任宁德地委组织部参照国家公务员制度管理办公室副主任；1996年10月起，任地委组织部党群机关干部科科长。

钟石龙 男，甘棠镇坑门里村人。1984年起，任福安县（市）人民法院副院长。

钟金章 男，1939年7月出生，坂中畲族乡仙岩村人。1984年3月，任福安县档案馆副馆长；1986年12月，任福安市档案局副局长；1994年10月，任福安市档案局局长；1996年12月起，任福安市委办副主任科员。

钟成安 男，松罗乡后洋村人。1985年12月，任中共福安县委组织部副科级组织员、组织部办公室主任、干部科科长；1989 年 12 月，任市组织部副部长、正科级组织员；1993 年 8 月，任中共福安市社口镇委员会书记；1999—2005 年，任福安市教育局局长。

钟乃富　男，溪潭镇溪填橄榄头村人。1969 年入伍，1983 年任空军军航空兵十五师 45 团机务大队军械主任；1988 年起为溪潭镇正科级干部。

钟长基　男，1960 年 12 月出生，社口镇沙溪村西下人。1985 年 6 月，任福安市晓阳乡武装部部长；1990 年 7 月，任溪潭乡党委副书记；1996 年 7 月，任城阳乡党委副书记；1998 年 3 月，任下白石镇党委副书记、镇长；2002 年 7 月，任范坑乡党委书记；2006 年 5 月，为福安市范坑乡党委正科级干部；2013 年 5 月，任福安市民族与宗教事务局主任科员。

钟仲生　男，1992 年 9 月，任宁德地区新华书店副经理；1996 年 9 月—1999 年 7 月，任霞浦县崇儒畲族乡副书记、乡长。

钟　亮　男，1964 年生，福安城南街道人。1997 年，任福鼎市桐山镇人民政府副镇长（挂职）；1999 年起，任宁德市文化局博物馆馆长。

钟锦生　男，1970 年 2 月出生，祖籍福安市坂中畲族乡仙岩村。中共党员，福州大学毕业。2013 年 5 月，任宁德市人民政府办公室房管科副科长；2019 年 1 月，任宁德市人民政府办公室房管科科长。

钟亮清　男，1974 年 11 月出生，溪潭镇岳秀村横林人。2002 年 9 月—2019 年 7 月，任福安市上白石镇党委组织委员、党委副书记兼纪委书记，人大主席等职；2019 年 7 月至今，任坂中畲族乡党委副书记、乡长。

钟连木　男，1974 年 12 月出生，福安市社口镇上山村鲤鱼背自然村人。2009 年任宁德市公安局办公室督查科副科长；2019 年任宁德市公安局办公室秘书科科长。

钟　文　男，1984 年 3 月出生，坂中畲族乡仙岩村人。中央民族大学社会学本科学历，厦门大学在职公共管理硕士学位，2005 年 5 月加入中国共产党。2011 年 1 月，任福安市城阳乡党委委员；2013 年 1 月，任福安市城阳镇党委宣传委员；2013 年 11 月，任福安市罗江街道党工委副书记；2016 年 5 月，任福安市穆云畲族乡党委副书记、政府乡长提名人选；2016 年 12 月，任福安市穆云畲族乡党委副书记、政府乡长；2019 年 10 月至今，任福安市松罗乡党委书记。

钟　瑶　男，1985 年 12 月出生，松罗乡茶洋村人。2013 年任宁德市教育局人事科副主任科员、副科长；2017 年任宁德市宁德市教育局（市教育工委）人事科科长、一级主任科员。

钟阳格　女，1987 年 11 月出生，福安市城南街道人。2016 年 5 月，任福安市阳头街道办事处党委委员；2017 年 11 月，任宁德市民政局双拥工作办公室副主任；2019 年 5 月，任宁德市民政局机关党工委专职副书记（正科）。

钟文生　男，1955 年 4 月出生，溪潭镇洪口村湖头面自然村人。大学学历，毕业于福建师范大学历史系。1979 年至 1994 年 7 月在福安市第三中学任教，1994 年 9 月至 1995 年 6 月在周宁县教育局工作，1995 年 7 月至 2015 年 4 月在周宁县财政局工作，先后任县财政局办公室副主任、主任，2008 年起任副主任科员，2015 年 1 月任主任科员。

钟绍勤　男，1958 年 8 月出生，福安市甘棠镇山头庄村人，中国农业大学法学本科毕业。1976 年至 1986 年 6 月入伍于原福州军区厦门守备区炮团，任战士、排长、副连长，1986 年 7 月转业在原宁德地区档案局工作；1987 年 10 月至 2009 年 12 月，在福安市法院历任书记员、助审员、审判员、副庭长、庭长；2010 年 1 月，任福安市法院审判委员会委员；2013 年 3 月起确定为正科级；2017 年 10 月确定为法官单独职务序列四级高级法官；2018 年 8 月退休。

钟友平　男，1959 年 11 月出生，城关南湖人。1993 年 10 月，任溪柄镇党委委员；1996 年 9 月，任溪柄镇副镇长；1999 年 10 月，任甘棠镇纪检书记；2002 年 10 月，任中共福安市纪律检查委员会副科级监察员、宣教室主任；2010 年 10 月，任福安市纪律检查委员会派驻海洋渔业局纪检组长、二级主任科员。

钟发兴 男，1965 年 9 月出生，社口镇徐墩坂村人。1996 年 8 月，任中共福安市社口镇委员会统战委员；1999 年 9 月，任范坑乡人民政府副乡长；2002 年 9 月，任穆云畲族乡党委副书记、纪委书记；2006 年 12 月，任城阳乡党委副书记；2011 年任福安市工商联副主席、秘书长；2012 年 11 月，任中共福安市委统战部副部长；2017 年 1 月，任福安市民族与宗教事务局主任科员。

钟 奇 男，1966 年 1 月出生，福安城南办事处人。1996 年 8 月，任康厝畲族乡副乡长；2002 年 9 月，任潭头镇副镇长。2006 年 12 月，任赛岐镇党委委员；2010 年 10 月，任福安市地方志编纂委员会副主任，中共福安市委党史和地方志研究室副主任、二级主任科员。

钟荣声 男，1966 年 7 月出生，城阳镇铁湖村人。1999 年 9 月，任溪尾镇党委统战委员；2002 年 9 月，任溪尾镇政府副镇长；2006 年 8 月，任社口镇党委委员、纪委书记、副镇长；2016 年 5 月—2021 年 6 月，任阳头办事处党工委委员、纪工委书记（其中 2019 年 1 月起任二级主任科员）。

钟晓群 女，1967 年 11 月出生，社口镇利岔村南山人。1996 年 8 月，任福安市溪尾镇人民政府副镇长；2000 年 1 月，任福安市环保局监察室主任；2013 年 7 月，任福安市监察局副局长；2015 年 12 月，任福安市监察局副局长、主任科员；2018 年 2 月，任福安市司法局二级主任科员；2022 年 8 月至今任福安市司法局一级主任科员。

钟中华 女，1968 年 5 月出生，坂中畲族乡仙岩村人。1999 年 9 月，任湾坞乡党委统战委员；2002 年 10 月起，任坂中畲族乡党委委员；2006 年 12 月，任城北街道办事处党工委委员、党工委副书记、纪工委书记、主任科员；2015 年 8 月，任福安市安全生产监督局主任科员；2019 年 6 月起，任福安市应急管理局二级主任科员。

钟祥康 男，1939 年 1 月出生，坂中畲族乡仙岩村人。1986 年 7 月起，任福安市粮食局纪检组长。

钟培金 男，坂中畲族乡仙岩村人。1978 年 4 月—1982 年 2 月，任中共上白石公社委员会组织委员；1982 年 3 月起，任中共福安市（县）坂中畲族乡委员会组织委员。

钟石祥 男，坂中畲族乡仙岩村人。1978 年 11 月—1988 年 2 月，任福安县民政局副局长。

钟奶冬 男，1945 年 12 月出生，坂中畲族乡日宅村人。1983 年 7 月，任坂中人民公社管委会副主任；1984 年 7 月，任中共坂中畲族乡委员会副书记；1987 年 7 月，任坂中畲族乡纪检委书记；1989 年 9 月—1992 年 9 月，任城阳乡纪检书记。

钟永清 男，1955 年 4 月出生，康厝畲族乡凤洋村人。1988 年 3 月，任穆阳镇人武部部长；1996 年 9 月，任穆云畲族乡人民政府副乡长；2002 年 9 月起，任穆云畲族乡副主任科员。

钟金灿 男，坂中畲族乡仙岩村人。1989 年 10 月，任潭头乡党委组织委员。

钟江俊 男，1960 年 6 月出生，松罗乡茶洋村人。1987 年 9 月，任中共松罗乡委员会委员；1990 年 9 月，任溪尾乡党委委员、人武部长；1993 年 10 月，任溪尾镇人民政府副镇长；1999 年 10 月，任赛岐镇人民政府副镇长；2002 年 9 月起，任中共赛岐镇委员会副书记。

钟绍基 男，1966 年 3 月出生，1990 年 9 月—1993 年 8 月，任福安市潭头乡（镇）副乡（镇）长；1993 年 8 月—1996 年 8 月，任城北街道办事处党委委员；1996 年 8 月—1999 年 9 月，任城北街道办事处副主任；1999 年 10 月起，任城南街道办事处副主任。

钟培言 男，坂中畲族乡大林村人，任福安附小副书记、办公室主任。

钟成恭 男，松罗乡后洋村人，1991 年起，任福安市松罗乡党委统战委员。

钟连贵　男，坂中畲族乡仙岩村人。1984 年任福鼎市工商管理局纪检员党支部书记（副科级）。

钟神冬　男，1968 年 5 月出生，坂中畲族乡和安村人，2019 年 3 月，任上白石镇党委委员、武装部长；2020 年任福安市坂中畲族乡党委委员。

钟绍斌　男，1968 年 7 月出生，溪柄镇水田村人，2020 年任福安市市场监督管理局湾坞所所长。

钟国珍　女，1973 年 8 月出生，2017 年 5 月，任福安市农业机械管理局副主任科员、四级主任科员；2020 年 4 月，任福安市农业机械化管理局副局长；2020 年 11 月起，任福安市委党史和地方志研究室副主任。

钟瑞仔　男，1973 年 12 月出生，福安市湾坞镇福岭村人。2017 年 1 月，任福安市库区移民局副局长，2017 年 12 月主持库区移民局工作。2020 年 5 月，调任福安市残疾人联合会副理事长。

钟金珠　女，1974 年 3 月出生，社口镇牛山湾村北山人，2016 年任福安市穆阳镇党委委员、副镇长；2019 年 3 月，任福安市社口镇人民政府副镇长；2021 年 5 月至今，任福安市社口镇党委政法委员。

钟松坤　男，1975 年 7 月出生，福安社口南山人。1996 年 5 月加入中国共产党，1996 年 10 月参加工作，大学学历，毕业于中央党校函授学院公共管理专业。2016 年 6 月，任溪柄镇党委组织委员、党委副书记；2021 年 9 月起，任福安市人力资源和社会保障局三级主任科员。

钟　玮　女，1976 年 9 月出生，甘棠镇何厝村人。1998 年 10 月加入中国共产党，1995 年 10 月参加工作。2007 年 1 月，任福安市溪潭镇政府副镇长；2010 年 10 月，任福安市溪潭镇党委委员、政府副镇长；2012 年 8 月，任福安市城北街道党工委委员；2013 年 1 月—2016 年 5 月，任福安市城北街道党工委组织、纪工委书记、监察组组长。

钟国平　男，1974 年 3 月出生，坂中畲族乡和安村人，2020 年 7 月，任福安市溪柄镇政府副镇长。

钟贵勇 男，1976 年 2 月出生，坂中畲族乡井口村赖头村人，2016 年任范坑乡党委委员、副乡长、副书记；2020 年 6 月，任福安市城阳镇党委副书记。

钟廷生 男，1976 年 9 月出生，社口镇山里村人。2020 年 7 月，任福安市松罗乡人民政府副乡长；2021 年 5 月起，任福安市松罗乡党委委员。

钟国章 男，1978 年 10 月出生，溪尾镇利洋村人。2018 年 12 月，任福安市潭头镇政府副镇长。

钟荣鸿 男，1981 年 11 月出生，城阳乡铁湖村人。2017 年任宁德市民族中学总务处主任。

钟文珍 女，1985 年 3 月出生，福安市城南街道南湖社区人。2010 年 5 月，任寿宁县凤阳乡人民政府副乡长；2015 年 10 月，任寿宁县凤阳镇政府副镇长；2016 年 6 月，任寿宁县武曲镇人民政府副镇长；2019 年 8 月，任寿宁县统计局副局长；2020 年 5 月，任中共福安市委组织部科员；2020 年 8 月起，任中共福安市委组织部四级主任科员。

钟月花 女，1985 年 4 月出生，溪潭镇岳秀村横林人。2016 年 5 月，任社口镇党委委员、武装部长；2020 年 8 月，任宁德市民族与宗教事务局民族社会事业科副科长。

钟凤娇 女，1985 年 8 月出生，坂中畲族乡廉岭村人，2014 年 9 月，任寿宁县武曲镇党委宣传统战委员、党委委员、纪委书记、县监委武曲镇监察组组长；2020 年 5 月，任福安市委巡察工作领导小组办公室一级科员；2020 年 8 月起，任福安市委巡察工作领导小组办公室四级主任科员。

钟秀云 女，1986 年 5 月出生，康厝畲族乡竹园兜村人，2016 年 5 月，任上白石镇党委委员；2018 年 4 月，任福安市穆云畲族乡党委委员、纪委书记、监察组长；2021 年 5 月，任穆云畲族乡党委副书记、政法委员。

钟书君 女，1987 年 5 月出生，2017 年 1 月，任福安市委副科级组织员；2019年6月，任福安市委组织部四级主任科员；2020年11月，任福安市纪委监委组织和宣传部部长；2022年6月起，任福安市委组织部副部长。

钟茂林 男，下白石镇通湾洋村人，2019年任下白石镇党委委员、武装部长；2021年12月，任蕉城区民族与宗教事务局四级主任科员。

钟晓丽 女，1989年2月出生，溪潭镇下庄人。2020年4月，任罗江街道办事处党工委组织委员。

钟雅婷 女，1989年8月出生，福安市城北街道人，2021年5月，任穆阳司法所所长。

钟　迎 女，1990年1月出生，溪潭镇洪口村人。2020年11月，任福安市坂中畲族乡党委宣传委员。

钟　玮 男，1990年6月出生，溪尾镇石合沃里人。2021年任霞浦县牙城镇人民政府副镇长。

钟晟敏 1990年8月出生，福安市社口镇牛山湾村人。2020年2月，任中共福建省纪委福建省监委驻兴业银行纪检监察组纪检监察员；2021年4月，任中共福建省纪委福建省监委驻兴业银行纪检监察组综合室副主任；2020年6月，任中共福建省纪委福建省监委驻兴业银行纪检监察组纪检监察二室副主任（主持工作）。

钟小娟 女，1992年2月出生，坂中畲族乡仙岩村人，2021年5月，任福安市甘棠镇党委宣传委员。

钟丽利 女，1993年12月出生，坂中畲族乡亭兜村人，2021年5月，任福安市溪潭镇党委统战委员。

钟成全 男，穆云畲族乡洋坪村人，2021年12月，任福安市社口镇政府副镇长。

钟成华 男，1993年12月出生，社口镇南山村人，2012年至2020年6月，任甘棠镇党委宣传委员、纪委书记；2020年4月，任福安市上白石镇党委副书记、三级主任科员。

钟石茂 男，1940 年出生，社口镇南山村人。1966 年 7 月参加工作，2000 年 8 月，任福安市民族与宗教事务局副主任科员。

钟石基 男，1972 年 8 月出生，社口镇上山村徐墩坂人。2019 年 6 月，任福安市国土资源局四级主任科员。

钟开松 男，福安市检察院副科级干部。

钟毓新 男，坂中畲族乡仙岩村人。1988 年 5 月—1990 年，任福安县法院副科级审判员。

钟鸣鑫 男，1988 年 2 月出生，2019 年 4 月，任福安市公安局巡特警反恐大队四级警长。

钟伏荣 男，坂中畲族乡大林村人。1990 年 9 月，任福安农药厂厂长兼天马集团副总经理；1994 年 6 月，任福安农药厂书记兼天马集团副总经理；1997 年 1 月起，任福安农药厂厂长兼天马集团副总经理。

钟志凌 男，1985 年 12 月出生，甘棠镇何厝村人，本科学历，2007 年参加工作，2013 年入职福建新华发行集团，2019 年起，任产业发展部基建科副科长。

四、在韩工作非福安籍钟姓科级以上干部

钟大湖 男，畲族，1917 年 5 月出生，福建福鼎市店下人。1952 年—1969 年，任福安军分区政委、福安地委常委、地委书记处书记、地委副书记。全国人大代表、全国民族事务委员会委员、福建省军区副政委顾问（正军职）。

钟宜国 男，畲族，福建宁德蕉城人，1968 年 2 月出生，中共党员，省委党校大学学历。2018 年 9 月起，任中共福安市委副书记、市政府副市长、代市长；2018 年 10 月 30 日—2021 年 6 月，任中共福安市委副书记、市政府市长。

钟逢帮 男，畲族，蕉城人，1975 年 6 月出生，1997 年 5 月加入中

国共产党，1995 年 8 月参加工作，研究生学历，文学硕士学位。2021 年 6 月，任福安市委常委、组织部长。

钟高培 男，畲族，宁德蕉城人，1987 年 12 月出生。2016 年 5 月—2021 年 5 月，历任湾坞镇党委委员、武装部长、党委综治副书记、政法委员（兼）；2021 年 5 月起，任下白石镇党委副书记、政府镇长。

钟　鸿 男，畲族，福鼎人。2018 年 4 月，任福安畲族经济开发区管委会副主任科员；2020 年 2 月，任福安市委办公室四级主任科员；2021 年 9 月起，任福安市委办公室三级主任科员。

钟艳容 女，畲族，宁德蕉城人，2014 年 9 月，为福安市康厝畲族乡试用期干部；2015 年 9 月，任福安市康厝畲族乡科员；2016 年 9 月，任福安市康厝畲族乡妇女联合会主席；2020 年 5 月起，任福安市畲族经济开发区办公室主任；2022 年 4 月，调任宁德市蕉城区。

第四节　人物表

一、获省级以上表彰名表

姓名	所在单位	荣誉称号	授予时间	授予单位
钟金梅	福安县坂中仙岩妇代会	全国三八红旗手	1983	全国妇联
钟　安	柘荣县委书记	全国优秀领导干部	1991	中共中央组织部
钟　安	柘荣县委书记	省优秀共产党员	1991	中共福建省委
钟应洪	福安市委副书记	省民族团结进步模范个人	1999	福建省人民政府
钟应洪	福安市委副书记	扶贫开发先进个人	2002	中共福建省委、省政府
钟隐芳	福安市卫生局副局长	全国抗洪救灾先进个人	1991	中国红十字会

续表

姓名	所在单位	荣誉称号	授予时间	授予单位
钟隐芳	福安市卫生局副局长	中国红十字会先进个人	1996	中国红十字会
钟明森	福建省民委副主任	全国民族团结进步模范	1996	国务院
钟明森	福建省民委副主任	全国科教兴市先进个人	1996	国家科委
钟　隆	康厝畲族乡乡长	四普省级先进个人		福建省人民政府
钟长基	下白石镇镇长	计生先进个人	2000	中共福建省委、省政府
钟长基	下白石镇镇长	冬修水利好镇长	2001	福建省人民政府
钟伏龙	凤洋文化站站长	2014 中国文化馆榜样人物	2014.12	文化部
钟伏龙	凤洋文化站站长	全国艺德标兵	2015	中国教科文卫体工会
钟奶祥	城北街道富春社区居委会	“敬业奉献”好人	2012	中宣部、文明办
钟秀轩	下白石镇政府	粮食丰收奖三等奖	1988	福建省人民政府
钟乃安	宁德市民宗局	省民族团结进步模范个人	2021	福建省人民政府
钟乃祥	宁德市交通投资集团有限公司	2019-2021 年福建省重点建设项目先进工作者	2022	福建省人民政府
钟灼仔	宁德职业技术学院	国家级教学成果二等奖	2014.9	教育部
钟成安	社口镇党委书记	全省优秀乡（镇）书记	1998.7	中共福建省委
钟晟敏	厦门大学	优秀学生干部	2011.12	厦门大学
钟晟敏	厦门大学	优秀学生干部	2015.12	厦门大学
钟　健	福建省住房与城乡建设厅	福建省科技服务团先进工作者	2015	省委组织部
钟　健	福建省住房与城乡建设厅	全国住房与城乡建设系统抗疫先进个人	2020.12	国家住建部

二、获厅级表彰名表

姓名	所在单位	荣誉称号	授予时间	授予单位
钟长基	福安县晓阳乡	扶贫工作先进个人	1987	宁德行署
钟永清	康厝乡人武部	优秀专武干部	1981.2	省军区
钟绍基	潭头乡政府	优秀宣传工作者	1995.3	宁德地委
钟　韩	福安市穆云畲族乡党委	优秀小康工作者	1997	宁德地委、行署
钟廷富	福安市甘棠镇党委	清坟治理工作先进个人	1997	宁德地委
钟隐芳	民进福安市委	海西春雨行动先进个人	2008	省委统战部
钟隐芳	福安市人大副主任	全省妇女先进典型人物	1999	省妇联
钟梅允	穆云畲族乡乡长	社会治安综合治理先进个人	2003	宁德市委、政府
钟梅允	穆云畲族乡党委书记	省“三八”红旗手	2004	省妇联
钟晓群	福安市环保局	民主评议行风工作先进个人	2002	省环保局
钟灼仔	宁德市农业学校	宁德市“第二届市管优秀青年专业技术人才”	2008.4	宁德市人民政府
钟灼仔	宁德职业学院实训中心	全省高校优秀党务工作者	2011.7	中共福建省教工委
钟明龙	福鼎市委、组织部	省热心支持工会工作的党政领导干部	2010.5	福建省总工会
钟勇法	福安市农业局	宁德市科技进步三等奖	2008	宁德市政府
钟灼仔	宁德职业技术学院	宁德市科技进步三等奖	2008	宁德市政府
钟幼雄	宁德职业技术学院	宁德市科技进步三等奖	2008	宁德市政府
钟秀轩	福安市民族事务委员会	民族团结模范先进个人	1997	宁德地委、行署
钟秀轩	下白石镇政府	计生工作先进个人	1987	宁德地委、行署
钟乃贵	宁德市市场管理局	三等功奖励	2021	宁德市委、政府
钟乃祥	宁德市交通投资集团有限公司	重点建设项目先进工作者		宁德市委、政府

续表

姓名	所在单位	荣誉称号	授予时间	授予单位
钟灼仔	宁德职业技术学院	福建省教学成果一等奖	2014.4	福建省教育厅
钟灼仔	宁德职业技术学院	宁德市科技进步三等奖	2010.6	宁德市人民政府
钟阳格	福安市人大	“人大监督工作的实践和创新”课题研究优秀奖		省人大办公厅、研究室
钟阳格	福安市人大	《人民政坛》优秀通讯员	2014	省《人民政坛》杂志社
钟阳格	宁德市民政局	全省民政政策理论研究三等奖	2020	省民政厅
钟发兴	社口镇政府	省第三次民族团结先进个人	1992.12	省民族事务委员会
钟发兴	范坑乡政府	“八七”扶贫攻坚先进个人	2002.4	宁德市委、政府
钟发兴	穆云畲族乡党委	扶贫工作先进个人	2005.8	宁德市委、政府
钟　奇	福安市潭头镇政府	“八七”扶贫攻坚先进个人	2002.4	宁德市委、政府

三、当选全国、省人大代表名录

姓名	性别	职别	工作单位	当选年度	代表届别
钟祖妃	女	农民	福安县社口牛山湾村	1975	第四届全国人大代表
钟梅允	女	干部	福安市潭头镇党委	1998	第九届全国人大代表
钟梅允	女	干部	福安市穆云畲族乡政府	2003	第十届全国人大代表
钟逢连	男	干部	福安市社口镇党委	1987	第七届省人大代表
钟　韩	男	干部	宁德市民族中学	2013	省第十二届人大代表
钟乃祥	男	主任	福安市城北街道富春社区居委会	2013	省第十二届人大代表

四、当选全国、省政协委员名录

姓名	性别	工作单位	当选时间	届别
钟　安	男	中共宁德地委委员、组织部长	1995	第八届全国政协委员
钟　安	男	中共宁德地委委员、组织部长	1998	第九届全国政协委员
钟隐芳	女	福安市卫生局	1982	第五届福建省政协委员
钟隐芳	女	福安市卫生局	1987	第六届福建省政协委员
钟隐芳	女	福安市人大常委会副主任	1992	第七届福建省政协委员
钟隐芳	女	民进福安主委	2002	第九届福建省政协委员
钟乃安	男	宁德市文化广电出版局党组书记	2012	第十一届福建省政协委员
钟乃安	男	宁德市文化广电出版局党组书记	2017	第十二届福建省政协委员

五、已知获得高级技术职称人员名表

姓名	工作单位	技术职称
钟瑞金	福安市第一中学	中学高级教师
钟石登	福安市职业中专学校	中学高级教师
钟志金	中央民族大学艺术系	副教授、博导
钟　亮	宁德市文化局	副研究员
钟伏荣	福安市农药厂	高级工程师
钟秋生	福建宁德财经学校	高级讲师
钟灼仔	宁德职业学院实训中心	高级讲师
钟美珠	中央民族出版社	高级副编审
钟耀荣		高级工程师
钟建平	福安市八一小学	高级教师
钟伏城	福安市第六中学	专技五级
钟乃卫	福安市第九中学	专技六级

续表

姓名	工作单位	技术职称
钟文法	福安市第六中学	专技六级
钟雄光	福安市第三中学	专技七级
钟奇生	福安市民族中学	专技六级
钟振飞	福安市民族职业中学	专技七级
钟清脆	福安市实验小学龙江校区	专技六级
钟　英	福安市潭头中学	专技七级
钟金慈	福安市溪尾中学	专技五级
钟秀凤	福安市下白石中心小学	专技七级
钟智芳	福安市下白石中心小学	专技七级
钟勇法	福安市乡村振兴工作服务中心	专技五级
钟荣玉	福安职业技术学校	专技六级
钟浩光	福安市赛岐中学	专技六级
钟坛旺	福建省邮电规划设计院有限公司	高级工程师
钟　健	福建省建筑工程技术中心	高级工程师
钟林清	闽东医院	主任医师

六、已知获得中级技术职称人员名表

姓名	工作单位	技术职称
钟　凯	福安市药检所	主治医师
钟锦生	福安市妇幼保健所	主治医师
钟翰弟	福安市坂中卫生院	主治医师
钟丽团	福安市穆阳卫生院	主管护师
钟碧清	福安市赛岐卫生院	主管护师
钟元盛	福安市下白石卫生院	主治医师

续表

姓名	工作单位	技术职称
钟松玉	福安市中医院	主治医师
钟石兰	福安市罐头厂	工程师
钟金枚	深圳中外合资铝合金工艺品公司	工程师
钟伏生	福安市康厝建筑公司	工程师
钟丽新	福安市第三中学	一级教师
钟玉平	福安市第三中学	一级教师
钟乃卫	福安市第九中学	高级教师
钟荣玉	福安市第九中学	高级教师
钟金慈	福安市溪尾中学	高级教师
钟文法	福安市甘棠中学	高级教师
钟奇生	福安市双峰中学	高级教师
钟巧萍	福安市实验小学	小学高级教师
钟　华	福安市韩城第一中心小学	小学高级教师
钟嫩美	福安市韩城第一中心小学	小学高级教师
钟清脆	福安市韩城第二中心小学	小学高级教师
钟平容	福安市城北中心小学	小学高级教师
钟培水	福安市城阳中心小学	小学高级教师
钟竹春	福安市坂中中心小学	小学高级教师
钟明华	福安市赛岐中心小学	小学高级教师
钟石荣	闽东赛岐开发区中心小学	小学高级教师
钟少萍	闽东赛岐开发区中心小学	小学高级教师
钟振华	福安市下白石中心小学	小学高级教师
钟纯安	福安市下白石中心小学	小学高级教师
钟铭城	福安市溪柄中心小学	小学高级教师

续表

姓名	工作单位	技术职称
钟生光	福安市溪柄中心小学	小学高级教师
钟雪平	福安市社口中心小学	小学高级教师
钟剑康	福安市社口中心小学	小学高级教师
钟泽荣	福安市社口中心小学	小学高级教师
钟　辉	福安市社口中心小学	小学高级教师
钟冬现	福安市潭头中心小学	小学高级教师
钟庭充	福安市晓阳中心小学	小学高级教师
钟清法	福安市松罗中心小学	小学高级教师
钟金全	福安市溪潭中心小学	小学高级教师
钟荣康	福安市康厝中心小学	小学高级教师
钟绍健	福安市康厝中心小学	小学高级教师
钟振华	福安市穆云学区	小学高级教师
钟进祥	福安市穆云学区	小学高级教师
钟金兴	福安市穆云学区	小学高级教师
钟端梅	福安市民族实验小学	小学高级教师
钟晓英	福安市职工培训中心	经济师
钟金章	福安市档案局	（档案）馆员
钟林荔	宁德市畲族歌舞团	三级演员
钟绍健	福安畲族经济开发区中心小学	一级教师
钟少青	福安市坂中中心小学	专技十级
钟春锦	福安市坂中中心小学	专技八级
钟石玉	福安市坂中中心小学	专技九级
钟成全	福安市坂中中心小学	专技八级
钟锦鸿	福安市坂中中心小学	专技九级

续表

姓名	工作单位	技术职称
钟菊英	福安市坂中中心小学	专技十级
钟　华	福安市坂中中心小学	专技八级
钟谢生	福安市坂中中心小学	专技九级
钟石旺	福安市坂中中心小学	专技九级
钟燕梅	福安市坂中中心小学	专技十级
钟金全	福安市坂中中心小学	专技八级
钟天瑜	福安市坂中中心幼儿园	专技九级
钟树茂	福安市城市管理服务中心	专技九级
钟锦珠	福安市城阳中心小学	专技九级
钟奶松	福安市第八中学	专技九级
钟秀平	福安市第二中学	专技九级
钟丽新	福安市第三中学	专技八级
钟建梅	福安市第三中学	专技十级
钟丽梅	福安市第三中学	专技九级
钟　梅	福安市第五中学	专技八级
钟美玉	福安市妇幼保健院	专技十级
钟　鸣	福安市甘棠中心小学	专技九级
钟丽庄	福安市甘棠中心小学	专技八级
钟善章	福安市甘棠中心小学	专技九级
钟凯赟	福安市甘棠中心小学	专技九级
钟福寿	福安市高级中学	专技八级
钟晓英	福安市工业和信息化服务中心	专技八级
钟宁英	福安市国土空间规划服务中心	专技十级
钟金发	福安市韩城第一中心小学	专技十级

续表

姓名	工作单位	技术职称
钟华芳	福安市韩城第一中心小学	专技十级
钟吴晔	福安市疾病预防控制中心	专技十级
钟莲明	福安市康厝畲族乡乡村振兴服务中心	专技十级
钟国寿	福安市康厝中心小学	专技八级
钟荣康	福安市康厝中心小学	专技八级
钟燕清	福安市民族与宗教事务服务中心	技术工三级
钟月梅	福安市民族职业中学	专技十级
钟林秀	福安市穆阳镇卫生院	专技八级
钟锦新	福安市穆阳镇乡村振兴服务中心	专技八级
钟秀英	福安市穆阳中心小学	专技九级
钟团娇	福安市穆阳中心小学	专技九级
钟石清	福安市穆阳中心小学	专技九级
钟木清	福安市穆云中心小学	专技八级
钟明全	福安市农村公路事业发展中心	技术工三级
钟　莲	福安市赛岐小学	专技九级
钟坛增	福安市赛岐小学	专技九级
钟小平	福安市赛岐小学	专技九级
钟长旺	福安市社口镇党群服务中心	技术工三级
钟飞燕	福安市社口镇乡村振兴服务中心	专技十级
钟锦森	福安市社口中心小学	专技十级
钟　辉	福安市社口中心小学	专技八级
钟建生	福安市社口中心小学	专技八级
钟剑康	福安市社口中心小学	专技八级
钟泽荣	福安市社口中心小学	专技八级

续表

姓名	工作单位	技术职称
钟明玉	福安市社口中心小学	专技九级
钟巧萍	福安市实验小学龙江校区	专技八级
钟均声	福安市实验小学龙江校区	专技十级
钟宝铃	福安市实验小学龙江校区	专技八级
钟振铃	福安市实验小学龙江校区	专技十级
钟连顺	福安市实验小学龙江校区	专技九级
钟小燕	福安市实验小学龙江校区	专技十级
钟媚庄	福安市实验小学龙江校区	专技十级
钟振森	福安市实验小学龙江校区	专技九级
钟容秀	福安市实验小学龙江校区	专技九级
钟金兴	福安市实验小学龙江校区	专技八级
钟小平	福安市实验小学龙江校区	专技九级
钟清法	福安市松罗中心小学	专技八级
钟清莲	福安市松罗中心小学	专技九级
钟丽平	福安市松罗中心小学	专技八级
钟雪玉	福安市潭头镇乡村振兴服务中心	专技十级
钟凤娇	福安市特殊教育学校	专技八级
钟生光	福安市溪柄中心小学	专技八级
钟铭城	福安市溪柄中心小学	专技八级
钟兴金	福安市溪潭镇乡村振兴服务中心	专技九级
钟金全	福安市溪潭中心小学	专技八级
钟美鸿	福安市溪潭中心小学	专技十级
钟翔程	福安市溪尾中心小学	专技八级
钟桃英	福安市溪尾中学	专技十级

续表

姓名	工作单位	技术职称
钟奶眉	福安市溪尾中学	专技九级
钟纯安	福安市下白石中心小学	专技八级
钟振华	福安市下白石中心小学	专技八级
钟惠珍	福安市下白石中心小学	专技九级
钟寿玉	福安市下白石中心小学	专技九级
钟石荣	福安市下白石中心小学	专技八级
钟进祥	福安市晓阳中心小学	专技八级
钟廷充	福安市晓阳中心小学	专技八级
钟力志	福安市阳头街道社区卫生服务中心	专技十级
钟秀英	福安市医院	专技九级
钟丽容	福安市逸夫小学	专技九级
钟玉莲	福安市逸夫小学	专技九级
钟国强	福安市住房和地产业发展中心	专技十级
钟小花	福安职业技术学校	专技九级
钟　声	福安职业技术学校	专技九级
钟斌辉	福安职业技术学校	专技九级
钟鲁龙	宁德市农业科学研究所	兽医师
钟燕凌	福建省科技馆	科技管理类工程师

七、已知博士、硕士

姓名	籍贯	毕业院校	学位或专业
钟祥斌	湾坞梅洋	中国科学院上海植物生理生态研究院	遗传学博士后
钟　珍	溪潭蓝田	美国	博士

续表

姓名	籍贯	毕业院校	学位或专业
钟金铃	康厝凤洋	北京师范大学	哲学博士
钟　君	坂中仙岩	中国科学院北京基因组所	博士
钟小美	坂中亭兜	加拿大戴尔豪斯大学	海洋环境博士
钟耀照	康厝凤洋	台湾中央大学	物理海洋学博士
钟景山	溪柄龙潭面	新加坡南洋大学	电子科学与技术博士
钟萍云	福安城关	华南师范大学	硕士
钟　声	下白石双贵山	中国海洋大学	硕士
钟洪糯	穆云燕科	韩国	国际关系硕士
钟奶光	溪潭岳秀	福建师范大学	硕士
钟耀荣	坂中仙岩	南京工业大学	工程硕士
钟鲁龙	潭头鹅山	中国农业科学院	硕士
钟连木	社口上山	福州大学	法学硕士
钟扬音	下白石双贵山	南京大学	物理硕士
钟逸君	下白石双贵山	澳大利亚悉尼大学	国际商务硕士
钟光声	湾坞池头	四川大学	软件工程硕士
钟坛旺	湾坞池头	北京邮电大学	工程硕士
钟　文	坂中仙岩	厦门大学	公共管理硕士
钟茂生	松罗大坪里	福州大学	化学工程硕士
钟陈笛	康厝凤洋	英国兰卡斯特大学	心理学硕士
钟石胜	康厝凤洋	厦门大学	软件工程硕士
钟秀秋	康厝凤洋	厦门大学	工商管理硕士
钟雨晴	城南南湖	上海大学	文艺学硕士
钟晟敏	社口牛山湾	厦门大学	国际金融学硕士
钟锦荣	坂中仙岩	福建师范大学	管理学硕士

八、已知考录大学名单

姓名	籍贯	毕业院校	学位或专业
钟茂生	松罗大坪里	北京大学	数学
钟阳格	福安城南	复旦大学	中国文学学士
钟志峰	溪潭濑头	哈尔滨工业大学	土木工程
钟　华	福安城关	中国地质大学	材料科学与工程
钟奶光	溪潭岳秀	中国农业大学	农学
钟文贵	溪尾林江	华中科技大学	电气工程及自动化
钟惠平	坂中留安	厦门大学	艺术设计
钟光清	坂中卫校	厦门大学	计算机科学与技术
钟振明	福安	厦门大学	化学
钟泽民	康厝凤洋	吉林大学	通讯工程
钟　玮	福安南湖	兰州大学	市场营销
钟俊杰	福安	中南大学	矿物加工工程
钟　亮	福安城关	中央民族大学	历史学学士
钟　文	坂中仙岩	中央民族大学	社会学
钟锦生	坂中和安	中央民族大学	市场营销
钟雄友	下白石大获	中央民族大学	环境科学
钟锦声	穆云中沃	中央民族大学	环境科学
钟建锋	坂中坂中街	中央民族大学	会计学
钟石明	坂中亭兜	福州大学	机械
钟幸春	福安	福州大学	装璜艺术设计
钟　鸣	福安城关	福州大学	机械设计制造
钟　鸣	福安	福州大学	微电子科学与工程
钟明森	溪潭蓝田	中南民族大学	中国文学学士
钟石镫	坂中仙岩	中南民族大学	中国文学学士

续表

姓名	籍贯	毕业院校	学位或专业
钟振华	福安阳头	中南民族大学	理学学士
钟炳雄	福安阳头	中南民族大学	理学学士
钟秋生	福安赛岐	中南民族大学	理学学士
钟梅允	福安南湖	中南民族大学	中国文学学士
钟　韩	福安城关	中南民族大学	中国文学学士
钟　燕	坂中仙岩	中南民族大学	中国文学学士
钟金枚	穆云王楼	中南民族大学	理学学士
钟　奇	福安城关	中南民族大学	历史学学士
钟金华	溪柄宸山	中南民族大学	中国文学学士
钟爱月	溪柄龙潭面	中南民族大学	通信工程
钟玉生	福安罗江	中南民族大学	数学
钟晓英	社口南山	中南民族大学	经济管理
钟一金	穆云高岭	中南民族大学	教育管理
钟谢木	社口南山	中南民族大学	中国文学学士
钟丹丹	福安城关	中南民族大学	中国文学学士
钟秀秋	康厝凤洋	中南民族大学	人力资源管理
钟少华	福安城关	中南民族大学	中国文学学士
钟　健	溪尾沃里	中南民族大学	电子信息工程
钟金财	甘棠清水壑	中南民族大学	电子信息工程
钟丽英	松罗前洋	中南民族大学	英语
钟灵灵	坂中满春	中南民族大学	英语
钟建兵	坂中仙岩	中南民族大学	法学学士
钟陈隆	福安阳头	中南民族大学	信息管理
钟廷春	赛岐镇区	中南民族大学	计算机科学

续表

姓名	籍贯	毕业院校	学位或专业
钟小强	潭头柘头	中南民族大学	通讯工程
钟文珍	城关南湖	中南民族大学	金融学
钟　瑶	松罗茶洋	中南民族大学	电子信息工程
钟清生	城北新阳路	中南民族大学	电子商务
钟祖生	城关洋边	中南民族大学	计算机科学与技术
钟玲玲	赛岐罗江	中南民族大学	电子商务
钟应明	坂中大林	中南民族大学	法学
钟书君	穆云王楼	中南民族大学	计算机科学与技术
钟秀云	康厝竹园兜	中南民族大学	中国语言文学
钟少峰	福安	中南民族大学	经济管理
钟丹桐	福安	中南民族大学	历史
钟羚淇	福安	中南民族大学	经济学类
钟伟杰	福安	中南民族大学	计算机类
钟雯菲	福安	中南民族大学	自动化类
钟灵杰	福安	中南民族大学	电子信息
钟文斌	福安	中南民族大学	数学
钟耀明	坂中仙岩	武汉地质大学	理学学士
钟　敏	坂中仙岩	武汉工业大学	经济
钟雄光	溪柄北山	北方交通大学	计算机科学
钟玲芳	福安城关	长春理工大学	化工与制药
钟金华	溪柄龟武	西南民族大学	中国文学学士
钟　华	甘棠山头庄	西南民族大学	法学学士
钟李明	溪尾坎下	西南民族大学	生物技术
钟达理	穆阳中兴街	西南民族大学	软件工程

续表

姓名	籍贯	毕业院校	学位或专业
钟　平	坂中留安	西南民族大学	教育技术学
钟林周	溪柄龙潭面	西南民族大学	生物技术
钟锦旺	穆云燕科	西北民族大学	计算机科学与技术
钟华勇	赛岐镇区	西北民族大学	计算机科学与技术
钟　虹	福安城关	西北民族大学	广播电视新闻学
钟石金	穆阳百岁村	西北民族大学	工商管理
钟少州	社口南山	西北民族大学	医学
钟林英	康厝邮亭	西北民族大学	计算机科学与技术
钟惠平	赛岐岭尾宫	西北民族大学	新闻学
钟奶眉	坂中大林	西北民族大学	汉语言文学
钟文华	溪柄东山	福建师范大学	思想政治
钟　剑	溪柄东山	福建师范大学	中国文学学士
钟福寿	坂中仙岩	福建师范大学	历史
钟　鸣	赛岐镇区	福建师范大学	物理学
钟丽梅	潭头车岭	福建师范大学	教育学
钟建芳	城关甲杯山	福建师范大学	心理学
钟丽容	甘棠山头庄	福建师范大学	电子信息工程
钟月梅	溪柄后坞路	福建师范大学	教育学
钟坛梅	城关阳下	福建师范大学	艺术设计
钟永康	福安城关	福州大学阳光学院	法学
钟　铃	城关上东垅	福州大学阳光学院	会计学
钟幼英	城关南湖	福建农业大学	土化
钟幼雄	城关南湖	福建农业大学	花卉
钟贵勇	坂中濑头	福建农业大学	汽车运用与维修

续表

姓名	籍贯	毕业院校	学位或专业
钟裕明	坂中大林	福建农业大学	土地
钟政金	坂中仙岩	福建农业大学	水利水电工程建筑
钟　岚	福安	福建农业大学	园艺
钟乐光	溪潭横林	福建农业大学	金融
钟梅娇	赛岐小留坑里	福建农业大学	农学学士
钟小宝	福安锦鸡笼	福建农业大学	农学学士
钟廖清	下白石下赤	福建农林大学	金融
钟瑞慈	溪尾林江	福建农林大学	园林
钟伏玉	社口东瓜坪	福建农林大学	电气工程及其自动化
钟　瑜	城关街尾	福建农林大学	公共管理
钟金满	坂中长汀	福建农林大学	动物医学
钟杰明	福安	福建农林大学	材料科学与工程
钟秀芳	福安	福建农林大学	动物医学
钟晓静	城关南湖	闽江学院	旅游管理
钟林清	罗江坑门里	福建医科大学	临床医学
钟贵城	坂中濑头	福建医科大学	医学学士
钟生福	坂中仙岩	福建医科大学	医学学士
钟幼华	城关阳头	福建中医学院	护理学
钟海亮	城南南湖	厦门大学嘉庚学院	艺术设计
钟　焱	城关莲池	厦门理工学院	理学学士
钟林梅	康厝邮亭	厦门集美大学	国际经济贸易
钟立华	坂中仙岩	厦门集美大学	体育
钟振华	坂中仙岩	华中师范大学	化学
钟锦明	穆云科后	中国海洋大学	理学学士

续表

姓名	籍贯	毕业院校	学位或专业
钟夷彩	林头	中国海洋大学	理学学士
钟石龙	赛开岭尾宫	华南农业大学	材料科学与工程
钟丽珍	福安	湖南医科大学	临床医学
钟盛芳	下白石福屿	湖北中医学院	中药学
钟碧芳	坂中和安	贵州民族学院	旅游管理
钟梅玉	康厝凤洋	贵州民族学院	计算机科学
钟冬声	城关锦鸡垅	贵州民族学院人文科技学院	法学
钟　芳	福安官埔	莆田学院	汉语言文学
钟　山	福安城关	通信指挥学院	指挥自动化工程
钟金眉	溪潭蓝田	南方冶金学院应用科学院	社会体育
钟神唐	赛岐店前	华侨大学	电气工程及自动化
钟露野	城关上城河	四川音乐学院	音乐表演
钟璐雯	城关荷塘坪	淮阴师范学院	数学与应用数学
钟艳菲	福安	福建商学院	会展经济与管理
钟木兰	福安	江苏师范大学科文学院	经济学
钟文水	溪柄龙潭面	仰恩大学	物流工程
钟馨怡	福安	仰恩大学	金融学
钟心怡	福安	闽南科技学院	市场营销
钟　蕾	福安	闽南科技学院	投资学
钟玉容	福安	福建信息职业技术学院	大数据与会计
钟　欣	福安	福建艺术职业学院	服装与服饰设计
钟欣怡	福安	闽南科技学院	服装与服饰设计
钟春强	福安	华东理工大学	机械类
钟林静	福安	西北农林科技大学	园艺

续表

姓名	籍贯	毕业院校	学位或专业
钟成梅	福安	中国石油大学（北京）	安全工程
钟逢林	福安	合肥工业大学	环境工程
钟曼秋	福安	海南大学	生物科学
钟铠丞	福安	四川农业大学	林学
钟城锋	福安	华侨大学	土木类
钟钰钰	福安	福建医科大学	医学影像技术
钟宇正	福安	长春理工大学	通讯工程
钟锦生	福安	山东工商学院	电气工程及自动化
钟强斌	福安	莆田学院	物联网工程
钟成英	福安	佳木斯大学	物理学
钟建洪	福安	集美大学诚毅学院	计算机科学与技术
钟堂清	福安	攀枝花学院	材料成型及控制工程
钟依红	福安	宁德师范学院	数据科学与大数据技术
钟佳鹏	福安	河南城建学院	建筑电气与智能化
钟淑瑶	福安	泉州师范学院	电子商务
钟颖荟	福安	福建师范大学协和学院	英语
钟文惠	福安	白城师范学院	市场营销
钟文雯	福安	福建师范大学协和学院	通讯工程
钟伟辉	福安	宁德师范学院	材料化学
钟琳香	福安	武夷学院	机械设计制造及其自动化
钟铃光	福安	马鞍山学院	电气工程及其自动化
钟秉均	福安	福州理工学院	广告学
钟晓辉	福安	浙江师范大学知行学院	机械设计制造及其自动化
钟景欣	福安	郑州商学院	工商管理
钟陈星	福安	泉州师范学院	服装设计与工程

附　录

一、文献

畲族福安县仙岭洋村调查情况

（1952 年 7 月 8 日）

福建省人民政府

仙岭洋村是福安县畲族聚居较大的一个村庄，共 134 户，全部是畲民，住居钟、雷二姓。钟姓 122 户，429 人；雷姓 12 户，43 人。考据祖传家谱记载，祖先是高辛氏之后，生 3 男 1 女，长男立为盘姓，次男立为雷姓，三男立为蓝姓，女招赘钟姓。因而该民族中有四个姓，盘姓发展较少。原居陕西，于宋绍兴三年迁往广东凤凰山，以垦荒耕种为生，发展潮州、普宁、海阳一带，人口也不多。于明万历四十七年迁入福建汀州，崇祯二年从罗源迁福安县城，但即被迫入山。居住仙岭洋村是最先迁入福建钟琪、雷清光之后，发展宗支传今已 30 多代了。历代居住穷山僻野，开垦山坡种植地瓜，砍柴生活，自称畲民或称山宅人。汉人称他们男的畲客，女的畲婆，未曾有苗民之称。解放后来自北方的干部，过去接触少数民族不多，对当地畲族未曾详尽调查，了解该民族历史，以及民族特征，只因他们语言不同，妇女装饰奇异，居住高山，称之苗民。畲族亦因在国民党大汉族主义压迫下，被歧视、侮辱，称之臭畲客、臭畲姆，歪曲其历史，或将“畲”改“蛇”，音同字不同，祖先不是人。另一方面，畲族限于文化，对本民族历史也不甚了解，只认为苗民称号较臭畲人（臭蛇人）好，这是畲族改称苗族之始。另据历史记载考据，畲族钟姓同治年间重修家谱，内附抄录明崇祯二年福安府准给该族山林所有权执照一份，注明右加给帖付畲民钟盛九，已是畲族迁入福建第十三代了。由此可证历史上亦称畲族，不称苗族，况且苗族根本无此四个姓，显然苗族是被误解，居住我省山区少数民族系畲族是属正确的。

仙岭洋村是畲族人口比较集中、靠近平原、离城较近的村落，在国民党统治期间没有办过一所学校，文化极为落后。他们现在通用的语言是本地汉语与畲族语言两种，畲族语中也不完全，缺乏现代语汇，因此不够应用，也夹杂了许多汉语，如中国人民解放军、人民政府等。自己没有文字，使用汉字，但只有少数男人粗通汉字而已，其余都是文盲。男女老幼从事农业生产，除老弱外，一律参加劳动，妇女劳动较男人好，小孩七、八岁人山砍柴、放羊、放牛。自耕土地极少，大部分无地、少地，级分化不甚显著，全村 134 户，只富农 1 户、中农 6 户、贫雇农 127 户。一般的每人只占有田 20 斤至 100 斤，山地贫瘠，收获量极有限，多佃汉人地主土地，但须缴纳六成地租，生活贫困，主食地瓜米，男女穿的衣服也是自织的蓝色麻衣。内部统治与被统治，压迫与被压迫的关系不十分明显，互助团结较好，没有大的矛盾与争执。但村中一首脑很有权力，有权管理本村，号称人头，是汉族地主阶级代理人，通过他来剥削压迫该族人民，日常生活与汉人来往不多，有民族服装，但在国民党大汉族主义消灭、同化政策压迫下，曾经强迫改变民族服装，于民国十二三年间改穿汉服，借以躲避歧视，不易辨别他们是畲民。女的虽略有改变，但仍然保持民族装饰，头发向上梳围绕头的周围，束一红绒线，衣着青蓝二色，缝缀红边，腰束花带，青年妇女耳戴大银环、手镯，脚穿大鼻子鞋。男婚女嫁由父母包办，男方须给女方猪肉 60 斤、鸡蛋 40 个的惯例，少的须按双数。有的四五岁订婚，十六七岁结婚的，也有个别招婿的，寡妇可以改嫁或招入男人。存在重男轻女制度，并有抱童养媳习惯。他们只有盘、雷、蓝、钟四个姓，严禁同姓结婚，不与汉人通婚。过去因生活贫困所迫，还可以出租出典妻子。信奉佛教，立一庙宇，节日则祭天地保佑平安，缺乏医药卫生常识，病了祈祭鬼神，因此死亡甚多，又浪费了许多财富。妇女因整天忙于劳动，婴儿不能很好照顾，死亡率更高。他们最热闹的日子是男婚女嫁，每逢婚礼，亲属都去饮酒作乐，席间青年男女唱着多年流传的歌曲，大都是一唱一答，通宵不睡。他们善于歌唱，在田间劳动，唱起山歌，经常可以听到男女对唱，且一方答不上为止。现在他们编了很多新的歌曲，如歌颂毛主席、共产党，庆祝解放、翻身等，是他们传统的娱乐。

在历代反动统治阶级长期奴役压迫下，特别是国民党反动派三十多年来的统治苛捐杂税，逐渐为地主所有，过着贫困与悲惨生活。但是地主阶级并没有放松对他们的掠夺，更加残酷，有过之而无不及。福安县大地主×××借着儿子专员的职权，企图霸占他们山林，为了自己的土地团结一致反抗，长期控诉争执，迫使变卖仅有的土地、牲畜，自民国十三四年后更加衰退贫困，造成民族仇视隔阂现象。以往流传五怕：一怕抓丁，二怕派夫，三怕苛税，四怕租，五怕辱骂。在旧社会里除受帝国主义、封建主义、官僚资本主义三大压迫外，还另受大汉族主义压迫，一身受四大压迫，因而造成政治上、经济上、文化上落后状态。对国民党反动派有无比仇恨。解放后摆脱了四重枷锁，经过了减租、反霸、剿匪、镇反、土改、抗美援朝等运动，有130户分到土地，每人平均田不到50斤提高到300斤，改善了生活，提高了政治觉悟。在扩军运动中有39名青年报名参军，有5名青年加入了青年团。人民政府遵照民族平等政策，提高了政治地位，县、区、乡各级政权均有了他们自己的代表，而且还当了乡农会主席。在民族关系上也有显著改善，反对民族歧视、压迫，彼此尊重，发扬民族间互助、友爱、合作精神，加强了民族团结。许多汉族妇女提出向畲族姊妹学习劳动精神、生产经验。这一切成就使得畲民明白自己民族有向前发展的保证，他们以高度的热情来响应政府的一切号召，在剿匪、扩军、征粮等运动中，均能起积极作用。现全村畲民为响应县七次人代会决议，组织起来，提高单位面积产量，保证今年增产丰收，组织了 14 个互助组，并向专区陈奶勤互助组应战。他们对自己领袖表现了无限热爱，每户都挂上毛主席画像，甚至给毛主席烧香，保佑毛主席活上万万年。他们反映："过去五怕，给我们畲民许多辛酸血泪，现在再没有五怕了，是毛主席、共产党带来幸福，如果不是来了共产党，畲民将被灭亡了。"

解放后提高了政治社会地位，随着人民民主生活的发展，在实现民族平等权利，享受新民主生活的内容，已成为他们当前迫切的要求。

一、办学校，提高文化。在国民党统治期间，未办过学校，没有读书机会，除个别粗通汉字外，其余都是文盲。没有文化办不了事。不懂普通话与政府联系困难，不能直接反映自己意见与要求。热望政府派遣教员前去教书，并已备好校舍 1 座，学生 50 多名。

二、办合作社。山区交通不便，往返城镇路远费时，耽误生产。组织合作社，输入日常生活用品，等价收购农作物，免受中间剥削，改善生活，活跃经济。

三、管理本民族内部事务。因有民族语言，民族特征，生活习惯，所处经济地理条件与汉人不同，有关内部问题不易解决，要求适当调整聚居村乡计划，便于自己管理本民族内部事务。

这些情况完全符合他们当前要求，应予以适当解决，在政府力量所能及的条件下，进行各项建设是必要的。首先是培养与提拔民族干部，根据共同纲领精神，在少数民族聚居地区推行民族区域自治，杂居地区推行民族民主联合政府，并帮助发展政治、经济、文化、事业，满足他们政治上要求，提高经济生活与文化生活。此外，加强民族政策宣传教育，历史上所造成民族间仇视、隔阂现象尚未彻底消除，妨碍了民族团结，必须纠正大汉族主义与狭隘民族主义的倾向，加强民族团结，以利于少数民族的建设与发展。

该调查是中华人民共和国成立后的福建省人民政府关于福建畲族的第一份社会调查资料。这份资料对仙岭洋村（仙岩）畲族迁徙历史、生活习俗作了简要叙述，着重调查了解放前后畲民政治地位、生活水平的变化，论述了畲族族称问题，并反映了畲族群众的要求，包括办学校、合作社以及民族事务管理机构等内容。

（陈永成主编《福建畲族档案资料选编（1937—1990 年）》，海峡文艺出版社，2003 年版，第 30-31 页。）

钟盛九（聪公）山照

特授福安县正堂加五级纪录三次陈

准列给山照。钟盛九等给山一号，土名坐落五都大林仙洋岭，左至和庵坑，右至仙洋岭坑直上岗顶分水，四至界止分明。准照此山界内任凭钟盛九耕种，留录各色杂木等项，仍照自己界内管业。如或外人强占照内物界，任凭钟盛九凭照新存照阻当，鸣官究治。

万历二年二月十三日准给照钟盛九。

福安县正堂：

加给界限以杜侵越事。于万历年间经本县张勘明，五都大林官山一号断归钟盛九等久住管守，山场艺植竹木栽种生理，岁纳官租银二两，给栖云寺渡夫工食撑渡，常以不得暂离，官民两便。前艺植树木已能成林，因有附近居民强砍盗取并及吓诈，随于崇祯元年四月钟盛九前来请给界限。此山上至仙顶，下至狮子头，左至和庵坑，右至栖云寺后坑为界，加给付钟盛九等管业，以杜侵越等情。倘有吓诈混侵者，任许钟盛九子孙凭帖鸣官究治不贷，须至帖者。

右加给帖付钟盛九等执照，崇祯三年五月　日给。

《颍川钟氏修辑总谱章程》

一、乡只记某省、某府县、某乡始祖某公，传至光绪某年若干代，共若干户，男女丁口现若干人。男丁照现存按代按名登记，女口统记。

二、自始祖以下至现存者，有名臣、名儒、循吏、孝义、节烈、文苑、隐逸史传，及有家传墓铭、墓碑者，均照抄。若未曾立传，即将事实逐条开列照抄，以备编辑附刻，应旌表者并代请旌。

三、各乡始祖从何处迁来，及始祖所自出之祖父二代名字，又始祖以下某代某公有迁徙他处者，均分载明白。

四、每乡始祖以上有谱帙者，不论年代远近均照抄，以备考核汇纂。如谱帙较烦，本乡族人宜帮同抄录，或雇倩赶抄。倘与邻乡大同小异，应公参酌摘抄以归简便；若各乡始祖以下支谱但合闽粤江右三省，已不知凡几，势难抄刻，应俾私家修辑。近代易详，无烦分任也。

五、如觅得旧谱有数十百本者，应备价购买，以备编辑，或雇工多人缩本赶抄，如赶抄不及，或只节抄；如只节抄，其远祖直派应行照抄，其发支蕃衍者，只抄其分支始祖，及后代迁徙他处者。必使来去分明，世次明白，使修辑时容易检讨斗笋方好。

六、有零户离乡稍远，与本乡不同宗祠不共谱帙者，或修谱人亲到，或由本乡族人邀请带谱前来抄录，或专信前往，随地随时公同商酌，未便以散处零户概置不理。

七、每乡有用宗祠楹帖语为传世次第者，楹帖照抄，并记世次。

八、凡登仕版科甲及贡监文武生员，无论存殁，均按代登载，以备编辑。

九、先修闽省次及粤东江右，综计三省先作十五六万丁口，科合每一丁口拟定出辑刻及路费小洋银半角，约番七八千元。除各费外，以余钱造闽中省会总祠，不敷以买谱钱益之，再不敷续行题捐，男丁女口并抽，即为建祠起见，或冀可免题捐。

十、每一宗祠定购谱一部，每五十丁口亦定购谱一部。每部，纸价印刷工、装订箱蔑、寄费定价足重番叁元。计十五六万丁口应购谱三千零部，应番九千余元。除各费外，以余款亦为建祠之用。只恐购买不多，余钱亦少，尚望各乡董事亟力劝买，以免再行题捐。

十一、每乡中无论一支一家有欲自行刊刻私谱者，应为代刻附订。每字应出辑费刻费纸费叁文，附于该乡总谱之末，费须即交，以免催收费事。

十二、应立家传者，无论存殁，均动公费修纂。其刻费纸费自备，亦每字定价叁文，惟文未成篇长短难定，应照事实多少约略核计篇幅长短即日交费。如系远祖应由本支派下匀分。倘本支派下均系贫下户无上中户者，仍动公款刻印。现存者亦照此办理。

十三、每乡应出各费，如有宗祠公产出息，暂时提用，自见简便。如出息无多或下户由公产代垫，上中户照例收取。如并无出息或向上中户题捐，下户量力贴费。或各分支派下祖上有公产者，分支抽收要之，办理不妨变通。而捐款多少务须照每丁口半角之数科合，请本乡董事临时酌度劝办，其题捐上叁元者附该谱末。

十四、如本乡多下户无力，或者不愿修纂捐不足额者，该乡谱系下应注明某乡多下户无力亦有不乐修纂者，计缺收钱若干，以备查对收单，共同共闻，为修谱者避嫌地步。

十五、每到一乡序文公启，应增入某省、某府县、某乡裔孙名字数名，既见事出于公，亦期望众擎易举。

十六、将到次乡，应由本乡族人先将章程附信寄往。如相距不远亲到尤好。倘只寄信，迨到次乡即将原信及名刺粘贴成帙，以照实据。

十七、每到一乡，即得延订正副董事数人，视丁口多少定延订几人。

约以数十丁或百丁定董事一人。如乡大丁多或分支或分段，请各董事分任其事，庶几众擎易举，不甚烦难。

十八、修谱者应作日记，凡沿途天时晴雨、行止日期、住址何处、董事名号、款待食宿、同宗名号，凡一切应记者，均逐日登记，谱成附刻谱末。

十九、地连三省，修辑及行路日期恐非三数年不能蒇事。每到一乡收集各费，势难久待。每一丁口出费半角当不为难，除现收外，如有迟延未交者，应请由各董事先行筹垫，俾速启行。

二十、收集各费应立合同三联收单分执。每五十丁牢立收单一纸，右付本乡董事，中先寄闽省董事处，左存修谱之人，以备查对。谱成日，购谱者凭单备价寄买，以免缮信费事。

廿一、沿途用数应按日登记。谱成将出入数逐条分载入数。照每乡丁口出数，照路程日期再加纂刻各费，附刻谱末，以照实据，不使分毫差谬。

廿二、所抄谱系宜抄副本，并所收各费随时觅妥，并合同同寄交闽中省会董事，以便编辑。

廿三、闽省小银钱半角准大铜钱伍拾叁文，壹角准壹百零陆文，拾角准足重洋壹元。如各外钱法与闽省不同，应请照闽省科合。每拾角作大番壹元，宁使同宗每丁勉力壹贰文，勿使公家吃亏数百千文，有碍公局也。

廿四、谱限四年以内修竣，闽省汇寄汀州府城总祠候买；江右粤东二省，汇寄赣州越国公祠及粤省总祠候买；俟所寄卖毕，谱价汇寄闽省再行寄谱候买。循环续寄候买，庶无积阁稽延之虑。

廿五、无道趋赴，人地生疏，食宿一切不能不暂向同宗叨扰。倘未见凑巧，应赴客寓住宿，仍须拜候族人借阅谱帙，请照各乡办理。倘一切又未如议，如始祖以上旧谱可抄者，亦照抄其始祖名号及由何处迁来，以下有迁往他处者，并是乡现若干户、若干丁口，亦一律登记。事毕宜早日拜辞，不便相强，惟辑刻自较他乡简略，须记明是乡多下户无力亦多不愿修辑未曾收取刻费、路费，以备查对收单，共见共闻，为修谱者避嫌地步。

廿六、欲远地遍行修辑，必自近乡及在省为始。倘近处托词远处先修，须告明各费无出，当事者不能筹垫，今日不修即作罢论，后此不能续修。或已修辑，延不交费，云当续交及邮寄闽省者，宜将所辑之谱缴还，即日告别。后此不能续修，或交不足额者，须问明如后无力再交，即照第十四条章程办理。倘有续交及邮寄等语仍将所辑之谱及所交之费缴还，以杜取巧观望，决不可徇情致误全局。

廿七、俟三省纂辑略有头绪，再行刊刻，沪报通知各省族人，请由沪报复示续行议修。除滇、黔、甘、陕、豫、蜀六省去闽较远，置为后图；其余各直省如每有三万丁口者，均敷行路及纂刻各费，尽可先行由沪报复示，再行往返缄商办理。

廿八、祠宇建成，各乡始祖理宜从祀。如有未能如议捐资修谱建祠者，其始祖应否从祀，应俟祠成日公议。

福建福州府侯官县　翰林院庶吉士即选知县钟大椿

福建福州府侯官县　举人钟肇祺

福建福州府侯官县　举人钟景菘

广东广州府花县　福建顺昌县知县钟国华

广东潮州府海阳县　刑部主事钟倬芳

广西梧州府苍梧县　前署广东惠潮嘉道钟懿蓉

湖南长沙府湘阴县　福建建宁镇总兵钟紫云

广东嘉应州兴宁县　福建福州府经历钟崇萱

江西袁州府萍乡县　议叙分省补用县丞钟肇馨

福建福州府侯官县　四品衔刑部主事钟大昆

福建福州府侯官县　县学优廪生钟麟祥

福建福州府侯官县　工部主事广东即补知县钟为桢

公启

新修钟氏原序

粤稽颍川钟氏其源出自宋桓公曾孙黎公，食采于颍。钟离厥后子孙，以钟为氏，望出颍川因以为郡，此则颍川钟氏之由来也。其间名列天朝功铭彝鼎炳炳烺烺耀史册者不可胜纪，然而前人之述备矣。兹不复赘迨。传始祖钟音公，明洪武间进士，任浙江天台知县，公为广东开基祖也。传五世通邦公，成化二年由广东而迁罗源复迁侯官汤岭下。九世启林公，万历四十八年，由侯官而迁邑之林前。公生子五，长法陈、次法度、三法寅、四法真、五法华。明季遭兵灾之乱散处离居，法陈公迁上墘里房；法度公迁坦洋张坑；法寅公迁寿邑李家洋；法真公迁黄如岭头；法华公迁十八都洋磡。虽其间散处迁徙之不同，而谱书所载沿流溯源若合节，是所谓叶落九州根一处者也。且夫谱义之不明皆由后人之诬与紊而已。诬者，何狄青之不认梁公而崇韬冒祖汾阳是之谓诬。紊者，何莆田之不附蔡京而伯医易祀吕氏是之谓紊。诬与紊，均非人孙子者所宜出也。是故，家不可以无谱，而谱尤不可不随时修辑。盖家而无谱则上无以知祖宗所由来，其失于忘祖。祖谱而不修斯下无以明世系之昭穆。其失于乱宗忘祖与乱宗事虽殊而其误一也。今吴家边钟族爱岩、畅园诸翁以百年未葺之谱书，一旦奋然歆思修葺亦可谓有仁孝之心而发为尊祖敬宗之意者也。余于是承诸翁之重任，不敢固辞，因阅其旧谱见其世远年湮，未免残缺失次，为之旁搜远绍，由旧增新，提纲列目，分支别派，世系明而昭穆定。信以传信，鲁鱼亥豕不至贻其误；疑以传疑，夏五郭公亦效阙其文。参互改订，凡阅数月而谱已成。此固列祖之灵与所鉴而定，亦诸翁尊祖敬宗之念切，故不速而成者也。俾后之子孙观斯谱者，则仁孝之心应油然而生矣。兹因谱成聊布无辞以弁其首，俾一览而无遗传千古于不朽云尔。

时同治十三年岁次甲戌桂月穀旦，庠生济川江汝楫拜撰。

大林钟氏讳字行第

世辈	讳	字	行
第九世	敨	元	整齐严肃
第十世	法	李	刚柔健顺
十一世	廷	日	乾坤奠定
十二世	敬	明	福寿延龄
十三世	士	文	颜曾思孟 冉闵游夏
十四世	蒂	位	笃实辉光英姿勃发 轮奂济美燕翼贻谋
十五世	瑞	兆	庠序学校辟雍泮宫 关雎麟趾鹊巢桃夭 免置驺虞条梅甘棠
十六世	建	邦	锦绣珠玉绮鹿文章 芳华典重显耀荣昌
十七世	汉	则	东案图书西园翰墨 北辰拱照南郊由庚
十八世	兴	振	琼琚瑞璞珍琇球琳 珊瑚瑛琏环珮玲珑
十九世	开	勤	化
二十世	祥	守	育
廿一世	逢	家	时
廿二世	世	可	当
廿三世	泽	治	盛
廿四世	国	秀	祯

廿五世	正	气	祥
廿六世	定	惟	运
廿七世	安	真	际
廿八世	宁	齐	隆

二、艺文

◎畲歌

节 气 歌

正月立春雨水透，年那过了是元宵，
女人打拨耕织事，男人掘田做起头。
二月惊蛰连春分，见有田园都要种，
劝你细人要勤力，长种一苑食一顿。
三月清明谷雨上，精耕细作下好秧，
二月清明长浸种，三月清明多满秧。
四月立夏小满中，田山做且闹纷纷，
大细男女齐出力，早起三日长一工。
五月芒种夏至天，芒种节气布山田，
番薯紧紧要插落，夏至过了天大晴。
六月小暑大暑上，日头如火水如汤，
劝你早时去做且，日头未出天会凉。
七月立秋处暑天，处暑最忌雷公响，
处暑着惊天无雨，禾苗作肚田作旱。
八月白露连秋分，禾苗出纽闹纷纷，
禾苗出纽有饭食，番薯芋蛋也当顿。
九月寒露连霜降，眼见禾纽满田黄，

作田人仔有饭食，园埕断水谷上仓。
十月立冬小雪上，稻那割了送公粮，
大细男女都高兴，个个担粮进粮仓。
十一月大雪冬节透，起底秆堆要先烧，
冬节过了落雪雨，火灰透寮不要愁。
十二月小寒连大寒，农闲上山去掘山，
齐人副业做乃乃，手头有钱好作年。

蓝雷三姓共姐妹

笔头落纸字来精，前朝娘娘生聪明，
蓝雷三姓共位掌，都是蓝雷子孙阵。
二笔落纸字来长，一朝天子一朝官，
盘古开天几朝代，高辛皇帝坐朝江。
高辛皇帝在京城，祖公大仔是姓盘，
第二个仔是姓蓝，有一有二又有三。
第三个仔是姓雷，雷仔生来生端才，
祖公心头大欢喜，蓝雷三姓共姐妹。
第四个女生端正，从细出世在京城，
祖公忖来多欢喜，要寻女婿结同年。
姓钟招来做女婿，总当共爷共母挨，
姓盘去番未回转，那剩蓝雷二兄弟。

药　名　串

人参转厝读文章，白扣槟榔望红娘，
心中那想银花女，长留生地难茴香（乡）。
熟地不死死生地，跌落薄荷水中央，
防丰大浪一下起，帮你推出外东洋。
勾藤帮你来钩起，架上柴胡树中央，
好得红参报信转，可怜黄柏哭一场。
东洋传出豆蔻话，想夺明党金银花，
黄芪车前来督战，攻打木贼杏仁垮。
羚羊骑条白海马，手提巴戟马上爬，
头戴红花鸡冠帽，身着蝉衣穿山甲。
连召菖蒲练成剑，只壳会带附子兵，
勾藤苍术传川贝，竹茹打出虎骨城。
头关石斛打半夏，攻下全蝎木瓜城，
二城白芨打桔梗，蛇皮番将命归天。
三城枸杞发唠叨，元参大战海金沙，
桂枝白术六一散，三七打落防丰纱。
南星北蓟统百部，苏叶三稷早当归，
麝香天门转熟地，藿香人参得胜回。

◎散文

故乡的女子

钟志金

作为第一个从福建边远的山村走出来的畲族画家，1977年，我毕业于中央民族大学美术系油画专业。和我的恩师、中国当代实力派画家刘秉江、官其格、金捷中一样，多年来，我的艺术得益于中国传统艺术尤其是少数民族的艺术。尽管我已经远离故乡二十多年，但是故乡那熟悉的土地和人民永远是我艺术生命灵感的源泉。故乡的生活，畲族同胞的纯朴生活孕育了我的艺术。故乡女子的美好，她们给我的感动和灵感使我的创作从1982年的《畲族新娘》、1984年的《畲族织女》……到1996年的《瓠盘阿姑》、1997年的《新娘》，以及多年来获奖的《山野情怀》《景宁山客》等作品都获得了成功。这些作品都是以我们民族的女性为素材创作的，作品反映的几乎都是清一色的畲族女性，也是中国画坛上表现畲族女性的成功之作。也是因为这些作品，使我立足于当代中国画坛。

回忆我的创作历程，从小生活在福建山村的我对故乡的畲女有着深深的理解，对她们的内心情感有着深刻的体会。故乡畲女那些点点滴滴的生活轶事、她们那些隐存在心灵中“志忍私，然后能公”“造山掘园，母子团圆”的遗传观念，都化为了她们在生活中纯洁善良、忘我无私、勤劳勇敢的言行，使她们在生活中处处展现出真、善、美的品德。对此，我自幼铭刻于心，难以忘怀。无论时光怎样流转，也无论我走到何处，每当我在创作之时，她们的形象和那些美好的品质都会在我的心底里汇聚成一幅美丽图画、一股让我难以抑制的艺术创作冲动。它使得我的内心不断澎湃涌动，更使我感悟到人生中还有许多虽很平常但却深刻的哲理。多年来，对故乡畲女的了解使我十分崇敬畲族女性，特别是那些没有受过太多教育的乡间女子。她们在我的印象中总是那样的美好善良，她们从不刻意装扮自己，而只是到一定年龄后顺生活之自然，梳起凤头，着上凤装，结婚成家。白天，她们和男子一样共同劳作在赖以生存的田园中，脸朝黄土背朝天，夏天挥汗如雨，冬天冻肿手脚，不畏艰辛承揽所有的重活苦活，晚上回家不顾疲劳洗衣做饭，抚育子女，饲养家畜。平日她们时刻不离口的高山流水般的歌声会告诉你，她们对生活无怨无悔，充满美好的向往。她们几乎就是我青年时期对故乡记忆的一大部分。

二十多年过去了，出于这种美好的记忆和对我生长的那块热土的思念，我多次回返令我心驰神往的故乡。故人相见，穿着如前，青山依旧，风俗未改，不同的是少了一些老者，多了一群年轻女子，却很少见到年轻的男子。原来青年男子大都外出打工，留守家园的多为女子。还是这些畲女，如同前辈一样，她们几乎承担了农事和家庭中的一切劳作。那高山流水调的歌声依旧与她们相伴，日日被传唱在家乡的山水间。歌词依旧深刻地表达了劳作的艰辛、收获的喜悦、爱情的甜蜜、对先祖的崇敬、对神界的向往的描绘……当我驻足故乡田间地头，任那动人的旋律不时流入心田，我的身心便会像触电般被那荡漾起伏的歌声所陶醉。歌声在山谷天地间回荡 ，又唤起我无限的创作灵感。我深深体会到，我所感受的这一切就是真正的人间仙境……

每当佳节来临前夕，回到故乡，看到外出打工的男子相继归来时，故乡的畲女们那幸福的情景，会让你感叹不已！透过她们舒展的眉宇及洋溢在她们的鼻、唇间那内心对亲人的期盼之情，让你忍不住落泪。那一刻，我感觉到她们心中那份在久久盼望后得到的满足和安慰。幸福总是那样的短暂，春节很快就过去了，她们的丈夫、男友又将相继因打工离开故乡去远方，这时你会发现她们凝视着载着亲人远去的车船，思绪万千。她们的倩影在那一刻显得那样“沉静”，但细心的人们会从她们脸面上双眉忽促忽开、鼻翼忽扩忽松的细微动作上，可以看到她们在面对亲人离去的失意、惆怅；看到她们的心灵饱受风霜雪雨的洗礼、岁月的磨砺，情感的煎熬；

看到她们如天空一般高阔、百川一样深远的胸怀。此时在我的眼中如雕如塑，像一尊尊的美神像，在为人间送走旧的痛苦、迎来新的欢乐而祈祷……她们也像涉世不深、刚刚入主“新家”、对未来怀着无限憧憬的新娘一样可爱。每当我这样凝视她们时，我总是对她们的心理承受力产生一种崇敬和神秘的感觉——在我的心里，她们更像贴近于人的神；让我崇拜，甚至让我有一种伟大的感觉——她们是我心目中最完美的人、最美的女神。关于故乡女性的这一切都在我心里融化、升华、汇聚成具体的画面，使我创作了《盘瓠阿姑——祝愿图》（收录于《中国现代美术·漆画》）、《新家》（获全国民族百花金奖）、《田园曲》（香港收藏家收藏）等作品。这些作品的构思、意境、形式材料与手法都较为准确地表现了畲女这一群体的艺术形象。

著名画家乔十光先生对我以畲族女性为题材的作品给予了很高的评价，认为我的这些作品让人们感受到了“东方的神韵”。我只想说：故乡淳朴民风孕育出来的美丽善良的女性，永远是我艺术生命中的女神。

秦溪桥记

钟　韩

子京修楼，东坡荐犁，古之贤者，先天下而忧。身居一方，则德衍藜野。为官一任，则福泽百姓。此前人之美也。愈亦闻韩阳秦溪山水之美，以为邑内桃源。周坐崇山，势若翠屏，岸夹古木，形如廊亭。阡陌勾连，村舍错落，鸡犬相闻，民得其乐。逆溪而上，山有峡谷，曲径存幽。飞崖怪石，险隘沟壑，无论鬼斧，逞曰神工。岭挂虬松，壁悬飞瀑，瀑飞入溪，溪开数潭，迭流成韵。潭中锦鳞嬉戏，卉上斑蝶欢飞。云雾起伏而鬼没，野英绽落而神出，朝夕不同，四时有异。或叹：蝶舞庄周梦，涧奏伯牙音。舍身其间则得陶令之闲情，揽目其外则生文正之忧怀。

秦溪有桥，始建公元一九七五年，历雨经风，三十春秋，乡民便之。至今境内校楼拔地，工厂扩张，业兴人旺，车水马龙，旧桥难负。民望新修秦溪之桥。乡村有识者力倡之，具文得肯。乃召境内明士筹划捐款，择址兴桥。历十月，桥成。桥跨如虹，上有雕狮聆水，旁有华亭端坐。巍巍亭亭，遂成新观。亭内有碑，嘱余作文以记之。吾谓桥之美得兼前人、山水之美也。何以，士以天下之美为美则尚美也。故曰：施才只为乡野千家晓，展志但求人间万厦华。

宁 德 赋

钟 韩

宁川感德，知礼兴邦。黄道既定，天运日月星曜；王化得行，地分甸侯要荒。宁德府地，闽东福方。岛若星罗，远锁东海西岸；山如廊架，近卫闽翼北疆。境引三山而雄九岳，水劈五溪而浩二湖。云横峰傲，水渺帆孤。雨过瀑飞，月行潮涨。洞天神辟，桃源天然。鸟兽乐所，鱼米之乡。

追抚古往，山长水远，地僻路荒。车马苦行骑，货殖难输张。故秦划闽越，晋设温麻，隋治长溪，元建福宁，始有州堂。明清以降，增县扩疆。共和伊始，迁治韩阳。其后迁蕉，以利备战。新世纪元，终谓今章。下治一区二市六县，域辖一万三千平方。山呼海应，国泰民安。顾望今来，天堑通途，车走舟忙。西进北上，有沈海、京台、宁上、福合路铁通贯；东出南下，有沙埕、三沙、赛岐、三都良港起航。华夏九州，世界八方，宜游宜看，可交可商。

境域锦绣，人间胜状。山结水盘，海围岛站。或北望山兀嶂崄，有太姥、白云可攀，寻峡谷、观日出、邂佛光；或西瞭溪湍湖宽，有翠屏、白水可探，舟湖湾、听涧弹、戏石潭。或东出滩涂千里，水天一线，日升霞蔚，潮平鸥唤；或南巡港澳数顷，粼光万朵，船来笛鸣，水肥鱼欢。驻足赤岸，思空海东渡；流连西浦，想缪蟾登堂。坐鸳鸯草场，与星月促膝；游浦源古村，和红鲤相谈。会虎头桃开，人面相映；即九龙瀑流，仙弈忘凡。秀色可餐，美味尤享。官井黄鱼、二都血蚶、东吾对虾、沙塘剑蛏；福鼎白茶、霞浦海带、象环葡萄、古田油柰。嗟乎！惜陶令之错遇，痛霞客之失勘。

钟灵之地，人龙瓯藏。域之人，仁义忠勇，思想激扬。儒道释设坛传道，汉畲回垒城开山。秦汉期容成子修仙太姥，南北朝金丹派设场炼丹。唐薛令之清风廉明，留“三廉”佳话；宋谢皋羽桀骜忠诚，遗《晞发》美章。林降臣政显金州，赵万年兵守襄阳。陈尚德倡学仁丰寺，郑虎臣刺奸木棉庵。游太初主法曹，抑豪强除民害；甘国宝戍澎台，兴民业固海防。最应赞，闽东儿郎，使命在肩，救国危亡。举锤镰，建苏区柏柱洋；唤民众，抗日寇沙家浜。前赴后继，洒血挥汗，迎得满地曙光。

域之神，水滴石穿，薪火相传。不自封，自图强。三国设温麻船屯，清代开三都口岸。凭技艺，赛江楼船入海出江；善传习，坦洋工夫摘金登榜。共和典立，百业俱展。力争上游，心存理想，掀来欣欣景象。然业薄人害，贫弱难铲。改革开放，树海脱山，摆脱贫困，理道富民。古田菌菇，小县走出大市场；福安电机，山窝飞出金凤凰。求先行，设赛侨穆开发区；壮基础，建路铁航交通网。优政策，厚根本，传统产业蓄势再发；重科技，抓尖端，新兴支柱勇进集强。福安船舶，柘荣药业；福鼎汽配，霞浦水产。时代新能源，青拓不锈钢。千舟竞发，百舸争流。

德行福地，凤凰来仪。惜逢盛世，初心不忘。举新旗，“开发三都澳，建设新宁德”。记教导，守青山绿水，为久久之功。宏图初展，激情正酣。征程重起，篇章再续。惟愿小康建成，祖国一统，中华梦圆，举觞翩跹高唱！

注：三山，指洞宫、鹫峰、太姥山脉。

九岳，九县市区最高山峰。

五溪，交溪、霍童溪、古田溪、霍口溪、杯溪。

二湖，翠屏湖、东湖。

金斗洋赋

钟　韩

山连仙岫云脉，川接穆水灵明。村若金斗，势构八卦，背山顾水，仁智相成；民为山哈，风承孔武，真性豪情，忠勇如一。

金斗洋者，邑内奇村。雷氏先人迁徙佳地，辟山垒田筑寨以营桃源。然则战乱纷扰，值少林铁珠避隐其村，得族人助而收徒授艺。先祖雷朝宝熔少林于盘瓠拳，创金斗洋畲家拳，族人习之以卫平安，久之域内名传遐迩。金斗洋地处邑之西南，渡水盘山而上，越垄穿林而行，则景物转换，视野维新。或稻熟垄黄，或林森木翠；或茶茗碧丘，或溪涧鸣潭。山渐险而有巨石为哨，路疑无而豁然现山村。牌楼古朴庄肃，屋舍俨然梯叠。左之侧满山修竹迎风，右之侧一径李花飘香。村之上水库野趣盎然，山花侵袖；村之中溪涧春意悸动，蝶影恋衣。逢之农闲，则演武广场，刀枪剑戟，棍舞拳挥，光影森然。每至节庆，则流水宴席，少郎妙女，酒酣歌畅，欢声鹊起。立则四季锦绣皆揽，坐则人间烟火尽拾。

逝者如斯乎，政不治民何以安。盖共产党领导，人民翻身做主，生活苦尽甘来。新时代春风如沐，摆脱贫困，振兴乡村。道路畅通，新居拔起，廊亭虹架，雕栏玉砌。畲武非遗，焕光出彩，走进中南海，亮相央春晚。村泰人和景亦秀，粮丰果熟茶尤香。慕者云来，游者风至。诗曰：金斗倒垂交劝饮，玉蟾分面各题诗。淋浪醉墨留西壁，好事于今刻作碑。

桃　花

钟阳格

如果说梅花是千里冰封中的傲骨，桃花就是山花烂漫中的第一枝。

南国的早春里，总夹杂着几丝暖意，桃花就在这春意朦胧中，淡淡的绽放了。“花谢花飞飞满天，红销香断有谁怜？游丝软系飘春榭，落絮轻沾扑绣帘。”可以想象，一个女子，一袭轻纱，带着飘零的忧伤，低低地抚一首曲，桃花就纷纷扬扬地落下，“人面桃花相映红”，一地轻浅的落红，一曲凄美的清平调，是多唯美的画面。我不是唯美主义者，但我欣赏桃花那亲切而真实的美。

轻盈飘扬的桃花，虽说她没有松柏刚强，经霜犹茂；也没有蒲柳弱质，婀娜娇柔；也不如古榕盘岩，遮天蔽日；她没有牡丹的倾国倾城；不像蝴蝶兰稀有珍奇；更不似昙花一刻千金，却有一种清新脱俗的气质，流动着灿烂而真实的色彩。不带一点矫情，不用斜倚枝头的娇媚，默默无言地装点春天。从庭院到田野，从河岸到山丘。总从其单纯而热烈的色调涂写着春天憧憬。它不只是单纯地拥有美丽，不像一些花只有瞬间的绚丽，凋零之后只剩孤枝。桃花凋谢后，便留下丰润的果实，孕育了其生命的延续，也载满了果农喜悦的期待。

家乡倒是有个桃花岛。株株桃花相倚，花开时，树染胭脂，枝挂红霞，抬头看，便是片片淡红的云，飘浮在半空中，阳光透过花影，恰到好处地映在脸上，温和妩媚得像极了轻纱拂在脸上的感觉，花香若有若无地随空气流动着，风吹来时，就有几片轻浅的花瓣，舞蹈在风的指尖，红雨纷纷，凝霞敷锦。记得陶渊明的《桃花源记》中就有描写到这样的景色：“忽逢桃花林，夹岸数百步，中无杂树，芳草鲜美，落英缤纷。”我想陶令寻找的大概就是那种故土的回归吧。看到桃花谁人不会联想起自己家乡来呢?不会感触到那亲切直窜心怀浓浓的乡情呢?

世有陶渊明，生为菊花无憾也，“采菊东篱下，悠然见南山”，写尽了菊隐逸无争的洒脱；世有林逋，生为梅花无憾也，“暗香浮动月黄昏”绘出了梅的多少高贵与清逸；世有敦颐，生为荷花无憾也，“出淤泥而不染，濯清涟而不妖”，让莲的圣洁与君子气度烙进人心；可桃花，恐怕只有学《爱莲说》问上一句“同余者，何人”了!

五月的骄阳下，我踯躅在街市中，忽见几位老农正在兜售着桃子。面前摆着几筐含露欲滴的水蜜桃。微笑挂在眼角上，欢悦流淌在吆喝中。不一会就围集了许多购买者。我似乎又想起了“同余者，何人”这句话。桃花，也许只有他们明白其中蕴涵的哲理吧。

（发表于《闽东日报》）

◎传说

畲族女人衫里有两个皇帝印

畲族女人家做衣衫，衣领、衣袖绣花边，装束得很好看，还要在衣衫的右边腰间结带的位置，缝上一块三角红布，又在替肩内层钉一块四方形红布。莫认为平常，不平常哩，这是前朝高辛皇帝的两个印!

传说高辛皇帝管天下时，番邦大乱。我们的祖公盘瓠王平番立了大功，回朝后，高辛皇帝把三公主许配他为妻，招他做驸马。

盘瓠王为了子孙后代发达，不愿在京城居住，要去另外开山做田，高辛帝留他不住，就封他去广东凤凰山，还派了大臣、将士一路护送盘瓠王、三公主一家人往凤凰山去。

高辛帝最爱三公主。当三公主拜别父王时，高辛帝取出御印，将自己的衣衫和女儿的衣衫对在一起，盖上一个印。这样，印的一半留在女儿衫上，另一半留在皇帝自己衣衫上。高辛帝还不放心，又在女儿衣肩内再印上一个大印，作为自家人永久的印记。这就是畲族女人衫里有两个皇帝印的缘故。

（钟爱石讲述，钟伏龙采录）

雷万春巧遇钟景祺

相传大唐年间，江南出了一位畲族大力士，名叫雷万春。

雷万春人高丈二，腰阔四围，力大能举千斤石，讲话声如洪雷，生来就是一条好汉。他从小欢喜练武，爱打抱不平。长大成人，舂米用拳头当石锤，砍柴不带扁担，用双手插进柴把，平肩挑走。到后来，他十指能穿墙凿洞，那三十六摔、七十二擒武艺套路样样精通。

雷万春以打猎为生，他打猎一不设陷阱，二不用火铳，三不要弓弩，四不撒毒饵，全凭穷追猛打。但有一次特别，他用一只狗仔缚在山谷里，做引虎豹的诱饵。这天早晨，山谷里一阵风过，一只金钱豹张开血盆大口正向狗仔扑来，雷万春立刻从草垛里跳出来，抓住金钱豹脚，豹子跳多高，他也跳多高。一连几个回合，豹子喘大气了，他就一纵身骑上了豹背，捉住了豹尾。豹子弯转身，刚好豹须触到他的脸，像针扎似，他也不当一回事。他哪里是打豹呢？他是借豹子练胆练功夫哩！他就这样从豹子身上练，从老虎身上练，以后，他见虎如见猪，打豹就像打猫仔了。

有一回，天蒙蒙光，他好上山，听到一声虎啸，一只老虎从树林中扑了出来，正向一位过路人客扑去，雷万春飞了过去，举起钢叉一刺，钢叉正好叉住了老虎嘴，又飞起一脚，踢中老虎眼睛，接着将老虎按倒在地，一拳又打烂老虎另一只眼，二拳打塌了老虎鼻，老虎就一下瘫倒了。

那客人惊昏过去了，雷万春拔出身上的银针，点了穴位，客人才醒过来。雷万春问："客官，你是哪里人？怎么来到这山里？"客人答："我乃武陵人氏，姓钟名景祺。今奉皇上旨意前往西川上任。”

雷万春说：“从这里去西川，山高路险。我姓雷名万春，你何不到我家暂歇一夜，明日再做打算呢？”

钟景祺听了这话，当下就拜雷万春做阿叔。

钟景祺在雷万春家歇息了几日，难得雷万春为人仗义，并为钟景祺牵了红线，将一身武艺的侄女雷天然配给钟景祺为妻。

这天，钟景祺急着要去西川。雷万春吩咐雷天然与他同行，自己随后保驾。

他们日里赶路，晚上歇脚，第三天来到了前不着村后不着店的二龙山。看看日已偏西，忽然，“嗖”的一声，从路旁草丛中跳出一条黑脸大汉，手执朴刀，拦住去路，大声喝道：“来人止步，留下买路钱！”这时，袖藏铁尺的雷天然右手顺势一提，他那朴刀早已被打飞到悬崖下面去了。黑脸汉子看势头不对，使出“老虎掏羊步”，雷天然使出“美人梳妆”跟他对打；黑脸汉子又以“青鸶托翅”来飞起，雷天然拿出“鸡罩圈鸡”绝招将他盖下；黑脸汉子用“岩头栽竹”一步挺，雷天然用“土里攀笋”将他压。黑脸汉子没招了，像秤砣落井沉沉去了，立刻跪在路旁求饶道：“神臂姐姐，我服输喽！请告大名。”雷天然道：“凭实告知，我是雷万春之侄女，雷天然。”

黑脸汉子听到雷万春三字，双手趴在地下，脑袋像舂米似的连连磕头道：“小人有眼不识泰山，今冒犯，请恕罪！”

当晚二人被请进二龙山寨住宿。打一寨，一路三十六寨全部放行。

后来，钟景祺做了西川道台。他看到当地庶民百姓穷苦，便拿当地的蝴蝶竹和油茶果进贡朝廷。皇帝接过“蝴蝶竹”一看，竹秆只有筷子粗，叶子却比巴掌大，即问朝中大臣道：“这是什么缘故？”大臣应道：“乃是此地山高土瘠的缘故。”皇帝再看那油茶果，皮红粒大如苹果，感到奇特。又问大臣道：“这是什么缘故？”大臣答道：“乃因此地土燥乏水。”皇帝听了点点头，立刻下一道圣旨，把西川地的粮赋全部免征了。

安禄山兴兵叛乱的时候，雷万春和张巡一起讨贼。连打几个胜仗，英勇无比，后中箭身亡，死时站立不动，成神。至今畲家人塑像祭祀他。

（蓝学贵讲述，蓝兴发采录）

仙 脚 迹

在福安柏柱洋的屏峰山上，有个畲族村，名唤仙脚迹。仙脚迹村前的岩石上有一个仙人脚印，能装进去一斗米。

这个脚印是怎么来的呢？

相传在元朝惠宗皇帝年间，柏柱洋有一个中年汉子，名叫叶大。有一天，他到屏峰山上割茅草喂牛犁田，看见有两个道人在一块平平的岩石上走棋。叶大也是棋迷，便把挑茅草的枪担插在岩石旁，看他们走棋，连看了三盘，那两位道人才发现他。其中一位穿绿袍的道人指着穿红袍的道人，对叶大说：“他是南极仙公，今天来此地做客，我乃本地五谷仙公。时间不早了。你快回家去吃一点东西再来看棋吧。”叶大想回去吃饭，转身去拔枪担，那枪担已经腐烂了。

他回家一问，儿子和孙子都已死很久了，只有第四代和第五代的孙子和媳妇。后代亲人都不认识他，村里的人更不认识他，他讲：“我是你们的祖宗，怎得不认识我了？”齐人都不相信，说他骂祖宗，要打他。他气起来，再去山上找那两位道人。他满山找来四处喊，总不见有人回音。叶大发火了，他一头撞断一棵橄榄树，一脚踩坍路旁的大岩石，两手擒云，上天去啦。被踩坍的这地方，就留下了他的一个大脚印。

这一天是农历五月二十五日。叶姓的子孙为了纪念他，就把这棵橄榄树头砍下来，刻了一个叶大的木像，安到石塔中去敬奉，号称叶大元帅，每年这个日子就大祭一番。后来烧香拜的人多了，他们就在叶大脚踩的山洞岩上建起一座仙宫，塑了三尊仙人像：一尊是五谷仙公，一尊是南极仙公，一尊是叶大元帅。畲族同胞居住在这山上，就把这村取名为“仙脚迹”。

（钟瑞珠讲述，雷逢德采录）

“皇帝茶”的传说

畲族钟姓高山村，至今还留存有两株要用梯子才能采得到的“皇帝茶”。传说，这两株茶，还救过“山哈”的命呢。

一年夏天，天上降下天火，地下的水断了源，“山哈”喝了宅浊水，上吐下泻。钟大弟为了救活病人，四处寻医问药。有人对他说：“这种病除非向皇帝伯求救，别的没有良方。”钟大弟听了说：“山高皇帝远，到哪里去寻皇帝伯呢？天下这么阔，难道就没有一样救人的药吗？”他头戴斗笠，脚穿草鞋，出门寻方问药去了。

他走着走着，一天中午来到了一座山峰上，只见崖上有绿葱葱的一丛树，随风刮来阵阵的奇香。他好奇地爬上崖去，摘下一叶凑近鼻子嗅了一嗅，好清香啊！拿它衔到嘴里，嘴舌就津出了水来。他心想：这树叶说不定可以医病呢。于是，攀上树去采了一斗笠叶子带回家里。

他先拿几片放到锅里煮，舀点汁尝了尝，开头觉得有些苦涩，过了片刻，嘴里便慢慢转甜，香气直透心脾，心中的烦躁消失了。接着他又用它泡了一碗汤，加上几片生姜，让他正在生病的儿子喝下。第二天，他儿子腹泻就止住了。大家都来向他求药。他就把采回来的树叶散发给大家，众人也用它治好了病。畲家人觉得这树是宝，就把它保护了下来。后来知道它是茶树，又是去寻找“皇帝伯”遇到的，就叫它“皇帝茶”。“姜茶治痢，糖茶和胃”，也就成为畲家的药方了。

后来，畲家人为了感谢“皇帝茶”的救命之恩，不让它绝代，就赶到原地折下茶树的两枝条插到自己的家门口。这两支插条经过高山云雾雨露百十年养育，慢慢地长成二丈多高的大茶树，每年不到清明就有嫩叶可采，而且叶色青翠、乌润有光，制出的茶。九泡有余香，它就是“福安大白茶”（原名“高岭大白茶”，产于福安市穆云畲族乡高岭村，因树势高大茁壮，当地群众称为“皇帝茶”）的老祖宗。

（钟伏美讲述，蓝兴发采集）

后　记

“千淘万漉虽辛苦，吹尽狂沙始到金”。2004年因福建省地方志编纂委员会编修姓氏志，要求各县市组织编纂各地姓氏基本情况。福安市方志委将任务分配于各姓氏牵头人士。钟氏为福安大姓之一，人口排位第7名。编纂《福安市钟氏志》的任务较重，由时任中共福安市委副书记钟应洪牵头组织，并成立了《福安市钟氏志》编纂委员会，全面协调《福安市钟氏志》的编纂工作。因我曾担任过福安市方志委副主任，参与过方志编纂的相关工作，《福安市钟氏志》编纂委员会决定将该项任务交付我来主编。2005年在各方人士及宗亲乡贤支持下，完成了《福安市钟氏志》初稿。总字数10万多字。结构内容较为简单，但满足福安市方志委的任务要求。后因个人工作调整，精力难以相顾，《福安市钟氏志》单独成书出版工作一度搁浅。

2021年，福安钟氏企业家钟荣善、钟奶荣、钟石湖等发起重修《福安市钟氏志》的动议，希望将《福安市钟氏志》成书出版。于是，重组《福安市钟氏志》编纂委员会，议定由我担任编委会主任并承担主编工作。接此任务，心怀忐忑，亦倍感振奋。期间，无论走村入户，查找资料，联系乡贤，工作可谓繁杂劳苦。然则各钟氏企业人士及宗亲乡贤出资出力丹心可表，钟秀轩、钟松坤负起了重要牵线搭桥作用，钟云声不辞辛苦，负责全程驾车，使编纂工作得以专心致志执行。“功夫不负有心人”，

2022年11月17日，最终完成《福安市钟氏志》全书初稿，并召开了志书的评审会议。全书共分5章17节，30多万字，补录了福安钟氏人士社会活动和取得的业绩，充实了部分内容，全书体系更臻完整。

畲族是一个只有语言、没有文字的民族，其文化的传承更多寓于宗祠、活动、生产之中，而宗祠姓氏文化更为其核心。愚以为编纂《福安市钟氏志》，更能以马克思主义的辩证唯物主义和历史唯物主义观点，科学的人类学观全面、系统地记述福安钟氏发展的历史和现状，更有利于了解畲族钟氏的文化传承，有利于了解在党的领导下畲族人民英勇奋斗，从站起来到富起来到强起来的伟大历程，有利于了解福安各民族团结进步的光荣历程。所谓挂一漏万，由于编纂姓氏志较少参考资料可依，加之人手不足、时间紧迫和个人水平所限，故《福安市钟氏志》的编纂虽苦于耕耘，还存在许多的欠缺和不尽人意之处。愿读者多多原谅和批评指导。

在《福安市钟氏志》编纂过程中，承蒙蓝炯熹老师的不吝指导，获得许多有关畲族的知识。福安市委书记周祥祺及老领导钟安、钟明森等给予了关心鼓励，福安市委统战部、民宗局、党史方志办等部门及有关人士的大力支持，让我深受鼓舞，斗志永持。在此一并感谢！

钟　韩

2023年3月16日